国家社科基金后期资助项目
出版说明

后期资助项目是国家社科基金设立的一类重要项目，旨在鼓励广大社科研究者潜心治学，支持基础研究多出优秀成果。它是经过严格评审，从接近完成的科研成果中遴选立项的。为扩大后期资助项目的影响，更好地推动学术发展，促进成果转化，全国哲学社会科学工作办公室按照“统一设计、统一标识、统一版式、形成系列”的总体要求，组织出版国家社科基金后期资助项目成果。

全国哲学社会科学工作办公室

理论之后的写作

The Writing after Theory

刘阳 著

上海三联书店

目　　录

引　论
“理论之后”的语法拆析
——对研究现状作一种新梳理

“理论之后”在一度喧嚣后仿佛停滞不前，给人话题不再往前推进之感。这固然在某种程度上是由于人工智能、元宇宙等似乎更加新的话题的出现，分散着学界注意力，但主要恐怕与后理论研究自身迄今尚未取得应有突破有关。本书引论想提出并践行的一项奠基性工作是：在找寻后理论突破方向之前，先来细察“理论之后”这个命题的一系列空转之处，沿此进行基于分析哲学精神的语法综观、拆解与析疑，对研究现状作出一种新的梳理。

第一节　语言游戏与“理论之后”

设疑1：“理论之后”的“理论”究竟指称什么？在不同的语言游戏里，它因其用法的不同而可能具体产生三个疑点。(1)“理论”是特指还是泛指？(2)若是特指，“特”又是什么意思？是说泛指到此结束，直接让位给了特指？还是说泛指并未结束，而被特指在某种意义上加以特别的强调？(3)较之于特指/泛指，有没有更恰切地描述此处“理论”一词的角度，比如考虑到“人文社科概念大多来自日常语言”①，可否用日常语义/学术语义代替之，认为该词在这一命题中发生了从日常语义到学术语义的递延？

“理论之后”中的“理论”不是泛指，特指20世纪以后由于“语言论转向”而建立在语言论视野中的理论，它总体上“不再以非语言学的即历史的和审美的考虑为基点”②。也可以将这种特指意义上的“理论”称为批评

① 李泽厚、刘绪源：《该中国哲学登场了？》，上海译文出版社2011年版，第88页。

② ［美］保罗·德曼：《解构之图》，李自修等译，中国社会科学出版社1998年版，第98页。

理论。[①] 西方学者会以首字母大写(Theory)或加引号方式标示这点,[②]偶尔也有不标的,表明这种微妙混淆在国外也客观存在着。

既然是特指,便有了和泛指的区分度。"特"既指语言论这一新阶段,也指在语言论新视野中对认识论的某些积极成果加以吸收和转化。乔纳森·卡勒总结出的理论四个特征——跨学科、分析与推测、批评常识与自反性,[③]对此提供了证明。这四点中,跨学科与自反性,直接来自语言论对语言符号系统(替代品,表征)性质的发现:不管谈论何种学科领域,都有"它被说成了什么"这一言说前提,学科之间由此必然打破界限而跨起来;作为关于思维的思维,自反性关注的也是被认识论忽略的"被说成"这一语言建构背景。但分析与推测以及批评常识,则分明是近代以来以思辨理性为标志的理论的常态,批判即弄清(分析)一种知识何以可能,由此形成的哲学以"只有在'常识'止步的地方才能起步"为共识。[④] 它们作为泛指中已有之义,被强调注入语言论这条新地平线上的新义:分析是对语言的分析;反常识是反自明性这一根本常识。所以,"理论"与"理论之前"不截然割断而具有继替性,"理论之后"与"理论"如下文所证也是如此,"特"端赖语言游戏所伴随的周边情况而定。

至于将后理论试图走出的"理论"理解为不同于日常语义的学术概念,则跟着会遭遇三问。其一,日常语义与学术语义之别,本身仍是从日常语言角度观察和归类的结果,让一种东西从常态中岔出去,实仍默认了常态作为前提的牢固存在。其二,如非要论日常语义上的"理论",那也应是古希腊词源中的观察、沉思之意,[⑤]此后步入近代认识论的理论已是学术语义上的了,不必待语言论兴起后才获此描述。其三,作此理解的人,多少含有视"理论"为与日常生活相对立之物的意思,这恰恰弄反了"理论"的本义。因为"理论"揭示出语言不起传达作用,有动机无法控制的任意性,因而在试图实现"透过现象认识本质"这一理性动机时,将认识论思维预先设定的本质任意

---

① 如文森特·B. 里奇在其晚近出版的《21世纪的文学批评:理论的复兴》一书中便声称,与其径直推出后理论,毋如承认批评理论在新世纪的复兴。这一说法表明批评理论即"理论",它相对于后理论而言。

② 前者可参见[美]大卫·鲍德韦尔、诺埃尔·卡罗尔主编:《后理论:重建电影研究》,麦永雄、柏敬泽等译,中国社会科学出版社2000年版,前言第5页译注。后者的典型表述如 Jane Elliott and Derek Attridge. *Theory After "Theory"*. London and New York: Routledge, 2011。

③ [美]乔纳森·卡勒:《文学理论入门》,李平译,译林出版社2008年版,第16页。

④ [俄]弗兰克:《实在与人》,李昭时译,浙江人民出版社2000年版,第57-58页。

⑤ [美]戴维·玻姆:《论创造力》,洪定国译,上海科学技术出版社2001年版,第80页;[法]弗朗索瓦·夏特莱:《理性史》,冀可平、钱翰译,北京大学出版社2000年版,第45页;[德]伽达默尔:《赞美理论——伽达默尔选集》,夏镇平译,生活·读书·新知三联书店1988年版,第27页。

化和未知化，无限推迟乃至消弭了那个本质目标，证明了以现象/本质为标志的深度模式不可靠。从深度模式回到表象日常（话语效果），因而本是“理论”题中之义（尽管它在实际中仍可能被处理为同一性变体），刻意将它说成不同于日常语义的学术语义，便错置了语言游戏。

设疑2:“理论之后”的“之后”又到底何所指？指时间上先后接续，还是空间位置的一前一后？

这两种所指，内部分别包含了另一个语言游戏:（1）前者的“后”有后吃掉前的否定、排除之意;（2）后者的“后”则并非后吃掉前，而仅仅是“外在于”之意。“之后”在西文中至少有 after、behind 与 post 三个对应词，加强了这种语言游戏的多义性。目前各种关于后理论的语言游戏，都取第一义，然则为什么时间的接续就强烈包含了否定“理论”之意呢？两个语言游戏被不知不觉混同起来。维特根斯坦说，“否定是一种排斥的姿势、拒绝的姿势。但我们却是在千差万别的情况中使用这样一种姿势”[①]，居于这些“千差万别的情况”之中首位的是:明明只是个外在于现有“理论”的新兴话题领域，却可能为迎合“理论之后”在语言形式上造成的新论印象，而将它说成是出于翻新（即否定旧义）“理论”之需而产生。比如后人类问题作为新话题出现，但为融入后理论这一名目，谈论它的人会说后人类与人工智能（人机）语言有关，是对建立在人类语言基础上的“理论”的更新，这类说法中不乏微妙腾挪的语言游戏底色，亟需小心辨析。

设疑3:这牵出了“理论”与“理论之后”的关系。两者互斥吗？还是也有兼容的一面？

语言游戏的上述窜混，使后者否定前者成为比较常见的选择。这在语法上的症结，是把“非”理解成了“反”。后理论固然不同（“非”）于“理论”，但“非”既包含“反”的情形，也包含“不反，只是外在于”的情形。若理解为否定的互斥关系，便放逐了为后一语路所肯定的兼容格局。就像“非理性”不等于“反理性”（梦、幻觉、无意识与阈下知觉等），还包括“外在于理性”（感性、情感与直觉等）这兼容不悖而更显深厚的一块。[②] 事实上，后理论仍需谈论福柯和德里达，诸如“理论中的文学”这样的后理论方案，便离不开对德里达文字书写思想的前提性承认。[③] “理论”与“理论之后”的断裂性虽然伴随某

---

① [英]路德维希·维特根斯坦:《哲学研究》，陈嘉映译，上海人民出版社2005年版，第175页。

② 参见拙文:《福柯理性批判话语的深层路径及其“后理论”引题》，载《文艺理论研究》2019年第1期。

③ 参见拙文:《作为写作事件的后理论——论从德里达到后理论的学理进路》，载《广州大学学报》2020年第2期。

种语言游戏的意图而生，终究是片面的。

设疑4：当这样意识到“理论”与“理论之后”的兼容一面时，对两者关系的谈论是否也有意无意地在重复、套用某些近似的语法模式，例如现代性与后现代性的关系？

回答应该是肯定的。这种基于记忆的伴随因素无法避免，承认它作为语言建制的一个动因才显得明智。后现代性或被认为是现代性的一个展开部分和后续阶段，[①]或被认为不存在根本差异，仍处于现代性中。[②] 谈“后”的这种思维方式，作为成见很自然地会影响“理论之后”的语法，问题不在于挣脱它，而在于如何来更好地进入和打开它。

设疑5：“理论之后”是一个事实描述还是价值判断？是说今天客观上已进入了后理论时代，还是说接下来应当进入后理论时代？

按前一语言游戏，目前出现的一些新论域天然已属后理论范围；按后一语言游戏，则需研判让何种论域获得新生长。这两个语言游戏的混淆，就像说“精神分析理论是一种非理性的理论”时，这是指精神分析理论在理论内容上的非理性（即理性之外的梦境、幻觉等意识要素）——不可控与不可理喻，还是指这一理论在理论形式上的非理性——缺乏实证基础与猜测成分过多？前者描述事实，后者则评价事实，两者并非一回事。以方兴未艾的动物研究来说，如果声称它提供了“理论之后”的事实，意味着它作为新话题在实然层面上填补了“理论”；但若说“理论之后”应当迎来动物研究，则似乎表示“理论”中只有对人的研究，或至少对非人的生命研究还不够，这便忘了“理论”的语言论性质恰恰使“作者死了”。其所要做的（从人拓展至非人）和其自身得以存在的基本估计（已经包含了非人）就相违背了。

设疑6：评价会带出对事实的进一步态度。“理论之后”是确有新事实需要“立”，还是其实仅仅旨在表达“破”现有事实的意愿决心？

从伊格尔顿等先行者的初衷来看，“理论之后”带有反思现有“理论”的评价性意图，确有新事实需要锚定。但稍后一些论者的确存在着以“破”为

① 如利奥塔认为“后现代主义……是现代主义的新生状态，而这一状态是一再出现的”（［法］让-弗朗索瓦·利奥塔：《后现代性与公正游戏》，谈瀛洲译，上海人民出版社1997年版，第138页），詹姆逊也相信“后现代主义不是在真正的现代主义之后而是在它之前，为它的回归进行准备”（王逢振主编：《詹姆逊文集》第4卷，中国人民大学出版社2004年版，第4页）。

② 如吉登斯主张“我们实际上并没有迈进一个所谓的后现代性时期，而是正在进入这样一个阶段，在其中现代性的后果比从前任何一个时期都更加剧烈化更加普遍化了”（［英］安东尼·吉登斯：《现代性的后果》，田禾译，译林出版社2000年版，第3页），哈贝马斯也认定现代性的宏大工程仍属于“未完成的工程”（汪民安、陈永国、张云鹏主编：《现代性基本读本》上册，河南大学出版社2005年版，第107－119页）。

主的冲动，以至于当“破”后需要填充“之后”的区域时，由于准备不足，一些现有的事实很容易被变相重复和顺势说成是“理论之后的理论”。如有些新话题只是有人正好在从事研究，但出于某种顺乎时代语境的心态和动机，研究者会说它们是后理论。在“立”一个后理论话题似乎并不太难的情况下，“理论之后不是什么”的问题其实也相应地模糊了界限，而行之难远。

第二节　家族相似与“理论之后”

设疑 7：“理论之后”的后理论，不可避免地将为证明自身合法性，而表示与“理论”不同，这种表示又不免会以总体性判断的方式来进行，那和自己试图告别的对象——“理论”的某种总体性目标，有否内在矛盾？

以语言论为基础的“理论”，在发生因缘上就反抗总体性，因为证明了语言不直通事物而自具意义建构的表征性质，便破除了传统形而上学由于无视语言这一性质而导致的“不管你怎么说，真相只有一个”的符合论（总体性）立场。在这种情况下要谈论“理论之后”，前提一定是“理论”对总体性的反抗不彻底，甚或又陷入了另一种习焉不察的、更为隐蔽的总体性。扼要地说，这就是作为其基座的语言论，在符号差别区分中所逐渐凝固起的“无论怎样区分，区分关系总是始终存在，而保证着意义的安全稳靠”这一总体性格局。它使语言论慢慢陷入某种意识形态，政治转向是其必然后果。但当后理论试图超越这一点时，它需要对“理论”在这方面的不是之处进行概括总结，而这种概括总结，难道不仍是总体性思维的复演？就像解构主义当然以消解各种总体性（在场）因素为靶子，但解构批评又俨然能形成一个稳定的学派，本身是不是即带有某种反讽意味？

如果这的确包含着回到某种家长制、而非家族相似局面的危险，被后理论引以为目标的“弃大专小（抛弃宏大问题专注于小问题）和扩展话题范围”等演进方向，[①]仍在某种“大”法下进行，便有前后抵消之嫌。它究竟是在做一件什么事呢？这里面蕴含着更多细节性追问。例如它还像“理论”那样使用概念吗？使用概念，便不免于总体性概括。如果像目下一些后理论方案声称的那般，后理论有可能不使用概念而仍成为新理论形态，我们深感困惑和兴趣的便是：一种摒弃了概念的理论还能叫理论吗？取消了概念间关联和推导的理论如何可能？

① 徐亮：《后理论的谱系、创新与本色》，载《广州大学学报》2019 年第 1 期。

设疑 8:用以取代“理论”的种种后理论议题,可否再在某种带有总体性色彩的意义上被统称为理论?

正如有学者认为“到目前为止还没有过真正的理论的历史”[①],当前有关“理论之后”的介绍与展望中出现了不少学说,或许可以称它们为新兴的、常常显得很靠近理论研究的研究领域,如后人类、生命政治、新审美主义与新叙事学等,其下则被更具体地开列出动物研究、声音研究、庶民研究、酷儿研究、残疾研究、创伤研究、情感研究、记忆研究以及各种新媒介研究等分支,它们又算不算理论?应如何获得自己的历史?它们中的很多已不太像纯粹的理论研究,也已不再采取“理论”常见的那种试图形成广泛包容力的研究路数,更像是一些分散而各自为政的细小话题。后理论这一表述,容易使人觉得这是个新型理论群落,进而倾向于从总体上去把握它,把它当作具有某种定性的理论对象来加以描述。无论这种描述主观上如何试图避开形而上学本质主义的一些陷阱,只要这种出发点始终依旧存在,摆脱总体性这一盲点,就远不是一件想当然已经完成的事情。

设疑 9:那么这是否等于怀疑,有一个能将后理论阵营中形形色色的新学说聚拢在一起的标准?

所谓标准,被维特根斯坦证明为是一种错误设置了同一化前提的形而上学虚妄。如果说“理论”行进至今确实流露出了未彻底跳出总体性窠臼的迹象,那在相当程度上就是因为它试图依附于某种标准的缘故,这种标准即语言。然而,“理论之后”的情形却变了。自 20 世纪初发展至今的语言论学理,在国际前沿上至少正逐渐出现三种转向趋向:(1)思辨转向。它发起对语言任意性原则的挑战,破除以语言等为标志的“相关主义”思路,主张对实在进行思辨,这引出了神经科学、人工智能与科幻研究方向。(2)事件转向。它质疑语言的差别性原则,不再“依赖于话语、形象中阐述的对立以及对差别的根本意义的压制”[②],既融合后结构主义,更引入事件这一新的观察角度,引出了新叙事学与新媒介研究。(3)生命转向。它更深入地从语言的发生性维度出发,在清理语言论中神秘的“拟人化残余”(anthropomorphic remnant,即在暴露语言限度这一前提下进行语言书写,相当于在不暴露神的本来面目这一前提下对神进行拟人化的表现,必然沦入神秘)的前提下,[③]

---

① [美]翟亮:《理论的兴衰》,牟芳芳译,北京大学出版社 2022 年版,第 181 页。

② Geoffrey Bennington. *Lyotard: Writing the Event*. New York: Manchester University Press, 1988. p.77.

③ Marco Piasentier. *On Biopolitics: An Inquiry into Nature and Language*. New York and Oxon: Routledge, 2021. pp.3-4.

重构语言发生机制，激活了动物研究、后人类与生命政治研究。这三个主题词，不仅清晰显示了对“理论”所依托的语言论维度的超越，而且是不可通约的，谁能给出思辨、事件和生命这三个区域的一致性呢？标准在此的消散，为“理论之后”这一命题注入了家族相似的强心剂。

设疑10:“理论之后”的后理论，其内部各种具体学说之间又呈现何种关系？倘若真没一条将之合理关联的线条，它们被放置在一起并统称为后理论的根据又在哪里？

这种合并同类项的冲动，是对研究者极大的诱惑。我们总是喜欢让一个家族步调一致，[①]却常常忘了如此归并得到的只是第二位的知识(“相似性是一个知识的要求”[②])，而非第一位的思想。因此它的问法本身，仍隐然包含了一种对总体性目标和深度模式的迷恋，而这是已被“理论”从原则上正确拆除了的东西：只要确证无法追问语言之后的那个形而上学目标，一切总体性目标与深度模式都是可疑的，都重蹈形而上学窠臼。就前一问来说，确实看不出各说之间有明显的呼应性，家族相似性在此显得特别突出，也才有了后一问。统称为后理论，恐怕首先确实出于命名的情结。换言之，一些被视为后理论的学说，只是时间上晚于“理论”出现，当它们被吸附进“理论之后”这一名目时，也仅流露出时间上的先后意义，即给人后理论之“后”只是个时间概念的印象。就像有人仿照“现代性”生造出“当代性”，把原本具有社会文化深刻内涵的现代性概念简化(偷换)为时间性概念，“理论之后”很多时候看起来，委实就被这样一种接班的诉求笼罩着。

设疑11:被视为“理论之后”的这些后理论具体学说，又是根据什么被划分界限的？

划界是现代性的特征，也是认识论的后果。因为当人取代神站立起来、试图在发展与进步中改变世界的不和谐状态时，他很自然地会发现，世界不复神性统一观照下的整块格局，出现了领域的彼此不同，康德率先明确划分开的知识、道德与审美三个领域，便凸显了现代性的划界特征。问题不在于主观上要不要、想不想划界，而在于，即使主观上需要和愿意去划分界限，客观上“界”能被“划”出来吗？对任何一种界限的划分都无法凭空进行，而须

---

① 例如学者钱锺书论著中的大量提示语：“相视莫逆”“事反而理合，貌异而心同”“异曲同工”“足资参印”“触类而观其汇通，故疏凿勾连”“此物此态”“邻壁之明”“遍于中外”“比物此志”“亦相发明”“相映成趣”“不期偶遭”“造车合辙，不孤有邻”“足资比勘”“均堪连类”“不足异也”“一以贯之”“暗合神遇”“心同理同”“随声附和”“大似天造地设”“同流合辙”“不求合而自合”“同用此心”“固戚戚有同心”“心同所感，遂如言出一口耳”“谋野乞邻，可诸张目而结同心”“合观会通”“同心之言”“出门合辙”“心运通轨”“互相照明”“直所从言之异路”等。

② 赵汀阳:《二十二个方案》，辽宁大学出版社1998年版，第261页。

依靠语言这一划分工具来实现，划界是一种介入语言的行为。那么，语言划得出界限来吗？正是在这最关键的理据上，维特根斯坦和符号学家一样发现了虚妄。语言既然被现代语言学家严谨证明为是无法直通事物的符号系统，它如何保证自己区分出领域 A 与 B、找到其间那条分界线呢？每当它试图去找这条分界线、进而区分彼此时，它的替代品性质决定了它已将 A 与 B 都整个替代掉，替代为更为根本的语言（符号）世界了。语言因而无法实现划界目标。语言论的出现消解了现代性的划界信念，指示了新的转折方向：不再划界，意味着始终存在一个比试图去“划”之“界”更为前提和先决的语言（符号）世界。

这样，划界意识已为“理论”所超越，后者的语言论基底，使它面对共同的意义和文化领域。在这种情况下把动物、庶民、创伤与残疾研究等说成是“理论之后”的后理论，似乎又回到了“理论”之前按话题本身、而非构成话题的方式来划界的格局，展示出了后理论不一味讲“后”、而仍隐含复兴色彩的思维方式。

第三节 遵行规则与“理论之后”

设疑 12：在学术史意义上谈“理论之后”，意味着至少已有了一个相关的谱系构成，即已出现了一群不同于“理论”的代表人物，哪些人属于这一群体？

在不同人为此而制订的不同规则中，有各种对此的说法，体现了遵行不同规则所导致的不同语效。例如规则一：德里达开创解构理论，催生了解构批评，典型地属于“理论”。按这条规则，德里达不是后理论者。但后理论阵营中分明出现了德里达的身影，动物研究就直接以其《我所是的动物》一文为滥觞。于是规则一被修改为规则二：德里达同时属于“理论”和“理论之后”。按这条规则，以德里达为代表的一些理论家可以横跨两种范式。但如果是由于德里达研究话题的转移而将之或归入“理论”、或归于“理论之后”，许多理论家都不乏研究话题的前后期转移表现，岂非都贯通了两种范式，而有使两者成为一者之嫌？

规则二于是再被修改为规则三：德里达对“理论”的支撑，和他对“理论之后”的支撑，来自同一观念下的前后重心演变。德里达被归入“理论”的根据，是前期的他（例如以发表于 1971 年的《签名・事件・语境》一文为标志）通过探讨“重复”这一在场形而上学得以形成的关键，批判以奥斯汀为代表的语境饱和性，并由此引出解构（延异）书写，这种诉求是鲜明指向差异性的。德里达被归于“理论之后”的根据，则是后期的他（例如以发表于 1993 年的《马克思的幽灵》、1994 年的《友爱的政治学》、1996 年的《信仰与知识》与 2003 年的《逻各斯》等为标志）进一步引出了差异如何在“重复”中进而产生向心力、使独异性与伦理最终协调的主题，体现为引入“自免疫”更新前期的“自恋”[1]，证明个体的挫折发生在他者对“我”的异质性冲击和主体性重建过程中，“我”需要去主动迎接这种异质，这既是“我”的责任，也才将意识的自恋，转变为一种以生命物种的共性为中心的自我免疫话语：在抵御外部压力的保护系统中不是将自身蜷缩起来故步自封，而是增加自身的暴露方式，令隔离墙并非起保护作用，相反去刺激新的压力的形成时刻。这也才有了德里达所批判的“普遍独异性”：普遍性每每被动物研究者们还原为一种与神创造人类及所有动物种类有关的类属和流派，尼采笔下与查拉图斯特拉一同出场的动物，便以这种“普遍化的独异”为存在根基，它将独异的动物归于集体的规范同质性，即把构成独异性的差异涵摄于种属的同质性中。动物研究正是在此意义上作为后理论现身的，它要让“理论”范式针对语境饱和性实施的、作为解构策略的“重复”，不再沦入其变种——“普遍化的独异”，而走向主体在“重复”中的见证性责任，实现解构的伦理-政治转向这一新范式。一个人物能否进入后理论谱系，是这样严格依循学理进行定位的。

设疑 13：“理论”阵营中得到公认的一些人物如德勒兹与德里达，已展示出不同于语言论的虚拟论、异在论、他者论立场，就是说“理论”内部已包含某种反“理论”的张力，那还有没有必要专门单独来提“理论之后”？如果这种提法只是在大体重复“理论”内部的既有张力，“理论”与“理论之后”的对比度还呈现得出来吗？

这个问号也体现出游戏规则的更易。从规则一：“理论”与“理论之后”内部分别铁板一块而各具稳定性，修改为规则二：“理论”内部有分歧性张力，可能孕育着自我更新的生机，再修改为规则三：考虑这种分歧性张力是与“理论之后”直接交叠，还是与后者不同。“理论”内部确已有从存在论到异在论的变迁，在布朗肖用虚空（纯粹外部）的沉默和深渊来取代存在论思路后，德勒兹给出从内向外虚拟的过程，不再“将语言作为一种同质的、平衡的或几近平衡的”系统。[2] 对语言论基础的动摇仿佛已指向了“理论之后”，

---

① Samuel Weber. *Singularity: Politics and Poetics*. Minnesota: University of Minnesota Press, 2021. p.109.

② ［法］吉尔·德勒兹：《批评与临床》，刘云虹、曹丹红译，南京大学出版社 2012 年版，第 235 页。

但后结构主义的类似怀疑，使之可以被吸纳于“理论”内部。与“理论”形成决裂的豁口便不在这里，而在于这条趋向限度的思路由于极限处始终达不到，构成对经验性语言的否定，对此深描的阿甘本，就是在此意义上被国内外学界公认为“理论之后的理论”人物、[①]即后理论人物的。当然他在否定的边缘限度——虚空处留下残余，又提出在去除这种残余的神秘后重建生命具体性的新议题，那则进一步构成了后理论内部的张力议题。可见，从“理论”到“理论之后”，不呈现为静止的轨迹，而是动态地不断更新规则、从中获得新发现的过程。

设疑 14：目前关于“理论之后”的谈论，似乎主要集中于英美学界，然而“理论”的重镇明显在欧陆（比如法国理论）。这是否意味着从“理论”向“理论之后”的转型，大体相当于学术重心自欧陆向英美的移动？有关“理论”主要属于欧陆、后理论则主要属于英美的印象可靠吗？

这种观感预设了一条规则：“理论”是欧陆的，“理论之后”一定便不再是欧陆的，于是向欧陆之外的英美方向转移。论者在这种规则作用下的估计，进一步被周围事实加强，最终发现答案还真是在英美，以至于越想越坚定。这是常见的反应，尽管不可靠。在英美后理论的代表学者中，伊格尔顿固然在 2003 年以《理论之后》一书拉开了晚近后理论研究的序幕，德里克·阿特里奇也于 2011 年与简·艾略特合编出版了文集《“理论”之后的理论》。巧的是，他俩也都是“文学事件”的播扬者。究其因，当英美学界关注“理论之后”时，由于“理论”建立在主流语言论基础之上，而事件思想在欧陆的提出即旨在超越主流语言论，相信“语言不是一种符号系统”[②]，那么引入欧陆事件思想作为“理论”在英美的推进口，便是很自然的选择。这使我们理解了上述巧合的必然性，也丰富和变换了上面问题中包含的规则，看到了后理论在英美视野中对欧陆传统的接通。

设疑 15：“理论之后”在当前的另一条思路是转向文学，实现“理论中的文学”“理论的文学性”或“文学转向”，即认为“‘理论’在疏离纯文学几十年之后又开始转回对文学的关注，当然是在不同意义上的关注，即把文学视为‘理论’的出路”[③]。这在语法上是否清楚？

也有一条规则在这种立场中起作用，那就是作这样主张的人往往是从事文学研究的人，考虑将“理论之后”的走向与自身职业结合起来，进而增强

---

① 徐亮：《理论之后与中国诗学的前景》，载《文艺研究》2013 年第 5 期。

② Timothy Clark. *The Poetics of Singularity*. Edinburgh: Edinburgh University Press, 2005. p.39.

③ 金宁主编：《〈文艺研究〉与我的学术写作》，文化艺术出版社 2019 年版，第 318 页。

了其中确实存在着线索和进路的信念，心态可以得到理解。这里存在着三个追问点。首先有放大自身立场的嫌疑，对规则与对象之间的线性联结姿态需被复杂化。其次，提出这条路子的初衷，是将文学动词化地视为一种活的思想方式（用提出“理论中的文学”主张的卡勒的话说即“文学事件”），但它多少存在着将“理论”朝心性化的审美方向引导的迹象，复活着审美主义立场，遮蔽了“理论”的社会学范式遗产。这也是不少人对“理论之后”的印象总停留于英美视野的原因。再次，“文学”这个概念在此明晰吗？

就上述最后一点来看，卡勒本人是如何理解文学的呢？他从述行（以言行事）理论取径，视文学为事件，陷入了语法的迷障。他称以言行事在两点上和文学相关：一是它作为对语言的使用，帮助人把文学构想成创造世界的活跃行为，在语言行为中创造出（做到）文学打算命名的那个世界；二是以言行事打破了意义与发话者意向的联系，使语言不作为内在意向的外在符号现身，正是在此卡勒拿它向事件靠拢，推出“文学言语也是事件”[①]，以及“奥斯汀式的文学事件”这个概念，[②]后者被卡勒早早写在 1997 年出版的《文学理论》中，2007 年出版的《理论中的文学》作了重申。但卡勒忽视了两者的根本区别：以言行事在言语中所做之“事”，有别于现实实践活动而是观念性的，不等同于“事件”，“借助于‘言’而展开的‘事’，也相应地首先与观念性活动相联系”[③]。根本原因出在奥斯汀对语境规则的坚持上。在以言行事中，发话者受到的限制不是事件性的他者冲击，而是语境规则。有学者揭示出了这种限制：“如果考虑到奥斯汀经常坚持的所有述行话语的常规性，真的可以说开始讨论的主席或为婴儿施洗的牧师或宣判的法官是人（person）而不是人格（personae）吗？……因此，当述行话语使他成为传统权威的代言人时，述行话语自动虚构了他的发话者。”[④]以言行事对语境饱和性的依赖，使一个人在说出“我打赌”时已经把说着话的自己，自动地虚构为自己，把自己二重化地置换成了某种通例和人格化的抽象面貌。而受限于语境规则，实际上强化着语境规则而中和事件的尖锐冲击力，去事件化了。这样，无法如卡勒所说“奥斯汀式”地推出“文学事件”，文学作为事件的根据便不可靠，它能否顺利进入“理论”，也就须审慎斟酌了。

---

① ［美］乔纳森·卡勒：《文学理论入门》，李平译，译林出版社 2008 年版，第 106 页；［美］乔纳森·卡勒：《理论中的文学》，徐亮等译，华东师范大学出版社 2019 年版，第 140 页。

② ［美］乔纳森·卡勒：《理论中的文学》，徐亮等译，华东师范大学出版社 2019 年版，第 125 页。

③ 杨国荣：《人与世界：以事观之》，生活·读书·新知三联书店 2021 年版，第 13 页。

④ Barbara Johnson. *Poetry and Performative Language*. *Yale French Studies*, No. 54, Mallarme (1977). pp. 150 - 151.

设疑16：想到转向文学后，一个进而很容易跟着形成的想法，是“理论之后”与注重诗性的汉语文化，在克制与超越形而上学方面产生了暗合的因缘契机，这又有无道理？

这条规则极易在国内学界得到强调。因为承认“理论之后”的文学走向，意味着需要发展出不同于“理论”的新型写作，文学的元思想功能也浮现出来。它似乎在注重写作创造智慧的我国更富于优势与共鸣。但作此联结时需具备扬弃的敏感，要考察后者有无回应形而上学稳定传统的自觉意识与迫切动力。所以，当用这条规则谈论“理论之后”时，为避免使之沦为仅仅加强自己预设的仪式，变换规则内部的程序显得尤有必要，包括对民族文化本位认同的自控，以及对抒情传统中与西方超越形而上学的进程佯通而非真通的幻象的防范等，就像在探讨“中国诗性文化”特征时，假如从一开始就强势端出“在世界趋向一体化的今天，中国的文学艺术究竟应该如何保持自己的民族个性并为人类作出独特的贡献”这样的诉求，[①]便难保接下来遵循此种规则的语言游戏不变形。

设疑17：用“由大变小”描述“理论”向“理论之后”的演进，遵循的规则是否充分？

大与小的规则凭何而定，标准上是浮泛的，在这种情况下扬言后理论较之于“理论”从大变为小，是一种回忆起来的联系，受到了两条规则的影响：其一，当“理论”将学理地基从认识论移至语言论后，它其实已从大变小了，由此造成的后一阶段总在突破前一阶段局限(如总体性陷阱)的印象，使人们在谈论“理论之后”时也习惯于以为是在以小换大，虽然这样说会模糊不同语境下由大变小的含义；其二，“理论”内部已包含的由大变小的趋势，例如利奥塔的“小叙事”、德勒兹的“小文学”等概念，也顽固地把思维模式传染给“理论之后”的各种谈论，尽管这同时已表明，用大小这对标准来划分两个阶段，存在着偷换不同规则的隐患。就像维特根斯坦在《哲学研究》第48节中指出的那样，较小的东西倒可能是较大东西复合的结果，较大的东西也可能是较小东西分割的产物，所谓大与小之别，在语法上晦昧不明。比起这种描述来，毋宁说“理论之后”是让“理论”建立在更如其所是的基础上，例如德里达对动物研究的开创，表面上较之他的解构理论似乎在论域上变小了，但正如前文所分析，这是晚年的他将作为解构策略的“重复”更为恰当地建立在伦理维度上的后果，由此摈弃尼采动物观中的“普遍化的独异”因素并引出动物研究，超越“理论”仅仅拆除人类中心主义、却仍可能借助同一性变体

① 陈炎：《中国“诗性文化”的五大特征》，载《理论学刊》2000年第6期。

去同化他者的立意，才生产性地体现出“之后”在生命转向方面的变革意义，恰恰在内涵上变大和变得更深厚了。

第四节　私有语言与“理论之后”

设疑18：目前有关“理论之后”的谈论中，有的仍企望一劳永逸地解决“理论”存在的问题，比如让文学进入“理论”就多少体现了这种用心，那是否有令后理论落入“无限”这一神秘化窠臼的嫌疑？

提出“理论中的文学”的后理论者，虽然对“文学”一词的含义演变（如从纯文学到杂文学）也是关注和作了一定梳理的，但在并未解决文学进入“理论”的具体机制这一前提下，遗留有两个疑点：一是企图用一种方法策略将“理论”的局限改造完毕，在整体思路上带有总体性残余；二是对“文学”性质与功能的理解处于经验主义状态中，有时不再如“理论”那般承认文学背后的反思社会学背景和建构动力，这便出现了放任其无限性力量的缺口。这两点，在语法上都展开数的飞跃这一跨度，并经由这种以超越为特征的飞跃，赋予所谈论者神秘色彩。

设疑19：如果“理论之后”转变为“理论中的文学”，即用文学的方式做理论，那是否会造成心灵过程对语法的干扰，令后理论建构成为主观的喧哗而失去判断准绳？

这一问在语法上的假设，是让文学进入“理论”之举倒退回直觉感悟，那当然成了私有语言的复演。其实，卡勒的真正用意在于，取消“理论”中分析过程与所分析对象之间作为界限的代理（agency，此词系卡勒对“理论之死”的代表人物史蒂文·纳普《文学兴趣：反形式主义的各种限度》一书的援引，指被插入表述本身的指涉物，《理论中的文学》中译本译之为“行动”）性中介，实现两者的融合。它不是价值论上的主观意愿选择（借助文学使“理论”变得深入浅出而更好理解），而是本体论上的客观性质还原（承认文学是“理论”的题中应有之义）。从积极方面来讲，“理论之后”的理论，试图避免被某种始源（及其各种变体）决定好范围和方向以至于总是显得可能，而在让始源发生出事件之际，同时保持发生本身的事件性，以此消弭始源作用下的关联性思路，不再满足于接受被可能性决定好的界限，相反运用潜能趋向语言的限度，并由此逼出不同于那种意义饱和内收的可能性、却向外侵蚀而充满了异质风险的外部世界，从“理论”的关联性思路，演进至“理论之后”的非关联性思路。后者通过语言限度上富于智慧的临界操作，打开了虚空（void）

的维度。唯有在虚空中，存在于事件发生前的主体性才被消除，因为“正是在这种虚空的基础上，主体才将自己构成真理过程的一个片段”①，事件是在主体趋于虚空状态的过程中即时生成的。虚空状态肃清了“理论”挥之不去的始源盲点——所论与被论之间的代理，恰恰才带出了事件（客观性）。文学在这里作为虚空的动力起作用。读者观察蔡良骥《文艺枝谈》一书别开生面的写法，即可得到启示。从消极方面来讲，看到虚空状态的这种创造性一面之际，也如下文所分析，得从语法上来留意其对生命的抽象化。

设疑 20：从“理论”引出“理论之后”，思考路线上包含着一种“超出”的语法，诸如溢出、降临与动摇等类似的心灵状态，均在这种思考中起作用，它们是些被当代思想统称为“事件”的状态，那设若用事件来联结后理论，如何规避其神秘性？

这种联结设想如前所述，使后理论研究超越现有英美主导范式而接通欧陆传统，获得了内在中介与新生长点，在学理上是可能的。但当这样联结时，语法上的迷雾清除了吗？令人产生犹豫的原因并不复杂：“事件”是一个语义上往往充斥着神秘意味的词，它很容易带给人的非理性特征，加剧着这种观感。对事件看似不可控的独异性进行必要的限制，才会消解事件带给后理论的语法迷雾。尝试举一端：让事件重新获得历史的客观性，可以吸收本雅明有关“起源”不是逻辑范畴而是历史范畴的重要思想，让“重复”作为历史起源来重建事件的社会历史维度。据本雅明，当起源与它所不是的东西进行比较时，它才能被识别，但这一比较就已是对起源的一种重复，它就改变而不再是起源自己了，这导致人们无法获得对起源的纯粹理解，只能在它“可能是什么”与“不可能是什么”的紧张关系中感觉到它，从而，历史从未封闭于直接或实际的存在中，相反只在历史前和历史后、通过排演和重复被看到。独异性就存在于这种重复中。如果考虑把德里达与之类似的“重复”思想（也如前所述，这指向了事件和后理论）和本雅明这一思想创造性地贯通起来，后理论的事件性质可以获得历史根基，而不再轻易沦入私有语言的神秘，超越英美语境而获得德国因缘，继续产生深入的追问点：为什么德国理论普遍不关心“理论之后”？对此的研磨，或许便打开了后理论下一步重建的方向。

设疑 21：“理论之后”的一个重要方向是生命政治研究。从话语政治到生命政治的递嬗，大致代表了从“理论”到后理论的演进轨迹。但生命政治

① Alain Badiou. *Handbook of Inaesthetics*. California: Stanford University Press, 2005. p.54.

作为后理论所持的“生命”立场，是否绕开了私有语言这一语法陷阱？

对“生命”及其伴生物的警惕，构成后期维特根斯坦哲学的一个焦点，他对精神分析以及直觉等可以被共同视为生命主义因素的诊疗，都说明了这点。后理论者阿甘本以生命形式论引出在语言中恢复物自体位置、同时伴随“恢复书写的困难”、在暴露“语言限度的经验”之际写作的方向。[①] 这在有识之士看来就像为了进入天堂的大门，人类必须放弃他是一种有生命的生物的信念，而迷失于一种大无知状态。在这种状态中，纯粹潜能失去了生命，追求完美的写作行为成了潜在的“非写作”，人尽管也能到达语言的边缘，却无法发现与其纯粹潜力相矛盾的那个语言限度的积极一面，沦入了被这种限度无情抹去的虚空境地。生命政治的私有语言危险，又不能不从这里得到语法审辨。

设疑22：“姿势”一词当下也频繁出现于“理论之后”的生命政治研究中，作为“生命”的变项而存在，它在语法上又可能遭遇什么？

这也涉及私有语言的不可靠性。阿甘本指出姿势乃一种内在于人类语言能力的哑言，像索绪尔语言论这类理论，用规则的现成性遮蔽了作为原初赤裸生命状态的语言事件，而趋于本雅明所说的经验的贫乏。换言之，人持续使用着本质上并未属于自己的语言，需在对语言的否定中呈现其生命形式，这种呈现就是既无目的、也非手段的姿势。因为假如在“手段—目的”二元范畴中思考问题，像康德的“无目的的合目的性”那般，目的仍流于空洞无内容的形式而显得消极。阿甘本反其道而标举“无目的的手段性”，以从一切合目的性中解放出来的纯粹形式，积极呈现“并不认识任何事物，而只认识到有什么是可认识的”的姿势。[②] 为不少学人津津乐道的“姿势的诗学”，在这点上显出迷人的魅力和身手。姿势论由此敏感到和抓住的语言论盲点，进一步过渡至政治与伦理领域，行动具有意愿和目的，被一回回放在由理由与过错构成的装置系统中。人对自身行动的回应，由此值得引入姿势的调控。因这份鲜明的时代感和问题意识，可以预言“理论之后”会涌现更多立意于姿势的思路。但到这步够了吗？

思辨的曲径通幽的美妙，往往便在此等风景处。当语言在现实使用层面上不断被告知需退却自身、才能浮现出真实的自己时，充溢于其间的虚空冲动，把语言以及环绕语言的生命抽象化和神秘化了。它从语言规则运作

① ［意］吉奥乔·阿甘本：《潜能》，王立秋、严和来等译，漓江出版社2014年版，第20、32页。

② ［意］吉奥乔·阿甘本：《业：简论行动、过错和姿势》，潘震译，上海社会科学院出版社2021年版，第xxx页。

的日趋惯性化局面中引出生命形式的动感介入，仿佛恢复了生命的活力，却陷入了另一种执著，那就是让现实中的人说着语言的时候，意识到自己从未说出过真实的什么，这种公然撤回虚空的姿势，以消泯人的具体生命为代价，某种程度上已取消了人的生命存在而遁入大荒。这一神秘盲点加剧了人本立场，和自然科学意义上的具体生命重又对立了起来。只要我们被一种姿势告诫说，需由实返虚而承认存在着始终高出生命现状的大道至境，这种姿势无论如何便是掺拌了私人心曲、而抽象化了生命的。这还不是指一个人蓄意往姿势中注入个人意图，而主要是说，即使他主观上没有特定的意念，客观上也会有残余的缝隙从姿势中顽固绽露出来，以致抹不去其间的可疑。

“理论之后”至少在两个方向上回应这一重要主题，即神经科学和科幻叙事对人文学科的渗入，以及生命政治对自身的重估。前者致力于探讨在人本立场之外重建生命的具体路径，演化出后人类研究与动物研究，以及重新聚焦生命的残疾研究等。后者意在克服从福柯到阿甘本的生命政治范式逐渐暴露出的不足，不再相信生命政治只在极限处才具备反抗的可能(那会消解主体性而导致主体在生命政治中滑向海德格尔所说的“泰然任之”状态)。生命政治研究由此须考虑不再分离语言和生命，而拓展各种“非人”范畴。从语法上解析姿势的负面，引出的任重道远的建设性智慧就在这里。

第五节　语法、限度、重审奇异化及文学

在对以上 22 个语法设疑作出阐解后，如果我们的第一反应是从速根除这些问题，便又陷入了简单化陷阱。语法拆析的目的，不是清除掉障碍而摆脱哲学病患，真空状态下的语用健康并不存在。恰当的做法是通过引入语法分析这一参照系，考虑如何更有效地澄清“理论之后”这一命题，更合理地谈论它。基于此，对当前往往只满足于概要介绍一些“理论之后”新思潮动向和人物的现状，以及其间每每展示出来的诸般理路模糊之处，就会产生一竿子没插到底、仍浮于水面的意犹未尽感，而感到需要来重新评议现有的得失。这种复议帮助打开了下一步工作方向：结合对语法的敏感，全面图绘“理论之后”的学理地基。

以 1990 年以来后理论的发展历程为研究对象，系统深入考察后理论至今的演进，可以发现其大致分为三个阶段，各阶段有各自显著的问题意识、代表派别、人物、观点、刊物、机构与学术活动，阶段之间则从整体上构成了

前后学理的嬗变关系:1990－1999年为酝酿与萌生期;2000－2009年为进展与论争期;2010年至今,则为新变与东渐期。但鉴于本引论谈到的命题语法的微妙复杂性,这又是一部不能被简单理解为事实连接与编年体的后理论史。就是说,虽曰"史",写法上不是带着某种强硬的预设层层推进,去逼近一个在整项研究完成前似已若隐若现于研究者头脑中的结论性方向,相反,充分吸收分析哲学在语言精细敲打方面的宝贵做法,某种程度上步步后退着写、拆解性地写:用家族相似的写法来擘划整个后理论谱系中的节点,破除包括但不限于本引论论及的各种语法迷误,写出"理论之后"的活跃语言游戏面貌和规则动态。这很不容易,却是有志于夯实后理论真相的研究者应当追求的。

当然,在分析哲学影响下努力清除形而上学思维在"理论之后"的渗透,不等于我们对"理论之后"的研究不能拥有一种基本立场。理论研究离不开立场的介入。笔者的建议是,可以将语法分析的精密性,和上文同样谈到的"理论之后"视野中语言的限度(事件与虚空)积极联系起来,思考这样一个富于新意的问题:对"理论之后"命题的一系列语法诊疗,和后理论在语言限度上每每作出的试探与较量,能否建立起内在的联系?语法分析试图还原的是:当人们说出一个命题、认为该命题指向了外部事实时,实际上究竟说出了什么?即试图弄明语言在自我指涉上的表现。但"从语言的自我指涉去理解语言的限度"①,进而注意到维特根斯坦与本雅明在语言限度问题上的某种亲缘性,正是近期学界的研究进展。如果考虑到阿多诺所见证的本雅明语言观,直接提供了后来阿甘本潜能思想的动力,这似乎便证实了笔者愿意在此提出的设想:尝试让语法分析的精密性,与语言限度问题贯通起来思考。

如果这样的设想并非无稽,可以随着研究的逐渐深入而获得实践印证,那么在后理论的诸种面相中,其文学走向确实有理由获得相对更多的重视。因为作为文学本性的"奇异化",本质上即在语言限度上的试探,就是与语言限度的较量。这是被什克洛夫斯基提出的"奇异化"(defamiliarization,亦译"陌生化")原则所决定了的。

"奇异化"理论认为,"艺术的手法是将事物'奇异化'的手法,是把形式艰深化,从而增加感受的难度和时间的手法,因为在艺术中感受过程本身就是目的,应该使之延长。艺术是对事物的制作进行体验的一种方式,而已制

---

① 汪尧翀:《论"语言"的限度:本雅明与维特根斯坦思想的错位》,载《中国图书评论》2022年第7期。

成之物在艺术之中并不重要。”①其要点，一是避开熟悉的语词和手法，相反通过选用新鲜的语词来描写事物，增加感受的难度，二是延长感受的时间。这一理论由此长期以来被视为形式主义文论的先声，因为突出语言本身的结构组织，就是在顺应语言论的根本精神：符号在区分中形成意义。鉴于文学是语言的艺术，“奇异化”也就被奉为文学的性质。学界对于这一理论的溯源，也意在证明“奇异化”是从形式主义角度看待文学所提出的主张。因为“不论它所主张的‘形式即内容’的思想，还是‘陌生化’（或译‘反常化’‘奇特化’‘疏远化’‘异化’‘变异’）这一核心概念，都是在研究了德国浪漫主义美学和诗论的基础上提出，甚至直接是从它们那里吸取过来的。不过到了俄国形式主义者那里，却是经过改造乃至完全被歪曲了”②。歪曲体现为，以“手法”偷换德国浪漫主义诗学中的“形式”一词，未看到后者指艺术家创作活动的动力和追求的最终目的（即艺术形象），并不排斥表象材料与情绪材料，进而用“材料”（Material，亦译为“质料”）偷换“内容”（Content）概念，完全走向了形式主义。这样分析的前提，是已经较为强烈地预设了传统重视内容与形式的统一、现代反过来重形式轻内容这一潜在的语法结构，没有看到“奇异化”理论其实有超出形式的一面。就在上面这段原理性表述之后，什克洛夫斯基紧接着谈到了诗歌语言与日常语言的区别：

> 我们处处都能见到艺术具有同一的标志：即它是为使感受摆脱自动化而特意创作的，而且，创造者的目的是提供视感，它的制作是“人为的”，以便对它的感受能够留住，达到最大的强度和尽可能持久。同时，事物不是在空间上，而是在不间断的延续中被感受。诗歌语言正符合这些特点。③

这段表述紧紧依托于上下文有关“奇异化”的论述语境展开，不仅补充性地申述了前面道出的原理，而且强调“达到最大的强度”——这似乎是被以往研究者所忽视了的要点。这意味着“奇异化”还有一个在语言组织中增大强度的动态挤胀过程，而要达到强度的最大化，必然触及对限度的冲击、

① [俄]什克洛夫斯基：《散文理论》，刘宗次译，百花洲文艺出版社 1994 年版，第 10 页。

② 王元骧：《审美反映与艺术创造》，杭州大学出版社 1998 年版，第 406 页。论者举出诺瓦利斯《断片》中这句话加以证明：“以一种令人愉快的方式把一个对象陌生化，同时使之为人熟悉并引人入胜，这就是浪漫主义的诗学。”（中国社会科学院外国文学研究所编：《欧美古典作家论现实主义和浪漫主义（二）》，中国社会科学出版社 1981 年版，第 396 页）

③ [俄]什克洛夫斯基：《散文理论》，刘宗次译，百花洲文艺出版社 1994 年版，第 20 页。

试探和搏斗较量，因此实际上“奇异化”理论不只具备形式与结构的内部层面，也同时孕育着冲破形式与结构、类似于后来德勒兹等人所说的“在语言表面上‘打洞’，以找出‘背后隐藏着什么’”的事件性动力。① 事件总是超越常规的，“事件是发生或闪光，是耀眼的启示或瞬间。”②当人们从《复活》等作品中读出了“托尔斯泰在其中用令人警醒的方式，奇异化的方式，说出了人们灵魂中一直习以为常、实则耸人听闻的罪恶”时，③“奇异化”确凿无疑地形成着从常规中突破出来、并努力趋于最大化的强度指向。

事实上，当代学者也意识到了“奇异化”和“独异化”这一事件性质的某种关联可能，从词源上确认了文学具有独异性：一方面如俄国形式主义所示，奇异化创造出意外、罕见与独特（uniqueness）的效果；另一方面，“独异（singularity）——如果我们只把它看作‘独特的’（unique），而非‘个体’——就显得足够简单了。”④这两方面合起来证实了我们的经验：“奇异化”可以从“独异”角度加以理解，两个词都表示独特（uniqueness）之意。而鉴于“奇异化”被界定为文学性来源并得到公认，文学在本性上便具有独异性。

如果以上分析可以成立，便纠正了人们只是从形式主义角度去将“奇异化”理解为文学性质的做法，而使人进一步看到“奇异化”在超越常规而趋于最大化强度的过程中同样赋予文学的性质。达到最大强度，显然包含触及语言极限的潜能运动意味在内。限度意识在这里，便有机会来创造性地涵容语法拆析的积极成果。这方面的研究是目前还较缺乏的。它使我们注意到一个有趣的事实，并对之产生出了新的观感。

这个事实是，后理论研究正在和独异性研究、事件研究挂钩，从后者汲取思路和营养。不仅“伊格尔顿想要讨论的的确是一种作为‘事件’的文学”⑤，而且如前文所述，提出与探讨“文学事件”的英国学者伊格尔顿与阿特里奇，同时也都关心“理论之后”。这仅仅是巧合吗？还是于巧合中蕴含着某种必然？

它蕴含着一种必然逻辑：以语言为核心的英美文学事件思想，内含着对

---

① Jean-Jacques Lecercle. *Deleuze and Language*. New York: Palgrave Macmillan, 2002. p.6.

② Fabien Tarby. *Philosophy and the Event: Alain Badiou*. Cambridge: Polity Press, 2014. p.142.

③ 徐亮、梁慧：《〈圣经〉与文学》，商务印书馆2016年版，第286页。

④ Samuel Weber. *Singularity: Politics and Poetics*. Minnesota: University of Minnesota Press, 2021. p.80.

⑤ 耿幼壮：《理论之外——特里·伊格尔顿“非文学理论”著述研究》，北京大学出版社2021年版，第39页。

“语言作为形式”的突破可能和倾向。因为后理论承“理论之后”命题而来，是对二十世纪以来源于欧陆哲学的理论运动的清算和超越，对准的是理论的命门或基石——语言论。正是语言作为任意性符号系统的性质在二十世纪索绪尔等语言学家手中的发现，使知识对象不再自明，而有了被符号权力建构、并沿此形成表层/深层结构的二分问题，对这种二分结构进行揭示，成为理论的性质。既然在经历了半个多世纪的辉煌之后，理论如伊格尔顿判断的那样，正逐渐呈露出衰退之迹，相应地，那从根本上便离不开对构成理论自身的语言论实质的检讨。换言之，后理论必然内含着调整语言的逻辑，理论之后，某种程度上就是语言之后，或更准确地说——语言论主流之后的独异性。

这呼应的趋势是，独异性正在由表及里地从法国（欧陆）逐渐延伸至英美。从表层延伸看，欧陆原创理论是当代多数英美理论批评的直接资源，前者中的独异性理论虽已涉及文学艺术，毕竟主要在哲学层面上展开，很自然地会引发后者将其具体运用于诗学中。从深层延伸看，在文化主义名义下展开的当代英美理论批评，正在逐渐陷入某种看似自由（独异）地征服对象、却不知不觉加强着自身在这一过程中的权力的瓶颈，以致失去了理论批评的独异性而并不真正自由，当此之际，考虑引入与主流文化主义及其语言论基础有别（如前文所引：“语言不是一种符号系统”）、从而“与当前主流文学和文化批评观念有惊人的临界距离”的、[①]包括但不限于法国理论家的“独异学派”（school of singularity）作为更新的突破口，[②]遂成为英美学界同样自然的选择。英国学者蒂莫西·克拉克出版于2005年的《独异性诗学》，已标示了这种选择取得的初步成果。[③] 笔者基于以上理据而在本书中提出的“理论之后的写作”立场，在后理论、事件与文学这三者的关系中展开思考，对有兴趣的同道来说想必也不至于完全多余。

---

① Timothy Clark. *The Poetics of Singularity*. Edinburgh: Edinburgh University Press, 2005. p.158.

② Ibid, p.125.

③ 详见拙著《事件思想史》（华东师范大学出版社2021年版）第十三章第一节的论述。

第一章　理论之后的必要条件

自托马斯·多切蒂(1990)与伊格尔顿(2003)相继提出“理论之后”的学术命题以来,围绕对理论运动的深入反思,人们开始发现,多种修补理论的方案,未及根除理论的盲点,这可以得到包括符号学与语言哲学在内的现代学理的细致推演。在符号学看来,理论尽管致力于拆解自明性,自身却仍不得不依托于语言而也始终内含着深层结构,使所说同样成为某种假象而待拆解,动摇了得以成立的基础。在语言哲学看来,风行半个多世纪至今的理论,揭示出了形而上学自明性在述事中掩藏述行的实质,说掩藏,是因为虚构无法被排除在述行语理论之外,其作为述行/述事的佯装一体有待于祛魅,又由于虚构体现着语言作为符号系统的替代本性,述行/述事的分岔便是话语内在固有的,理论在揭露这种分岔的同时也便面临着自我解构:相信它所说的内容,便意味着不能轻易接受它,这个悖论使理论逐渐引发反思并进而引出后理论。本章首先分析“理论之后”这件事得以出现的必要条件,还原其内部理路,在考察现有解释的基础上尝试提出新解释。

第一节　修补母体与现有解释

特称意义上的、在西文中每每大写的理论,是二十世纪后半期以来以批评理论为主的文学理论的特定发展阶段。鉴于现代思想对语言的符号系统性质的发现,理论运动其实自二十世纪前半期已开始得到酝酿,有关理论对各种文本与现象的深层结构的阐释冲动,呈现出与以往的不同。理论的正式形成则是最近半个多世纪以来的事。福柯等思想家发现符号的区分建构着现实的区分,对无处不在的话语权力进行手法精湛的祛魅,形成了以意识形态、性别、族裔与身份政治等跨学科议题为关键词的理论运动。随着这场运动的全面展开,原先一直稳固存在的、相信先有事物后有语词命名与传达的自明性范式受到了摧毁,乔纳森·卡勒引人瞩目地评价这种变化为超越常识后的进步。

理论的衰落,集中体现为理论之后这一新提法。相关的焦虑很自然地形成了一种朴素而不乏激进的反应:反对理论。美国学者纳普与迈克尔斯合撰于1982年的《反理论》一文较早指出,理论的问题在于"总在事实上不存在差别的地方制造差别"并"想象出一种没有意图参与的语言模式"来奇怪地服务于自己的认识论目标,仅仅成了"逃避实践的企图"[①]。达芙妮·帕太与威尔·卡洛合编并出版于2005年的《理论帝国》一书,汇集了一批从不同角度反思理论运动、并不乏反理论声音的文章,提出了解除文学研究中理论正行使的"文本骚扰"、重返宽广多样的人类经验的可记忆表达及其快感的思路,犀利断言"具有独立思考头脑的学生都会感到文学作品中理论的偏移性应用犯了病,他们能洞察到被选出的诗歌对理论决定作用的超越"[②]。尽管这种整体上以破代立的反应在形而上学传统深厚、思辨理性短期内并未退出舞台的西方处于支流,但值得注意的是,基于正在加速的现代性诉求,晚近我国学界不仅同样很自然地出现了接受后理论话语的热情,积极译介与追踪研究相关前沿动态(后文将结合本书主题展示这一点),而且也每每立足于诗性文化传统而呼吁重返审美经验、文学文本与生活世界,应该说其中的一些观点(不是全部)客观上是较为接近上述思路的。

与之相比,由于不存在普遍意义上的诗性传统,理论之后的西方主流反应是推进与细化理论。据我国学者王宁的考察,1996年7月举办于英国格拉斯哥大学的一个学术研讨会,最先提出了"后理论"概念,马丁·麦奎兰等四位学者在题为《理论的愉悦》的会议文集导言中,声称后理论是一种"还在到来中"的"理论"[③],从标题到论述都体现出对理论的某种眷顾。2000年朱迪斯·巴特勒等三位美国学者合编的《理论剩下了什么》一书,以这个书名表达出既不反理论也不固守于理论、而"重新安排"(rearrange)理论与其剩余之物以及文学的关系的折中态度。[④] 2003年,伊格尔顿也出于重建政治批评的一贯立场,在《理论之后》一书开篇强调理论作为"指导性的假设""仍

---

① Steven Knapp and Walter Benn Michaels. *Against Theory*. *Critical Inquiry*, 4(1982). p. 736,742.

② Daphne Pattai and Will H. Corral. *Theory's Empire: An Anthology of Dissent*. New York: Columbia University Press, 2005. p.5.

③ Martin McQuillan, Graeme Macdonald, Robin Purves and Stephen Thomson. *Post-Theory: New Directions in Criticism*. Edinburgh: Edinburgh University Press, 1999. p.xxxi.

④ Judith Butler, John Guillory and Kendall Thomas. *What's Left of Theory?*. New York: Routledge, 2000. p.xii.

一如既往不可或缺”①。本着类似的立场，拉曼·塞尔登等三位英国学者合著的《当代文学理论导读》，在2005年第五版结论中虽推出“后理论”概念，却感叹“对最近的过去的弃绝是令人惊讶的”②，其试图接着理论讲的用心是可辨的。这些信念都启动了修补理论的新途。

在这条新途上，2010年尼古拉斯·伯恩斯编辑的《理论之后的理论》一书，以及2011年简·艾略特与德里克·阿特里奇合编的文集《理论之后的理论》，集中描画出了一些值得注意的修补动向。尤其是后者，大体汇集了新世纪前十年国际学界关于理论之后的代表性思考。两位编者在该书导言中提请遏制“文化理论对神谕式人物们的作品的迷恋倾向”③，倡导一种开放而无终点的非静态经典化视野，主张在其中让理论研究不再狭隘地围着某个理论家转。尽管他们以较大篇幅历数了理论行进至今暴露出的那种纵容智力入侵的野心，却不打算从根子上动摇理论的大写性，以至于在提出消解理论神谕的主张之际并未形成走出神谕化思路本身的明确诉求。这方面更为显眼的例子，来自美国芝加哥大学学者米切尔。2003年在为著名的《批评探索》杂志举行的专题研讨会撰写的引言中，他颇具倾向性地将流行至今的理论描述为具有“普遍掌控欲、一致性与解释性力量”的“高理论”，指出对它的反抗需要建立起既承认理论危机、又不纠缠于对其是生还是死的判断（这让人感到了回护的意味）的“媒介理论”④，后者“不再激进”⑤，强调“理论本身似乎是一种媒介”⑥。“媒介理论”原文为Medium Theory，与作者试图超越的High Theory（“高理论”）相对举，考虑到medium有“中等的、中号的”之义，似亦可译作“中等理论”。与这种看法相近，迈克尔·哈特也指出，理论正陷理论家于一种“连续性忧郁”中，去除此种忧郁，得削弱理论的统治，以“限制我们被统治的程度与方式”⑦。那么如何从高处降低理论呢？沿此进一步看，代表了相当一部分论者试图让旧貌换新颜的修补意向，是保持理论的形式，而改变其所承载的内容。

---

① Terry Eagleton. *After Theory*. New York: Basic Books, 2003. p.2.

② ［英］拉曼·塞尔登、彼得·威德森、彼得·布鲁克：《当代文学理论导读》，刘象愚译，北京大学出版社2006年版，第339页。

③ Jane Elliott and Derek Attridge. *Theory After "Theory"*. London and New York: Routledge, 2011. p.3.

④ 王晓群主编：《理论的帝国》，中国社会科学出版社2004年版，第3页。

⑤ W.J.T. Mitchell. *Medium Theory. Preface to the 2003 Critical Inquiry Symposium. Critical Inquiry* 30(2004). p.335.

⑥ 王晓群主编：《理论的帝国》，中国社会科学出版社2004年版，第5页。

⑦ Michael Hardt. *The Militancy of Theory. South Atlantic Quarterly*, Winter 2011. p.19,34.

可以从集中刊于美国杜克大学出版的《南大西洋季刊》2011年冬季号上的一组学术论文、以及上述艾略特与阿特里奇合编的文集中，观察到由此形成的两条具体思路。一条是以新换旧，以新理论更替旧理论。与“知识分子保守派对理论的憎恨”针锋相对，肯尼斯·苏林呼吁生产出作为“绝对必然性”的理论来替换当下已耗尽元气的理论神谕。① 克拉里·克尔布鲁克在检审奈格里与哈特的立场后认定，理论之后的理论只能是人类之后的理论，因为“理论有可能是从疏离与距离化开始的，它将考虑一个不再是我们的世界”②，以后人类为主题词的后人文主义便对此作出着初步的尝试，这样，理论的形式框架不变，不过往里填充的内容更新了。另一条是以新联旧，在保持理论形式不变的前提下，顾及新旧内容的联系。彼得·奥斯本不赞成以简单超越现状的方式来变革理论，相信“哲学传统是所涉文本、原则与程序皆构成了自觉回溯结构的、由权威代际传承下来的知识连续性”③，建议在改进理论时，以新的眼光重新审视其与黑格尔、尼采等理论传统的潜在密切关系，这就有了一种接着讲的严肃意味。卡里·沃尔夫觉得理论不应丢弃对德里达所谓“无条件的自由”的忠诚，④在此语境下，对其施加“解毒剂”(antidote)或者说修补才有意义。杰森·波茨与丹尼尔·斯托特则认为，当前，需要关心“理论自身留下的反思形式”以及“那儿可能已经有了什么”⑤，即在同时包括形式与内容的理论母体上进行修补。

第二节　现有解释的盲点

从母体上修补理论，是否足以令其脱困？深入地考察，会发现回答其实并不乐观。从根子上看，理论对自明性的拆解，源自对深层结构及其话语权力实质的发现与还原。但话语权力是语言自带的权力，只要语言进入具体被使用状态而成为话语，由符号区分而生的权力因素就避无可避。那便同

① Kenneth Surin, *Introduction: "Theory Now?"*. *South Atlantic Quarterly*, Winter 2011. p. 3.

② Claire Colebrook. *Extinct Theory*. in Jane Elliott and Derek Attridge. *Theory After "Theory"*. London and New York: Routledge, 2011. p. 65.

③ Peter Osborne. *Philosophy after Theory: Transdisciplinarity and the New*. In Jane Elliott and Derek Attridge. *Theory After "Theory"*. London and New York: Routledge, 2011. p. 27.

④ Cary Wolfe. *Theory as a Research Programme-the Very Idea*. In Jane Elliott and Derek Attridge. *Theory After "Theory"*. London and New York: Routledge, 2011. p. 46.

⑤ Jason Potts and Daniel Stout. *Theory Aside*. Durham: Duke University Press, 2014. pp. 10-13.

时将一个麻烦摆在了一度不无自负的理论面前:始终以语言揭示着种种自明现象深处话语权力的理论,自身有没有暗藏深层结构?假如有,那它就在语言中揭露语言而形成了一个怪圈,即以一种自明性拆解着另一种自明性。阿特里奇等人之所以未走出理论神谕化的老路,根因或许即在于此。福柯一方面在其疯癫史考古的最后批判以精神分析学为代表的理论的理性压抑机制,一方面又被公认为理论最重要的奠基者之一,似乎奇妙地成为了被自己所批判者,这看似矛盾的两重性,也根因于此。当学者们生动地对理论试图废除君主、却依旧蹈袭着君主演替模式的特征进行评论时,其潜台词也可以从此端观察。这就形成了一个悖论:如果相信一种理论所揭示的内容(某种具体的自明现象暗藏深层结构,而需要被祛除假象),便不能接受这种理论(它自己因离不开语言而也暗藏深层结构,使上述具体所说也成了某种不可信、并待祛魅的表象或假象)。依赖于语言这个毋庸置疑的前提,理论单靠自己无力根除所陷入其中的这一困局,试图进行自我修补的诸般思路因而难治本。

可以从符号学角度深入推演这一点。理论,例如后殖民主义、女性主义以及各种族裔理论,热衷于拆解对象中的“西方-中国”“男性-女性”与“自我-他者”等由符号区分而成的二元深层结构,但在如此拆解时,这些“理论”作为必须确保自身成立的祛魅者,也同时进入了“祛(理论主体)-魅(理论对象)”的言语链,进入了同样的符号二元关系(结构)并随机占据了“祛”这个符号位置。之所以随机,是因为这个符号位置仅仅由于与别的符号相区分、被后者区分出来而存在,至于怎么区分、往哪个方向区分,都没有必然的道理可讲,这就使它并无与生俱来的理由。而由于随机,也就不是不可位移的,“祛”这个位置就同样并非自明而是特殊的,在此情况下试图将它必然化与固定化,就出现了深层结构:变区分为对立。这一结构与它试图拆解的上述结构,因而在符号区分上一致:都是符号的二元对立。这样一来,去拆解对象的权力等级,包藏着同时拆解自身以至于失据的悖论性危险,在理论效能上仿佛始终退不到底线(因为一退至底线便取消了自我)而无限地被推迟着,授人疑柄便不足为怪了。例如面对国民性问题,后殖民理论娴熟地拆解西-中二元符号对立话语结构中那个被西方人想象出并塑造成的中国形象。诚然产生出一些新颖的结论,像看到阿 Q 身穿“洋布的白背心”便敏感地追问“中国国民性的理论是否也如白背心一样,是洋布编织出来的”[①],却始终无法打消人们在耳目为之一新后仍半信半疑的反应:那么国民性究竟有没

---

① 刘禾:《跨语际实践:文学,民族文化与被译介的现代性》,宋伟杰等译,生活·读书·新知三联书店 2022 年版,第 80 页。

有呢？曾遭鲁迅针砭的那些痼疾，果真不存在于现实中而只是被语言蓄意编织出来的一套神话吗？之所以容易令人滋生出这种不彻底感，是因为当后殖民理论精心去揭穿包裹于国民性话语中的深层结构时，它同时用语言做着这件事，语言使它这么做而不那么做的理由，是在符号之间随机地区分出“祛”与“魅”的相同二元结构，于是当撬动所述层面的二元结构，便同时也松动了所行层面的二元结构。

“理论之后”，由此应考虑如何来避免这种悖论。避得开吗？原则上有两种选择。一种是仍保持所行层面上的理论的牢固祛魅姿态，而让所述层面上的深层结构不再二元化。这难以在现实中兑现。因为深层结构基于符号的区分而必至少包含两个位置，要求自明性的深层结构不再二元化，岂非等于否认了深层结构与语言中话语权力的存在？那走上了形而上学老路。因此，只能相反作另一种选择：承认所述层面有待拆解的二元结构，却不再让所行层面上的“理论”重复祛魅的二元化姿态，而尝试使之自觉意识到并主动打破长期积累成的“祛-魅”二元深层结构，换言之，不取消对自明性的话语权力实质的承认，同时不遮掩这种承认行为的来源，而从正面交代它同样处于话语权力支配中这个事实，显示出（即看清）“祛-魅”这一二元对立结构是如何在符号关系中被特殊区分成的，即显示出导致了这二元对立项（A与B）的第三项（C）及其与前两项结合项（AB）的进一步区分关系（ABC），如此以往，“显示出”就意味着保持住无穷的进一步区分关系，而不在某项上固定与停止。这个过程遂将区分关系置入了更大的网络中——在区分中继续区分与不断区分，由此实现符号的无限重组。诚然，每一次重组会形成新的深层结构，但始终保持重组的复杂程度，令符号的一对对不同区分关系在关系网中并存，形成话语权力上的相互制衡，客观上才保证了对自明性的拆解不重蹈“祛-魅”的二元深层结构窠臼。而符号的无限复杂重组，意味着充分敞开符号间高度灵活自由、始终处于活跃动态而不固定的区分潜能，那不正是语言对意义的陌生化创造吗？所以，在祛魅中同时展示支配祛魅行为的话语权力，实际是使话语权力积极生成陌生的意义。

这与理论划开了界限。有符号区分之处总有意义，理论拆解自明性背后的符号二元对立深层结构，也是具备某种意义指向的。问题在于，当它始终不断重复对符号作这种二元区分时，祛魅的惯性逐渐使之凝固为操演模式。按德里达，可重复的是不可经验的，超验而无限重复为同一理想对象，必然包含在场盲点，成为史上各种形而上学的隐秘而值得被解构，其重复性的操演模式，操演的是罗曼·雅各布逊话语六要素中的发信人-收信人模式，具备动机与目的而指向外部自明对象，对理论而言，这外部对象即在重复操作积累中形成的主体意识。而将理论的拆解过程更替为无限灵活复杂、因而陌生化的符号区分与重组时，理论凸显自身的语言构造，不再指向外部那个并不自明存在的对象，因符号重组的无限可能性及其朝向未来的时间性筹划，而在对意义世界的话语建构中化原先拆解姿态的手法性熟练与程式性反复为有所不知的陌生。发展迄今的理论运动，正是沿循着这一学理逻辑，而自然地调整出新方向的。

也可以从语言哲学，比如述行与述事的关系，来深入理解上述盲点。如乔纳森·卡勒所反复宣示的那般，理论不是关于文学的理论，而是纯粹的理论，主要表现为批判与超越自明性（卡勒称自明性为“常识性观点”），因为自明性在理论看来虚设了述行（语言所做的行为）与述事（语言所展示的事实）的一致性（如黑格尔式的传统表述：“历史与逻辑相统一”）。让我们从这对有助于澄清问题的概念入手分析。

述行与述事这对概念来自被卡勒的《文学理论》专门论及的奥斯汀。后者指出“我道歉”“我发誓”与“我愿意娶你为妻”等语句并非在单纯报道一个事实，而是在实施一个行为，相信在说话的同时发生着被陈述的事实所指涉的行为，并由此将作为整体的话语分为所说的内容、在说话中实施的行为与说话对听者的影响（效果）这三层，前一层是述事，后两层则是述行。这一以言行事理论的积极意义，在于破除意图先行的形而上学窠臼，坚持“不宜把它（按：指述行）看成是在实施一种与此不同的内在精神行为（按：即意图）”①，确实找到了语言论哲学反抗形而上学符合论的一个理据。但它也存在着彼此相关的两个问题。首先是，无法从述行的根源上完全破除意图。因为除非不说话，说话就是出自某种想要得到意义的意欲指向（意图），只要述行是用语言述，就离不开作为根本前提的意图，这是任何述行活动的根源，正是它从根本上发动着述行与述事接下来所可能呈现出的关系。塞尔由此修正了奥斯汀的理论，提出“以言行事的行为必须通过意向性来执行。如果你不是意图作出许诺和声明，那么你就没有作出许诺和声明”②。其次，更重要的是，这一理论出于对意图论的警惕而将虚构行为排除在以言行事之外，③便将以言行事的范围与内涵缩小与窄化了。塞尔发展了奥斯汀的以

---

① ［英］J. L. 奥斯汀：《如何以言行事》，杨玉成、赵京超译，商务印书馆2012年版，第10－11页。

② ［美］约翰·塞尔：《心灵、语言和社会》，李步楼译，上海译文出版社2001年版，第132页。这当然只是就意图作为发动述行与述事的根本前提或者说根源这一意义而言。越出这一意义界限，意图论与语言论则难以在学理上相容。

③ 奥斯汀“排除了像这样的虚构的内在精神行为”（［英］J. L. 奥斯汀：《如何以言行事》，杨玉成、赵京超译，商务印书馆2012年版，第8页）。即在以言行事理论看来，虚构是造成言与行不同时发生的情况的意图，它因而外在于语言。

言行事理论，把虚构也容纳进来，认为虚构是伪装的以言行事。这里的“伪装”不应被简单理解为意图性的、有意的伪装（尽管塞尔本人与其他某些学者可能会在某种程度上这样理解），而应被在更为合理的意义上理解为语言性的、不得不如此为之的伪装。因为所谓伪装，即戴上了面具后的替代，按索绪尔，话语作为符号系统是对事物的必然替代而非指及，语言本身因而恰恰就是一种无法同时述事（去指及那个外在而自明的事物）、而行使替代作用的符号系统，伪装＝替代＝想象＝建构＝创造。就此而言，语言在本性上就是虚构。[①] 用语言说一件事，就是在做（行）一个替代的行为（事），想要说的这件事则是述事，两者可能总在努力地无限接近，却始终不会等同为一体，即必然存在着述行与述事的分岔。明明必然分岔、不是一回事，却要让人相信是一回事，这种佯装一体便形成了自明性表象背后的深层结构。

理论就是要不断向我们揭示这种深层结构。卡勒认为述行“这个概念集中了一系列对于理论很重要的议题”[②]，此语耐人寻味。自明性否认述行与述事的区别，企图表示说的跟真的一样，却回避了这样的追问：那个掩藏、隐匿在所说之中的深层结构如何能保证使所说的不暗暗走样？理论（比如符号学）充分看到述行与述事的这种分岔，揭示述行是如何微妙地影响与塑造述事的，发展出繁复细密的理论路数来展现（批判）那个支配着纯逻辑现象的深层结构，便用建构性研究路线取代了自明性研究路线，成为充满解码热情、并很自然地将视野扩展至广阔社会文化的研究形态，出现了伊格尔顿所总结的那种目前被集合在文学理论名下的种种方法没有一种专用于文学研究的局面。在揭穿形而上学的要害——在述事中掩藏述行并佯装一体这点上，理论的功绩不言而喻。

但当理论这样做时，它不知不觉地陷入了一个悖论。述行与述事是怎么佯装一体、形成看起来严丝合缝无懈可击的自明性现象的？这是旨在还原真相、充满批判精神的理论独家致力于拆解（解构）并揭示的内容，我们确实看到，形形色色的理论解构对象的自明性，整个过程充满解码的思想快感，祛魅的热情使今天谈论文学的感动问题似乎已变得不合时宜。但一个尴尬的后果是，我们能否相信理论所说的呢？如果我们相信它不断反复在说着的内容——述行与述事是分岔的，我们似乎就将立刻变得不再能相信这种内容，因为这种内容的背后，不也存在一个与之正分岔的述行成分吗？

---

① 因此其实已无需再设置虚构与非虚构的界限，相反值得不断消弭彼此的界限，因为两者都是语言的创造活动。事实上这种交融已是当今国际范围内文学创作的醒目发展趋势。

② ［美］乔纳森·卡勒：《文学理论入门》，李平译，译林出版社 2008 年版，第 112 页。

它当然不是不可究疑的,那么其可疑性会不会使它正置我们于新的假象中呢?看起来,理论在揭露述行与述事的分岔之际,也成了这种分岔的结果,无法严格实现正面建构,而面临自我解构:相信它所说的内容,便意味着不能轻易接受它。笔者认为,这个悖论是理论在晚近逐渐引发反思的深层原因,至少是内部哲学原因,它显示出的理论的祛魅,归根结底是在语言中怀疑语言,这好像的确陷入了一个怪圈。那么"理论之后"怎么走?已出现的两种后理论走向,其实都可以看成是对这个悖论的处理尝试。

一种是反理论。比如美国学者史蒂文·纳普与沃尔特·迈克尔斯合撰于1982年的《反理论》一文,便断言"整个批评理论都被误导"[①],认为理论作为指导解释实践的一般化公理,在套路的重复演绎中死去,从而主张抛弃理论。这就等于主张抛弃语言,因为理论的根本套路,无非是不停地还原知识表述背后的建构意图,即不停地揭示述行与述事的分岔,而这个特征如前所述,是语言固有、从而也只能不断重复的,因厌倦这个套路而取缔这个套路,等于厌倦并取缔说话,可我们能不说话吗?提出这种观点的人自己不仍在说话吗?

另一种是改进理论,认为理论的影响还在持续发酵,其暴露出的问题,可以通过策略上的发展与改进来得到解决。比如《理论剩下了什么》一书,汇集了若干种让理论自上而下、由大变小的设想。[②] 这似乎是想促使理论一方面关心研究对象中潜藏着的述行与述事的分岔,另一方面又适度提防自身作为一种话语现象所难以避免的这种分岔,而对之进行有效的控制。这样的设想已颇有价值,为探究"理论之后"的新走向、提出我们自己对这个论题的新解释作了某种必要的准备。

第三节 新解A:理论逐渐成为被自己所批判者

国内文论界一般视伊格尔顿《理论之后》为后理论的形式起点,但后理论在学理上的重要奠基者仍是福柯。在福柯前期对疯癫史四个阶段的考察中,理性压抑非理性的路径是逐渐微妙地将非理性的内涵由"外在于理性"缩换为"反理性"。前者不属理性,却兼容于完整的理性。后者不属(合)理

---

① Steven Knapp and Walter Benn Michaels. *Against Theory*. *Critical Inquiry*, Vol.8, No.4(Summer, 1982), p.724.

② Judith Butler, John Guillory and Kendall Thomas. *What's Left of Theory?*. New York: Routledge, 2000. Preface.

性，拒斥狭义化的理性。后期福柯将康德启蒙观也置入后三阶段，显示这一压抑路径如何被强化，引出事件思想。而最后一阶段以精神分析学为代表的理论之所以被福柯指认为推动着这一路径，是因为，尽管理论表面产生于语言这一不及物的符号系统对意义的建构而不持合理性，但其揭示对象的深层结构时面临悖论：依托于语言的理论仍不得不掩藏自己的深层结构以完成意义建构而避免自我解构。事实上理论重复操作语言论底牌，将符号区分关系固化为二元位置，与意图-效果模式合流而形成及物冲动，仍落入着合理性。理论之后，便需要考虑如何来积极地兼容上述悖论，由此自然地走向写作及其外在于理性的思想方式以更新自己，启动了后理论的写作机理。

福柯首次提出的事件思想，是与理论的兴起动因相伴随的。因为事件的根本出发点在福柯看来是对自明性的反抗，而这同样正是二十世纪中后期以后以文化批评理论为主体的、在西方每每被大写化的理论产生的缘由。在《方法问题》中福柯强调“理论-政治功能”为事件的首要功能，[①]这与以福柯等人为主要奠基者的“理论”运动的政治转向，完全是同步的。我们从中得到的强烈印象是，理论就在事件性思想观念与方法中展开着自己。

既然事件是理论的标志，事件所依赖的理性性质，按理便同样成为理论依托的理性性质。一方面，事件对自明性的反思与超越，意味着它必然运用理性中侧重分析的成分去揭露自明性的不可靠，也意味着此时事件运用的理性是合理性；但另一方面，福柯对事件中理性性质的论述又并未止步于、固定于以分析、计算为具体内涵的合理性，而是意味深长地紧接着强调事件作为“待定的程序，有着非一般、却暗含着的意义”，即强调事件中的理性并不是只有从头至尾可知可见的合理性的显性表现，而还有蓄势待定的、引而未发并由此尚处于隐性状态中的成分，两者合起来，才构成事件中的完整理性。据此，推论似乎就应当是，与事件相等价的理论也秉持着理性的这种双重性。

然而客观事实是不是这样呢？回答是令人犹豫的。因为在这一点上，理论显示出了与事件不合、甚至在某种程度上渐离渐远的情况：它每每只突出了理性的前一成分，即合理性对自明性不断进行祛魅的性质，却愈来愈疏离与遗忘了理性中尚处于未决、待定状态中的后一成分，从而逐渐成为了操演。福柯自己就承认这一点。

---

① Graham Burchell, Colin Gordon and Peter Miller. *The Foucault Effect: Studies in Governmentality*. Chicago: The University of Chicago Press, 1991. p.76.

福柯理性批判话语还原出的最后一站是精神分析学说，这是被晚近理论家醒目归入“理论的现代运动”的理论。[①] 伊格尔顿等人在讨论二十世纪文学理论的著述中每每将直接影响了拉康等理论家的精神分析专章化，更是我们熟悉的事实。看起来，在理性的强化之途中，理论扮演了某种推波助澜的角色？对此福柯并不否认，他是这样说的：“精神分析学用被观察者的无休止独白双倍强化了观察者的单向观察。这样，既保留了旧疗养院的单向观察结构，又增添了一种非对称的相互性，一种无回应的新的语言结构。”[②]循其理路，像精神分析学这样的理论将疯癫置于权力的观察之下并建构出反理性成果，奥秘无非是善于发明“新的语言结构”，其包括“精神病学，尤其是犯罪人类学以及犯罪学的重复话语”[③]，在这一过程中弗洛伊德“重新组合了疯人院的各种权力，通过把它们集中在医生手中而使它们扩展到极致”[④]，不仅精神分析学如此，进而言之，理论皆然，诸如“性落入了话语的掌控之中”而逐渐产生出各种性别理论等情形，[⑤]都成了可推导的题中之义。从福柯的这种叙述踪迹看，理论就应成了合理性在某种程度上的同谋与推力。

这是有原因可寻的。深层结构不与表层结构平行相向，而始终存在着落差，这已被证明为是语言或者说话语的本性。因为我们看到的貌似自明的表层结构，无不是符号在深层进行精心操作（区分）并由此产生出位置差别的结果，一个符号在言语链上被安放于此位置而非彼位置，唯一的理由是要与别的符号相区分，至于如何区分，往哪个方向区分，并无必然道理可言而完全是随机的，但当它被安放于此位置并进而固定化后，便形成了话语权力。可见，只要用语言说话，就避不开深层结构的支配，对它的揭示是语言论思想反抗形而上学符合论的积极理据。这样一来，离不开语言表达自身的理论，岂非也有一个被深层结构所支配并伪装成表层结构的问题？换言之，每当它试图从正面建构一种意义时，它总同时伴随有一种背后的话语权力因素在解构着它。即当它声称“形而上学自明性需要得到批判，因为它掩

---

① Nicholas Birns. *Theory After Theory*. Peterborough: Broadview Press, 2010. p.46.

② ［法］米歇尔·福柯：《疯癫与文明》，刘北成、杨远婴译，生活·读书·新知三联书店 2019 年版，第 230 页。

③ ［法］米歇尔·福柯：《规训与惩罚》，刘北成、杨远婴译，生活·读书·新知三联书店 2019 年版，第 19 页。

④ ［法］米歇尔·福柯：《疯癫与文明》，刘北成、杨远婴译，生活·读书·新知三联书店 2019 年版，第 255 页。

⑤ ［法］米歇尔·福柯：《性经验史第一卷：认知的意志》，佘碧平译，上海人民出版社 2022 年版，第 18 页。

藏着深层结构”时，这句话的意义若想被从正面建构得合法而变得成立，就必须同时承认表达着这一意思时的它不具备某种深层结构，从而不至于因自己也需要得到批判而取消自己陈述这句话的资格。但这是做不到的，除非这句话不是语言，不是话。这的确是哲学严格思考问题的方式，就如美国著名哲学家希拉里·普特南对相对主义者的质疑那样：“但是一个人如何可能前后一致地坚持一个使得一致性概念变得无意义的学说呢？”[①]同理，一个人也不可能在否认自身受制于深层结构的情况下主张“深层结构需要被揭露”。这样，依托于语言的理论如要实现意义建构，便不能不仍暂且掩藏住深层结构，非如此，不足以避免自我解构的命运。这是一种权宜的宿命。

问题在于，从另一个角度我们又不难马上想到，理论与合理性似乎是先天绝缘的。几乎所有谈论理论发展进程的著作，都不仅必会提到索绪尔，也必会论及福柯，它们被理论运动视为思想奠基者并不是偶然的。如斯图尔特·霍尔所总结，现代以来，表征（也就是理论）的实现存在着两种既相似也有区别的思路方向，一种是基于索绪尔语言学理论、经罗兰·巴特等学者发扬光大的符号学（诗学）方向，它致力于研究语言与意指的运作如何生产各种意义，另一种则是基于福柯话语（权力）理论的话语（政治学）方向，它致力于研究话语实践生产知识的方法，[②]这两种构成主义的根本区别在于，前者带有非历史化倾向，后者则因涉及权力因素而具备特殊的历史语境，体现显著的历史具体性。霍尔批评索绪尔的语言学理论仅关注表征自身的进程，将语言简化成仅具形式因素的封闭系统，而对原本处于滑动状态的意义作了静止的处理，他更有兴趣于福柯“将主体历史化”的话语理论。但应该看到，从索绪尔到福柯，两者之间分明有一条清晰的学理进路可循：语言是不与事物存在必然符合关系的符号系统（替代品），必然始终替代（即重新说出而非传达）着事物；而去替代事物，即在符号的区分中创造（建构）新“物”（意义）；符号的区分是语言的具体使用或曰话语，区分则带出位置的差别（不等），说出现实中的等级，此即话语权力（文化政治）；替代的实质因而是使作为深层结构的话语权力不知不觉地实现为自明表象。福柯如今要做的这件祛魅之举，实是接着索绪尔的学理讲。而索绪尔作为语言学家对整个二十世纪以后人文学科的深远影响，正在于他发现了语言的符号系统性质（即表征性质），破除了传统形而上学认定先有事物、后有语言对事物的（符合性）

---

① ［美］希拉里·普特南：《理性、真理与历史》，童世骏、李光程译，上海译文出版社 2005 年版，第 183 页。原文在“前后一致地”五字上打了着重号。

② ［英］斯图尔特·霍尔：《表征》，徐亮、陆兴华译，商务印书馆 2003 年版，第 7 页。

命名与传达的合理性观念——将事物（客体）与对事物的表达（主体）对立起来，属于合理性思想方式，它已被证明为历史上一切形而上学的隐秘。推证只能是，非但理论，连福柯自己的理论都应是与合理性无涉、相反以积极批判、克服与超越它为自身得以成立的理据的。照此说来，一方面证明了理论与合理性发生着同谋而亟需得到批判，另一方面却又同样有理有据地证明了理论原本拒斥着合理性，理论变成了正在被自己极力批判着的东西，为了化解这个奇特的局面，它当然逐渐开始走向了自己之“后”。

第四节　新解 B：从指称/评价的分合到理论困局

再深入一层看，理论批判合理性，是由于它发现了合理性的这样一个症结：将指称意义与评价意义等同为一体。在认为对象不合理性、从而将对象称为“非理性”并实施压制时，它便先行以评价意义，用这个词或者说这句话的评价意义悄然取代了指称意义，将两种不同的意义精心地一体化了。无意识、梦与幻觉等看似疯癫的症状，确实都属于反理性成分（在我国，它们有时也被统称为文艺变态心理），但它们本身都有合法存在的理由，即在指称意义上作为不清醒的、非可控的与无目的的主体心理过程或成分，都完全是中性与正常的意识状态，既不针对任何特定对象而存在，也无所谓有害与否。然而，当持合理性立场的人谈论这些成分时，他又是在评价意义上将它们评价为“反理性”的，此时他表达的意思，是认为这些成分没有经过斟酌，欠缺冷静的深思熟虑，错误而过激，而成了缺乏理性的、不正常的与丧失了理智的。这种评价的态度，把反理性成分视作了贬义的与反面的，其接下来试图使之“合”我之“理”（Rationality）的规训策略由此而生。从这里可以看出，指称意义与评价意义分属于两套不同的规则，不重叠一致，就像福柯的同代人、与福柯同被视为后现代思想先驱的利奥塔所说，前者作为指示性陈述处理真/假范畴，后者则作为规定性陈述与公正/非公正范畴打交道，在这种情况下，合理性将并不一致的这两种意义佯装为一体，使之显得平行相向而严丝合缝。它赖以做到这点的手段，依福柯的分析就是发明出一套新的语言结构。我们从中得到的强烈印象是，合理性始终这样不断制造假象，将指称意义反复拉入评价意义并制造出两者在表面上的统一，理论则正是要去揭穿它这种制造假象的行为。

但指称意义与评价意义的这种分岔是语言的根性，它无法被连根拔起并得到彻底诊治，这是合理性将对象界说为“非理性”后很快感到棘手和难以推进之处。在这点上，索绪尔的语言学思想富于深入开掘的学理踪迹，保罗·德曼则提供了关键的论证。德曼论证道，任何语言都是一种喻说(allegory)，也即比喻，一个词本身具有无数的意义走向，但说着这个词的人们对之施行了一种喻说，便在不同程度上将之固定在了意义的某个方向上。他以卢梭在《忏悔录》中袒露的偷窃丝带事件为个案进行了解构式分析，指出在卢梭青年时代做仆人时偷了主人家的一条丝带、因怕东窗事发被解雇而诬陷另一位女仆并导致后者失去工作这件事的叙述上，卢梭看似忏悔，实则为自我辩解与开脱，因为“犯罪是语言的认识功能(cognitive function)，辩解则是语言的行为功能(performative function)，所以我们正在重申认识功能同行为功能的分离(disjunction)”，这两种功能单独看都是完全成立的，但它们来自同一个文本，不无吊诡地成为了同一套话语，显示出“最终的困境是语言的困境”[①]，即这种分岔被证明为是语言靠自身无法克服的必然性质。这一性质能否与索绪尔的发现协调呢？如果尝试贯通起来思考，应该说，是可以作出肯定回答的。因为索绪尔所还原出的语言的性质是符号的区分，这带出区分关系的无穷可能，一个符号与任何不同于自己的符号，在前后左右的不同方向(位置关系)上相区分，都产生意义，意义因而孕育着无穷的可能，但是，去说一句话，就是令符号去随机地占据特定的位置，并由此与别的符号形成特定的关系，其随机性必然形成无穷意义可能中的一种定向，这就是话语权力，其作为联结两个符号位置的第三项，便与这两个符号本身所可能产生的多元意义走向(即在言语链上的更多区分可能)出现了纵然也许极度微妙、却从理论上说必然存在着的分岔。

这样，虽然语言批判以形而上学符合论为标志的合理性，它自身其实在某种意义上同时形成着另一种类似于合理性的困境：指称意义与评价意义也产生了分岔，而必然形成话语权力与深层结构。与它所批判的合理性的区别在于，合理性主要从意图论层次上施行评价，与指称构成的分岔相对较为明显，语言则主要由自身的符号区分带出评价与指称的非平行性，更为隐晦而不易被察觉。说更隐晦是因为，合理性的意图先行，带有较易辨识的及物指向，语言则尽管在符号的区分中产生话语权力，但显而易见的是，只要不说话，话语权力就不复存在，而说话就意味着对意义有需求，所以，话语权力的发生归根结底来自语言对意义的建构需求，指称与评价的分岔的发生是由于对意义的正面建构需求在推动，这表明话语权力从根本上说是受到

---

① Paul de Man. *Allegories of Reading*. New Haven and London: Yale University Press, 1979. pp.299–300.

调节而不突兀的，从而是隐蔽的。隐蔽性的确冲淡了语言这种“类合理性”的社会性后果，但冲淡却不等于克服与消解，而是提出了深入反思语言论思想及其直接产物——理论批判合理性的严格性问题，这还不是可选择与伸缩、从而可以忽略的程度问题，而关乎合法性理据本身——如果理论所致力于批判的合理性也以类似的症结潜伏于语言根性中，那么，同时用语言展开这一批判的理论自身，岂非也面临着需要得到再批判的问题？这逐渐暴露出了理论的两个相互关联的问题。

首先是并不在普遍意义上对自己批判合理性的前提进行自觉的合法性澄清与反思。因为既然指称与评价的分岔为语言所固有，理论的批判或祛魅又无法脱离语言而进行，这就形成了一个微妙的悖论，即理论在批判合理性的同时也总在动摇自身得以成立的根据，始终无法退至可以不受任何风险威胁与挑战的底线，它会不无惊奇地发现，这条底线对自己来说，是无法去触碰的，因为一触碰就宣告了自己的取消。理论不知不觉地成为了被自己所批判者，其根本症结就在这里。这颇像德里达对形而上学在场性的揭露。德里达一方面发现，要证明在场，就得证明在场有起点，一种有起点的东西才可以说自己存在着，对这一起点的追逐，是意识或语言，但“被感知的现在的在场只有在它连续与一个非在场和一个非感知组织在一起时，即与回忆与最初的等待（持存和预存状态）组在一起时才可真实地显现出来”①，因为当意识反身去转向被认为是在场的那个瞬间时，那个瞬间已经过去，在场在意识中被阻断，这种间隔无限地推迟着对起点的达到，而致使在场落空，在场所需要的起点由此便始终无法达到，其以为自己纯粹在场的信念便是虚幻的。以此观照，理论因同样处在语言这一被批判对象的掩体中，一建立自我反思机制便会自我解构，而难以真正建立起自我反思机制，难免以一种权宜之计的面目，在某种程度上蹈袭形而上学大叙事的窠臼。

其次，由于不在意自我反思机制的自觉建立，理论对合理性的祛魅便形成重复操作的惯性。因为不反思出发点本身是否充分合法、是否存在令形而上学钻空子的缝隙，接下来试图去揭露对象真相的祛魅，便容易成为熟练的反复操作，套路化是其后果。近年来，美国学者杰森·波茨与丹尼尔·斯托特在考察了晚近理论运动的种种情状后指出，理论尽管雄心勃勃地企图废除君主（monarch），实际上仍顽固地不断重蹈着“君主演替模式”（the model of monarchical succession）的窠臼，②也就是说，它一面旨在拆解自明

① ［法］雅克·德里达：《声音与现象》，杜小真译，商务印书馆1999年版，第81页。

② Jason Potts and Daniel Stout. *Theory Aside*. Durham: Duke University Press, 2014. p.3.

性表象下的深层结构(话语权力)面目或曰合理性真相,一面则因运思前提的抗反思性,而往往只能一遍遍地在拆解行为的观念、姿态与方法上技术性地操演,以至于形成了一个多少显得板结的特殊词组:“做理论”(Do Theory)。如我们所已见到,接受美学主将伊瑟尔颇具国际声势的近著《怎样做理论》“侧重强调理论如何‘构建’以及我们用理论可以做些什么”[①],即为明证。一个“做”字,醒目地蕴含了技术性重复路线中的套路化实质。两位学者进而不无遗憾地表示,按理,选择理论比做理论更重要和更有意义,可如今的理论发展趋向是以“做理论”——这已成了一个封闭的与无差别的领地(a closed and undifferentiated field)——直接取代了另两条更为合理的思路:考虑哪些理论是我们应当做的;考虑可以取代理论而更有效地发挥作用的特殊想法(certain thoughts)。[②] 后两者一度成为举步维艰的,反证出前者长期以来在套路思维上的深入人心。我们的确很容易感到“理论”运动中一些重头人物,比如拉康与巴特勒在对精神分析学理论进行发挥性操演这点上的套路感,“性别操演”这样的表述,甚至就已把问题挑明了。鉴于操作的反复化与套路化积累形成意图的惯性,进而走向“发信人-收信人”这一及物模式,理论在批判合理性之际令另一种合理性在自身中抬头,就并非不可能。

与上述相关联的两点相对的,是客观世界中具有多维性、立体性与开放性的纷繁现象,[③]套路化操练对后者的理论阐释时常显示为套用,无论其在洽适性方面引发的具体疑虑是否可以商量,其无法阻止疑虑的产生,这本身即已点中了理论的命门。例如后殖民主义理论自可以娴熟地运用西方-中

---

① [德]沃尔夫冈·伊瑟尔:《怎样做理论》,朱刚、谷婷婷、潘玉莎译,南京大学出版社 2019 年版,第 14 页。

② Jason Potts and Daniel Stout. *Theory Aside*. Durham: Duke University Press, 2014. p.10.

③ 这是作家艺术家反理论姿态中最常摆出的理由。略举数例:米兰·昆德拉在谈到某些理论家时认为“对他们来说,一件艺术作品只是进行某种方法论(心理分析、符号学、社会学,等等)练习的借口”([捷]米兰·昆德拉:《小说的艺术》,董强译,上海译文出版社 2004 年版,第 169-170 页);略萨调侃某些卖弄学问的文学专家已经为读者发明了主题、风格、视角等可以识别的一大堆术语,那仿佛“在活人身上进行解剖”的一种“杀人方式”([秘]马里奥·巴尔加斯·略萨:《给青年小说家的信》,赵德明译,上海译文出版社 2004 年版,第 147 页);康定斯基则以为“任何理论体系都缺乏创造的本质要素,缺乏对表现的内在渴求——它们是无法以理论明确表达的”([俄]瓦·康定斯基:《论艺术的精神》,查立译,中国社会科学出版社 1987 年版,第 45 页);纳博科夫幽默地评论道,倘若弗洛伊德读到《包法利夫人》中多场写到马鞭的镜头,他多半会迅速将它们阐释为性象征,并给出一套性理论分析([美]弗拉基米尔·纳博科夫:《文学讲稿》,上海三联书店 2005 年版,第 153 页);杜拉斯也曾表示过自己不愿意相信精神分析理论([法]米歇尔·芒索:《闺中女友》,胡小跃译,漓江出版社 1999 年版,第 110 页);如此等等。

国的二元对立这一话语结构来切入中国国民性问题,从“翻译中生成的现代性”这一理论角度揭示被西方人想象并塑造成的中国形象,得出一些富于冲击力的结论,比如基于阿Q身穿洋布白背心便敏感到中国国民性的理论也如白背心一样是洋话语编织所成,但却始终无法打消人们在耳目为之一新后仍半信半疑的反应:那么国民性究竟有没有呢?曾遭鲁迅针砭的那些痼疾,果真不存在于现实中而只是被语言蓄意编织出来的一套神话吗?这种疑虑的经常产生,与其归结为理论的过度或强制阐释,不如承认乃理论之根,一个已被福柯打下了伏笔的根:尽管注意到指称意义/评价意义的分岔,并批判作为合理性症结的它而展开祛魅,但这一分岔实属语言自带的根性,又导致作为祛魅方的理论自己也卷入了正在接受自己批判的对象队伍中,成了被自己所批判者,为遮蔽这点而不抽掉自己得以存在的支柱,理论从而令自己权宜地存在着。既然走出根并不可能,因为那将等于走出自己而取消自己,理论便由此于渐趋衰落之际,浮现出了走向自身“之后”以推陈出新的踪迹。

第五节　新解C:崇高均质化与事件超越语言论

再进一步考察,既然考察视角触及了语言论的局限,这便引出了当代思想中超越语言论的视角——“事件”。当早期事件论者将事件与康德的崇高论等同起来考察时,每每流露出的存在论立场是不够令人信服的。例如保罗·利科从现象学描述惊怖这种生存感觉与体验,以之贯通事件与对事件的解释。事件的内面具有一种引发解释者惊怖情绪的力量,如果这种力量得以成形,对这个事件的解释和这个事件本身的纹理脉络,便具有了符合性,而不再是游离于事件之外、拿一种先验存在的解释去附加给事件。假如仅仅在差异的、非连续的意义上解释与重构历史,解释者出于立场现成与方向在握的原因,不会有感到不适应的惊怖之感。惊怖并不意味着纯粹的惊恐或恐惧,它同时激发出“钦佩或崇敬”[①],形成康德所说的崇高在深受刺激的痛感之后、又仍感到快感的混合性,这种混合乃基于如上所述的负债与亏欠感,因为,感到负债即承认有超出自身理解力的更高、更神秘的力量的存在,这要求解释者顺服和进入事件的内面,进入后则又最终能站在解释的视

① Paul Ricoeur. *Time and Narrative*. Vol. 3. Chicago: The University of Chicago Press, 1985. p. 188.

点位置上还清债务，震慑与敬服遂又为再创造所积极取代，成为有效的、与事件本身具备了连续性的解释。这里便出现了一种临界的距离：痛感与快感、恐惧与钦敬的转化。利科相信这种转化造成了事件，却忽视了转化的中和实质，而流露出早期事件论者仍习惯于从存在而非异在角度看待事件的倾向。接下去，利科结合叙事结构来谈这一点，便不乏某种回归亚里士多德关于叙事情节完整性的态势，而这在事件思想史的发展主流中，很快被证明为不利于事件的发生。存在论立场并不难演化为语言论立场，①它们却需要共同接受异在论的挑战——后者才孕育着事件。

认识论无法发生出事件，直接针对其盲点而来的语言论，从推证上便蕴含着事件的发生可能。先不说绝对意义上的事件。相对意义上，语言论对认识论的超越本身就应该已构成了一个事件的冲击。因为认识论的基本思路“人如何认识世界”，被语言论转换成了“人如何通过语言来表达对世界的认识”，被认识论简单视为同一件事的这两者，被语言论证明为是不可混同的两件事。语言不是起传达功用的透镜，不直通事物，相反作为符号系统替代(建构)着事物(意义)，其根据不来自外部现成的实体性规定，而维系于符号间充满差别的区分。这样，在符号的区分关系中，每个符号相对于上一个符号是行使区分活动的主体，相对于下一个符号则同时是接受区分的客体，换言之，每个符号在一张无限的符号网络中，仿佛一个四通八达的网点，都既是主体又是客体，已经无所谓(即已区分不出)主客体，这才从根本上破除了认识论的二元论症结，宣告了语言论在思想观念上的变革以及进步意义。主体不再去中和客体，这个实现中和的饱和语境，被语言论从原则上超越，

① 语言是一种符号组织和系统，符号之间的关系始终隐蔽于和先于单个符号而存在，提供着塑造后者的可能性根基。符号关系大于和制约着符号，使符号有了面向更高背景而折返自身的筹划动向，这与海德格尔的整体理路——此在在世的源始整体结构即烦忧(操心)，是一贯的。尽管从时间上看，符号系统从这一个已知的符号出发指向对下一个未知的符号的召唤，但逻辑上下一个未知符号出场后迅即与这一个已知符号形成新的符号关系，并在此关系中随机更新了这一个已知符号，使其在向下一符号的传送过程中，被自身在新的符号关系中的可能性所释放出来，而这种释放即跳跃，新的自己一跃而出了。这样，下一个符号与上一个符号不断组成新的符号关系，而不断显现出符号的新生命，这个显现过程便是语言展开自身的过程，它所建基者，就是在语言中人与世界才不对立、而获得融合这一真理：“理解是一种语言现象”([美]D·C·霍埃：《批评的循环》，兰金仁译，辽宁人民出版社1987年版，第7页)。对语言本性的顺应使理解与认识呈现出区分度，前者品尝意义，后者将世界对象化，而从现象中探求本质。因为下一个符号对上一个符号在新的符号关系中的不断生成，意味着语言将主体视点带动起来向前进展，换言之，主体视点在语言中已失去了日常现实中的操控性，而不得不主动地(说不得不，是因为符号关系出来之前自己对下一步生存状态无所作为，只能虚心以待；说主动则是因为确实又是主体视点在实际地操作语言，是人自己在写，人把自己写进了正在写的语言中)随顺语言的显现状态，为之吸收吞吐。这也就充分表明，这个符号最终得以在显现中存活的机缘，取决于下一个符号及其随机构成的符号关系对自己的不断激活与重塑，未来呼出(决定着)着现在，存在论由此具有现实的语言论植根。

对崇高(理想)的谈论于是转移到了语言中,如维特根斯坦所言“我们误解了理想在我们的表达方式中所扮演的角色。即:我们原来会把它称作游戏的,只不过我们被理想迷了眼,因而看不清‘游戏’一词实际上是怎么用的了”[①],崇高在语言论中相应地成为事件了吗?

事情的有趣在于,原则上崇高被语言论认为应当在语言中得到把握,但在实际处理中,如果说认识论范式至少还保存了对崇高的正面念想,那么语言论范式却似乎有益避谈崇高,或者说在首肯语言创造意义的同时,关心崇高背后那个被语言符号建构出来的权力背景,却不断让崇高在被祛魅中走下圣坛,变得不再崇高,获得与认识论相比起来有过之而无不及的中和效应。语言论并不是一种局限于内部的理论话语,朝向政治发展是它的必然逻辑,因为话语中有权力,必有广义的政治。主观上,福柯可以表示对索绪尔及其开创的结构主义脉络保持一定的距离,但客观上他的话语权力理论受到语言论基点的影响,是很显然的:既然说一样东西是什么,是用语言来说,语言的符号系统性质,决定了它始终不会“是”(直通,传达)原物,而是将原物替代(建构,表征)成了意义;那么没有一种事物和现象是自明的,一切都有一个被语言建构出来的意义生产过程,而这即话语权力的无处不在;崇高由此也不是自明的,被认为有一个需要拆解其深层结构和元语言符码、还原为建构机制的问题。这是语言论从索绪尔到福柯的自然进路。反思社会学正是接续这一点展开的。其代表布迪厄作为福柯理论的发扬光大者,在对康德美学的批判中流露出了一个令人深感兴趣的倾向。

这个倾向就是,在试图接着康德美学讲时,只抓住、围绕和立足于“审美无利害”进行批判,只以《判断力批判》中“美的分析”部分为靶子。布迪厄对于康德美学的阶级趣味的揭示与反思表明,康德对审美不应掺杂任何利害因素的声张,实则将审美的形式提升至内容之上,并吁请人们从智力出发对之加以抽象的理解,而失去了朴素的形象与感觉,这是一种建立在康德自身所处的特定阶级习性基础上的特权表现,[②]在此意义上确实不妨承认“趣味往往不过是一些习惯而已”[③],是对大众趣味的权力化僭夺,合法地张开了统治阶级对自由的趣味与工人阶级对必需品的趣味的对立距离,结果只能是

---

① [英]路德维希·维特根斯坦:《哲学研究》,陈嘉映译,上海人民出版社 2005 年版,第 52 页。

② [法]皮埃尔·布迪厄、[美]华康德:《实践与反思:反思社会学导引》,李猛、李康译,中央编译出版社 1998 年版,第 1-62 页。

③ [法]米盖尔·杜夫海纳:《美学与哲学》,孙非译,中国社会科学出版社 1985 年版,第 12 页。

“把少数人的趣味看得比多数人的趣味更重要”①。因为一种知识不是现成的实体，而总是在关系中被建构出来的，总体现着知识分子的阶级习性，从而呈现为超功利性中的功利性，这样，知识分子总在追逐着利益，反思社会学就需要批判性地反思知识生产的实践情境，达成“参与的客观化”，这对康德的纯粹性立场构成鲜明反拨。这一观念的深刻性可以从现当代情色艺术(这在艺术领域中同样占有合法性且享誉很高)的鉴赏实质难以从康德审美无利害学说中获得透彻证明这点上见出。留下了一部优美日记的少女弗兰克就曾谈到，“每当我看到一个裸体女人形象，例如在艺术史课本上看到维纳斯，我就会进入极度兴奋状态。有时我觉得这是多么神奇美妙，激动得几乎掉下眼泪”②，这一掺杂利害激动的审美过程更是真实的，其不同于色欲(变态)心理之处诚如美学家王朝闻所点明的那样，在于“艺术形象对联想和想象的趋向的规定性”③。有些思想者曾不无调侃地发出注重精神恋爱的“柏拉图并不了解很多有关性方面的事情”的感叹，④以及康德“毫无审美能力”的惊人论断，⑤倘就此点来看也未尝无情绪来由。这一学说那种在潜意识中坚持“美是个纯粹的乌托邦，它不在这个世界上”的贵族化倾向，⑥被认为留下忽视“没有人在头脑中能够摆脱共同造成其美感的所有各种不同因素”的思想缺口，⑦康德为判断力批判奠基的纯粹理性批判，诚然被视为思想史上的哥白尼式革命，这套思想体系仍为不苟言笑的高头讲章，也是不争的事实。

但这一切针对的，显然是康德有关美的分析部分。为什么布迪厄不提崇高分析部分——至少在目前掌握的文献视野内我们没有看到？因为当布迪厄以“美的分析”为出发点形成其区隔理论时，这一建立在语言论基础上、也融渗进了更多社会学色彩的理论本身的普遍化、总体化逻辑，使它产生出不受阻碍的解释效应，在令人信服地从语言论角度揭示出事物现象均为符号权力建构的产物这一点之际，也把对崇高的解释推向了某种尴尬的境地：它还是一种无条件居巍巍群峰之高的上升性力量吗？抑或应当果断破除这

---

① [美]苏珊·朗格：《艺术问题》，滕守尧、朱疆源译，中国社会科学出版社1983年版，第114页。

② [德]安妮·弗兰克：《安妮日记》，高年生译，人民文学出版社2009年版，第132页。

③ 王朝闻：《审美谈》，人民出版社1984年版，第128页。

④ [英]柯林·威尔逊：《我生命中的书》，陈苍多译，重庆出版社2006年版，第116页。

⑤ [美]威廉·詹姆士：《多元的宇宙》，吴棠译，商务印书馆1999年版，第10页。

⑥ 朱存明、[法]费尔南代：《美丑》，上海文化出版社2000年版，第86页。

⑦ [澳]德西迪里厄斯·奥班恩：《艺术的涵义》，孙浩良、林丽亚译，学林出版社1985年版，第35页。

种特立独行的优势，也视它为符号权力的建构产物而不再捍卫与张扬它？鉴于这一伦理立场的强盛，或许摆在布迪厄面前的是一个不易取舍的局面，更何况在后现代这一思想背景下，任何涉嫌轻易否定崇高的选择，恐怕都会遭致诟病。无从确证布迪厄在这一问题上的本意，但据文本踪迹似乎可以推测，他对康德崇高论采取了策略性的回避态度，暗含的潜台词是，崇高无法在语言论立场中被作为特例提出，它只能是建构主义视野下的百花中平等的一花。崇高似乎已无法获得超越性地位。在此意义上，尽管相对而言语言论构成了对认识论的事件冲击，它仍因逐渐陷入另一种同质化局面，而未能产生绝对意义上的事件。可以从三个角度看清这种同质性。

首先，当一个符号唯有在和所有不是自己的其他符号相区分的情况下才有意义时，每个符号诚然既是主体，又同时是客体，消弭了主客二分的二元论思维方式，但也不再有奇峰的突起，而是均等化和同质化了。它会导向另一种平庸，哪怕那俨然以反思与批判形而上学为鲜明名义。

其次，在语言论的区分视野中，当我们总是首肯下一个符号的出现不断带出着和上一个符号的关系新变从而塑造着后者时，换一种眼光看，这显然也在大范围上框定了一个稳定而安全的前提，那就是必得等待最后一个符号出来尘埃落定，才有了整体意义的明朗。这仍然暗含着因果论的设定，后结构主义对结构主义的清算只是对这种设定的显性抗击罢了。在这种情况下，谈论“布迪厄所说的区分是否索绪尔所说的区分”是一个问题，看到布迪厄的区分理论建立在语言论基石上、设置了“不管具体如何区分，总可以依靠和信赖区分，区分这一前提稳固而安全”这一前提，则是另一个隐而不察的问题。后一问题的客观存在，敉平了事件，使事件及其独异性消散在语言看似无处不在，实则失去了弹性和锋芒的汪洋大海中。

再次，语言论宣告了主体性的黄昏，所谓“作家死了”，确乎源于语言作为自具规则的符号系统被现实主体发动起来后获得的自身生命和运作逻辑，当我们承认，在区分中下一个符号不断显现着上一个符号的生命时，这“下一个符号”所代表的语言本身，确凿无疑地正成为一个新的主体并和现实主体展开了对话，这一切并不神秘而有其最为现实的接地根源。这种变化产生了巨大的积极效应，为人们在二十世纪以后重新从学理上透彻审视主体的限度、超越以主体性为标志的二元论形而上学，奠定了不容轻易否定的基石。纵然如此，现实主体获得的这种与新主体——语言对话的新状态，也成了常数而逐渐被同质化了。可以借用哈特与奈格里对乔姆斯基、西蒙顿、斯蒂格勒与斯洛特戴克等人的生命政治理论的批判，领悟到这点。在哈特与奈格里看来，上述诸人不约而同地在他们的生命政治理论中，将主体性限制于自然主义的不变框架内，即用常数化来描述这种主体性对现存权力结构的反抗，从而掩盖了这种主体性的动态色彩，不足以创造出生命的另类形式。[①] 鉴于哈特与奈格里这一批判的用意是要引出作为事件的生命政治，他们所指出的主体的上述常数化态势，便属于事件的对立面，而有助于我们及时反思语言论中主体的常数化倾向。

这就是我们在当今时代总是觉得一方面速度和效率都在随主体的各种进取姿态而提升，另一方面又陷入于均质的平庸状态的原因。如同思想敏锐的晚近学者们所洞察到的那样，“长期以来，我们一直有种普遍而矛盾的感觉，认为我们的时代在某种程度上具有不断变化和戏剧性发展的特点，同时又缺乏生气。一方面，现代的历史与生活在其中的个人生活似乎都受到日益加快的转变速度的影响。另一方面，由于各种持续的原因，我们作为个人、我们的文化作为一个整体一直被一种终极停滞的幽灵所困扰，这种停滞的表现范围从个人的无聊到‘历史终结’。生命的加速似乎在某种程度上引发了一种必然的感觉，即世界的实际变化率已降至零。”[②]前一方面指看似层出不穷的事件，后一方面则指这些事件本身趋向于同质化，“终极停滞的幽灵”及其无聊感，即语言论在同质性发展格局中对异质性的呼唤，凸显出了事件无法被语言论穷尽的性质。以上三个角度殊途同归，制约了事件作为语言论命题的提出因缘，当然也消解了作为事件的崇高，因为如果拉平到和一切相平等的均质状态中，崇高便已根本无法再被称为崇高。

依据以上分析，事件同时超越认识论范式与语言论范式，可称之为行动论范式——需要在认识论转向和语言论转向之后，合乎学理逻辑地迎来行动论转向。后者与前两者最根本的区别，在于迥异于前两者中的可能性信念的不可能性意识，在这一意识中发生出不同于以往任何直接或间接流于同质化的、积极充满异质的行动——事件。在出版于 2006 年的《上帝的弱点：事件神学》一书中，意大利裔美国学者约翰·卡普托描述了事件的八个基本特征，准确击中了事件的这种行动性质，它“超出了康德意义上的可能经验的条件，而构成了不可能的经验”[③]，直接宣示了事件哲学与康德哲学的分野。

---

① [美]迈克尔·哈特、[意]安东尼奥·奈格里：《大同世界》，王行坤译，中国人民大学出版社 2015 年版，第 47 页。

② Michael Sayeau. *Against the Event: The Everyday and the Evolution of Modernist Narrative*. Oxford: Oxford University Press, 2013. pp.2 - 3.

③ John D. Caputo. *The Weakness of God: A Theology of the Event*. Bloomington: Indiana University Press, 2006. p.5.

从这一具有代表性的事件思想概括,不仅可以窥见事件反认识论的一面——事件并非是主体行为,而是对于主体的行为;更可察觉到事件反语言论的一面——名称的有条件性,永不等于和始终无法涵盖在它当中正搅动着的事件的无条件性。因此,当它强调事件超出康德意义上的可能经验条件、而构成不可能性经验时,它显然指出了康德的崇高论在事件思想中才能得到全面理解这一事实:被主体与语言不同程度地总是中和着与稀释着的崇高,如果要捍卫自己的真正尊严,必须将自身置入事件这一思维方式中。

在这点上,利奥塔关于崇高的论述其实已显露出端倪,只不过论者往往尚未从事件这一角度审视它而已。利奥塔在后现代背景下醒目地探讨康德留下的崇高主题,认为崇高的无限性体验并不重走康德有关道德律令与实践理性的老路,而旨在"呈现无法显示的东西"[①],即彰显未定性,典型地体现出这种崇高美学的先锋艺术,追求对不可见之物、而非可见之物的描述。在他看来,康德的崇高论并未发动起一场思想革命,它固然可能在人心中激起一种对于苦难与暴力的惊怖的敏感,但归根结底仍是一种"一厢情愿的参与"[②],即表现为一种唯一地取决于人类道德倾向的同情,仍是主体性思路的体现。简言之,当康德从可能的信念出发,描述崇高的效应时,他并未赋予崇高真正触及和溢出了主体限度的东西,这是由二元论思维方式所必然导致的后果。与这种将崇高定位于可能性的思路不同,利奥塔将崇高定位于不可能性,在提出"当呈现本身显现为不可能"这一新问题之际,[③]流露出显著的后现代反乌托邦衷曲。

这自然与利奥塔以张扬差异为核心的后现代动机有关——差异的存在,注定使从形而上学传统发展下来的可能性范式,遭遇顿挫而形成界限与边缘上的反思。但仅考虑到这一层是不够的。因为差异属于语言论观念,若从语言论角度理解利奥塔所说的崇高,鉴于语言论在根本上的可能性立场,便不易理解建筑于其上的崇高的不可能性内涵。利奥塔的崇高是建立在超越语言论的事件论基础上的,对无法显现的东西的"呈现"一方面固然"本身与崇高联系在一起",另一方面"当描述它的语言试图描述时,它已经

---

① [法]让-弗·利奥塔:《呈现无法显示的东西——崇高》,李淑言译,见[法]让-弗·利奥塔等:《后现代主义》,赵一凡等译,社会科学文献出版社 1999 年版,第 18 页。

② Jean-Francois Lyotard. *The Differend: Phrases in Dispute*. New York: Manchester University Press, 1988. p.165.

③ [法]让-弗朗索瓦·利奥塔:《非人——时间漫谈》,罗国祥译,商务印书馆 2000 年版,第 151 页。

消失了”[①]。差别的根本意义是产生事件，这“与基本的准伦理学断言有关，即一个人要注意差异：事件”[②]，崇高情感的产生，意味着后现代主义呈现出在现代主义中不可呈现的事物，那是一种曾经被拒绝、能让我们一起对于不可能之事产生怀旧之情的品味，基于这份后现代视野的“工作和文字都具有事件的性质”[③]。正因为此，“利奥塔德强调句子作为他的对象，不涉及任何语言实证主义或人类学，并允许非语言事件(non-linguistic events)以句子的形式类比呈现。”[④]辨清这关键的一点，崇高才作为事件获得了把握的机缘。

文论研究从中获得两点启示。首先，今天如何谈论崇高，是需要更新学理地平线的敏感问题。在认识论意义上谈论崇高，固然已因其二元论形而上学症结而无法令人满意，然而让这种谈论向何处转移却是个需要斟酌考量的难题。有学者选择向所谓实践论转移，殊不知，即使谈论实践论，也有一个实践如何落实于语言，以及进一步事件化的问题，从“知”到“行”的这种转移看似迈出了突破的一步，实则仍在认识论范式内部进行调整，即仍属于一种逻辑上牢牢预设好了的自然推导。诸如“实践美学的德勒兹解法”，就是富于生长性的课题。在一些学者看来，艺术创作过程不是不涉及实践问题，但实践的概念是通过经验的反复而发展来的，这些经验构成了艺术创造的惯习，其实当代理论家中的一些重要人物比如德勒兹并不反对习惯与记忆，也认为它们是产生事物固定表象的关键因素，但德勒兹强调只有通过虚拟的差异性背景，才能使这些重复成为可能，尽管经验上可能出现重复的相同性，但也存在着许多改变经验的差异。[⑤] 应当在事件性的差异中探讨实践，这是以往多见的实践论文艺观所忽视的。艺术完全可以和应当成为使惯性不安、并不断改变既定关系的事件，关系的变化是艺术创作成为事件的枢纽。就此而论，对崇高的谈法就不再是传统静止而多少显得僵化的了。

上述实践论文艺观对崇高的引出，以及与之相关的“审美超越”等常见论法，因而依然是可疑的。可疑就可疑在，无论具体怎样做，它都试图用一种清晰的力量来框定崇高，这便祛除了崇高本身的事件性质，把反常和危机常规化，其实也相应地把它在许多论者心目中的伦理色彩削弱了。因为伦

---

① Geoffrey Bennington. *Lyotard: Writing the Event*. New York: Manchester University Press, 1988. p.21.

② Ibid, p.173.

③ Ibid, p.104.

④ Ibid, p.177.

⑤ 参见 Jack Richardson and Sydney Walker. *The Event of Making Art*. *Studies in Art Education*, Vol.53, No.1 (Fall 2011)。

理产生于他者的介入与冲击所造成的与主体的紧张关系中，而非产生于主体有关最终能战胜他者、并获得安全感的伪好客姿态中。崇高的正确转移方向，由此是语言论与事件论，尤其是在扬弃语言论成果后实现为事件。那是一种基于非认识论的差异性、又不止步于语言论差异的、经由不可能性尖锐生成的崇高。

进而，在历经相对漫长的当代西方文论各路学说的洗礼后，现在是重新精读《圣经》等典籍、体会其写作方式的时候了。已经有饱饫理论的远识之士开始这样做，例如从罗马书中深切体味到“论断还有一个奇特的弊端，就是论断者往往自己就行被论断之罪”①。这种状况在当代理论中是屡见不鲜的。就像德里达的解构理论原本旨在揭露在场形而上学包裹于声音及其在场幻觉中的“重复而可经验”这一点的不可靠，但当他的后继者们纷纷起来以这一理论为武器，从事理论运动中惹眼的解构批评并迅速形成解构学派时，这又是以自己和读者都觉得其批评过程可经验、可相信为实质的，那么这样一来，会不会恰好陷入了为德里达所不愿看见的“重复而可经验”之境呢？解构的本意，应该是拒斥学派化的，因为学派化就仍然难免于中心化与总体化。解构，本应针对可重复的声音在场幻觉而走出重复，按理是无法被轻易效仿的，却在被效仿中不知不觉地重蹈重复的窠臼，导致想要检讨的目标成了脚下的出发点，这并非不可能。这种“自己就行被论断之罪”的困局，靠理论自己是无法挣脱的。借助于崇高的力量才有可能予以化解。读理论的同时读《圣经》，这种现象在以往并不易被理解，因为两者在惯常的理解中似乎不属于同一个系统，前者每每致力于对后者的祛魅，使得两者看起来甚至很难相容。此刻，这种现象却慢慢彰显出独特不凡的意义。那就是当代文论作为批评理论的集散地，主要建立在语言论学理的基石上，当时间的推移逐渐褪去它们的神秘色泽，把它们各自仅凭自身无论如何、始终都难免于阐释盲点的特征终于显露出来时，一种需要跳出语言论视野来重构理论的更高诉求很自然地会产生出来。作为事件的崇高，便解释了为什么还需要从理论进一步走向“理论之后”的内在原因，在构成后理论必要条件的同时，开出了一剂“理论之后”有助于清热散瘀的思想解药。

① 徐亮、梁慧：《〈圣经〉与文学》，商务印书馆 2016 年版，第 214 页。

第二章　理论之后的充分条件

尽管人文学界已出现不少带有“转向”字眼的描述，诸如图像转向、空间转向乃至生态转向等不一而足，但严格意义上具备全局性根本意义的转向，应该说只有认识论转向与语言论转向两途。自理查德·罗蒂1967年编辑的一部文集醒目提出“语言论转向”后，[①]用语言论接替本体论与认识论概括二十世纪思想范式，成为学界共识。[②] 罗蒂主要指语言哲学，但这一概括的对象很快被扩展。维特根斯坦的“家族相似”固然可以与索绪尔建立于差别原则上的区分思想对话，当代学界一般也认为“索绪尔的语言论退回至存在论的形而上学，因为其赋予声音凌驾于文字之上的特权”[③]，与海德格尔语言观在推崇声音这点上也旨归一致。[④] 由此构成的语言论学理在历经一个多世纪发展后，逐渐出现了三种转向趋势。对这三种转向的循序论述，意在追问“语言论还剩下什么”[⑤]，即从学理上弄明语言论究竟出了哪些问题，以至于引起了晚近思想相应的严谨批判与修正努力。这将可能提供后理论发生的基底。本章接着分析“理论之后”这件事得以出现的充分条件，考察现有的后理论论题是在怎样的外部背景中被提出来的。

---

① 参见 Richard M. Rorty. *The Linguistic Turn: Essays in Philosophical Method*. Chicago: The University of Chicago Press, 1967。

② 作为认识论哲学的“康德忽视语言：离开了语言，如何建立和谈论理性”这一深刻困惑（[美]林赛·沃特斯：《美学权威主义批判》，昂智慧译，北京大学出版社2000年版，第198页），引出了“思索我们关于现象所做的陈述的方式”这一语言论主题（[英]路德维希·维特根斯坦：《哲学研究》，陈嘉映译，上海人民出版社2005年版，第49页）。

③ Marco Piasentier. *On Biopolitics: An Inquiry into Nature and Language*. New York and Oxon: Routledge, 2021. p.26.

④ 海氏将烦忧（操心）与语言从本体上联系起来，申明“抑制乃是烦忧的基础”（[德]马丁·海德格尔：《哲学论稿》，孙周兴译，商务印书馆2016年版，第44页）。

⑤ 这方面成为方法论借鉴的两部国际著作，是莱因哈特·布兰特的《康德——还剩下什么？》（2010）与朱迪斯·巴特勒、约翰·杰洛瑞、肯德尔·托马斯合编的《理论还剩下什么？》（2000）。

第一节　思辨转向：语言的任意性之后

按照德里达对索绪尔主义的总结，对语言来说“任意性与差别性是两个相关的特征”[①]。《普通语言学教程》界定了语言的性质，指出符号具有任意性（arbitrariness），其含义是能指和所指的联系是任意的。但索绪尔接下来直接跳到了能指与所指所共同组成的整体——符号的任意性上：“能指和所指的联系是任意的，或者，因为我们所说的符号是指能指和所指相联结所产生的整体，我们可以更简单地说：语言符号是任意的。”[②]为什么在 A＋B＝C 的情况下，A 与 B 的联系是任意的，就能推出 C 具有任意性呢？这似乎在论证上出现了某种跳跃。联系《教程》后半部分看，索绪尔从三者与事物的关系角度，即依次“从概念方面”“从物质方面”和“从整体”证明“词意味着某种事物”的不可靠，[③]这才是他的初衷，也是与索绪尔共同构成了语言论的语言哲学的根本焦点。[④] 事实上，索绪尔主义所说的任意性就旨在从根本上表明“语言符号连结的不是事物和名称”这一事实，[⑤]这也是它着力破除的传统观念——语言是和事物对应的分类命名集。

由于任意，“原物”概念作为形而上学遗体被消解，语言在符号差别的创造中做的是“用什么去代替”的事情。[⑥] 可以在对比中看清“代替”的这种消

---

① Alan Bass. *Margins of Philosophy*. Harvard: The Harvester Press, 1982. p.10.

② ［瑞士］费尔迪南·德·索绪尔：《普通语言学教程》，高名凯译，商务印书馆 1980 年版，第 102 页。

③ 同上书，第 163 页。

④ 如维特根斯坦在《哲学研究》开篇也考察“名称与被命名的事物之间的关系是什么”（［英］路德维希·维特根斯坦：《哲学研究》，陈嘉映译，上海人民出版社 2005 年版，第 23 页）。但他不是从符号学，而是从语言游戏角度展开敲打的，如追问名称的含义与名称的承担者在不同语言游戏中的微妙区别等。本段对索绪尔论证中的某种跳跃性的敏感，即“为什么在 A＋B＝C 的情况下，A 与 B 的联系是任意的，就能推出 C 具有任意性”，与《哲学研究》第 50 节分析思路类似，在那里维氏发问：尽管人们称之为“存在”的东西在于元素之间有联系，可否由此说，元素间有联系，便能命名这种东西并指认它有意义？

⑤ ［瑞士］费尔迪南·德·索绪尔：《普通语言学教程》，高名凯译，商务印书馆 1980 年版，第 101 页。“总的说来，维特根斯坦提出哲学语法概念之初，更多强调任意性；在《哲学研究》等后期著述中，任意性只少量出现，而对任意性的限制则谈得较多。”（陈嘉映：《说理》，上海文艺出版社 2020 年版，第 124 页）在任意性这一共同论题上对索绪尔与维特根斯坦作比较研究，是很好的深度学术课题。

⑥ ［瑞士］费尔迪南·德·索绪尔：《普通语言学教程》，高名凯译，商务印书馆 1980 年版，第 102 页。“代替”接近维特根斯坦所说的“伴随”。《哲学研究》第 152－155 节等处表示过，理解并非在理解过程中同时发生出所理解的某种东西的心灵过程，而是在说出理解时伴随着“特定（转下页）

解性。形而上学将“原物”看成始终高于替代物的母本(即“无论你怎么说，真相只有一个”)，柏拉图划清理念与经验的界限，视经验世界为理念的摹本，便奠定了这种传统认识，将其推向极致的表述，便是车尔尼雪夫斯基有关艺术比不上生活、“得不到原物的时候，就以代替物为满足”的论断，[①]意指替代物不如原物，需要努力追赶上并成为原物。索绪尔主义将这种传统认识倒转过来，证明纯粹自明意义上的“原物”并不存在，它要获得意义，便必然已被在语言——即在符号系统的替代中进行把握，替代物由此才高于原物，赋予了原物意义，合乎逻辑地导出了二十世纪以后形形色色的建构(表征)主义。

被语言论引以为精华与特色的这种建构性，在进入新世纪后遭遇了以梅亚苏与格雷厄姆·哈曼等人为代表的思辨实在论的怀疑，后者试图用“思辨转向”来取代“语言论转向”，直接文本证据如下：

> 自21世纪初以来，已形成了一种更混乱和在某些方面更有希望的局面。各种有趣的哲学趋势，它们的堡垒分散在全球各地，已获得了追随者，并开始产生大量具有象征意义的作品。虽然很难找到一个恰当的名称来涵盖所有这些趋势，但我们提出了“思辨转向”(The Speculative Turn)，作为对现在令人厌烦的“语言论转向”(Linguistic Turn)的刻意对应。[②]

“思辨转向”的发起者用“相关主义”(correlationism)批判语言的建构性。对此可以描述为纵深递进的三个环节。

(一) 揭示语言论的相关主义实质。

思辨实在论者认为，大陆哲学长期以来处于一种对相关性——即认为存在和思想只有在它们的相互关系中才能获得的信赖热情中，习惯于将现实看作被建构成与人发生关系的产物，这条关联论思路导致了哲学的歧途，即只满足于接触到思维与存在之间的联系，却无法始终如一地谈论一个独

(接上页)的周边情况”([英]路德维希·维特根斯坦:《哲学研究》，陈嘉映译，上海人民出版社2005年版，第71页)，即通过语言游戏才实现着理解。两者的微妙不同之处在于:索绪尔侧重语言与事物的关系，更强调生产(立)意义上的表征;维特根斯坦侧重语言与心灵的关系，更强调批判(破)意义上的“拆解”(同上书，第50页)，语言哲学从而“描述”而非“干涉”语言的实际用法，它“让数学如其所是”却“不能促进任何数学发现”(同上书，第58页)。

① [俄]车尔尼雪夫斯基:《艺术与现实的审美关系》，周扬译，人民文学出版社1979年版，第85页。

② Levi Bryant, Nick Srnicek and Graham Harman. *The Speculative Turn: Continental Materialism and Realism*. Australia: Melbourne Press, 2011. p.1.

立于思想或语言的对象，后者需通过思辨来达成。“相关主义”及其理想化后果，源于康德哲学对物自体只可用信仰、而非知识来达成的学说。从先验到先见，后来的现象学、结构主义、后结构主义与解构主义都为之添砖加瓦，一次次拒绝任何独立于人与世界的相关性的世界可能性。这在思辨实在论看来滑向了一系列错误：厌恶科学；热衷于关注语言、文化与主体性，却忽视物质因素；以人本主义立场放弃对绝对的追求；仅重视文本与意识形态批判，而以牺牲经济领域为代价，弱化了有效的政治行动；无法对生态危机、神经科学与基础物理学的分化，以及人机鸿沟的不断打破等当今进展作出有力的解释，从而限制了哲学在今天的力量。

“相关主义”最大的靶子，是语言。因为进入现代以后，语言论对语言任意性的发现，使“是什么”与“被说成了什么”不再分裂为两个问题，而实现了统一，我们看到的世界无不是经过了语言塑形的意义世界，“理解是一种语言现象”这一信念，[①]从根本上杜绝了从语言之外理解世界的通道。对此逆反，思辨实在论提出了本体对象和因果关系本身的概念，或转向神经科学，或构建数学绝对论，或强化精神分析与科学理性的神秘含义，总之，试图再次独立于思想与主体性，而思考现实的本质，哈曼由此指出“思辨的目的是‘超越’批评和语言论转向”[②]。在他们的谱系溯源中，德勒兹与瓜塔里已率先超越康德主义的局限，开始首肯主体与思想只是初级本体论运动的最终残余产品，而认为主体性最终将导向本体论。齐泽克借鉴谢林的自然哲学、黑格尔的本体论思想与拉康的理论，用“视差之见”谴责了他所指认的唯物主义的天真假设，认为现实并非全部，其本身存在着缺口、污点和无法弥合的漏洞，注意到这一差距，才能成为真正的唯物主义者。巴迪欧沿此思路进一步建立了数学本体论，在一片讨伐柏拉图主义的当代声音中复活了真理问题。拉图尔也主张，一切实体在作用于其他实体时都平等而真实。在这些人的影响下，更年轻的一代学者梅亚苏 2006 年点燃了“思辨转向”之火，认为数学能绝对地解释先于人类的知识，这些知识独立于对其的经验性接触，展示了关联论的破产。尽管梅亚苏并非对“相关主义”不屑一顾，而旨在从内部将其激进化，但他由此推导出的偶然性或“超混沌”的必然性，既启发了哈曼等更晚的理论家，也引发了某种争议。哈曼的面向对象的哲学，去除现象学对象与自然对象、感性方式与因果方式的顽固隔阂。另一位“思辨转

---

① [美]D·C·霍埃：《批评的循环》，兰金仁译，辽宁人民出版社 1987 年版，第 7 页。

② Levi Bryant, Nick Srnicek and Graham Harman. *The Speculative Turn: Continental Materialism and Realism.* Australia: Melbourne Press, 2011. p.3.

向"代表人物伊恩·汉密尔顿·格兰特则致力于建立一种能为科学提供本体论基础的先验自然主义。在这股潮流中"思考语言-所指的相关性"[①],语言的任意性原则是如何被冲垮的呢?

(二)有助于积极反思任意性,但也遗留下倒退的隐患。

梅亚苏举例表明,任意性不应当获得索绪尔主义那种理解。如果一个数学家在海滩度假,想向孩子讲解形式集合论的基础,他诚然可以在沙子上用手勾勒一些公式,但更可能把随手捡到的一片贝壳当作基础符号,以一种直观而有趣的方式开讲。在此,一个物质实体(贝壳)被视为某个符号,"即使基础符号的意义未发生任何变化,任意性却是在场的。"这就是说,在思辨实在论看来,任意性不是能指与所指、声音与概念之间的任意关系,而是"与意义无关"的、"比符号的无向性(unmotivation)(这是我对索绪尔意义上的任意性的叫法:符号与意义之间非必然的联系)更为根本性的任意性",即符号概念与它的物质基础之间的任意关系:在讲到一个叫做"形式集合"的符号是什么时,必须出示能说明这一符号的物,为之信手拈来的贝壳则完全是任意的。梅亚苏在意的是物与符号的任意性。他为此而给出的两条反驳语言论的理由不乏新鲜感。其一,"一个事物的概念本身无疑可以无限再生;但在它的内涵中,这并不意味着它所概念化的事物可以无限繁殖。……因而,符号根本没有概念化它的物质基础——也就是说,记号被理解为一个可迭代的事件。"索绪尔的任意性允诺了事物在概念化中的无限增殖,语言建构着事物及其意义,但梅亚苏认为"原物"作为符号概念的物质基础,无论独一或复多,在数量所指上却是确定的,就像上述例子中的那片贝壳,尽管偶然却实实在在地作为概念的物质基础存在着,不容轻易替换。"我感兴趣的是与所指形成联结之前的能指",这一能指即现实存在着的物质基础。而由于作为物质基础的这片贝壳在被认知时总是不可避免地伴随着符号思维的某种先行介入,因此其二,"如果符号是任意的,那么凭这点,在它与任何意义关联之前,原则上我们总是可以用另一个符号、另一个可迭代的记号来替换它,而替换者将具有完全相同的功能。"[②]索绪尔的任意性原则,从而需要面临迭代与重复的挑战,如我们所知,这一点在德里达对之的解构性批判中即已露端倪。梅亚苏对索绪尔任意性理论的这份质疑,得到了哈曼等人的响应。后者在评论卡罗的雕塑艺术时,感到"当弗里德对卡罗雕塑的宏伟句

---

① [法]甘丹·梅亚苏:《有限性之后:论偶然性的必然性》,吴燕译,河南大学出版社 2018 年版,第 15 页。

② Quentin Meillassoux. *Iteration, Reiteration, Repetition: A Speculative Analysis of the Meaningless Sign. Freie Universitat*, Berlin, 20. April 2012. pp.27-28.

法解释被不幸地解读为索绪尔的语言结构主义时，我们瞥见了这一点。索绪尔的语言结构主义认为，元素本身没有意义，但完全部署在一个完全不同的系统中”[①]，以相同的视角表明任意性不应成为对物的褫夺，物的实在性需要被合法地从正面加以思辨。

思辨转向对语言论的上述检讨，从积极的方面看有助于澄清人们长久以来对语言任意性的某些困惑。可以这样质疑索绪尔有关“能指与所指的关系是任意的”论断：能指是语音（物质的），所指是概念（观念的），但概念难道不已经是语言形态的吗？用一种已经是语言形态的东西，去解释语言的性质，有否循环论证之嫌？维特根斯坦似乎佐证着这一疑问：“在对语言进行解释的时候，我已经必须使用成熟完备的（而不是某种预备性的或临时的）语言，这已经表明，我关于语言只能提供出外部事实。”[②]看来这至少不乏疑点。现在，思辨实在论明确关心与所指形成联结之前的能指，实际上让任意性退守到了“符号与物质基础”这个不涉及循环论证、更彻底的关系范围中，在澄清对任意性的理解方面有其可取之处，对当今带有自然科学色彩的神经科学、人工智能与科幻叙事等新兴研究方向的影响，是客观存在的。

纵使如此，该如何评价思辨转向对语言论的这种批判呢？面对“相关主义”自近代以来所取得的哲学成就，以及建构主义范式一个多世纪以来的发展实绩，试图用实在性取代关联性，究竟是创新还是变相倒退，不能不在理论的风险估计中。有研究者指出梅亚苏“用逻辑而非经验的语域来处理他反对相关主义的案例”，此举导致其“重申了笛卡尔有关思维与广延的二元论”[③]。要评价这种做法，得先克制将某种很容易滋生的不同看法去急着加给思辨实在论的冲动，而来看看思辨转向自己认为自己超越了什么，把什么和物对立了起来，从而把对它的评价引入它自身提出的问题逻辑中。

（三）将物与事件对立起来，未意识到事件其实是物的组成部分。

如哈曼所示，思辨实在论将实在与建构、物质与事件一一对立起来，批评了1960年以来“相对于物质更喜欢事件，相对于静止更喜欢流变，相对于自主更喜欢情境，相对于非-关联更倾向于关联，相对于独立更倾向于建构，相对于某物是什么，更倾向于某物能做什么”的做法，[④]认定物的对立面是事

---

① Graham Harman. *Art and Objects*. Cambridge: Polity Press, 2020. p.100.

② ［英］路德维希·维特根斯坦：《哲学研究》，陈嘉映译，上海人民出版社2005年版，第57页。

③ Ray Brassier. *Nihil Unbound: Enlightenment and Extinction*. New York: Palgrave Macmillan, 2007. p.58.

④ ［美］格拉汉姆·哈曼：《铃与哨：更思辨的实在论》，黄芙蓉译，西南师范大学出版社2018年版，第242页。

件。但问题不在于思辨转向的支持者主观上是否应当去关注事件，而在于事件客观上是否包含于物的形态中。

正是在这关键的分歧点上，出现了与思辨转向相异趣的另一种转向——事件转向。后者发现事件并非与物难以相容，相反是物之所以为物、真正成为物的必然前提。在哈曼那里，实在即现实与现象，他用“实在的现实”一语表明这一点，这一点才逐步形成了“关于物的普遍理论”[①]。但物的完整含义离不开事件化这一扬弃环节。马里翁便揭示出，现象（实在）具有事件本质，事件不是加给现象的变化性因素，而内在于现象中，以其对因果性的重构而使之区别于对象。从马里翁到齐泽克，再到西班牙学者迈克尔·马德 2009 年出版的《物的事件：德里达的后解构现实主义》，都证明对实在的完整思辨是一个离不开事件思维、从而难以完全脱离关联性的过程。这种交锋很自然地把我们的考察视线引向了事件转向。

第二节　事件转向：语言的差别性之后

任意性与符号的差别性直接相关。任意性受到上述质疑，差别性出现相应的松动，受到了当代事件思想的反思。直接文本证据如下：

> 当你用名词产生一个动词时，就会发生一个事件（event）：语言（language）规则系统不仅无法解释这种新奇的用法，而且会反对它，抵制它；它与陈述之间产生的关系是冲突关系之一。[②]

用事件论扭转语言论，成为这条思路上的选项。对此也可以描述为纵深递进的三个环节。

（一）开始质疑差别，却不否认差别仍是意义的一部分。

在文论意义上反思语言论的第一人，应推在索绪尔去世的 1913 年正巧出生的法国思想家保罗·利科。利科试图调和现象学与语义学，这种特征也深深影响了他对语言论的看法。英国学者约翰·米歇尔发现，利科将结构分析作为认识论模型纳入解释学范畴，但又不满于结构主义建立在共时

① ［美］格拉汉姆·哈曼：《迈向思辨实在论：论文与讲座》，花超荣译，长江文艺出版社 2020 年版，第 126－127 页。

② Jean-Francois Lyotard. *Discourse, Figure*. Minneapolis: University of Minneapolis Press, 2011. p.141.

性视野上却忽视历时性视野、从而趋于封闭的局限，认为这消除了神话性的起源与终点、以及死亡与苦难等极限情形，未能“关注语言的最终目的：对某事说些什么”[1]，相反，主张让解释学仍向世界与存在开放，尤其不再落入实证主义立场。在此前提下，米歇尔将利科视为后结构主义者，指出不像德里达等同时期后结构主义者，利科“很少在这些通用标签下提及”差别原则，[2]已开始怀疑差别原则。

利科认为语言充当结构与事件之间的交易者，既承认它与结构有关，作为一种语义潜势而存在，也相信它与行为、事件有关而积极地实现着语义，因此统一性、基础性、系统性与封闭性应当被打破。但这一根本性突破并不意味着接下来就需进入“没有对象或主体的多重性的组织”，开始与结束、内外部的秩序与区分，仍存在于利科的解释学理论中：“德勒兹与利科都试图赋予事件更崇高的地位。然而，当利科试图给它一个叙述的结果时，这两个事件概念之间的深渊打开了。在他看来，这件事只有安排在叙述中才有意义。”[3]这表明利科原则上不反对差别原则。他较之走得稍远的一步在于，援引法国思想家米歇尔·德塞都的“偏差中的差别”(differences in the deviations)概念来表示事件，认为“从结构语言学与符号学(从索绪尔到罗兰·巴特)，再到同时代的一些哲学家(从德勒兹到德里达)的协助下，差别的一个新版本在这里诞生了。然而，对德塞都来说，将差别理解为偏差在当代历史认识论中保留了一个坚实的锚点，因为正是模型建构的过程需要发现偏差”，以至于“这一作为偏差的差别概念版本提供了事件(event)的更好近似物”[4]，即表明对偏差的敏感来自意义建构的需要，偏差因而也是意义的一部分，它是认识外部世界的原发点，也是历史得以展开的切入口。可见，利科虽然警惕索绪尔主义在结构系统中淹没事件的局限，却未因此全盘否定差别原则，而相信差别仍是意义的一部分。

(二) 反对差别，认为非误构的差别无意义，乃至用无言取代差别。

利科之后的另一些文论家不认为差别是意义的一部分，而从新角度径直宣判索绪尔差别论的无意义性。这较早由利奥塔开先声。他不同意索绪

---

① John Michel. *Ricoeur and the Post-Structuralists: Bourdieu, Derrida, Deleuze, Foucault, Castoriadis*. London and New York: Rowman & Littlefield, 2015. p.77.

② Ibid, p. xxiv.

③ Ibid, p.79.

④ Paul Ricoeur. *Time and Narrative*. Vol. 3. Chicago and London: The University of Chicago Press, 1985. p.150.

尔的语言学思想，[1]尽管不否认事件是差别，但认为“索绪尔在符号意指而非价值方面的描述，存在着含糊不清的依附关系”，忽视了“暴力”破坏之下的“复杂性”[2]，结构主义也相应地“依赖于话语、形象中阐述的对立以及对差别的根本意义的压制”[3]，未及发掘出“差别的根本意义”，而把差别在观念中凝固起来了。与之异趣，利奥塔主张事件应“在认识的无序中被发现”并伴随“某种规则失常”[4]。在《异识》一书中他论述道，“事件”……“能既是其原因又是其进展的作者”[5]。前者代表稳定的因果性，后者则超越因果性而取得反预设的突破。因为稳定化了的差别关系也吞噬了事件，实际上行使着一种暗中仍受制于因果关系的目的论。

这当然不意味着利奥塔一概反对差别。身为后现代文化的奠基者，他倡导的差别是建立在“仅以误构为依据的合法化”基础之上的、[6]在想象与运用新招数中建立符号之间临时契约、而创造性玩语言游戏的小叙事。他援引并批判以卢曼为代表的系统论观点，分析认为打破追求性能效率和普遍共识、从而走出同质化趋向并让系统产生新的张力，才能形成真正富于差别的陈述。可见，差别在利奥塔这里有同质与异质之别，他反对的只是前者，后者则才是为他所肯定的事件，以至于强调“一个人要注意差别：事件”[7]。他试图放弃的是指称论，而倾向于主张“所寻求的事件不只是在指称性方面，而是在‘真实’中、在混乱中被发现”[8]，比如将某事之因与另一事之果进行基于分割的不断重组。

同样反对差别，又一种针对语言论的异质性张力，既不认可其属于意义的一部分，也不认为其无意义，而是以无言的沉默取代了区分。如朗西埃提醒人们关注，政治的弊病首先是字词的弊病，因为有很多字词不指向任何东西，明明是没有身体的字词，属于字词之恶，却似乎在历史进程中客观地发挥着力量。布罗代尔等历史学家的作品都有这个特点。这种在索绪尔主义

---

① Geoffrey Bennington. *Lyotard: Writing the Event*. New York: Manchester University Press, 1988. p.51.

② Ibid, pp.68－69.

③ Ibid, p.77.

④ [法]让-弗朗索瓦·利奥塔:《话语，图形》，谢晶译，上海人民出版社 2012 年版，第 157－158 页。

⑤ Jean-Francois Lyotard. *The Differend: Phrases in Dispute*. New York: Manchester University Press, 1988. p.164.

⑥ [法]让-弗朗索瓦·利奥塔:《话语，图形》，谢晶译，上海人民出版社 2012 年版，第 130 页。

⑦ Geoffrey Bennington. *Lyotard: Writing the Event*. New York: Manchester University Press, 1988. p.173.

⑧ Ibid, p.108.

（建构主义）看来正常的情形，在朗西埃看来不正常。社会作为事件的背景与基础，必须透过字词与非字词、事件与非事件的裂隙得到理解，即“永远必须透过其表象的欺骗来撷取”①。那引出“无场所”概念——“事件的可能性”②。历史的知识诗学的任务，是重写原始场景，采取迂回写作方式，迂回地写出一个作为空档悬置的“场所中的无场所”③。无言说场所的人，才可能用字词建构出颠覆性、身体性的新型书写。对言说过度的这份防范，正是对语言论差别原则的一种超越。

以法国大革命为例。革命每每是回溯的幻象建立起来的极端性想象，而革命事件的真正动力应该聚焦于空档与替代这两个主题词，它们显然都表征着“无场所”。事件在无场所中稀释过度的言说，使不可能性不再空洞，成为充实的可能性。朗西埃举例道，当历史学家说“国王死了”时，国王其实在死前已被代替事件的科学诠释给杀死了。无场所的事件就是要唤起对这另一种死亡的抗拒与超越，它属于在场中的非在场，正是它造成一般历史事件的幻象，发动起知识的诗学革命。如何才能实现非事件性历史、通过迂回写作激发出事件的真理性力量呢？这相当于创造出“一个肉身化抽象出现的事件”。与原初立法者的主体身份相应，事件也即一种“原初场所”④。历史中布满同名异义的常态，这种常态由语言造成：符号与事物的非同一性，必然导致同名异义。这本来构成一个事件，因为它引出了一种始终无法被任何（语言）预设所逮住的“无”。但语言论学理用差别原则来破解这种非同一性，相信经由符号之间的差异性区分，即能化“无”为“有”，让事件的不存在的一面始终变得存在。这是把作为事件本性的“无”看成可以在差别性区分中始终并无意外地、安全而稳定地获得填充、从而被替换的“空”。在这条语言论思路中，真正的“无”——那不再存在的一面，被乐观地忽略了。对历史的书写误区，就在于过分信任语言的力量，以致掩盖了隐匿于表面差别性区分背后的“无”的空档。这些都是新叙事学在当今获得的、与“语言事件”有关的新生长点。

（三）用技术事件取代差别，走出语言的延后性，但也遗留下生命的神秘性。

从指认差别无意义到试图以别的因素取代差别，在晚近愈趋新变。

---

① ［法］雅克·朗西埃：《历史之名：论知识的诗学》，魏德骥、杨淳娴译，华东师范大学出版社2017年版，第68－69页。

② 同上书，第76页。

③ 同上书，第54页。

④ 同上书，第90页。

2020年去世的法国思想家斯蒂格勒,直接征引了利科的有关论点,找到了取代差别、而又不再囿于语言论思路的新因素——媒介技术。他论证道,今天模拟与数字传媒在传播速度上的巨大进展,使之对事件不再有转播与直播的醒目区别,看似刚过去的、作为初级记忆对象的事件,是当下实时直播所直接制造出来的,而非回溯的结果。模拟与数字仪器不断制造事件,消泯事后与延迟的距离,形成了一种非反射性的反射性:非反射指距离的消除;反射性则指,在这种距离的消除过程中发生着两方而非单方因素。因为"时间的工业制造所特有的前摄力"以其"接近光速"的性能,导致"不再可能区分'事件'和事件的'输入',或者区分事件的'输入'和'接收'或读取"[①],从而取消了传统那种事件因与叙述分离而必然形成的区域性。斯蒂格勒据此强调,记忆要成为真正的记忆,必须恰当减少可记忆之事,即懂得遗忘以获得记忆的真实性,他称这种状态为"代具状态",并援引博尔赫斯小说《费奈斯或记忆》中的主人公费奈斯虽拥有惊人而细密的记忆、却终究与真实擦肩而过的故事,表明记忆同时应当包含对差异的遗忘,才能在通达真正的差异中"达到事件水平"[②]。媒介技术就是实现这种事件的动力。斯蒂格勒用媒体技术取代语言这一叙述代理角色,相信其能直接制造作为记忆成果的事件,颇具新意地走向了技术事件论,也预示了新媒介研究在当今的兴起。

上述三环节,深化了对语言差别性原则仍可能陷入的形而上学变体的审理,也坚定了有心人从语言中继续探寻新思想因素的信念。索绪尔本人新中译出版的著作,证实了这一点。这种新变也并非不可究疑。最大的疑点在于:作为"语言之外的东西"的事件,是否有沦入神秘之嫌?维特根斯坦不难指认其为私有语言,这或许也是分析哲学阵营中罕见事件论者的原因所在(戴维森等少数学者除外)。需要进一步澄清,事件是如何在语言中发生的?对此过程的神秘色彩的不满,引出了不仅关系到索绪尔,而且关系到作为"大陆传统中'语言论转向'的鼻祖之一"的海德格尔的转向,[③]即围绕语言的发生性展开的生命转向。

---

① [法]贝尔纳·斯蒂格勒:《技术与时间 2:迷失方向》,赵和平、印螺译,译林出版社2010年版,第133页。

② 同上书,第134页。

③ Marco Piasentier. *On Biopolitics: An Inquiry into Nature and Language*. New York and Oxon: Routledge, 2021. p.21.

第三节 生命转向:语言的发生性之后

差别性与任意性作为语言基本性质,根源于语言的发生。语言论之后的新转向,因而和语言的发生性反思产生了进一步关联。这个问题是语言论学理内含的一个矛盾:既然语言是符号的区分,一个符号唯有在与所有不是自己的其他符号的区分中才获得意义,那么,第一个符号是基于何种因缘而发生的呢?是一个破空而至的神秘事件吗?对这种神秘性的祛除,进一步引出了语言论之后的生命转向。直接文本证据如下:

> 拟人化的残余物破坏了"生命观念"(idea of Life)以及构成这些拟人化解释的语言观念(idea of language)。[①]

问题因而不仅在于是否承认有语言发生的生命机制,而且更在于应如何看待和解释这一生命机制。对此仍可以描述为纵深递进的三个环节。

(一)从姿势角度揭示语言发生的生命机制。

一部作品的开端,确乎使许多作家感到了表达的焦虑和发现的欣喜,他们每每表示作品"第一句话很可能是成书各种因素的实验场所,它决定着全书的风格、结构,甚至篇幅"[②]。这在相当程度上表明,第一个符号决定着后面的符号关系走向,这与语言论学理的差别原则,不能不说构成了某种矛盾。有学者尝试从"姿势"的角度解释这一矛盾,将第一个符号即语言的发生解释为主体融入语言行为的某种姿势,提出"独异就其本身而言,它并不是完全相同的可重复、可再现、独特——但它的独异性也与某种重复不可分离。这种重复'产生'了不可重复的独特性,以本雅明称之为'姿势'的那些意想不到的、通常不受控制的动作的形式出现"[③]。这是将第一个符号的生成因缘解释为基于长期重复训练与积累而形成的、仿佛无意识化的独异性行为,开始考虑到了语言之外的生命因素:每次重复中均有差异性溢出,是

① Marco Piasentier. *On Biopolitics: An Inquiry into Nature and Language*. New York and Oxon: Routledge, 2021. p.1.

② [哥]加西亚·马尔克斯:《番石榴飘香》,林一安译,生活·读书·新知三联书店1987年版,第34页。

③ Samuel Weber. *Benjamin's-abilities*. Cambridge: Harvard University Press, 2008. p.203.

积极涵容了潜能运动的重复，对独异性形成了“潜在的交流行为”[①]，作品看似突如其来的第一笔，因此实则植根于潜在的准备。

但这一解释面临着是否流于神秘化的问题：重复中基于潜能运动的差异性溢出，会再度沦入虚空吗？马克·皮亚森蒂埃 2021 年的新著《论生命政治：自然与语言研究》，对此作出新的反思。这部著作讨论生命政治对自然生命与语言的关系调整，发现生命政治研究中不同程度地普遍存在着将生命神秘化、从而加剧人文科学与自然科学紧张关系的问题，语言发生的生命机制从而并非无懈可击。

（二）姿势论对生命的神秘处置。

要澄清语言的发生性，必然触及语言论与生存论的交汇点，在此的代表人物是海德格尔。皮亚森蒂埃论证道，海氏仍把人与非人的生物简化为世界本身的历史事件，未走出人类中心主义，表现为当他倡导“语言是存在的家园”时，人们关于世界的创造，便失去了任何思考独立于语言的维度的可能性。但与思辨转向不同，皮亚森蒂埃不认为出路在于把物的实在性分离出来，而只指明，这种流失与湮没，是一个悄然造就形而上学裂隙的不可靠环节。因为海氏所说的 Dichtung 是纯粹的意指潜力，其唯一的命令性在于放弃话语之外的物质独立，语言论的登场诚然是一场哥白尼式的革命，但抹掉任何超越语言的最终基础，并不能将这场革命从任何规范性禁令中解放出来，“语言不完整，因为任何开口都不会耗尽它的神秘性。正是这种神秘成为这句话无声的精髓。”[②]运用阿甘本对声音这种无声本质的定义——“零度意义”，皮亚森蒂埃指出这种“零度意义”既不具有差异性（即具备根源），也反对无所指（即脱离根源），既不是完全无所指，也不仅仅是具体的所指，“它把自身设定为一种‘原始痕迹’，一种在场和缺席之间的原音位”[③]，兼容“不可能熄灭”（即给出发生物）与“超越所指”（即带出发生源）这两种状态。

事实上，德里达出版于 1982 年的《哲学的边缘》，已发现海德格尔对语言的这种阐释，仍保留和默许了对始源的倾听，因而未挣脱形而上学。[④] 注重“事”的智慧的我国当代学者的看法，同样简洁入理：“在以‘言’观之的进路中，存在不仅被纳入语言之中，而且往往以语言本身为界限：对世界的把握无法越出语言的界域，以此为背景，人所达到的，往往只是语言，而不是世界本身。从其本来的形态看，语言既是特定形式的存在，又是达到存在的方

① Samuel Weber. *Benjamin's-abilities*. Cambridge: Harvard University Press, 2008. p.44.

② Ibid, p.19.

③ ［意］吉奥乔·阿甘本：《剩余的时间》，钱立卿译，吉林出版集团 2011 年版，第 128 页。

④ ［法］雅克·德里达：《哲学的边缘》，载《哲学译丛》1993 年第 3 期。

式。当语言所体现的存在规定被不适当强化之时，它本身便可能被赋予终极的规定，与之相辅相成的是把握存在的手段或方式本身被抽象化为存在之源。不难看到，这一进路的内在趋向在于化存在为语言，由此，真实的世界无疑容易被掩蔽。"[①]这是从哲学上作出的釜底抽薪式探问：既然语言是达到存在的方式，那语言自身的存在又是由谁来达到的呢？这一问，在深深打击"我们的世界便是语言的世界"这样的乐观信念之际，[②]揭示出它所神秘遮蔽了的东西。

但皮亚森蒂埃更为深入地把这种神秘和"拟人化残余"联系起来考察，认为现在的"目的不是摈弃海德格尔的转向及其遗产，而是让潜藏于人类总生活在语言中这一观念里的拟人化残余浮现出来"[③]，从后期海德格尔-福柯-阿甘本这条通道，顺乎学理地指出了语言论之后的转向逻辑。语言的"拟人化残余"必然落入神秘的虚空。是谁"试图将存在的声音从任何拟人化表象中解放出来"呢？[④] 根据皮亚森蒂埃的梳理，答案即后期海德格尔与福柯在人的形象上达成的共识，以及为这一共识所直接影响的阿甘本，他们围绕生命这一范畴展开前后相续的运思。

具体地说，当前期海德格尔主张走出人类中心主义时，他包含了人与非人的生命共存于世界中的基本意图。但后期海德格尔将人的本质植根于语言中，认定人总是已经消散在语言中，这就把前期发展出的、平等意义上的生命抽象化了。[⑤] 后期海德格尔与福柯由此出现了一种联系，即唯当人不再拥有具体的生命，语言才存在。皮亚森蒂埃指出，对海德格尔作品的这种解读开创了一种哲学传统，其中包含了福柯与阿甘本哲学的重要组成部分，因为不仅通过清理闪现于福柯思想中的"存在的家园"的影响，可以发现福柯与后期海德格尔一样，一劳永逸地放弃了"人具有永久结构"的观念，实现了存在与时间的"存在于世界"，而且同样的道理也适用于阿甘本的生命形式概念。

阿甘本的生命形式论主张在暴露"语言限度的经验"之际写作，[⑥]也即在"放弃语言"这一生命行为中用语言写作。皮亚森蒂埃举麦尔维尔的一部小

---

① 杨国荣：《人与世界：以事观之》，生活·读书·新知三联书店 2021 年版，第 3 页。

② 吴茵、唐逸编著：《汉语文化读本》，中国文联出版社 2006 年版，第 316 页。

③ Marco Piasentier. *On Biopolitics: An Inquiry into Nature and Language*. New York and Oxon: Routledge, 2021. pp. 3－4.

④ Ibid, p. 64.

⑤ 对现象学将生命抽象化的反思，也存在于以米歇尔·亨利(Michel Henry)为代表的晚近法国生命现象学中，其反思胡塞尔现象学以"出离"、可见的意向性方式对生命的理解，认为那遗忘和隐匿了生命。

⑥ [意]吉奥乔·阿甘本：《潜能》，王立秋、严和来等译，漓江出版社 2014 年版，第 20、32 页。

说《缮写员巴特比》为例强化了这一点，表明想要进入天堂的大门，人类就必须放弃他是一个有生命的生物的信念，生命形式无论其本质是自然的还是超自然的，在这种擘划中都无可救药地迷失在一种“大无知”状态中，质言之，人只有通过消失才能遇到他们的真理。可见，这里触及了暴露语言限度与进入语言这两者的临界点，出现了一个从后期海德格尔与福柯那里流传下来的神秘概念：“外界”（详见第七章）。所谓“外界”并不指任何具体的、现实性的本体论，其性质是，不可能提供一个关于人的定义，而只是无休止地逃避于语言的拆解之中。阿甘本对生命形式的定义，和海德格尔有关世界存在的界说，由此都可以用与福柯提出的定义相同的方式来解释，他们定义的拓扑结构即“外界”的拓扑结构，三者共同导致的结论是：文字的无尽解体，作为人的定义的无限可能性，标志着后期海德格尔的“沉默”与阿甘本的“空白空间”，表征着人的真理。

此种设想可能实现吗？在暴露出语言的绝对极限的脆弱之处坚持使用语言，使上述三家尤其是阿甘本关于语言的界定，都回到了零度生命的“虚空”①。生命形式论区隔开了语言内部的操作，而肯定了一种从不明之处空降给语言的神秘状态。已不可能从语言中构思外部，这被皮亚森蒂埃称为逻辑同态（logomorphism）。阿甘本笔下的语言革命由此开启了亵渎的世界观：“我们想展示的是，从我们对海德格尔、福柯与阿甘本的阅读中涌现出的哥白尼式的语言革命，如何为一种有问题的后人类主义形式（a problematic form of posthumanism）打开了空间。这种后人类主义引入了‘少’，一种缺乏。”②对外部虚空的这种神秘色彩的防范，是不是一种确乎还没有人留意过的推进？

这便要看前人有否如此理解过外部虚空。诚然，福柯对后期海德格尔思想并非完全没有保留，但他的保留态度和德里达一样，限于对先验预设的敏感，即针对《艺术作品的本源》等著述有关语言本身就是创建者的说法，认为这属于一种先验主义残余，会“促使语言成为一种带有瑕疵的先验主义的化身”③，而有必要与这种“潜藏的意义”预设以及视“本原”为“唯一的开端”

① Marco Piasentier. *On Biopolitics: An Inquiry into Nature and Language*. New York and Oxon: Routledge, 2021. p. 59. 皮亚森蒂埃选择讨论的文本中包括《艺术作品的本源》这篇“指引了通向语言的道路”的海氏文本（Ibid, p. 17.），后者试图在非语言中使用语言，这一虚空中的神秘性，使中国学人在接受它时用“亦见亦隐”四字并结合一些表示模糊性的诗句，轻易打发了它（钱锺书：《管锥编》第五册，中华书局 1986 年版，第 246 页）。虚空的接受也只能是这般虚空的。

② Ibid, p. 61.

③ ［法］米歇尔·福柯、莫里斯·布朗肖：《福柯/布朗肖》，肖莎等译，河南大学出版社 2014 年版，第 11 页。

的观念拉开距离，[①]在这种不让语言带上瑕疵、相信语言而不改变其存在本身的前提下，根据皮亚森蒂埃的提示，海德格尔的存在概念与福柯的权力概念出现了媾和。[②] 福柯虽然撰写了《外界思想》（“外界”即“外部”）一文，发现布朗肖不像海德格尔那般视语言为存在的真理，而将之看作对虚空的等待、一种向外侵蚀并最终达至沉默与虚空的运动，“外部”在此指一种语言令主体不再存在、而自为地出现的“不在场”状态，[③]也即一种基于空虚与匮乏的吸引力所在之处，但布朗肖由此不再赋予主体生命在语言面前的具体性，相信“语言，在它关注的和遗忘的存在中，具有一种掩饰的力量，这种力量抹去了每一个确定的意义，甚至抹去了言说者的生存”[④]，只能从虚空与死亡角度得以理解，这是意在重建生命具体性的皮亚森蒂埃所反对的，“外部”在后者看来不是需要的归属，而是扬弃的中介。正是这点调整出了语言论之后的新方向。

依循上述检讨，姿势论能否弥补语言论之后的事件转向的不足，可以得到深入的观照。阿甘本也使用了“事件”一词，将事件视为语言事件，认为其依赖于“缺乏”，但将其理解为建立在虚空中的零度意义。从“姿势”这一建立在潜能基础之上的角度揭示语言的发生，由此便不再想当然。皮亚森蒂埃分析指出，姿势既不表示行为中的具体内容，也不表示缺乏表征的可能性，而是一种“潜在的可能性”[⑤]，在生命形式中挥之不去的虚空底色，相应地成为潜能与姿势的盲点。用姿势来解释语言的发生，是以付出落入虚空状态这一代价为前提的，其神秘性依然需得到祛魅。“语言的揭示从一开始就绝对地摆出了意义的姿态，引入了一种拟人化的原则，一种纯粹的象征意志，使世界始终迷人”[⑥]，迷人处却仍有着需要深深撬动的钝根。

（三）重建有助于消除自然/人文科学（语言）顽固对立的具体生命。

语言论之后，由此还需转向生命。在一些理解中，阿甘本已完成这个转向，其生命形式论已经为走出索绪尔语言论那种在规则的现成性中重复“对

---

① ［法］米歇尔·福柯、莫里斯·布朗肖：《福柯/布朗肖》，肖莎等译，河南大学出版社 2014 年版，第 12－13 页。

② 可参阅 Hubert Dreyfus. "*Being and Power: Heidegger and Foucault*", *International Journal of Philosophical Studies* 4,1,1996. pp.1－16。

③ ［法］米歇尔·福柯、莫里斯·布朗肖：《福柯/布朗肖》，肖莎等译，河南大学出版社 2014 年版，第 52 页。

④ 同上书，第 86 页。

⑤ Marco Piasentier. *On Biopolitics: An Inquiry into Nature and Language*. New York and Oxon: Routledge, 2021. p.60.阿甘本关于姿势的论述，可参阅［意］吉奥乔·阿甘本：《无目的的手段：政治学笔记》，赵文译，河南大学出版社 2015 年版，第 61－81 页；［意］吉奥乔·阿甘本：《业：简论行动、过错和姿势》，潘震译，上海社会科学院出版社 2021 年版。

⑥ Ibid, p.63.

能指和所指之间不可避免的分离的讨论”[①]，提供了解药，如今进一步看来，仅满足于这一点仍是不够的，还需看到阿甘本从发生学上提供的这剂解药背后同样存在着的症结，那就是虚空对生命的神秘化处置。现在，皮亚森蒂埃进一步提出了阿甘本之后的生命还原问题。他质疑福柯在《论人性：乔姆斯基与福柯论辩录》中有关生命概念“是与科学知识无关的认识论指标”的界定，[②]认为这种界定使生命概念的关联方向不再是科学的，而是社会的与政治的。换言之，即使将阿甘本这最新的一站算在内，现有语言论格局存在的拟人化残余，使之与自然科学形成了僵固板结的对立。本节开头“第一个符号何以发生”之问，之所以牵扯出生命神秘化与抽象化的缺口，根本原因就在于这种残余。语言论之后，是彻底清算这种残余的时候了。如何走出清理残余的新步子？皮亚森蒂埃认为“既有朝对意义无动于衷的自然世界的方向，也有朝超越了普通语言陈词滥调的元物理原则的方向”[③]，前者大体涉及动物研究与后人类研究，[④]后者则大体涉及人工智能研究，它们都维系于生命政治对生命范畴的理解更新，触及了新的前景。

这也就最终表明，生命转向所说的“生命”，和狄尔泰、柏格森等生命哲学家所秉持的“生命”概念的本质有别。如果说后者在人本主义哲学立场上主要阐扬人的生命，那么前者则旨在努力打通人与非人的生命，摈除一切重新用神秘堵塞生命力量的可能，重建生命的具体性。姿势论本性上应当具备，却在实际发展行程中逐渐失落了的，就是生命的这种具体性。因为当用重复中形成的不重复的独异来解释姿势、进而揭示语言发生的生命机制时，独异性植根于潜能运动，那无疑证实了生命超出语言的存在，但这种生命的存在如何同时克服自身趋向神秘的负面，并未被姿势论自身视为应当进而解决的问题，而引起当代理论研究的重视。后者将重复中形成的非重复性独异理解为“尽管这种意识仍是个体化的，但仍渴望着某种程度上的超越”、以至于向以“生命物种的共性为中心的话语”或者说“生命科学”(life sciences)超越的具体生命，[⑤]准确道出了生命转向的真谛。

---

① [意]吉奥乔·阿甘本：《语言的圣礼：誓言考古学》，蓝江译，重庆大学出版社2016年版，第34页。

② Marco Piasentier. *On Biopolitics: An Inquiry into Nature and Language*. New York and Oxon: Routledge, 2021. p.46.

③ Ibid, p.63.

④ 也包括国际上近来兴起的“生命写作”的其他对象如残疾人士等。参阅贺秀明：《生命写作》，载《外国文学》2021年第2期。

⑤ Samuel Weber. *Singularity: Politics and Poetics*. London: University of Minnesota Press, 2021. p.109.

第四节　后理论由此获得的议题

思辨转向、事件转向与生命转向，依次对任意性、差别性与发生性这三个语言性质中的要素进行反思，都在严谨的批判意义上回应了语言论学理，标示了语言论之后的学理取径。这三种转向，彼此不可通约：思辨转向将物与事件对立起来、忽视了事件是物之为物的必然环节这一点，引出了事件转向；事件转向中超出语言的神秘部分对生命的抽象化，进而引出了生命转向对之的深入检审。三者由此不仅是横向并列展开的前沿学术态势，也体现了纵向深入的演替脉络。

对这三种转向的机理的研究，有助于廓清当代后理论研究中主要议题的来源与归属。后理论建立在对语言论学理的反思的基础上。后理论承“理论之后”命题而来，是对二十世纪以来源于欧陆哲学的理论运动的清算和超越，对准的是理论的命门或基石——索绪尔语言论。正是语言作为任意性符号系统的性质在二十世纪索绪尔等语言学家手中的发现，使知识对象不再自明，而有了被符号权力建构、并沿此形成表层/深层结构的二分问题，对这种二分结构进行揭示，成为理论的性质。既然在经历了半个多世纪的辉煌之后，理论如伊格尔顿判断的那样，正逐渐呈露出衰退之迹，相应地，那从根本上离不开对构成理论自身的语言论实质的检讨。换言之，后理论必然内含着调整语言的逻辑，理论之后，某种程度上就是语言之后，或更准确地说：索绪尔语言论主流之后。阿特里奇援引并肯定了后理论者劳伦特·迪布勒伊（Laurent Dubreuil）有关“将‘理论’的工作细化为对于语言必然失效的更为全面的分析”的主张，[①]便表明了这一立场。从本章的依次分析中我们看到，在语言论之后，思辨转向迎合了神经科学、人工智能与科幻叙事的崛起，事件转向提供了新叙事学与新媒介研究的接力空间，生命转向则引出了动物研究、后人类研究与生命政治研究的新要点，它们都在最新理论读本中具备清晰的位置，[②]都是后理论的具体议题。转向后的综合创新的建构前景，突破口就在这里。

文学理论的发展可以描述为文学理论（以韦勒克与沃伦合著的《文学理

---

① Jane Elliott and Derek Attridge. *Theory After "Theory"*. London and New York: Routledge, 2011. p.12.

② 如[美]文森特·B. 里奇著《21 世纪的文学批评：理论的复兴》（朱刚、洪丽娜、葛飞云译，南京大学出版社 2021 年版）一书开篇的“21 世纪文学文化批评理论复兴态势图”。

论》等为代表)、理论(文化批评理论)与后理论这三个阶段。后理论作为文学理论的最新阶段,指1990年代尤其是新世纪以来文化批评理论逐渐衰落之后出现的新反应。伊格尔顿的《理论之后》(2003)一书富于代表性地提供了后理论研究的思想背景。拉曼·塞尔登等三位英国学者合著的《当代文学理论导读》第五版(2005),在结论中正式亮出了"后理论"这个概念,[①]并逐渐影响到近年来我国文艺学界的相关研究兴趣。从这一轨迹可以看出,后理论(Post Theory)是对理论(Theory)的接着讲。而理论这个概念由乔纳森·卡勒等晚近理论家提出,将结构主义、后结构主义、心理分析、女性主义、后殖民主义、新历史主义以及少数族裔理论等包含在内而成为特称,即使在新近的文论著作中也被打上引号,涵盖了二十世纪后半期包括白人研究、身体研究、创伤研究、残疾人研究、动物研究、庶民研究与工人阶级研究等在内的"高产的后现代形式"[②],并一直延续到二十一世纪,指二十世纪后半期以来被福柯等一批哲学家的哲学影响催生、并持续至今的文化批评理论。

如卡勒所总结,理论兴盛的初衷是批判自明性。自明性相信被语言描述的事是真的,有原物存在着,语言去传达它。基于语言论学理的理论却发现,这种信念是形而上学。因为语言是不与事物存在必然符合关系的符号系统(替代品),必然始终替代(即重新说出而非传达)着事物,而去替代事物,即在符号区分中创造(建构)新"物"。符号的区分是语言的具体使用——话语,区分必然带出位置的差别(不等),说出现实中的等级,此即话语权力。替代的实质因而是使作为深层结构的话语权力不知不觉地实现为自明表象。半个多世纪至今,理论由此致力于各种祛魅,在取得有目共睹的成就后,其客观上不断重复语言论底牌的操作惯性,也自然地逐渐引发各种不满,而慢慢走向了衰落。这种衰落集中体现在"理论之后"或者说后理论的提法中。

后理论是二十世纪后期批评理论逐渐衰落后出现的、在文学理论领域较为集中的理论新反应与新进展。英国批判理论家托马斯·多切蒂出版于1990年的《理论之后:后现代主义/后马克思主义》一书,首先提出了"理论之后"的命题。[③] 据我国学者王宁考察,1996年7月英国格拉斯哥大学的学

---

① [英]拉曼·塞尔登、彼得·威德森、彼得·布鲁克:《当代文学理论导读》,刘象愚译,北京大学出版社2006年版,第326-340页。

② Vincent B. Leitch. *Literary Criticism in the 21st Century*. New York: Bloomsbury, 2014. p.153.

③ Thomas Docherty. *After Theory: Postmodernism/postmarxism*. London and New York: Routledge, 1990. p.1.

术研讨会,正式提出了后理论概念。从可能性看,后理论已历经晚近三十年来的酝酿、萌生、进展、论争、新变与东渐,系统考察其演进历程的时机已经成熟。美国学者纳普与迈克尔斯 1982 年合撰《反理论》,形成后理论前史;1990 年代麦奎兰等编的《后理论:文化批评的新方向》开启了后理论研究的序幕;2000 年巴特勒等编的《理论剩下了什么》、大卫·鲍德韦尔与诺埃尔·卡罗尔主编的《后理论:重建电影研究》、2003 年伊格尔顿的《理论之后》与同年《批评探索》举行的后理论研讨会、[①]2005 年塞尔登等合著的《当代文学理论导读》、达芙妮·帕太(Daphne Pattai)与威尔·卡洛(Will H. Corral)合编的《理论帝国》、2010 年伯恩斯的《理论之后的理论》、2011 年艾略特与阿特里奇合编的《理论之后的理论》、同年《南大西洋季刊》后理论专辑、2014 年杰森·波茨(Jason Potts)与丹尼尔·斯托特(Daniel Stout)合编的《理论之外》等,逐渐形成了包含数十位学者成果与多重面相的后理论脉络。这一后理论谱系,体现出国际人文学术有根有容有序的学理连续性。如本书论证表明的那样,福柯证明理性压抑非理性的实质是使非理性从外于理性演化为反理性,理性由此强化为合理性;精神分析学被指认为强化的典型,意味着理论与合理性发生同谋;但语言论理路又证明,理论以批判合理性为本性,其所要做的与自身得以存在的基本估计遂有相违之处;对理论这一深层结构进行反思,很自然地引出后理论;福柯、德里达等理论家,由此同时启示了理论与后理论,后者每每通过对他们的重思追诘理论的盲点。在学理序列中以史的方式还原后理论演进逻辑,从而是加强文论学理建设的环节。

倘若以 1990 - 2023 年这三十年以来后理论的发展历程为研究对象,来系统、深入地考察后理论至今的演进,则可以发现能大致划分为三个十年阶段,各阶段有各自显著的问题面相、代表派别、人物、观点、刊物、机构与学术活动,阶段之间则构成了前后学理的嬗变关系。

1990 - 1999 年为后理论的酝酿与萌生期。该阶段后理论的演进轨迹,可以概括为:(1)后理论前史:1982 年罗伯特·扬的《后结构主义:理论的终结》、纳普与迈克尔斯合撰于 1982、1987 年的《反理论》与《反理论 2》、1983 年赫施的《反理论?》、1989 年詹姆逊的《理论的意识形态》与科恩的《文学理论的未来》等,集中描画与总结出了理论进展态势及逐渐开始衰落的征候,孕育了后理论观念的先声。(2)后理论兴起的内因:语言论证明理论所要做的与其自身得以存在的基本估计有相违处,保罗·德曼等已有提示。理论

① 会上的代表性观点,可参阅王晓群主编的《理论的帝国》(中国社会科学出版社 2004 年版)一书。

之后，很自然地试图化解这些症结，形成后理论新方向。(3)后理论兴起的外因：后期福柯提出生命政治，德里达也指出后人文等新方向，都是理论未及关注而需后理论回应的现实新问题，让-米歇尔·拉巴泰等学者已有提示。(4)后理论概念的提出：1996 年马丁·麦奎兰等在英国格拉斯哥大学学术研讨会上正式提出了后理论概念，在“后理论状况”问题域下展开了德克尔的后性别议题、伊斯托普的后马克思主义美学议题、莱恩有关布迪厄与后理论关系的议题及洛娜·哈特森的后理论方法议题等。(5)在捍卫自明性经典中走向后理论：以弗兰克·克默德《诗的欲望》与布鲁姆《西方正典》(1994 年出版)为代表，回归经典传统的反弹声及其经典理论，首先出现在后理论设想中。(6)在探寻理论剩余物中走向后理论：作为对上述方案的修正，巴特勒等编的《理论剩下了什么》倡导重新安排理论，引出斯皮瓦克等人有关理论还剩下什么的研究。(7)在初步修补理论中走向后理论：包括哈雷对种族争辩的研究、华纳对隐私地带的研究、布伦克曼对极端批评的研究、布鲁布对偶然性的研究以及康纳利对重塑世俗的研究等。(8)在文学初步介入理论中走向后理论：1995 年大卫·辛普森的《学术后现代与文学的统治》，首次揭示出文学性话语方式正“统治”后现代人文社科学术研究，并形成后理论一支。

2000－2009 年为后理论的进展与论争期。该阶段后理论的演进轨迹，可以概括为：(1)正式形成后理论语境：伊格尔顿 2003 年出版《理论之后》。同年，米切尔在为《批评探索》研讨会撰写的引言中反思“高理论”而倡导建设“中等理论”，引发了持久论争。(2)后理论中的反理论论争：2005 年帕太与卡洛合编的《理论帝国》主张解除理论的“文本骚扰”，带出了卡宁汉对理论的反刍、弗里德曼对文论限度的分析、伊利斯对理论的追问、多诺休对单复数理论的辨析及克鲁斯有关理论学院的构想等。(3)后理论中有关重建理论的论争：2005 年塞尔登等合著的《当代文学理论导读》第五版结论推出后理论概念，表示“对过去的弃绝是令人惊讶的”。2010 年伯恩斯的《理论之后的理论》，论述后理论对性别、特权中心等的“重建”思路以及对重建性本身的反思。(4)后理论对问题的细化操作——庶民、创伤与情感研究：在重建理论过程中，后理论出现了斯皮瓦克等学者的庶民研究、比蒂与凯鲁斯的创伤研究以及颇有影响的情感研究。(5)后理论对伦理的调整——动物与生态研究：后理论的纵深发展也触及“理论”未及充分展开的伦理转向维度。伊斯特林让生物认识论成为文论基础，德里达的《动物故我在》、维奇·何恩与劳拉·布朗的动物伦理学以及厄秀拉·海丝的晚近生态批评，成为后理论的新议题。(6)后理论的审美回归：有鉴于理论的法国理论化倾向，2003 年若津与马尔帕斯编的《新审美主义》以“新审美主义”恢复传统美学的审美自主性，在这一主题下汇聚了多切蒂等后理论学者的成果。(7)走向文学性的后理论：审美回归带出文学走向。布洛维奇发表了文学与理论的关系研究纲要，卡勒出版于 2007 年的《理论中的文学》则深究理论与文学性的融合。(8)叙事转向与后理论：后理论的文学走向，进而使叙事在晚近逐渐成为学术研究的一种方式。2001 年欣奇曼、2005 年克赖斯沃斯等学者，由此进一步丰富了后理论的文学面相。

2010 年至今为后理论的新变与东渐期。该阶段后理论的演进轨迹，可以概括为：(1)关于后理论性质的交锋激化：2011 年《南大西洋季刊》冬季号，展示了苏林等以新换旧与特拉达等以新联旧的思路交锋。同年艾略特与阿特里奇编的《理论之后的理论》则汇集了奥斯本、沃尔夫、拉什、波维内利、吉坎丁与杜布瑞尔等关于后理论性质的交锋。(2)后理论对理论之外的重估：2014 年波茨与斯托特合编的《理论之外》，提出理论之外(Outside Theory)的后理论新主题，展示了塞奇威克、贾维斯与汉森等的论证。(3)后理论的后人文主义取径：进入 2010 年代，后人类思想挑战建立于索绪尔基础上的理论。布拉伊多蒂、海勒凯、哈拉维与克尔布鲁克展开后理论的后人文取径。(4)后理论的生命政治取径：后期福柯思想引出的生命政治取径，是理论尚研讨不多的。冯却的《认知的生命政治》等文，提供了后理论的代表性方案。(5)欧陆左翼思想对理论的反思：2014 年文森特·里奇提出清理法国理论与后理论的关系，启示我们爬梳晚近欧陆左翼思想中有关理论的虽分散、却具反思性的看法。(6)“事件”对理论与后理论的联结：福柯《方法问题》首倡的事件思想反抗自明性而顺应理论，同时点明事件兼容于“待定程序与暗含意义”，与话语创造有关而孕育着理论之后的文学机理。阿特里奇等由此深探事件，图绘后理论新质。(7)后理论进入我国及接受变异：进入 2010 年代，我国文论界逐渐开始追踪研究后理论某些路向，积极构成后理论进程的一部分，也有时将原自内部逻辑有序演化出的语言论议题从外部经验性地置换成逆反、替换与强制等意图论议题，形成着同化与对话兼具的微妙接受变异。(8)后理论的中西对话可能及相关问题：上述接受显示出理论难以根除的某些盲点，如想做的与自身得以存在的基本估计在语言论上有相违处。后理论由此探索新的符号区分关系，在这方面汉语传统不乏技术层面上的优势，有潜力通过扬弃融入某种本土因缘。这最后两环尤其值得强调。因为从发展论角度看，我国文论学界对后理论的接受与变异，本身是后理论进程的一个有机组成部分而同样需得到历史考量。假如将我国文论界对后理论进程的参与、接受及后者与汉语写作传统的某种对话可能，作为后理论演进的一部分加以完整叙述，深究其间的同化与对话变异，这将有助于从前沿水平上探测后理论与我国学术语境的洽适度。

第五节　后理论演进至今的本土反应

后理论因反思理论自身现状，很自然地会关心理论之外有什么。从字面上看，“之后”关涉时间，“之外”则关涉空间。两者属于康德所说的感性直观的先验形式，也是西方文化传统不离不弃的哲思主题。这一传统在源头上被希伯来民族因流亡迁徙而期盼着摆脱屈辱、获得拯救的时间性思维所奠基，逐渐发展出人神二分的两重世界格局，呈现鲜明的超越性。从这种特有的超越观念出发，西方人“从不安于现状，总是追求未来”[①]，既然面向未来作时间性筹划，西方人便需要在进入与熟悉未来之前慢慢体悟、琢磨尚未成为现实的陌生因素。这个过程，伴随着语言符号自身的主动凸显。因为陌生感来自人与事物之间所建立的一种特殊关系，这种关系的特殊性在于，人苦于无法用语言来顺利地表达事物，感到说法本身与所说的对象始终无法一致，而在试图陈述“事物是什么”时自觉顺服于符号之间不断打破常规关系的、无限自由的区分及建立在灵活差别基础之上的重组。这也解释了语言论为什么会在现代西方被恢复为一种自觉的传统：它源自文化本性。

基于存在与语言的上述本体性联系，每个出场的符号，由于自觉置入整个符号系统，而在每次新显现出的符号关系中重新适应与存活，不断改变与更新（从而成为）着自己。就是说，未来作为尚未存在于现实中的可能性（符号关系），不现身为现实的接续，而是先行绽出着现实，使之嵌入了始终大于、高于它的生存论结构整体，如福柯所言“未来预先就存在”[②]。而大于和高于的前提是外于，这意味着人对未来的追求已进入外于此的空间，如同海德格尔所言“先行于自身已经在（世）的存在就是寓于（世内照面的存在者）的存在”[③]，作为时间的“先行于”与空间上外向性的“寓于”同时发生。探讨时间上的“后”维度，由此触及了空间上的“外”维度。“之外”在西方文化里，实可谓“之后”的题中应有之义。

---

① ［法］米歇尔·德·蒙田：《蒙田随笔全集》上卷，潘丽珍等译，译林出版社 1996 年版，第 12 页。

② ［法］米歇尔·福柯：《主体解释学》，佘碧平译，上海人民出版社 2018 年版，第 542 页。

③ ［德］马丁·海德格尔：《存在与时间》，陈嘉映、王庆节译，生活·读书·新知三联书店 1999 年版，第 222 页。

由于这种题中之义归根结底来自对语言的符号系统本性的自觉随顺，西方人探问“之后”（“之外”）时，一般既不突兀、断裂地另起炉灶，也非直接续着讲，而是还原到问题所属于其中的序列——索绪尔所说的关系（符号群、言语链）中讲。即使反着讲、对着讲，也先尊重并关联于问题得以自然展开的传统。这就是为什么“西方思想不是柏拉图哲学的就是反柏拉图哲学的，但很少是非柏拉图哲学的”[①]。因为人总是想要使得自己所说的内容有意义，意义问题在根本上既然被现代思想证明为是语言问题，便需要随顺语言自身运作的符号关系规则，即在关系序列中有所受限地讲，而非主观随意地想怎么讲就怎么讲，后者很容易讲得并无真正的实效。[②]“之后”（“之外”）因而便是“之前”（“之内”）在语言论上有序发展的产物。

在语言论上有序发展，也是在语言中积极澄清意图、赋予其言说形式从而澄清它的过程。符号系统的自我生发，将因熟悉而常识化、模糊不清地存在于主体意图中的因素一步步吸收、涵容与改造，塑造成意义化的和可以理解与交流传承的，反过来使主体试图外于语言的意图论做法成为了倒退。因此，不遵循而是游离一个问题所溶解于其中的问题逻辑与学理序列，从外部任意介入“我认为”的主体意图视角，便潜藏着不知不觉退回到已被历史所扬弃的旧观念中去的隐患。

上述分析，对比出“之后”与“之外”在无神的人的一重世界格局中的另一种关系。不存在大于和高于人的拯救性力量，一切得靠人自己在此岸世界艰苦奋斗以延续生存，谈论“之后”的世界，实际上便在经验的类比中仍然谈论着现时的世界，前者总被以后者的标准加以评判。我国传统文化在这点上颇为典型。陆游的绝笔《示儿》固然表明死后心愿与生前心愿一样，都是盼望祖国统一大业早日实现；《聊斋志异》等古典作品中屡见的“望乡台”描写，不也于阴司依旧牵念阳世？在此传统中的“之后”其实不存在多少选择，因为选择总以一个高出于自身的范围作为前提。有学者认为孔门儒学“在各种真实的取舍之中，从来没有发生过真正的选择的问题”[③]，原因也就

① [英]卡尔·波普尔：《通过知识获得解放》，范景中、李本正译，中国美术学院出版社1996年版，第144页。

② 语言对意义的创造，都是符号在毗连与对应关系中的随机区分，但日常语言与自然科学语言在介入主体意图后每每将语言作为工具加以处理。主动凸显自身构造，符号系统才挣脱主体意图施控力量，无法被从外部绝对施加运作逻辑。在罗曼·雅各布逊提出的话语六要素中，发信人、收信人、语境、信码与接触都包含意图介入倾向，信息要素凸显符号本身构造，才是对语言本性的顺应。

③ [美]赫伯特·芬格莱特：《孔子：即凡而圣》，彭国翔、张华译，江苏人民出版社2002年版，第23页。在此意义上如何评估“内在超越”，是个有趣的问题。参见薛涌《学而时习之》，新星出版社2007年版，第56-61页。

在于未同时发生出“之后”与“之外”的一体性。设想在密闭空间中，对界限的冲撞只有被反作用力反复逆向弹回这一种可能，“之后”碰壁而不同程度地反转回“之前”与“之内”的原地，便成为被万有引力所始终已决定了的经验性事实。在这种意义上，经验是可重复的、熟悉而非陌生的，维系于记忆与联想等心理内容，因而坐落于意图而非语言层次上。这一环境于是使人不习惯随顺内部自然逻辑引出前后发展的关系序列，却容易以经验性思维从意图上去规定未来的发展，[①]而可能不知不觉地重复占有了一个原先并不想占据的旧立场。

经这番初步比较而得到的区别，同样可以用来观察理论与后理论在中西方的不同关系呢？事实上，受全球化语境下上述国际研究的影响，我国文论界近十年来也关心理论之后的发展。王宁率先在中文学界提出后理论的主张，指出理论未死而已渗透于对文学与文化现象的经验研究中，后理论既批判对象，也反思自身。[②] 他较早著有《“后理论时代”的文学与文化研究》一书。他的新近论文《论“后理论”的三种形态》则分析指出，“提出后理论的概念意在表明，理论并没有死亡，它已散发在对文学和文化现象的分析研究中。它一方面要保持以往的批判精神，另一方面又要对自身进行反思。因而在‘后理论时代’，处于衰落状态的文学和文化理论再度焕发出了新的生机”[③]，并进而讨论了当前最具影响的三种后理论形态——后人文主义、性别理论以及生态批评和动物研究，对三者的渊源、体系与超越性进行了阐述。宋伟的《后理论时代的来临》认为后理论“是反本质论、反本体论的后现代性理论”，也“是文本话语与解读叙事的多元差异论”，还“是以大众文化为对象的文化研究”[④]。王建刚的《后理论时代与文学批评转型》在后理论语境中探讨巴赫金文论思想，金永兵的《后理论时代的中国文论》指出后理论“并不是反理论”，它使我国文论也“出现了文学理论的‘合法性’危机”并“引发文学理论‘中国问题’的凸显”[⑤]。张公善的《生活诗学：后理论时代的新美学形态》、陈太胜的《语言的幻象：后理论时代的文学研究》与吴子林的《文学问题：后理论时代的文学景观》等或提出“后理论”概念，或触及文学理论的合法性危机，或以之为引线阐述“生活诗学”，都使用了“后理论时代”这一背景

---

① 曾为一些国内学者所拈出的民族文化的意图伦理特征，也可作如是析论。

② 见《社会科学报》2018年11月22日、12月20日、2019年1月10日所载王宁论“后理论时代”之文。

③ 王宁：《论“后理论”的三种形态》，载《广州大学学报》2019年第2期。

④ 宋伟：《后理论时代的来临》，文化艺术出版社2011年版，导言第8页。

⑤ 金永兵：《后理论时代的中国文论》，文化艺术出版社2014年版，第4页。

性说法，认识到文学研究思路需相应调整。国内以理论之后为主题的论文，总体上看以介绍国际前沿进展为主，近半数是在评介伊格尔顿的《理论之后》，呈现出方兴未艾之象。在已有的相关学术论文中，除以上学者外，王岳川较早分析了理论终结之后的“后理论时代”西方文论新发展及其症候，在此基础上倡导，研究西方文论最终乃是为了“认识他者进而促使中国当代文论创新”①。周宪的《文学理论、理论与“后理论”》较早地区分了三者，认为后理论具有“更加关注理论自身的反思性”、防范“把文学研究降低为某些无关宏旨的碎屑细节分析”、摆脱“专业共同体内部的书斋切磋型或课堂传授型的知识规训”的困境而实现理论的超越、以及“反思性基础上的审美回归”等突出特征。② 赖大仁发现，后理论转向“既表现为‘反理论’，即对此前盛行的后现代文化理论的批判反思，同时也是一种‘新理论’，指向对前人遗留问题及新的现实问题的重新探讨”③。朱立元初步探讨了后理论中的新审美主义一支。④ 徐亮的《后理论的谱系、创新与本色》等文则通过对后理论几个主要方向的分析，指出“后理论已经形成了弃大专小（抛弃宏大问题专注于小问题）和扩展话题范围诸方面的特色，但是它最重要的本色乃是承继自‘理论’的语言论立场”⑤。段吉方等更为年轻的学者，也将后理论与文论积极地关联起来思考。但现有论文每每以“后理论时代”为题，表明其整体上尚以概述介绍为主。作为进一步细化与深化，很需要由此超越背景介绍而深入地进入学理层面。如 2014 年国际近著《理论之外》所示的那般，后理论演进具有较为显著的语言论学理序列。我国文论有时则经验性地逆反（反理论）、替换（审美主义）与强制（要求）理论，将在语言论中处于支流位置的某些角度从意图论上放大并与后理论等同起来，既形成了值得辨析的单向同化接受变异，也沿此酝酿着积极的对话可能，带出了超越西方中心主义、本土化后理论的历史契机。

现有成果也局部地涉及了“理论之后”与文学的关系，不过尚未见关于理论之后应如何具体调整与更新写作方式的成果。如邢建昌初步梳理了以卡勒、卡宁汉等学者为代表的有关“强烈要求理论回归文学”的观点。⑥ 姚文放的《从形式主义到历史主义——晚近文学理论“向外转”的深层机理探究》

---

① 王岳川：《“后理论时代”的西方文论症候》，载《文艺研究》2009 年第 3 期。

② 周宪：《文学理论：从现代到后现代》，生活 · 读书 · 新知三联书店 2023 年版，第 64 - 68 页。

③ 赖大仁：《“后理论”转向与当代文学理论研究》，载《学术月刊》2015 年第 2 期。

④ 朱立元等：《新审美主义初探——透视后理论时代西方文论的一个面相》，载《学术月刊》2018 年第 1 期。

⑤ 徐亮：《后理论的谱系、创新与本色》，载《广州大学学报》2019 年第 1 期。

⑥ 邢建昌：《理论是什么——文学理论反思研究》，人民出版社 2011 年版，第 78 页。

这部力作，在第十七章中以整整一节的篇幅，原理性地论述了"'理论'中的文学性"这一重要问题，并得出了"回归文学理论，这是'后理论'在不断消解又不断重建的轮回中点燃的亮色"的看法，[①]尽管并非简单重复以往的审美论路径却十分有必要。但如何将原理落实于写作实践中，以及将之与汉语写作传统的独特性联系起来思考，仍是需要本书运用相当的篇幅来深入充分展开的工作。如以上现状所示，目前国内外对理论之后较有普遍性的研究取向，是寄希望于在其母体上进行修补。但这有其无法克服的自我悖论难处。让这个悖论从正面行使意义的建构，自然地由此更新理论写作，是研究的新生长点与突破口。让我们立足于这一时代机遇，努力在这一前沿重要问题上发出我国学人的声音。

---

① 姚文放：《从形式主义到历史主义——晚近文学理论"向外转"的深层机理探究》，北京大学出版社 2017 年版，第 58 页。

第三章　理论之后的选项研判

理论在发生时总呈现为一个事件，因为它是观察与沉思新对象所产生的反应。当代事件哲学的代表人物齐泽克拈出柏拉图、笛卡尔与黑格尔这三个理论节点，认为他们“实际上面对的是三个哲学事件，在其中，某种尚未被普遍接受的新事物以创伤性的方式侵入了这个领域”，而令“事件恰恰构成了他们各自思想的焦点”①。理论的这种起点上的事件性质，相当于托马斯·库恩所说的范式革命。正如在库恩眼中范式不同于理论，后者作为“常规科学”淡化了“反常和危机”及其“比较突然而无结构的事件”②，而呼唤新范式，我们同样深感兴趣的是：从什么时候开始理论失落了事件？

这个问题在文学理论晚近以来的走向——理论（Theory）中体现得尤为迫切。按乔纳森·卡勒的总结，理论抗拒常识的自明性而进行祛魅（解码）。这使它必然以敏感到与众不同的东西——事件为起点。但如前两章所述，理论的演进轨迹却表明，它正在逐渐成为被它自己当初视作了批判对象的、即与事件相对立的东西，像英国杜伦大学教授蒂莫西·克拉克颇具代表性的忧叹那般，“批评家在他们正研究的文本中可能攻击的假设，仍然积极地决定了批判性作品的智力生产文化，并被纳入其制度要求”③，这种局面导致理论运动的“猛烈的公式化削减”④，使之失去了对事件的敏锐感知，而变得麻木与反复。“理论之后”这个命题之所以被提上当

---

① ［斯洛文尼亚］斯拉沃热·齐泽克：《事件》，王师译，上海文艺出版社 2016 年版，第 90－91 页。笔者认为，严格地说，这三个事件可归为两个事件。黑格尔继承并将笛卡尔开创的认识论方向推向极致，把它与感性世界、个体的感性存在截然对立起来，趋向于为马克思主义哲学所揭示出的头足倒立性质，这与其说开启了新的事件，毋宁说是事件内部的调整，即强化了笛卡尔事件的走向。

② ［美］托马斯·库恩：《科学革命的结构》，金吾伦、胡新和译，北京大学出版社 2003 年版，第 111 页。

③ Timothy Clark. *The Poetics of Singularity*. Edinburgh: Edinburgh University Press, 2005. p.20.

④ Ibid, p.25.

今学术议程，很大程度上即由于此。这就需要在前两章厘清必要条件与充分条件的基础上，继续考察理论与事件的不同关系型，从中观察失落的原因与重建的可能，并在此过程中合乎逻辑地发现“理论之后”的可取选项。

第一节　吸附型：事件何以在理论中式微？

对理论运动，目前国际上一种醒目的看法是它正走向衰落，甚至已趋于终结。可以见到的以“反理论”“抵制理论”或“理论的终结”等为主题的研究论著，确已不在少数。这自然与半个多世纪以来社会新问题不断出现、构成对理论话题范围以及容量的现实挑战有关，但外因的影响取代不了内因的更重要的决定作用。这个居于深层次的内因，就是语言论带给理论自身的上述奇妙悖论：想要去达成的目标（祛魅），与自身得以存在的基本估计（不得不掩藏与悬置自身同样也是待祛之魅这一事实），是相冲突的。展开来说，我们已知理论的兴盛初衷即对形形色色的文化现象进行语言解码分析，为的是找出与破解支配着我们以为不证自明的现象背后的深层符码。这个过程的实质，是解释对象何以被说成了如此，即揭示现象所赖以构成的符号的区分关系，揭示符号在这种区分关系中占据的不同位置所形成的等级——话语权力（故而“支配表层现象的深层结构越来越多地被设想成权力”①），从而批判这种必然为语言所自带着的权力因素。“反对可能是理论话语的内在构成”②，文化政治的全部奥秘都维系于此。但当理论这样做时，同样客观存在的事实是，它也用语言表达着这一切，也是一种与自己正批判着的对象拥有着同一件语言外衣的符号区分活动，那么，它自身就没有一个被符号特殊区分成、从而也受制于深层权力符码的问题吗？回答当然是肯定的。这一来，所形成的怪圈便是，去祛对象之魅，同时便宣告了作为祛魅主体的自己需要被拆解。如果魅其实正是由语言自身造成的，在语言中祛魅便意味着祛语言，或者说让语言自我取消，这显然是理论面临的一种尴尬处境。

既然内存上述悖论，理论的每次祛魅就合法性而言，实际上便是做不到

---

① ［澳］约翰·哈特利：《文化研究简史》，季广茂译，金城出版社 2008 年版，第 113 页。

② ［美］保罗·德曼：《对理论的抵制》，李自修译，见《解构之图》，李自修等译，中国社会科学出版社 1998 年版，第 104 页。

彻底的，在这种情况下，它要确保自身的解释仍合法而彻底，只能不断地掩饰住(回避)自身那个内在悖论的起点，即在佯装自己理路通畅的前提下仍一次次地施行祛魅行为。如果不掩饰与回避起点，可以因起点的具体性与丰富性，而使理论的阐释相应地具体与丰富。掩饰与回避起点，等于设置了唯一的、不变的起点，所有接下来的阐释都围绕这一相同起点而展开，其逐渐地流于程序性的相同反复，将符号的区分关系固化，便是很容易发生的题中之义。事实上，理论在今天为人诟病的一个显著之处，正是它在阐释思路与手法上的重复性操演：女性主义揭露男权话语如何在符号的区分中将原本仅仅不同于自身的符号地位弱势化；族裔理论展示一种国民性话语如何在符号的区分中成为意识形态的神话；身份政治关心一种身份如何在符号的区分中俨然获得自己的标签；如此等等。卡勒在回顾理论发展状况时，以精神分析学说为个案，分析指出在从弗洛伊德到拉康的理论路线中，对无意识运作的描绘"事实上可被解读为自我的一种特别的防护，它把所有事物都带回到主体的欲望，对把它自身也纠缠于其中的非人的结构和过程加以抑制"，这使"无意识理论是对无意中暴露的无意识真理的抵制"，理论在这里不得不去掩饰自身同样处于其中的悖论起点，抵制即掩饰。卡勒意味深长地总结道，这就是为何"理论自身就是对理论的抵制"[①]，他援引保罗·德曼在其名文《抵制理论》中的话，认为归根结底这是"因为它所讲说的语言是自我抵制的语言"[②]。在基于自我抵制的反复操演中逐渐产生对理论而言颇为致命的厌倦与麻木感，并终于至晚近走向了衰落，似乎便是整个故事的必然逻辑。

这就是延续了半个世纪的理论的吸附性。吸附的意思是无论具体议题与对象如何变易，理论的解释策略都因重复而变得工具化了，换了议题与对象，也都可以吸附于其上而套用，套路化色彩应运而生。我们熟悉的这方面的批评声音，说到底便是为此而发的。深入考察，会发现作为症结的这种重复性，恰是被理论阵营中一些首脑人物，比如德里达所揭示出来的在场形而上学。德里达针对的问题，是困扰了西方思想两千余年的形而上学的支柱问题。他为此找到的独特切入点是：可重复者(永久的)按理说不可经验或者说超验，属于理想对象，却能被形而上学的历代倡立者仍说成是可经验的(即时的)，他们凭此说服人们接受自己的形而上学，宣称其合法，使之畅通无阻而顺利得逞，这究竟是如何可能的？德里达发现

---

① [美]乔纳森·卡勒：《理论中的文学》，徐亮等译，华东师范大学出版社2019年版，第71页。

② 同上书，第81页。

形而上学家是通过声音这一中项来实现这件事的。为什么声音能做到这点呢？一方面，声音重复而显得永久，是由于主体说话时，声音从外部触及其感官，使之被主体自己听见，主体便将自我发出的声音重复化为了外来的、客观存在着的声音，由此形成了一种拥有了场域、可以被他人直观地经验到的在场感。另一方面，声音又可经验而显得即时，因为作为能指的声音，在触发了听觉后，似乎隐去了自身，而允诺着所指（意义）无阻隔地渗入，直接让位于所指，导致主体觉得听到了声音即同时得到了（客观存在的）意义——如此这般无阻隔地渗透进了声音的意义，可见已不是声音本身可被听觉直接经验到的意义（因为声音是隐去自身后才放意义进来的），而是超越了听觉经验之后的超验性意义，但它正是借助于声音这种物质性因素，而变得在经验上"似乎"可经验的（德里达强调了"似乎"二字："能指似乎已经属于理想性的因素。"[①]即作为能指的声音似乎变得透明，而接受意义的直接渗入）。形而上学由此制造出了一个意义无阻隔地直接在场的幻觉，藉此实现了自己的目标。之所以在场乃幻觉，是因为第一，能指并未完全隐去而让位于所指，它始终存在着，并由此构成着对所指意义的阻隔，如果说这一点在德里达引以为靶矢的西文中确实并不明显，那么在别的语言共同体、比如汉语中却很突出（后文将作分析）；第二，在场要证明自己真实存在，得证明自己有起点，一种有起点的东西才是存在的，但追溯在场起点的那个瞬间时，后者便已过去而在意识中被阻断了，这无限推迟着对起点的达成而使在场落空。在不去意识到起点（这便意味着掩饰与回避起点）的前提下，相信和以为自己处于拥有着起点的在场状态，并由此在声音这一掩体中不断形成可重复性与可经验性相联结的幻觉，这与理论的上述因内在悖论而始终不得不权宜性地悬搁起点、不知不觉地成为理想性重复操演而失去了可经验性（这是理论与形而上学再度悄然合谋的关键）的吸附特征，是一致的。我们从中得到的初步结论是，理论运动的落潮，与理论自身尚未有效摆脱形而上学窠臼有关：虽然源头上基于语言论学理背景，以超越形而上学为本分与目标，却在实际运作中并未抵达这一目标，而是走上了一条与这一目标微妙地相龃龉的道路。对此，福柯有过一段十分精辟的总结："至少在相当大的程度上，真相话语的体制化是作为主体对于自身发出的强制话语。也就是说，对真相话语的组织不是来自根据被认可的客观规则所进行的观察与检验，而是

① ［法］雅克·德里达：《声音与现象》，杜小真译，商务印书馆1999年版，第98页。

围绕着供述行为才有了关于性学的真相话语。”[①]这里敏锐洞察到的理论的“主体对于自身发出的强制话语”，不就是德里达所揭示的在场的自恋症结吗？对理论运动的各种反思，就是这样来的。

诚如福柯所正确指出的那样，事件引发的是“理论-政治功能”，因为理论的初衷不是别的，正是旨在祛魅，祛除事件所得以建构出来的复杂话语条件之魅，对形成事件的话语权力及其深层结构进行解码。在此意义上，事件担负着一种广义的、话语现象学意义上的意向性命运，理论就是要去拆解和还原这种意向是如何被一步步建构出来的。福柯自己的影响极为深远的话语权力理论，便成功地做着这件事。这件事既然是要还原事件的建构过程，便是要还原事件在符号区分活动被具体区分而成的、一般由两个起始点所构成的符号位置及其关系。理论这样做的好处，是从智性高度深化了人们对看似自明的现象的认识。但它的不逮之处也由此相应地被带出来。那就是，事件不是在拥有了两个起始位置后便固定不变的存在，如上所分析，它更富于生机与魅力之处，恰恰在于在占有起始位置的同时始终因受到动态符号区分活动所制约而活跃地向外伸展可能性维度并造就独异性这一点。理论把这至关紧要的后一点涵容于自身视野中了吗？看来它很难做到，因为这意味着要把一种活的存在吸纳于一套逻辑严密、体系浑整的分析之中，是为理论的试图让真相大白的祛魅本性所轻易难容的。向外转的显著特色使它致力于解释社会政治现实问题，比如性别、族裔与意识形态，把它们解释成了一般性而非独异性。理论在阐释着事件的同时，削弱着事件。

这种削弱随着理论逐渐成为运动而加剧了。按理，事件的独异性，肇因于其话语条件的不可重复，进而决定了理论对它来自何种话语条件的建构的分析也是不可重复的，就像本体作为世界最终的根源总是唯一的，有关多个本体的声称会引来“这还能叫本体吗”的质疑，能轻易重复上演的事件，同理还能被视为事件吗？它的事件性其实就已被不知不觉地淡化与削弱了。在模式意义上不断被效仿，成为操演思路与手法近似的理论运动，事实上正是理论在晚近逐渐出现疲态并走向衰落的深层原因。应该承认，盛极一时的女性主义理论（男-女）、后殖民主义理论（西方-东方）、各种族裔理论（自我-他者）乃至身份政治等显得更年轻一些的理论，出发点都是福柯开启的话语权力分析模式，实际操作的对象都是符号在言语链上所占据的特殊位置所形成的深层结构，对此的祛魅已在整体上形成了有目共睹的惯性。美

---

① ［法］米歇尔·福柯：《主体性与真相》，张亘译，上海人民出版社 2018 年版，第 19－20 页。

国艺术与科学院院士、宾州大学英文与比较文学讲席教授、著有《理论的未来》一书的让-米歇尔·拉巴泰，援引学者尚内·尼娅(Sianne Ngai)出版于2005年的《丑陋的情感》一书中的观点，认为“理论将继续蓬勃发展，但这种证实是通过开辟新途径实现的。她的书为前文提到的理论所面临的两个危险提供了解药：可预测性，即基本公式的机械重复；程序被‘应用’时产生的乏味，这一理论自创立之日起就暗藏的祸根”[①]，以某种总结性的态度，道明了“做理论”一词的耐人寻味之音。就此而言，理论运动的实际走向与理论的兴盛初衷，暴露出相违拗之处，其最显著的代价与后果，或许就是让事件失却了原有与应有的独异性、冲击力与陌生感，而在反复操演中逐渐沦为了托马斯·库恩所说的常规科学。

对进一步突破口的考虑就在这里。事件从本性上独异，而拒绝重复性分析，然而对事件建构过程的分析，又不得不落在理论上，这呼唤着让理论的分析走出重复性。能做到这一点吗？常理告诉我们，理论一经形成便具备相对成熟的体系，在分析思路与方法上相应地具有稳定性，那似乎与注重独异性的事件天性不合。更重要的是，一种深入而重要的理论被广泛接受后，很自然地容易此唱彼和而在短时间里形成集合式运动，运动的重复性思维似乎抑制着事件的可能性活力，而冲淡范式革命的敏锐意味。看起来对事件的有效探讨似乎排斥着理论的介入，但假如彻底取消理论文化，如晚近国际上某些反理论者所声言的那般，事件的意义又该从何种渠道得到彰明呢？回答的犹豫，不能不使我们重新回到对理论的检视上来。在这里，我们接受布迪厄的观点，承认不愿意放弃理论是出于保住自身职业的动机，并希望探寻到一条既认可理论的祛魅权利、又在此过程中同时确保事件不流失自身独异性的新道路。前者不可避免地涉及重复性(稳定性)，后者则以凸显非重复性(差异性)为题中之义。

问题是，语言造成的、特称意义上的理论的上述内在悖论，也是泛称意义上的一切理论的宿命吗？任何理论当然都得靠语言来表述自身和交流传承，那么以上分析是否意味着理论文化因都有这个症结，而面临整体衰落的气运了呢？如若是，理论与“理论之后”的对比度与区分度便不再存在，后理论的唯一选择也便是反(泛称意义上的)理论而径直回到非理论状态中，似乎就不必再发展出诸多流派与形态来了。这应该说是亟待后理论回答的一个关键问题。事实当然并非如此。在泛称意义上，我们仍然看到了理论文

---

① [美]让-米歇尔·拉巴泰：《“理论的未来”之未来》，李淼译，载《社会科学报》2019年2月14日。

化本身无可厚非的活力。

第二节　暗合型：理论是否以事件为本性？

特称意义上的理论以其吸附性，让人感到它在阐释效用方面逐渐陷入陈陈相因的重复，那么我们该如何解释这样的现象呢：泛称意义上的理论，却常常能很自然地与文学艺术实践暗合，看起来并不存在生搬硬套、拿一套操演化的思路手法去令对象就范于我的问题，相反所作出的分析，客观上显得颇为符合实际情况。这是理论家的独特天分所致吗？还是理论与实践之间可遇不可求的偶然巧合？比这些非理性解释更合理的解释，得从理论的本性中去寻。

如引论所示，从词源上追溯，理论一词来自希腊文 theoria，与“剧院”(theater)一词有相同的词根，其动词为“去观看”(to view)，指一种仅仅基于看的对理念世界的瞑想。在希腊语中，理论是一种有别于征服对象来为人所用的、不具备主体性支配与开发欲望的观察活动；与此相呼应，在拉丁语中，理论也是一种有别于单纯知识性研究的沉思活动。这也便不难理解我国学者有关理论不来自理性态度、而来自“解释性的神话”的观点。[①] 归总来看，理论的本性是人的观察与沉思活动。而人之所以有观察与沉思世界的需要，是因为世界始终充满着超出人的认知能力、使之测不准的陌生性因素。既然是面对始终陌生的世界而观察与沉思着，这便同时是一个自觉上升到了语言层面、在语言符号的不断区分中自觉凸显符号系统本身、从而形成意义理解与阐释的过程。理论的这个过程，和文学艺术创作在实质上是一致的，都旨在(在语言中)对意义进行创造，所以两者之间时常被人们认为不可互犯的泾渭界限，其实是并不存在也不应当存在的，谁能否认文学艺术也以观察与沉思为本性呢？英国伦理学家伯纳德·威廉斯在其名著《伦理学与哲学的限度》中论证指出，苏格拉底以来强调反思的人类伦理传统，正在引发“反思能够摧毁知识”的新问题，[②]摩尔评述这一观点时认为“得出一种理论并不是对反思的要求”、从而无须“在我们的伦理看法中赋予由反思产生的看法以格外的权重”[③]。理论在源

---

① 陈嘉映：《无法还原的象》，华夏出版社 2005 年版，第 107 页。

② [英]B. 威廉斯：《伦理学与哲学的限度》，陈嘉映译，商务印书馆 2017 年版，第 261 页。

③ 同上书，第 256 页。

头上的观察与沉思姿态，直接观看世界而非在反思中对象化地去把握世界，因看护自身有限性而具备伦理色彩，类似的这些见解便足证在今天还原理论本性的必要。

对源头与本性的这番追溯使我们认识到，泛称意义上的理论从事着意义的创造，相比较而言，特称意义上的理论则从事着意义的生产。创造与生产是不同的。两者的根本区别是：前者致力于理解陌生的未来；后者则致力于解释熟悉的当下。前文已表明，理论运动从二十世纪初期就已有酝酿，但前半个世纪的文论比如现象学、俄国形式主义、新批评与结构主义等，虽然也逐渐发展出开掘文本深层结构的路数，却不如后半个世纪的理论那般操演性强烈和反复感突出。个中原因在于，前半期的这些文论都直接受惠于索绪尔的语言学思想，偏重文本内部的语言形式结构分析，纵然格雷马斯、热奈特与布雷蒙等学者已着手对文本的叙述结构等深层要素进行解码，所聚焦的毕竟是具有未来时间维度的虚构故事等文本对象，解码工作在这儿不具有唯一性，因为文本中的故事也完全可以被不同读者读成审美的与别样的，这种非唯一性，是由该阶段理论运动因指向未来所持存的陌生性决定的，总体上仍可被归于泛称意义的理论中。到了后半期，作为转折（政治转向）枢纽的福柯有关符号区分形成现实区分的洞察，则无形中将理论的祛魅兴奋点从前半期仍对准未来而并未定于一尊，逐渐转向了当下现状。换言之，原先对处于陌生状态中的未来可能性的或然性祛魅，到现在慢慢演变成了对当下已发生与存在的事实的必然性祛魅，理论的眼光被收缩至对现有意识形态、性别、种族与阶级的失等状况的解释中。创造的未知性与不确定性，此时开始微妙地让位于生产的程序性，并终于带出前述理论运动的种种吸附性情状，它作为理论发展的特定阶段，逐渐为目标与自我存在方式的那个内在悖论所困，而区别于理论文化本身。

基于这种区别，泛称意义上的理论和文学艺术实践一样创造意义，两者每每自然地产生暗合，便不奇怪了。暗合，指主观上无意于去直接解释事物，客观上却与事物的内在规定性相一致。以索绪尔影响了二十世纪以后思想的语言学理论为例。它发现语言是一种不与事物直接对应、而起着替代（表征）作用的符号系统，其建立在能指与所指的任意性关系基础上的非实质性，由于语言共同体中符号的区分（差别）而得以理解与交流。这一理论，与其说来自索绪尔的独特发明（定性），毋宁说是把事实从原先长期被遮蔽的状态中重新引导出来的发现（描述）。这个事实是：符号的区分确是意义的来源。一些学术成果直接发自对区分的敏感与辨察。例如在语言学中，学者倪宝元的《成语辨析》独辟蹊径，对数百组形体近似而极易在使用中混淆的成语，进行了基于丰富作品语料的细致、深入辨析而享誉学林；[①]学者黄金贵的《古代文化词义集类辨考》也立足于对古汉语文化词的辨别，主张超越段、王时代而“将同义词辨析列入训诂的基本方法”[②]，成为该领域公认的扛鼎之作。这两部著作均曾因此荣获浙江省哲学社会科学优秀成果一等奖，即为学界评价的明证。由于理论是对客观事实的发现，它尽管主观上无意充当解释对象的唯一理由，客观上却能与文学艺术创作实践相通。拓展开来看，与音乐作曲中下一个音符尚未在键盘上响起之前、上一个音符的意义始终在作曲家心目中不确定相类似，绘画中的“笔笔生发”现象更表明，始终是下一笔不断修正与重塑着上一笔。在下一个符号未落于纸面之际，上一个符号永远无法称自己获得了生命，直至最后一个符号覆盖满作品为止，此即艺术语言决定了艺术在本体论上是一种活动（而非结果）、一种显现活动的原因：只可能是下一笔决定着上一笔，因为下一笔仅仅是指与这一个符号不同的其他符号，既然这一个符号唯有在与其他符号的区分中才存在，那当然得等下一个符号出来才行；反过来不可能是上一笔决定着下一笔，因为一个孤零零的符号与事物没有必然的联系，什么也不是，即没有意义，当然更不可能去决定什么，它唯有等待下一个符号出来和它区分，才能在区分中不断地获得（生成）自己的存在——是什么。可能性就是新的符号关系。艺术的活力、魅力、试探性、未知性、发现性以及创造性，都因这个活动性过程而生。索绪尔语言学理论，于是在最深刻的意义上证明了文艺审美活动不以现实中的人为主体，而随顺后者对语言这一符号系统的积极发动，进而以语言为显现的主语。泛称意义上的理论，就这样观察陌生性因素并展开沉思，而在语言创造意义的过程中暗合于文艺实践。

在这样做时，较之于吸附型理论在操演惯性中逐渐将符号区分关系固化、并以之为祛魅的稳定目标，暗合型理论由于始终理解未来的陌生性，而不断打破符号区分关系的固化倾向，在区分中继续重新区分，形成利奥塔所说的系统为改善性能而积极促进的“移位”——创造出乎意料的“打击”以使得“移位等于创新”[③]。这是不是一种新的重复性？它又能否确保自身不再重蹈吸附型理论如前面所分析的、可重复而佯装可被经验的在场形而上学呢？

---

① 包括意义相近、形体近似、语素相同而次序不同导致意义有差别、同出一源但意义与用法有差别、意义上有交叉关系等情形。见倪宝元：《成语辨析》，中国社会科学出版社1979年版，第1页。

② 黄金贵：《古代文化词义集类辨考》，上海教育出版社1995年版，自序第2页。

③ ［法］让-弗朗索瓦·利奥塔尔：《后现代状态：关于知识的报告》，车槿山译，生活·读书·新知三联书店1997年版，第33页。

应当结合德里达所论证的另一种可重复性，深入求解这一问题。耐人寻味的是，德里达虽在揭露在场幻觉时抓出了借助声音将超验信息佯装为可经验者这一在场盲点，却在《人文科学话语中的结构、符号与游戏》这篇解构主义奠基文献中表示，作为在场断裂的事件只在“被重复的那个时刻发生”。他紧跟着说明，repetition 一词在西文中有两义：“一是重复(过去的)，二是排演，为未来作准备。”[①]很明显，前一种重复是他所反对的在场的重复，后一种重复则是他所向往和倡导的合法性重复。在发表于 1971 年的《签名·事件·语境》这篇重要文章中，他对后者作了详细阐释，指出文字(以及一般符号)发挥功能的源头在于“可重复性”，正是重复的力量既塑造了一般符号，又使任何有限的结构或系统趋于溃裂，对这种双重性的重复运动的形态描述就是延异。如希利斯·米勒所援引的德勒兹的总结，重复有两种类型，即“柏拉图式的重复”与“尼采式的重复”[②]，前者是以同一性为在先的模型来规范或还原差异，胡塞尔追求的理想性在场的无限自我重复便是柏拉图式的；后者则承认差异的实在性，同一性则是在差异关系的重复中被构造出的，德里达称之为“重复形式的差异类型学”(a differential typology of forms of iteration)，即差异中的重复先于同一，其后果是“鉴于这种重复的结构，激活话语的意向永远不可能在它自身及其内容中完全在场”[③]。在对胡塞尔的意义理论的批判中，德里达提出了书写的概念，这是一般符号的内在可重复性的体现。正是书写，促使语境以不饱和的方式扩展或断裂，使得意义的衍生无止境。质言之，承认理论同样在写作中用语言积极创造意义这一本性，便还原出了它作为一个事件的创造力。

在场的同一性重复形不成事件，说到底是其程序性反复及操演后果杜绝了他者性(alterity)的介入。超越在场的幻觉，引入文字书写这一他者，才在差异性重复中形成事件。值得注意的是，德里达通过对后一种可重复性的强调，实现了伦理-政治转向，在海湾战争与“9·11”事件后完成的政治写作与对重大政治事件的伦理评论中，以及收入《恐怖时代的哲学》的对话中，他思考新的表达技术、科学的现代进步与权力策略等问题，把对事件的抽象思考引向了社会分析，他者性力量的如上开启，因而显然张开了解构思想的政治维度。这不啻提醒我们，理论对意义的创造，是对审美与政治维度的兼容，尤其未曾忽略而是强化着作为现代生活主题的政治维度。吸附型理论，

---

① [法]雅克·德里达:《书写与差异》，张柠译，生活·读书·新知三联书店 2001 年版，第 504 页。

② [美]希利斯·米勒:《小说与重复》，王宏图译，天津人民出版社 2007 年版，第 7 页。

③ Alan Bass. *Margins of Philosophy*. Harvard: The Harvester Press, 1982. p.326.

由此没有理由宣称自己因政治转向而合法地陷入操演的惯性，同样涵容着政治的暗合型理论，即是能化解其局限的参照系。

第三节 话语创造型：后理论的可取选项

以上依据两种可重复性思想，区分了特称意义上的吸附型理论与泛称意义上的暗合型理论，着重阐明了“想要去实现的目标与自身得以存在的基本估计”这一发生在前者身上的内在悖论并非后者的宿命，而是暂时性症候。对这种症候的察觉，很自然地将国际学界的研究眼光引向了“理论之后”。1996 年 7 月举行于英国格拉斯哥大学的一个理论学术研讨会上，马丁·麦奎兰等学者正式提出了后理论概念，在“后理论状况”这一问题域下，展开了德克尔的后性别、伊斯托普的后马克思主义美学、莱恩有关布迪厄与后理论的关系以及洛娜·哈特森的后理论方法等议题。

如此看来，一方面，德里达不仅是理论运动的重要代表人物，而且也为后理论作了学理思路上的奠基，[①]体现出西方人文学术的连续性特征；另一方面，更重要的是我们由此意识到，从特称中解放出来而返归泛称，变意义的生产为创造，不失为理论向后理论演进的合理逻辑。据上所述，那意味着在演进方向上，得强化文字书写活动在理论建构中的创造，重视理论作为话语创造的效果，而淡化它规范当下事实的及物性功能，如前文所分析，这种功能实际上是同为符号系统的理论话语所做不到的。德里达所说的用以替补(声音的)纯粹在场的写作，很大程度上首先便包括了文学。[②] 因为文学就是以操作语言符号为基本性能的写作活动，它追求与注重话语效果的生发及表达，在致力于如何通过语言将意义创造得新颖、完善这点上，不失为最典型的写作。强化理论中的文字书写，从而涉及了理论与文学的关系。

---

① 学界认为在后理论进程中，德里达的实际影响比福柯更大。详见王宁 2019 年刊于《社会科学报》的相关文章。德里达影响后理论的表面证据，是其《我所是的动物》一文直接引启了后理论中涉及伦理维度调整的动物研究一支，以及推动了后人文主义的相关议题。本节则就其对后理论的深层学理影响尝试作出分析。

② 阿特里奇回忆与德里达曾进行过的一次访谈：“他(引者注：指德里达)谈到了他长期以来对文学的兴趣，并就文学在哲学、政治与文化背景下的作用提出了争论，我认为其重要性和影响尚未得到充分体现。”因为“文学对德里达极为重要。并不是说他大量消费了——例如，他对小说并不特别感兴趣。但是，从他对许多作品的经验中，他发现自己对核心哲学问题的理解，如表征、身份、真理、法律与归属感都受到了考验。莎士比亚、乔伊斯、马拉美、策兰、阿尔托、布朗肖、波德莱尔和许多其他人都对他产生了影响”(Derek Attridge. *Reading and Responsibility: Deconstruction's Traces*. Edinburgh: Edinburgh University Press, 2010. p.3,5.)。

写作是在话语中创造意义，强调写作活动对理论的激活，很可能引来如下惯见的追问：难道理论不应穿透某个对象而获得解释权？它能否只是一种基于效果的话语创造？思考问题的这种惯性，未及考虑一个客观事实：透视作为求深意志的典型姿态，所求之深是以回避真相为代价的。形状上的远小近大与色彩上的明暗对比，诚然是透视营造立体逼真感的主要手段，它们却都制造出了一种视幻觉，因为物无论放置于远处还是近处，其大小都不改变，其明暗关系看似固定，实则由于光线在空气中的瞬息万变而也不定于一尊，始终在明暗对比度上充满动态地变化着，这种瞬息万变的变化才是"色彩事件"（the event of color），即"在光照下的物体表面发生的事件"，如学者罗伯特·帕斯瑙所言"颜色不是对象的常规属性，而是事件或与事件相关的属性"[①]，由此宣判了透视画法的不可靠，因为它试图在二维平面（画纸）上制造出一个三维立体媒介才做得到的目标，那不是真理而只是视幻觉。这表明，透视试图将对象看成想要看成的、理想化的样子，是一种为理性思维所支配与调控的活动。这也是透视从字面上看即透过现象认识本质的缘由。利奥塔把这种以透视为标志的理性归结为元叙事，发现它以优化效率为鲜明追求，效率的优化是以一心追逐目标为前提的，为尽快奔及目标，可以不惜舍弃具体丰富的情境与细节而满足于幻象。这的确击中了求深意志作为现代性逻辑的软肋。

那么，为何主观动机上运用理性去认识本质、客观效果上却无法认识到本质、而仍得到视幻觉呢？因为理性的动机忽视了它必须通过语言去认识本质，但语言却是非理性（任意性）的、在能指与所指之间无任何必然联系可言的符号系统，非理性的语言无法保证理性的动机实现预期的效果。例如透视因对事物的三维立体还原取向而充满理性，却因二维的画纸而只能将对象原本立体的维度平面化，动机与效果之间，经历了语言的转换。由于这种转换的必然存在，语言的非理性便始终导致出乎理性动机的预期之外的任意性因素，对这一个目标的筹划，总会伴随着下一个结果的出现，已知性主动地发动着未知性。语言的这一性质，从根本上证实了现代自然科学所深刻发现的测不准原理：观测目标必然将观测者（手段）因素包含在内，因后者对前者造成的即时性影响，而始终在理性的意义上测不准，由此测到的混合性（意向性）结果，却也恰才是真实。如果在认识论上求深的结果被本体论证明为并不真实也并非真理，传统中根深蒂固的求深意志，便需要得到语

① Robert Pasnau. *The Event of Color. Philosophical Studies: An International Journal for Philosophy in the Analytic Tradition*, Vol.142, No.3 (Feb, 2009).

言论上的批判。

以求深为标志的理性动机，既然必须经由语言这一非理性的符号系统才谈得上实现效果与否，它唯一的出路便只能是被语言所吸收，在语言中创造真实。这意味着在作为语言的叙与作为场面的事之间搭建起有效的桥梁。叙述因其符号系统本性，而具有"隔"的特点，从理论上说是无法实现事件的，因为拥有了真实场面质感的事件必定要求面向读者"不隔"而在场。促使两者相反而仍相成的桥梁，就是叙事研究所着力于聚焦的各种叙述方式与技巧，它们广义上即话语创造出来的各种说法，是介乎隔与不隔之间的、使视点既在又不在的、在试图取消两者彼此界限的同时意识到两者并非一者的临界写作。

在这一学理背景下，利奥塔等学者主张从歧异与误构的语言游戏中重新获得知识的合法性，便接通了真实，因为游戏中策略和招数的创新发明，不是标新立异，而怀有创造真实的良苦用心，即还原和恢复了被求深意志所遮蔽了的"知识的批判功能"①。告别了求深意志，才能求取到真正的深度，或者说在话语的创造中才能收获深度：世界与自我的真实性。因为话语的创造作为区分中的筹划，带有人的方向感，同时又始终以尚未得以澄清的话语空白，重塑着符号的区分关系，而以新方向的显现纠正着人的方向感。这样，我尽管不知道明天会成为什么样的人，却也由此明白自己明天将有可能成为任何一种人。这不是最具深度的真理吗？

事实上，对作为话语效果的理论的关注，已经在晚近事件思想中浮现出来了。与德里达思想相呼应的德勒兹，从事件生成的虚拟化特征出发形成有关表面(surface)的思想，可以带给汉语语境以启迪。在德勒兹对斯多噶学派的考察中，后者有时被描述为一种对于前苏格拉底学派的回归，逾越柏拉图而回到了赫拉克利特的世界中。他固然也在一定程度上承认，斯多噶主义者具有与某些古希腊犬儒主义者类似的地方，即也试图通过一种混合物的物理学来深入解释这个世界，而部分地将这个世界弃置于局部的混乱中，相信这些混乱唯有在作为一种原因性统一的伟大混合物中才能调和，这就对世界的恐怖、残酷与乱伦负有了无可推卸的责任。然而，在这些可能的消极因素之外，德勒兹更加在意"那个来自赫拉克利特世界的、能爬上地表并获得全新地位的故事。这是事件在性质上与因果体的不同"，而这则又是由于"表面的自主性，不受深度与高度的影响，发现非物质的事件、意义或影

---

① [法]让-弗朗索瓦·利奥塔尔：《后现代状态：关于知识的报告》，车槿山译，生活·读书·新知三联书店1997年版，第75页。

响,这些不可简化为‘深层的’身体与‘崇高的’思想——这些是斯多噶学派反对前苏格拉底与柏拉图的重要发现。所有发生的和说的都发生在表面上”[①]。他由此认为事件不发生于所谓深度,而发生于表面,其《意义与逻辑》等著作所关注的核心问题,即作为“词与物之间无深度的表面”的意义。[②] 他借助刘易斯·卡罗尔的小说《爱丽丝漫游奇境》进行论证。在故事前半部分,爱丽丝主要经由一个树洞探索地底的深处,进入后半部分,这种深度开始让位于没有厚度的扁平的卡片人物如红桃王后、红桃杰克等,这构成了一个颇具斯多噶意义的寓言。德勒兹分析道,“这不是爱丽丝历险的问题,而是关于爱丽丝的历险;她爬上表面,她不承认虚假的深度,发现一切都在疆界发生。正因如此,卡罗尔才放弃了书的原名:《爱丽丝地下历险记》。”[③]而到卡罗尔的《爱丽丝镜中奇遇记》那里,这一寓意变得愈加明显,爱丽丝已不再去穿越具有深度的树洞,而是穿越了一个仅有表层的镜面,正如事件跨越的是无深度的延展平面那样,其实质是将事件与生成从它们现在的和物质的载体中解放出来,以实现意义。这顺应了其核心概念“内在性平面”将思想的可能性维系于具体现实的表面的旨趣。内在性平面作为无限流动着的表面,不受任何先验力量的支配与控制,破坏性地迫使思想对自身进行无限的再创造,把自己交给一系列活跃的与实际的事件的多样性,交给独特性要素的持续重新配置。其“不从属于任何高度或深度,仅仅是表面效果,表面的不可分割性即为其恰如其分的维度”[④],而呈现为一种建立在多样性基础之上的本体论,或者说差异性的重复。

这种对表面的推崇,与文学产生了内在的呼应。因为文学作为话语创造活动,就是不断创造与生成精妙话语效果的过程。尽管学界一般认为相比于德里达,德勒兹受语言论的直接影响相对较小,但他这一推崇表面的思想,应该说与二十世纪以来注重语言符号的话语效果这一发展趋势,具有可沟通的内质。这也令我们领悟到,后现代景观中所谓“削平深度”的特征,并无须引发想当然的贬义理解,因为对深度的削平,说到底来自语言对自我(任意性)本性的发现与还原,基于反思与超越形而上学这个基点,它恰恰是合乎进步逻辑的。

---

① Gilles Deleuze. *The Logic of Sense*. New York: Columbia University Press, 1990. p.132.

② [澳]保罗·帕顿:《德勒兹概念:哲学、殖民与政治》,尹晶译,河南大学出版社 2018 年版,第 148－149 页。

③ 陈永国、尹晶主编:《哲学的客体:德勒兹读本》,北京大学出版社 2010 年版,第 219 页。

④ Ilai Rowner. *The Event: Literature and Theory*. Lincoln and London: University of Nebraska Press, 2015. p.125.

德里达把富于差异的可重复性视为事件，在这种通过文字（写作）引入了他者后展开的事件运作中，解构在场的惯例与盲点，引出了具有生长性的议题。差异意味着可经验性，将差异说成是仍同时重复着的，即在可经验性与可重复性之间建立起了新的统一，那是一种已不同于在场形而上学将两者佯装为一体的统一。其不同之处在于，它是通过写作而非声音来获得经验的，写作就已是一种对在场的替补，因此是一种具备了反思意识的经验。写作固然充满了差异，就如德里达对签名的分析所展示的那般，这种差异却始终也充满了好奇，因为写作本身的反思性总是为新的经验所召唤，并向后者的意欲筹划，既澄清着又始终尚未完全澄清，这就确保了看似差异的写作仍在一个始终比自己更大也更基础的、可重复的吸引力下运作，实现的是差异中的本体性，或者说在差异与重复的张力中生成着新的意义。从德勒兹对德里达的及时吸收，可以证实这一点。在援引德里达发表于 2003 年的事件定义——“事件首先是我不理解的东西”——后，德勒兹继续定义事件为“特定时刻发生的新事”，主张“它还必须具有抵抗被纳入我们现有的认识、解释和描述体系之中的潜力”，那是一种生成的“裂隙”并“与过去决裂并开创一种新事件的潜力”[①]，从而是独特的，[②]生命不是个人的、有机的生命，而是一种非个体的力量，它不断生产与创造差异，通过无始无终的生成来形成事件。唯当关于存在的确认源自多样性的无限力量，其蕴含的事件及其独特性才能脱离一切强加于它之上的分类秩序而变得不可预见，成为建立在多样性基础上的本体论。德勒兹这一写在了《差异与重复》等重要著作中的核心思想，与德里达上述差异化的可重复性思想具有前后的照应，一定程度上表明了德里达对两种可重复性的区分所开启的现代思想方向。

这个方向令人深感兴味之处，不仅在于哲学思想的变革内部，还在于，由此得到的写作解构途径和文学自然地关联了起来，把文学创造的可能性顺乎逻辑地纳入了思想演进之路。我们知道，德里达所说的文字学，不应被望文生义地理解为汉语语境中那种以研究文字形态流变为旨趣的文字学，而其实是写作学，写作活动构成了他心目中有助于解中心、替补在场而在其断裂中维持在场与不在场之间的张力的游戏。他把书写活动界说为“主体完全不在场但在死亡之外仍进行活动的符号”[③]，那么能为此提供典型意义的符号活动是什么呢？显然是文学。伊莱·罗纳中肯地评价道，德里达以

---

① ［澳］保罗·帕顿：《德勒兹概念：哲学、殖民与政治》，尹晶译，河南大学出版社 2018 年版，第 160 页。

② Gilles Deleuze. *The Logic of Sense*. New York: Columbia University Press, 1990. p. 178.

③ ［法］雅克·德里达：《声音与现象》，杜小真译，商务印书馆 1999 年版，第 118 页。

冒险的姿态将写作活动设想为对从未发生之物的关注，在这种关注中确切存在着最终主导整个作品的语言与经验残余，就像马拉美、卡夫卡与乔伊斯等人的写作那样，[①]后者自觉地面对着一个看似破碎支离、却在非纯粹性这点上更真实的世界。文学在写作中最自觉地看护住了差异与重复的统一。差异当然是由于文学对符号区分关系的随顺与凸显，在高度灵活自由的区分中，它产生出永不定于一尊的差别可能，而那也就是可经验的差异，后者在强调符号固定区分关系的非文学活动，比如自然科学活动中却是反其道而行、违拗语言的符号系统本性的。文学的差异又仍形成着重复，在此，重复性体现为，文学观看到的世界始终大于视点所能见的视野范围。因为文学是对符号区分关系的自觉敞开，因此，任何事先的理性化动机与意图，都需要以语言这一任意性的符号系统为中介进行转换方能实现，而任意性即非理性，下一个符号的出现不断使上一个符号在新生成的符号关系中重新得到适应与存活，获得新的可能性的重塑，从而在这样的区分活动中不断地成为自己，这就使文学写作在被作者的主体动机与意图发动起来后，走上了一条不断出现超乎预期的未知因素的道路，而与现代测不准原理揭示出的真理——观测目标总是包含观测者（手段）因素在内——相吻合。换言之，对“这一个”的设定，永远收获着“下一个”的可能，这就是文学写作中屡屡出现的明明是自己在写、写着写着仿佛身不由己地被自己笔下的世界反过来带着走的受控状态。现在我们看清了，这种受控状态并不神秘，而有着最现实的根源：可能性即符号关系。文学用叙述的差异，带出了始终大于叙述的而不为任何视点所垄断、在差异中重复存在着的意义世界，可见它所同样悬以为目标的逼真在场质感，已并非形而上学以声音为运作掩体的纯粹在场，而是在语言文字操作中保持住叙述与场面之间张力的在场，它有效地构成了德里达所说的延异途径。

这样看起来，事件思想的实质是一种与文学思想方式有关的写作，或者说，事件的深层运作机理是文学，德里达再次证明了这一道理。如果说，事件思想是德里达解构思想转向政治伦理维度的标志，那么以上分析显示，这个看起来向外转而积极引入他者的事件性进程，恰恰受惠于写作活动的展开，而在深层次上运作着文学的机理。这包含着两个要点。其一是，政治维度与文学维度不仅由此并不分裂对立，而且后者在深层次上成为着支配与调节前者的先决性前提，这对一直困扰于两种研究范式之矛盾纠缠的我们

① Ilai Rowner. *The Event: Literature and Theory*. London and Lincoln: University of Nebraska Press, 2015. p.121.

来说，当是有启发的。其二是，从叙述到场面的最终给出，这中间的写作过程既被德里达视为事件的关键，也是被当代法国理论（例如让-吕克·南希的《事件的惊奇》一文）等同为“创造”[①]、进而看成事件的本性。这两点尤其是后一点，很自然地指向了理论之后重新获得事件化契机的新进程。这样，把德里达有关两种可重复性的思想融入上述学理脉络，会发现，这其实就是理论与写作以及文学的关系问题。

发自事件性筹划的理论之所以最终逐渐陷入操演惯性而趋于衰落，是由于它忽视了这样一个问题：理论和它所要致力于解释的对象一样，说到底都是语言活动，是在话语中对意义的创造，因此从本性上看它只能是去发现世界，这与理论一词在古希腊的观察本义是一致的，符号的区分关系在理论中从而应当是无限自由和开放的。然而，当发现被置换成了发明之后，符号的位置便不知不觉地在理论中被固定了下来，其区分关系逐渐被单一化，出现了反理论者所敏感到的那种“总在事实上不存在差别的地方制造差别”的反复情况，[②]这才慢慢有了从理论进一步向后理论递嬗的议题。而理论所逐渐陷入的上述重复，实则正是德里达所指控的在场形而上学的重复，因为就像在场形而上学是回避自身起点后的重复一样，理论也只有在回避自身起点的情况下才必然成为反复性操作，这个不知不觉成为了盲点的起点，即作为祛魅的目标与自身仍处于语言中、因而同样有待于祛魅而非自明这一内在悖论。沿循德里达提供的学理，对这一重复性的解构，可以通过无限推迟和延宕能指所可能轻易滑入的所指，使中心不再顽固地存在，写作这种基于差异的可重复活动，构成了对此的有效途径，文学相应地助推着这种解构进程。以“理论之后”为鲜明针对性的后理论建设，由此便很自然地应考虑文学写作在后理论中的位置与作用，发展出卡勒等当代学者们所探讨的“理论中的文学”。这同时破除了学界对此有可能望文生义而怀有的一种简单化观感，即以为倡导后理论与文学的结合，只不过是在深入浅出的意义上适当地改进理论原有的不足，而行使一种在程度上予以缓冲的改良性、修补性工作，似乎这样一来的全部效果便是使理论变得更加好懂了。现在我们能清楚地看到，这样的理解是失之于肤浅的。至少从德里达的角度看，上述选择是一种基于思想推进的还原，所还原出的是理论为获得意义而必然应当具备的理据，它其实已不存在可加以取舍的问题。

---

① Jean-Luc Nancy. *Being Singular Plural*. California: Stanford University Press, 2000. p.235.

② Steven Knapp and Walter Benn Michaels. *Against Theory*. *Critical Inquiry*, 4(1982). p.736.

第四节　一个话语创造型理论实验

可以通过一个初始实验，来印证上面三节、尤其是第三节所述的“理论之后”走向话语创造型理论的道理。晚近国际范围内人文学术的重要变化，是叙事从被研究的对象转向研究方式。这为美学在今天的有效推进提供了契机。美学的感性学性质使之鲜明地归属于人生，人生包含入场亲历与离场反思，后者对前者的想象性弥补既属于叙事，也使叙事成为了反思—想象—体验的因缘结构，而在直观中与人生同构，作为人生之学的美学由此更有被还原为叙事的优势。以叙事情境为新起点后，美学既能以身体的体验，超越传统认识论与怀疑论的共同局限，也能激发新的身体体验而展开被传统所忽略的重要内容。可以从叙事情节、叙事结构、叙事时间、叙事视角、叙事声音、叙事语言与叙事伦理等方面来积极探索美学的具体叙事方法。

国际范围内的人文学术所展开的叙事转向，指叙事在不断扩容中从被研究对象逐渐进而转向成为研究方式。这可以从历史与逻辑两个层次同时获得证据。

从历史看，兴起于1960年代的叙事学，一方面发展出了叙述者、叙述人称、人物关系、行动与情节等主要适用于文学分析的理论范畴，另一方面，罗兰·巴特这样的叙事学家又将新闻报道、连环画与电影纳入叙事学对象，用一套相对稳定的叙事学理论模式分析它们。差不多从此时起，叙事作为被理论分析的对象，开始疏离文学，量变性地扩容。这个扩容过程中，巴特对叙事对象的扩展以及意指分析，与稍后福柯的权力-话语理论合流，带出了文化研究视野下包括非文字媒介叙事学、修辞叙事学、女性主义叙事学与认知叙事学等在内的新叙事学。终于，作为出发点的叙事理论在研究对象上扩容了一大圈子后，以自身为归宿，将自身也扩容进叙事对象中。这意味着叙事理论自身也变成了叙事，以叙事的方式展开自己。推而广之，理论学术逐渐开始意识到自己的研究方式也都是叙事的：利奥塔发现，即使科学言语中规定性陈述与叙事也一直在起重要作用，实践与道德的目的一直有所表现，后现代状况加强着这一点；海登·怀特也已证明，用叙事化观念改造历史学，可以有效推动新历史主义的展开；大卫·辛普森看到各种后现代人文学术正被以讲故事为标志的文学支配并渗透，乔纳森·卡勒相信文学正在进入“理论”。于是，在上述因素量变积累的基础上，出现了相对而言质变性的叙事转向:叙事由被研究的对象转向成为了引人瞩目的研究方式。

从逻辑看,叙事作为被研究对象而扩容,这与二十世纪下半叶起"理论"逐渐疏离文学的历程相同步,而它终于在扩容中转向成为研究方式,则又与"理论"在疏离文学的基础上逐渐回归文学的进程相同步,[①]这条发展轨迹在现代语言论转向的学理背景下有连贯理路。索绪尔发现语言因能指与所指呈任意关系而不具实质性,仅为符号,故而意义不取决于实物对象,而取决于能指及其在言语链中的排列组合,后者灵活配置着意义的可能性。罗曼·雅各布逊据此进一步揭示出,传统观念中那种分类学意义上固定现成的文学概念并不可靠,因为文学性只是语言的一种用法,一种将关注点不引向自身之外的世界、而引向自身构造之凸显的特殊用法。作为文学典型表现的叙事,由此便合法地出现在了远不限于文学的其他各种领域中,语言的非实质性使之统摄起哲学、社会学、政治学与人类学等不同的学科领域,令这些被乔纳森·卡勒命名为"理论"的领域都产生出了语言灵活配置下的叙事现象,由此叙事分析在文化研究中不仅未被弱化,反而得到了强化,在打破语言及物性这个根本前提下,最终使"理论"本身也成为了叙事,如福柯使用监狱与精神病意象等来讨论规训与惩罚,不关注对自身之外的领域的言说,而关注自身话语构造的景象及效果,大量使用隐喻等文学性手法,虽一度疏离于作为类型的文学,却最终回归于作为语言用法之一的文学,成为叙事化的研究方式。这顺应着现代思想从实体性趋向建构性的发展,从叙事转向角度来观察它是很有趣的。

美学既然属于人文学术,自然也基于上述契机而可以来践行叙事转向,让自己也由被研究的对象逐渐转向以叙事的方式来谈论自己。较之政治

---

① 迈克尔·格罗登等三位美国学者合著的《当代文学与文化理论》一书,描绘了理论研究(实际上即已是"理论"之后的理论)对文学思想方式的热情演绎:"阿甘本对文学形象的丰富参考,既非偶然而间接提到,也非仅作为增色的装饰物而提出,相反,他的许多基础性政治学与哲学主张都是通过文学形象表达出来的,如借助亚瑟·兰波与济慈来考虑语言与主体性问题,从卡夫卡与罗伯特·瓦尔泽那里展开他关于理论的谈论。阿甘本甚至通过文学形象来描述他最基本的方法论原则,诸如通过弗里德里希·荷尔德林的诗歌《帕特莫斯》来清晰地表达动态可逆性思想,通过华莱士·史蒂文斯的诗歌《没有和平的描述》来清楚表达其范式等。五卷《神圣人》系列(1995—2008年)显示了阿甘本思想上从关心美学到关心政治问题的明确变化,他对文学的兴趣与对文学形象的利用热情持续未减,确信文学问题决不能全然分离于哲学问题。"(Michael Groden, Martin Kreiswirth and Imre Szeman. *Contemporary Literary and Cultural Theory*. Baltimore: The Johns Hopkins University Press, 2012. p.27.)晚近学者认为,阿甘本看到了"文学的外观也存在于理论中",是文学使理论成为了一种"富于远见的文学事件"(Julian Wolfreys. *Literature, in Theory: Tropes, Subjectivities, Responses & Responsibilities*. London: Continuum, 2010. p.266.)。

学、社会学、人类学与法学等相邻学科，叙事转向还是美学在某种意义上与生俱来的题中之义，或者说优势。那么美学的叙事转向有何独特优势呢？答案就在它的感性学性质中。这种原初的学科性质使它从根本上还原人的生存，作为一门鲜明的人生之学而拥有自身得天独厚的叙事优势，并由此推进着今天的自己。这可以依次从以下角度具体见出。

叙事情节。福斯特区分故事与情节的依据，是前者的时间性与后者的因果性，这对应于人生由入场与离场组成的本体，想象对二者的贯穿，兼容体验与反思，使情理逻辑在叙事中成为必然。例如当美学艺术论部分讲授各门代表性艺术、而又以音乐艺术为首时，如何廓清在音乐中体现得特别典型的日常情感与艺术情感，便是一个既关乎对艺术本体的正确理解、又自科林伍德与苏珊·朗格等现代美学家以来仍未得以透彻解决的重要美学理论问题。当此之际，与其囿于繁复的理论推演，不如置身于一个新鲜甚或幽默的叙事情节中：《三国演义》中诸葛亮的空城计何以能侥幸得手？因为面对大军压城、心中万分紧张的诸葛亮仍在城楼上奏出了一曲在敌人听来镇定如恒的琴音，在弹琴这一音乐审美活动中实现了音乐语言对日常情感的控制，从而实现了日常情感向艺术情感的审美超越；为何机谋狡诈的敌手司马懿居然会上当？因为他从冷静从容、代表艺术情感的琴音中愚蠢地反推出对方心中此刻必然平行存在着胸有成竹的日常情感，却没意识到这个音乐审美过程中音乐语言对诸葛亮慌乱的日常情感已实施了有效的控制，终因未认真学美学而不恰当地混同了上述两种性质不同的情感类型。面对尽人皆知的一段情节，作出如此叙事，似乎片刻间极为形象、自然地揭示出了艺术情感在审美活动中经过艺术语言有机组织、整理、调控而超越日常情感的奥秘，进而使学生明白，今天对艺术的理解已离不开对各门艺术特有语言的理解。这样的美学叙事是否有四两拨千斤之效呢？

叙事结构。叙事情的因果性既与时间性达成本体上的最终一致，两者的交错模糊必然成为叙事结构特征，罗兰·巴特在其叙事作品结构理论中进而将叙事功能单位划为核心成分与催化成分，前者既是时间连续的又是有逻辑后果的，后者则是起交际性功能的连续单位，相当于某种看似可有可无的废话、却对更新全局叙事面貌起到微妙调节作用的组成部分，这两者的改变都会令话语发生变化，叙事的动力就来自时间与逻辑的混淆不清。如果说，传统美学理论以其抽象化运作而注重逻辑推演，逻辑有余时序不足，那么叙事转向视野中的美学在催化的结构功能方面无疑能提升话语质量。这同样在美学教学的内容与形式中值得尝试。就内容而言，国际学界最近二十余年来的一个趋势是，将文学叙事视为叙事转向在理论学科中的积极催化剂。① 例如讲授至艺术本体时，举领袖看京剧《白蛇传》至镇塔一幕时情不自禁起身朝全场高喊“不革命行吗”、戏散后接见演员时兀自沉浸于剧情中而不与法海饰演者握手的真实趣闻，引导学生理解再现论美学的要点与局限；讲授美与崇高的关系时，也举陈景润买东西返家发现少找了钱遂掉头再坐车去讨回那点零钱、却并不计较所需付出的车费。其实更多这类真实轶事，引领学生窥见信仰的执著力量及其与旨在追求完美的趣味之别。就形式而言，改变传统美学教学章节眉目设置的抽象化，而代之以诗性的娓娓层次推进，或可耳目一新。例如讲授首章“美与人学”时，主题用法国以马内利修女之语“人是唯一知道自己会死亡的动物”以振裘挈领：第一层用波伏娃之语“人都是要死的”引出人生终极问题及历史上各种回答；第二层用王国维之语“入乎其内，出乎其外”引出人生本体两重性并判别哪种回答最合理；第三层用西班牙哲学家萨瓦特尔之语“无法自由选择，但能自由回应”引出存在主义对人生本体的有力揭示；第四层用金庸之语“情深不寿，强极则辱”引出东方调适性智慧对存在主义盲动、冒进局限的融合；第五层则用房龙之语“最高艺术是人生艺术”归结人生与美学在人文意义上的深刻关联。这样化抽象为具体的催化，令结构新奇而别致，是好的叙事结构所能注入美学的吸引力。

叙事时间。经典叙事学关于时长、时序、时差与时值等的理论探讨，解释着预叙、倒叙与插叙等叙事时间上的灵活现象，进而区分出生活时间与价值时间（福斯特）、故事时间与叙事时间（艾柯）、钟表时间与人性时间（罗伯—格里耶）等，这同样可为美学叙事所吸取。例如美与神学的关系，深涉对美学史的理解，历来基本都被处理为“从柏拉图到康德”这样一条顺叙的时序思路，能否创造性地倒过来考虑从康德讲到柏拉图呢？这一来便倒叙

① 巴迪欧通过三个例子为哲学规定的三种基本任务，都直接来自叙事的发动：第一例是可以被视作剧本的柏拉图的对话《高尔吉亚篇》中，苏格拉底与卡里克利斯针对暴力正义与思想正义展开的论辩，这引出了哲学对选择的处理；第二例是阿基米德被罗马士兵杀死的故事，这引出了哲学面对的权力与真理的距离；第三例则是虽不严格属于文学却在剧本叙事情节上与小说如出一辙的日本导演沟口健二执导的影片《近松物语》，这引出了哲学对不合常规的例外的处理（Peter Engelmann. *Philosophy in the Present*. Cambridge: Polity press, 2009. pp.3-12.）。不仅有专门讨论巴迪欧文学阅读方法的近著，用大量的篇幅展示诸如“马拉美的十四行诗成为巴迪欧理论的范型”等文学渊源的来由（Jean-Jacques Lecercle. *Badiou and Deleuze Read Literature*. Edinburgh: Edinburgh University Press, 2010. p.103.），而且最新出版的、探讨“理论之后的理论”的新著也在末尾辟出专章讨论“二十一世纪的理论”，指出“巴迪欧被证明为是一位较难企及的理论家，但他的方法示例应当能鼓励其他理论家从事用文学研究的方式介入自然科学定量技术与社会科学的严肃对话这项艰巨而必要的工作”（Nicholas Birns. *Theory After Theory*. Peterborough: Broadview Press, 2010. p.316.）。

起生动的故事链:中外好艺术每每皆有说不可说的神秘感→这从艺术起源上可以得到巫术说的有力支撑→巫术虽共同孕育了中西方艺术,却导致了后世中西方对罪感与乐感的不同文化侧重→由此在比照中凸显以康德为代表的西方美学基于神性背景的崇高与敬畏→将康德美学联结于基督教思想,并溯源至古希腊柏拉图基于世界二重性构想的理念论美学。这个一反陈言、被倒叙出的故事最终点染以诗人布罗茨基警句"我们的过去有伟大,将来只有平凡"。比较之下我们会发现,正向顺叙给定着对所有人都规整存在的知识既存线索,逆向倒叙则进一步端出了可能诱发每一学习个体平等自由参与进自身记忆的思想生成过程,即情境。

叙事视角。据托多罗夫与热奈特等现代叙事学家研究,叙事有叙述者大于人物的全聚焦、叙述者等于人物的内聚焦与叙述者小于人物的外聚焦等视角。传统美学以讲授知识与理论为主,采用无所不知的外聚焦视角,在显示全知全能力量的同时,也存在虚幻、被动与封闭的不足,而值得介入后两种视角。内聚焦叙事法让学生作为叙述者讲述自己的故事。例如谈到美与伦理的关系,鉴于主题的厚重而设问:"假如是你解救了纳粹集中营的不幸受难者,由你来组织一场面向他们的艺术欣赏会,在三小时内你将如何安排节目?请精心设计一份节目单并阐述理由。"从伦理美学角度激发学生对各门艺术进行创造性的融汇。外聚焦叙事法则让学生换位为已有故事中的人物,随故事平等地共同进展而淡化叙述的已知姿态。例如谈论绘画艺术时,为了更好地说明现代性划界带出的绘画的平面性界限,举达·芬奇《最后的晚餐》为个案,先问"你觉得这幅作品在画面世界与物象世界之间存在着可圈点的奥妙吗"。一味凝视画面的学生未必遽然找得到答案,不妨引导其转换视角,而设问"假如你就是陪同耶稣正进着晚餐的画中某人,会感到有何异样吗",变全聚焦为外聚焦,让学生换位思考,变身为画中人,以比作者(教师)知情得多的故事中人姿态现身,而恍然大悟:原来耶稣与十二门徒在画面上都坐于餐桌同侧,这与生活中的习惯迥异,但画面非如此处理不足以凸显美,因为否则如实照搬生活场景,只会令观众看到至少六个对审美毫无意义的后脑勺。经由此番叙事视角转换,作为理论的"物象在绘画中须从平面角度被指涉成为平面图像才美,这证明了绘画的界限是平面"便水到渠成,颇显教学难度的美学现代性问题也得到富于情境化魅力的说明。同理,谈论后现代主义艺术特征时,举影片《泰坦尼克号》为个案设问"假如你是杰克或露丝,真会同时见到撞上冰山和策划者弃众逃跑等隔开于不同凌乱场景中的故事吗",依然变全聚焦为外聚焦而引导学生察觉,影片中存在着的诗意爱情、灾难、道德与人类虚荣心这四个主题标志之间并无互融性,一切乃无因的当下及其连缀,由此方理解了后现代美学拒绝整体性所带出的相对主义特征。借助叙事视角灵活转换叙事情境,就这样使美学知识点贯彻得更理想。

叙事声音。作者、叙述者与人物的不同声音,动态、多元地构造着相对立体的叙事空间,能避免叙事的时间性单维度延伸、缺乏厚度的单调趋向。作者与叙述者在美学叙事中的声音差别,可透过布斯的隐含作者观窥一斑。例如美学教材首章定位于美与人学,不妨引导学生成为隐含作者:“假如能提前确切知道生命将在哪年结束,你此刻最想做的一件事是什么?最想携带去天堂的一件艺术品是什么?见到上帝后想说的第一句话又是什么?”又如将艺术论与爱欲论融合而激发学生做隐含作者:“假如历史可以超时空穿越,你愿嫁给历史上哪位艺术家为妻或成为哪位艺术家的夫君?”不经意出入虚实,而贯通美学章节。叙述者与人物在美学叙事中的声音差别,则可借助自由间接引语得到说明,以叙述者第三人称讲述人物第一人称情绪感受的自由间接引语,被希利斯·米勒指认为文学独有而无法被影视改编,这与将视点移出现场从而观看自己、在与反思的纠缠中对自己进行想象性建构的自传显然有共通之处,国际叙事转向中自传的引入即为此而发。例如开场确立道不远人的学科旨趣,可以从自传角度引导学生自撰有趣的墓志铭,以体现其对死亡的美学理解。基于叙事声音的上述微妙差别,巴赫金对叙事中复调特征的研究,更能为有志于叙事转向的美学所吸取,尤其是美学中牵一发动全局的根本问题。例如讲授至“显现”这一艺术本体时,为更好澄清问题而可尝试同时引入三重叙事声音:让作为故事中人物的米开朗基罗讲述自己倾四年心力仰脖创作西斯廷教堂天顶画《创造亚当》,虽从此歪了脖颈却内心充盈无限幸福的感人故事;让作为故事中人物的指挥家卡拉扬与钢琴演奏家基辛联袂讲述因演绎柴可夫斯基而双双神会冥契、痴痴然如入仙乡的生动故事;让作为故事叙述者的苦瓜和尚讲述“以一画具体而微”、一笔落下去即奠定全画基调,从而自如显现出画面世界的故事;让作为故事叙述者的波普尔讲述艺术家进入“世界三”的故事,让作为故事叙述者的马斯洛讲述高峰体验的故事;再由作为故事作者的教师本人讲述生活中的真实故事——一个年轻人纵在现实中不服从权威,当音乐旋律响起,却不知不觉顺从着旋律打节拍,因为旋律作为音乐艺术的语言要素向他显现出来,使他随音乐语言进入有效倾听中,生命与艺术美自由交融为一体了,此即艺术的显现本体。多重贯串的叙事声音,多角度逼近颇有教学难度的内容,接通着生活世界的地气。

叙事语言。狭义而言,美学叙事语言在什克洛夫斯基所说的奇异化意义上展开。例如谈悲剧艺术时讲述荆轲刺秦王的故事，营造易水送别的悲壮氛围，沉雄地缓缓提示“那是怎样的一个清晨啊！太阳还没上来，江阔云低断雁叫西风，红颜知己和两三好友，为壮士送行，正是山岭崎岖水渺茫，横空雁阵两三行，忽然失却双飞伴，月冷风清也断肠……”暗中挪用宋人蒋捷名句与《水浒传》宋江出征方腊之际的吟咏，巧布陌生化场景，如置身现场与古人结心，扣紧学生的期待心理。广义而言，美学叙事语言则如雅各布逊所说，既呈现为组合轴上的换喻，又接受来自选择轴的隐喻的对应原则投射。例如讲美与伦理，五个渐进的分标题具备换喻性：一为康德名言“美是德性的象征”，让《圣经》讲述希伯来民族故事以引出美学的伦理维度；二为维特根斯坦名言“美学和伦理学是同一个东西”，让阿瑟·米勒讲述《萨勒姆的女巫》的故事以引出德性伦理，让林兆华讲述《赵氏孤儿》的故事以引出规范伦理，让我们共同讲述特蕾莎修女、薇依与证严法师的故事以引出两种伦理既矛盾又相统一的关系；三为爱德华·吉本名言“历史就是人类的犯罪史”，让少女安妮与学者林达讲述奥斯维辛的故事，让陈凯歌讲述“文革”的故事，让影片《空军一号》象征性地讲述“9.11”的故事，以引出美即伦理的历史依据；四为阿伦特名言“平庸是一种恶”，让艾希曼讲述自己的故事，以引出美即伦理的逻辑依据；五为弗洛姆名言“爱生性与破坏性”，让夏加尔用《诞生》、列宾用《伊凡雷帝》讲述爱生惜生的故事，让斯坦福大学的津巴多教授讲述路西法效应的故事，让希特勒讲述自己与犹太孩子维特根斯坦中学同窗却饱受老师歧视的故事，以引出美即伦理的意义。渗透于这个环环相扣的叙事过程的对应原则，则是从整体上涵摄美与伦理的孔子名言“绘事后素”，它统领起相关美学精神，践行着一种属于美学的叙事语言。

叙事伦理。根据人生两重性本体，入场对所见事物的理解总是不彻底的，不仅因为始终有个无法被自己看到的盲点存在着，也因为这种观看占据的只是一个点所以是有立场、倾向的，不可能全面，故而必然存在着其他理解的可能性，换言之，任何理解只能是相对的，人不应任由理性僭妄，而总需反思与恪守自身的受限性，尊重他者对观看的平等参与。① 这便触及到伦理。与人生相同构的故事世界，之所以较之日常现实世界更能激发人的伦理承担，是由于处于前一世界的你我因懂得反思、不再把世界对象化而使朝向未来的生存筹划变得自由。据昆德拉、哈维尔与克里玛等现代叙事思想家的分析，这其中基本的自我反思方式与幽默的笑和自嘲有关，乃人类对自身理性的有限性的睿智防范。例如，当美学讲授喜剧性成因时，用美伊战争

① 这一分析尚且是从存在论立场作出的。详见第八章第二节的分析。

中美军制作的扑克牌通缉令印证赫伊津哈有关人类文明起源于游戏的思想，为喜剧性这一审美范畴找到本体根据，不着一字而尽得风流地肯定美学的叙事伦理性质，其意义便恐怕已不止于例证，而可深入开发该材料本身的叙事伦理建构可能：战争与游戏的苦涩悖反及其背后人民伦理与个体自由伦理的煎熬与交织。鉴于叙事伦理源于人的理解的相对性这一前提，美学对它的运作尤其适合看似矛盾、昧解之处。例如教学起始关于美与人生的本体论关联证明，引入一对悖论先请学生裁断："正题：天地之大德曰生，如人体受伤后具备再生功能；反题：天地不仁，以万物为刍狗，如癌症至今仍为人类绝症。"继而在各执一词难分难解的情况下，不失时机地讲述复旦大学已故女博士于娟及其生命最后的文字《此生未完成》的故事，尽管这个过程最终仍未必给出导向着正题抑或反题的明确答案，可是学生通过聆听上述故事已自有了某种判断，这判断不来自其他，而来自叙事本身开启的伦理可能。

面向新世纪第三个十年的我国美学，能在叙事转向视野中获得研究与教学结合的新生长点，既与国际学术前沿实现敏赡对话，也贡献出我们自己基于非对象性运思传统的独特思想。

第五节　实验中的临界指向

上述初始实验表明，晚近以来，世界范围内的人文学术呈现出了一种新变，那就是文学逐渐开始渗入和支配理论的书写。

从宏观背景看，这自然可以看作整个现代思想对柏拉图以来"诗与哲学之争"的回响。非理性转向发展出观审、直觉、直观、诗思等现代思路，为古近代以来诗与哲学地位之关系的某种扭转提供着方向。即使以激进反形而上学姿态出现的解构主义也着手解构哲学与文学的传统二元对立，德里达发现，不仅"文学文本的内容之中总存在着哲学命题"①，而且哲学文本中总存在着文学性隐喻，失去后者，哲学将不复存在，他对于以一种假相侵入到哲学写作中来的文学虚构深感兴趣。这条融合文学与理论的思路，在稍后两位美国学者大卫·辛普森与乔纳森·卡勒的著述中得到了充分、深入的展开。

首先引起我们兴趣的是大卫·辛普森出版于1995年的著作《学术后现代与文学的统治》。在这本书里，辛普森主张接受罗蒂有关"文学文化"正在

① ［法］雅克·德里达：《文学行动》，赵兴国等译，中国社会科学出版社1998年版，第16页。

“把其他学科放在自身位置上”的看法,[①]致力于揭示他眼中后现代思想的一个醒目特征,即文学性话语方式正在并且还将进一步“统治”后现代社会中的人文社科学术研究。[②] 他的分析表明,当身处后现代,文学与学术研究并非截然相对的两种东西,它们完全可以且应该发生关联,成为一体。文学性的术语概念正成为学术研究也乐于、惯于采用的术语概念,文学批评的一系列方法也正逐渐走进人文学术研究视野,变作后者安身立命的血脉。其所以如此,主要是因为后现代学术著作中也开始频频使用文学的显著方式,例如讲故事。人类学、社会学与文化批评诸学科领域,均不同程度地以讲故事为展开学术论述的重要手段,特别是历史学,其叙述大量使用着文学擅长的那种混淆真实与想象的叙事方式,例如在文学修辞意义上对各种细节的叙述,以淡化历史的距离感。同理,在哲学与其他领域的学术书写中也出现了讲述故事之类文学方式,文学性隐喻等元素在哲学书写中屡见不鲜,都印证着德里达的上述判断。此外,受到后现代学术推崇的基本方法,还包括自传、商谈及维持商谈的趣味性奇闻逸事等。自传是文学常用体例,如今也被以相仿的形式运用于学术书写中。所谓商谈,即学术写作者与读者的对话,后现代学术以丰富的想象力智慧,来最大限度地维系这种对话的有效性,不能不借重文学性的想象能力,它带来理解的亲缘融合,营造出一种类似于读文学作品时惯会获得的体验。而在商谈中,奇闻逸事充当着重要的兴奋剂,发挥着刺激商谈进程的作用,以文学化的戏剧性方式增进对话双方的沟通,实现学术的承诺。有学者很好地概括道,“对普遍推理和以规则为基础的道德理论的信任不足以完全说明人类所面对的境遇的复杂性和道德选择与两难。小说叙事具有个体的、截然不同的人物,关于环境的细节化的详情,以及错综复杂的情节,因而提供了一个与道德评价相关的要素网并提供了大量细节,这些细节适当地使显著的事实与环境复杂化、集中化。”[③]这不能不让人产生心往神追的激动。

纵然如此,辛普森谈论的尚只是文学性对一般人文学术的渗透。理论包含于人文学术,却毕竟还需对自身何以拥有文学性特征作出更具体的合法性论证。乔纳森·卡勒引人注目地承担了这项工作。在问世于 2007 年

---

① David Simpson. *The Academic Postmodern and the Rule of Literature: A Report on Half-Knowledge*. Chicago and London: The University of Chicago Press, 1995. p.19.

② 国内学界对此的一种反对意见,是认为“‘学术后现代化’后,文学远远地消解泛化了,文学已经不再有任何‘统治’地位”。见王岳川:《质疑“后现代文学性统治”》,载《文学自由谈》2004 年第 2 期。

③ [美]卡罗琳·考斯梅尔:《味觉》,吴琼、叶勤、张雷译,中国友谊出版公司 2001 年版,第 296 页。

的《理论中的文学》一书里，他沿着辛普森已提供的思路继续追索理论与文学性的结合，指出在这个已被不少理论家宣判为“理论死了”的时代，理论可以从文学何以引起人们的关注兴味这点上获得根本启示，寻求让自己以新形态继续稳健存在下去的发展前景。

卡勒分析道，文学不是靠理论式的冰冷生硬的外壳，而是靠自身特有的结构激发人解释它的冲动与兴趣，这是一种让指涉对象与表述语言结构本身合而为一的特殊结构。一方面，文学通过语言表述来指涉某个对象，形象就是这种指涉的成果；另一方面，文学又促使人对展开该指涉过程的语言表述本身发生兴趣(这与雅各布逊等人关于文学性成因的看法相似)。在这里，文学既是表述的客体，也是自为的主体，正是这种两重性永恒地逗引着一代代人对它产生持久而始终新鲜的解释兴趣。以此为参照系，文化理论是否可以考虑借鉴文学的这种特征呢？卡勒以为是可行的。那意味着，理论的持续之道也在于激发其自身融个别与普遍、情境与理路于一炉的文学性，进而赋予人们进入它的兴趣。文学便由理论的对象逐渐嬗变为理论自身的特征，文学进入了理论。

这样，我们看到一种国际范围内正微妙展开的学术前沿发展趋势，即“理论中的文学”。对“理论之后”似乎已遭遇瓶颈的理论，它不失为新生的机遇，后理论的第三种、也更合理的建设方案就从此起步。对这股潜力的展开将进而以问题的内在逻辑为动力：理论(按利奥塔)是一种(思辨)叙事，那么，我们如何在与叙事性的结合上深入理解理论中的文学呢？

相对于以实践为特征的解放叙事，理论是以认知为特征的思辨叙事，有鉴于“理论本身就是一种隐蔽的叙事”①，利奥塔认为这可能使理论陷入宏大叙事。但如果理论的叙事是文学的，它有可能避开宏大叙事。文学性概念将帮助我们看清，理论不是文学性抒情(因而理论有别于主观随感)，而是一种文学性叙事。“理论”一词在本性上之十分接近“想象”②，由此开始被解通了。

理论坐落于横轴。因为它作为一种知识话语，是以逻辑为内驱力展开自身各环节有机连接的，而逻辑性正是横轴的标志。富于逻辑的叙事就发生于横轴。在横轴上，理论对文学性的获得，是通过把理论所面对的问题还原后加以观看的事实叙事来实现的，可概括为“还原问题逻辑”。每种理论

---

① [美]道格拉斯·凯尔纳、斯蒂文·贝斯特：《后现代理论》，张志斌译，中央编译出版社 1999 年版，第 210 页。

② [英]简·艾伦·哈里森：《古代艺术与仪式》，刘宗迪译，生活·读书·新知三联书店 2008 年版，第 143 页。

都是对世界的一种解谜行为，谜即问题，理论家运用特定的解谜方式建构该理论，故而，解谜也即还原问题。

理论的文学叙事，所叙之事就正是被理论还原了的问题。这使外观上并不具备时间性的理论具备了叙事必备的时间性。叙事总是在一股时间流中朝前有机推进的，其对时间的种种文学性操纵手法，并未从根本上消除叙事对时间背景的依托，因为只要是事件，就必得发生于一定时间关系中才能得到理解。这使人较容易接受对以线性时间为背景的历史性知识的文学叙事——这方面的国内力作，至少可推钟毓龙《上古神话演义》与梁衡《数理化通俗演义》，两书以文学性的章回体演义笔法，娓娓叙述我国浩瀚的上古神话谱系与人类数千年自然科学思想的演进历程，社会反响均极佳——却可能使人们对粗看起来并无涉于时间背景的理论话语的文学叙事性半信半疑。现在可以看到，当理论有效地还原为问题后，问题所具象化了的事件(情境)及其具有的时间性，便为理论的文学性叙事提供了发生根据，使之有了可能。

但任何理论对问题的观看都绝不是全景式的，正如理论对问题的还原不等于去垄断问题的答案。一种合法的理论对于问题的叙事，只是一个使所涉问题自行显现的还原过程，却不是个试图去穷尽问题、自以为把问题解决完了的垄断过程。

这正是现代叙事学的症结所在。从什克洛夫斯基区分事物与奇异化手法，托多洛夫区分故事与叙事话语，到热奈特区分故事、叙事与叙述，一个共同趋向是只关心讲故事(叙事)，却常常忽视故事本身。因为叙事学每每作故事与叙事话语的二元划分，在这种划分中，故事被认为是前语言的，一旦形诸语言，故事就成了叙事话语，故事只等于被讲出来的故事，却无法高于被讲出来的故事。如热奈特认定，故事由尚未被形诸语言的事件构成，它拥有的是“前语言的故事材料”①，而叙述则对这种前于语言的故事材料进行写作，使这种材料发生改变，由此形成叙事话语的各个方面。对此，华莱士·马丁总结得很精辟，叙述学视野中的故事是“未经任何特定视点和表述歪曲的‘客观的’事件结构”，它前于语言，但是，把故事讲述出来必定要借助语言，“任何一个被形诸语言的，亦即被表述出来的‘故事’都没有这样的客观地位”②，故事便成了被语言表述出来即被叙事话语表现出来的故事。托多

① [法]热拉尔·热奈特:《叙事话语　新叙事话语》，王文融译，中国社会科学出版社 1990 年版，第 198 页。

② [美]华莱士·马丁:《当代叙事学》，伍晓明译，北京大学出版社 2005 年版，第 103 页。

罗夫只在讨论叙事语式时才谈到故事，把故事视为叙述性叙事语式的产物。他们都倾向于认定，只要涉及语言，故事的独立客观性就不存在，因为独立客观的故事是前语言的。叙事学这种结构主义立场不能掩盖更为根本的现代思想事实：正如作为存在本源的语言始终大于作为工具媒介的语言。故事也始终大于讲故事。道理在于，叙事是人对世界的一种解释，而一切叙事都是对故事的某个角度的叙述，却无法穷尽故事本身显现的客观内涵。睿智的作家每每“不要独特性”[①]，其因盖在于此。也因之，理论也始终只是对它所还原出来的问题的某个角度的叙事，而不能简单地把问题本身叙述为已终结的，那将成为形而上学的独断。前面论及的反理论情绪的一大初衷，确是有感于理论的某种独断意味。因此，在对于问题的特定角度的叙事中，让理论作为理解世界的权利而非专利现身，实为改变理论宏大叙事化倾向的关键。从纵轴看，理论对文学的获得，是通过把理论所面对的问题还原后加以创造的价值叙事来实现的，可概括为“追寻价值意义”。由此，理论便由知识性向价值性积极转型，开启出思想探索的通道与精神提升的阶梯。理论不是目的，而是为思想出场举行的一种献祭仪式。遗憾的是，过去许多倒向了宏大叙事的理论恰恰忽略了思想。思想是一种人文的关怀，它立足个体而又面向历史。在个体意义上，理论可以重复，思想不可重复，因为思想具有主动的创造性。在历史意义上，理论是个别的，思想则是公共的，因为正是创造见证着人的客观存在。理论在价值意义引领下，实践着雅各布逊所说对对应原则的“反射”过程，充满创造性地展开对一个个问题的文学叙事，这个叙事过程让人领略人文思想的关怀。

对问题逻辑的还原，作为逻辑性诉求存在于理论。对价值意义的追寻，作为超越着逻辑的创造性诉求也存在于理论。两者的互动，便相当于利奥塔所展望的走出形而上学宏大叙事之道：两种陈述成分在叙事中平等共处。文学叙事，本就既有情理逻辑方面的常规操作信念，更不乏高于逻辑、通达直观从而有效面向生活世界提问的超越潜能。罗兰·巴特对叙事作品结构的著名层次分析，就以双轴互动为前提。理论作为文学性叙事，也在同样的理据上得到合法证明。青年时代的学者钱锺书曾发愿写一部“讲哲学家的文学史”[②]，用心正类乎此。推论自然是，文论也应叙事。两点基本的保证力量，分别从观念和方法上保证着文论作为理论的文学特征，值得在文论研究与教学中积极践行与贯彻。

---

① 王安忆：《故事和讲故事》，复旦大学出版社 2011 年版，自序第 2 页。

② 钱锺书：《作者五人》，见《钱锺书散文》，浙江文艺出版社 1997 年版，第 149 页。

在观念上，文论有必要重视复杂性思维。前一节的实例，可能会让习惯于作直接理论交代的人产生厌烦的第一反应，颇有何须如此煞费周章的不以为然感。殊不知，将理论还原为问题，正是为避免理论常见的那种简化倾向，防范其作为思辨叙事容易落入的大叙事形而上学窠臼，而看护住问题的客观全貌，追究起来，这种看似革新的努力实为理论的返璞归真。因为，与以直线、透明与简明为标志的纯粹理性相比，人类原初智慧乐于保存复杂、易变的偶然因素，呈现出注重复杂性的迷宫思维特征，而成为人类最初的"叙事形式"①，由于"没有什么比精通叙事艺术更能充实人际关系，增进社群的凝聚力"②，这样的叙事本质上便是人类社会文明的起源。联系赫伊津哈有关文化起源于游戏的著名思想看，"人的全部思想，都是某种形式的游戏"③，有理由确认，充满游戏意味的文学性叙事正是理论文化的源头。确实，问题本身从不为某种理论而预设，被复杂的问题所相应决定的复杂性，才是理论研究与教学的常态。人为的抽象与化约，虽为理论思维惯于采用，却每每很可能并不曾真正面向生活世界中的问题本身。这恐怕便是青年人逻辑推理每每习惯于停留在"非此即彼的范畴中"④、思想不够成熟的原因。这也是埃德加·莫兰等当代学者明确提出复杂性思维范式的原因。⑤ 文学正是需要被复杂地按其本性谈论的，因为"对文学作出任何单一的阐释，都是不真实的，要真实地谈文学，就必须看似矛盾地谈"⑥。基于此，理论的文学性恢复着理论的复杂性，便主动保存着世界的真理性。

在方法上，文论则有必要重视个体性与个案性的协同参与。前一节的实例，也包含对一系列以"文革"为主题的文学故事的叙述，在传统文论研究与教学格局中似乎显得别致、另类，但其实属于现代理论精神的题中应有之义。只要试图确保理论中的文学，我们就必然是立足于个体本位讲述着一个个鲜活个体的故事，这是一条把作为理论的文论从宏大叙事中拉回来的行之有效之道。威廉·詹姆斯的《宗教经验之种种》不是文论著作，但其对神秘经验的个体体验性描述无疑值得文论思考"非理性转向"时借鉴。然而，受到"反思重于描述"的古典传统观念掣肘，这种方法长期以来没有得到

---

① [法]雅克·阿达利：《智慧之路：论迷宫》，邱海婴译，商务印书馆 1999 年版，第 95 页。

② [美]罗伯特·波格·哈里森：《花园：谈人之为人》，苏薇星译，生活·读书·新知三联书店 2011 年版，第 91 页。

③ [英]雅可布·布洛诺夫斯基：《人之上升》，任远等译，四川人民出版社 1988 年版，第 302 页。

④ [美]艾伦·奇南：《秋空爽朗》，刘幼怡译，东方出版社 1998 年版，第 34 页。

⑤ [法]埃德加·莫兰：《方法：思想观念》，秦海鹰译，北京大学出版社 2002 年版，第 222 页。

⑥ [美]苏珊·桑塔格：《同时》，黄灿然译，上海译文出版社 2009 年版，第 152－153 页。

必要的伸张，每每被视作对理论的干扰，这就在某种程度上忽视了狄尔泰以来人文研究较之科学研究更应重视体验与理解的方法论原则。与个体性相映成趣的是个案性。作为问题与理论的中介，个案内含着问题的逻辑脉络，可以被理论话语进行生动的叙事，有了它，一种文学谈论变得可能。弗洛姆的《人类的破坏性剖析》也不是文论著作，但其中关涉的爱生性思想，是注重人的生存活动的现代文论的重要资源，当面对作者围绕希特勒恋尸症这一经典个案、展开有关“人是灵长类里唯一以残杀为乐趣的动物”的精彩叙事时，[①]我们对个案将使文学穿透理论这点获得了信念。

这是一条可以在更高层面上有机整合以往文论问题的后理论之路，也是一个能使文论研究与教学在学术前沿上获得有效融合的联结点。它作为初始实验，指向了理论与文学融合这一方向，很自然地产生出一个关键问题：两者如何达至临界状态？这便需进而探讨“理论之后”的初步临界写作及其理论困境。

---

① ［美］埃里希·弗洛姆：《人类的破坏性剖析》，孟禅森译，中央民族大学出版社 2000 年版，第 227 页。

第四章　初步临界写作及理论困境

从理论与文学的临界写作角度看，"理论之后"需要在自控性祛魅的同时主动显示受控的一面，发展出积极兼容两者的临界写作。这种临界状态来自符号打破二元对立深层结构、置回区分关系网络后的复杂重组及其文学实质。后理论承认述行与述事的分岔，又努力让这种分岔成为建构而非解构的力量。这两方面的结合，顺应着文学作为符号陌生化操作的性质，是文学善于和乐于为之的。后理论由此必然走向对写作的重视与创造，不再流于大写化的文化批评理论，而是在"解构-建构"这一新型写作形态中实现文学理论的新生，包括将述行视点同时展出给述事、以主动使之获得观看框架的写作，与意识到述行视点相对性而主动更新视点的写作等。福柯、德里达等人，以理论叙事与写作事件等思想，指出了后理论的一个方向，指向了文学对后理论的可持续支撑前景。

但这样的临界写作设想尚且是初步的。因为在以上思路中，临界之"界"被普遍理解为一种趋于饱和的融合性力量，根本上仍未摆脱"理论之后"这个命题试图摆脱的东西。对于其间理论困境的深入考察，由此构成了"理论之后"的调整关键。

第一节　自控-受控的后理论：本体性张力

让我们逐次分析临界写作的初步形态。发信与收信的模式化二元结构及其主体意识积累，令理论的祛魅无形中成了纯粹自主控制的。理论走向衰落的原因及其自我修补的难处，实皆维系于此。打破这一模式而实现符号的无限复杂重组，必然因未知性空白而感到陌生，即令主体意识受限制与控制，理论之后的理论，由此不再纯粹自控，而在自控中受控并兼容两者。由于这一变化的关键——符号的无限复杂重组，即突出话语材料本身的构造以深化符号与对象的对立，属于罗曼·雅各布逊话语六要素中唯一不及物的文学性。在雅各布逊提出的语言六要素中,发信人、收信人、语境、信码与接触都包含意图性介入倾向,信息(文学性)要素凸显符号本身构造,才是对语言的不及物本性的顺应。所以,客观上不妨承认文学性归根结底是对语言本性的顺应。文学性指及之处形成广义的文学,这种临界状态就是文学,“自控-受控”写作便存在于文学中。理论之后的方向也便自然地调整出来了。根据前面的学理论证,这因而还不是可有可无的选择,而是本体逻辑演变的必需,即不是“理论之后”可以走向文学,而是必须走向文学,走向写作的思想方法。那么,写作如何具体兼容自控与受控、主动成为二者的临界状态呢?

不再纯粹地自控,即走出可重复而不可经验、无限反复并形成同一理想对象的主体意识。这是由于“意识的观点认为,一个世界首先在我周围展现和开始为我存在”①,其所发出的自控指向不可避免地围绕着以为自己在场的自恋结构(德里达语)而展开,在缺乏语言自觉介入的情况下,是形而上学寄居地。事实上,如果仅落脚于主体意识层次,很难解释一个人在现实中拥护贵族王政而持保皇意识,其所创作的作品却何以反过来成了贵族阶层的揭露与批判者。可以解释为在意识控制下有意写出不同于、甚至违背现实中的自我的另一个自己吗?这便在伦理上作假,而使作品失却了真实。明明是作家在从事创作,笔下的情节与人物命运却神奇地挣脱了主体意识控制,挟裹其身不由己地往前走,这一自控与受控的临界状态由此不发生于意识的切换性操控,也不在普遍意义上来自偶然的无意识(灵感),而来自意识之外的必然因素,即语言符号被主体意识发动起来后逐渐复杂区分、重组而获致的运作与显现能力。作家虽有主体性立场上的某种创作预设,但当进入创作,主体预设则仅发动起对作品全景的某种估计,不垄断而去显示、端出所发动的世界并观看它,这是自控的唯一作用。接下来他始终用语言创作,语言有截然不同于主体意识的规则,它作为不必然符合于事物(包括意识)的符号系统,是在符号(字词句)之间进行区分并由此创造意义,允诺主体在全景估计指引下随机搜寻意义的可能性。“丈夫,丈夫,一丈之内方为夫”这样一个新奇的说法,不来自主体意识的事先规划,而是由于“丈夫”这个词被在符号的连接意义上拆分为两个单音节字,进而以自身内在规则完成了一次意义建构:另辟蹊径地重新定义了丈夫这个概念,融入了可以结合时代特征来加以发挥的陌生意义。当然,它也成为了一个文学的句子。本着同样的道理,一位秉持保皇思想的作家写起故事来,可能反对贵族王政,

---

① [法]梅洛-庞蒂:《知觉现象学》,姜志辉译,商务印书馆 2001 年版,第 3 页。

一种起初打算批判某个女性角色的冲动，也可能随着写作的深入而变得逐渐同情起她来，此类情形，都得联系语言的运作与显现能力（自主体这边看即一种受控力）才能得到科学解释。那符合文学创作事实。中外作家高度重视作品第一句话如何落于纸上，甘于寻找被语言所自如控制的最佳入口，即为明证。质言之，超越主体意识后的受控性，其主语是语言创造：符号的灵活区分与不断复杂重组。它固然来自主体意识的发动，却已不再纯粹自控，而与之微妙构成了张力。

由此开始调动理论潜质的，就是这股文学特有的张力。从存在论上看，受控而感到陌生，是因为有未知的东西尚未被看清，这就展开了一个把理论吸摄于其中的更大背景——主体与对象的生存关系，在此背景中，理论越自控性地解释对象，便越面对后者向自己敞开的空白，也便越在对象之中（而非之外）而越融入着对象，这就不再如往常那般从外部解释对象，而在我与它的生存关联中显示出它，即在显示出对象的同时显示出了自己的存在，且不再如往常那般在指向对象时遮掩了自己也始终存在于更大背景中这个客观事实。就是说，走向文学的理论在祛魅的同时，主动显示出（这需要创造性智慧）自己未占据超然的优越位置，而同样是被塑造与建构的，如此，“祛-魅”二元符号结构在这种显示中便被打破，祛魅行为遂不再为自我悖论所困。理论之后，从而引出了写作所可能扮演的有趣角色。

这是语言论学理的重要启示。语言论是从语言能指及事物的传统方向，转向语言不直通事物的新方向，其关键证据来自索绪尔发现的语言的符号系统性质。所谓符号，指替代品，即用一样东西去替代另一样被替代的东西。替代品不等于原物而是新物，这正是符号的根性。它首先可以从生活经验中得到确证。一个人试图说出现场发生了什么时，他便已不在现场而离开现场处于另一新场中了：由于时间不间断的绵延，当你说“我正在干嘛”时你的那个“正在”瞬间已过去了；由于空间中你看不到自己所占据着的观看视点，当你想说出你在场中看到的包含你视点在内的全景时，你已移身场外了。索绪尔从语言学上道出了这种经验背后的原因：从能指（音响形象）看，作为发音的 shù 与这棵树不存在符合关系，我们也可以指着这棵树说“这是一条 yú”，这并不改变这棵树的存在，方言以及人的取名等现象都说明了这一点；从所指（概念意义）看，作为概念意义的“木本植物的通称”也以其抽象概括性，而与这棵具体的树无关。包含了上述两个层面的语言符号，从而确实与事物不具备必然的联系，[①]是一种自成规则的符号系统。

既然语言是任意的，跟着的问题是它如何被理解、交流与传承。任意性会不会导致公说公有理、婆说婆有理，以至于鸡同鸭讲的局面？索绪尔的回答是否定的。这里的关键是语言共同体（如汉语、英语）中的差别（可区分性）原则。在一种语言共同体中，一个词的发音能与别的词的发音相区分，一个词的概念能与别的词的概念相区分，就是它们被听懂（辨清）从而被理解的根据。在差别中区分，是语言可理解的理由和根据。“任意和表示差别是两个相关联的素质”[②]，差别的区分成全了语言的任意性性质。具体而言，语言的可理解性，取决于一个语言符号同时在横向起毗连作用的句段关系中，与纵向起对应作用的联想关系中与别的语言符号的区分，这种区分形成的相互关系，带出该语言符号的功能位置。“石头”这个词不是指一块石头实体，而是指这个词所不是的所有其他符号，即指它所处于其中的符号群（索绪尔称为言语链）：横向上，它与“花草”“树木”“人”等符号产生基于可区分性的毗连关系，比如“摸着石头过河”；纵向上，它则与“坚强精神”“顽固性格”等符号产生基于可区分性的对应关系，比如“茅厕里的石头又臭又硬”。区分的无限可能性，使符号处于不同的功能位置，导致了不同的意义。语言成为意义的来源，是它在创造意义。索绪尔由此还原出语言的性质，也实际上挑明了反过来的情况：不少原始语言之所以逐渐趋于消亡，一个关键原因正在于缺乏有效区分。例如，“天下为公”这同一个儒家概念（符号），在不同符号群（语境）中得到的区分及其产生的意义，可能不同甚至相反：它可以针对传统“家天下”专制主义而言，当在这一语境中被使用时，它被区分出了自由主义意义，成了自由主义概念；它也可以在某种程度上针对西方市场经济环境中那种自私自利、人心不古的状况而言，当在这一语境中被使用时，它则又被区分出了反自由主义意义，成了反自由主义概念。[③] 这就是符号在区分中产生意义的具体表现。

语言性质的上述还原，同时动摇了传统形而上学的认识论支柱与本体论支柱。首先，它把形而上学赖以生存的认识论支柱——主客二元论给连根拔起了。符号既是客体（一幅画中的前一笔，始终等待着后一笔来区分它，此时它是接受客体），同时又是主体（一幅画中的前一笔，又始终区分着

---

① Ferdinand de Saussure. *Course in General Linguistics.* in Robert Dale Parker. *Critical Theory.* Oxford: Oxford University Press, 2012. pp.38-41.

② [瑞士]费尔迪南·德·索绪尔：《普通语言学教程》，高名凯译，商务印书馆1980年版，第164页。

③ 秦晖：《问题与主义》，长春出版社1999年版，第132页。

更前的一笔，此时它是施予主体），它因而已不再能通过自身划分出主/客体，而成为一张由无数符号关系所构成的话语网络中的结点，在其上实现了主客交融，即超越了主客对立的二元论（认识论）思维方式。其次，它也把形而上学赖以生存的本体论支柱——词与物的符合性给连根拔起了。本体论形而上学的信念，是“不管你怎么说，事物（事实）只有一个”，即先有和已有物的存在，再有对物的说法（语言表达），说法的修正，预设了一种可能与物相符合的前景，因而词次要于物，甘为工具。由于索绪尔的发现，信念被转变成“我把事物（事实）说成了什么，它才是什么”，因为词的符号性已经把所说之物替代掉了。这种替代是积极的，因为前于词的“原物”概念无意义，是语言赋予了原物意义。

可见，一个对象被建构，归根结底是被语言符号所建构。这个在符号区分中建构意义的过程，便是被语言说出、被用语言讲成何种面貌的过程，即被叙述的过程。正是在这个意义上，利奥塔宣称叙述知识“与各种能力扩展而成的‘建构’相吻合”[①]，知识从而被看作了一种叙事。不过，传统知识的叙事是一种大叙事，包括思辨叙事与解放叙事两类。思辨叙事“只是因为它在一个使自己的陈述合法化的第二级话语（自义语）中引用这些陈述来自我重复”而“不能直接知道自己以为知道的东西”，即它在不反思与动摇自身决定论（如不变的逻辑结构）机制、却以之为先验前提的基础上反复行使认知功能，其典型表现是哲学话语。解放叙事则“把科学的合法性和真理建立在那些投身于伦理、社会和政治实践的对话者的自律上”而忽视了“一个具有认知价值的指示性陈述和一个具有实践价值的规定性陈述之间的差异是相关性的差异”，把述事与述行混为一体，其典型表现是（启蒙）政治话语。鉴于这两类大叙事的合法性日渐没落，利奥塔也认为“这些叙事可能已经不再是追求知识的主要动力了”，而倡导建立在以差异为性质的误构（paralogy）行为基础之上的、在想象与运用新招数（即话语效果）中建立符号间临时契约、而创造性玩语言游戏的小叙事。[②] 大叙事与小叙事的这种差别，正是值得我们结合叙事研究来深入探究后理论的深层写作机理之处。

大叙事之所以成了形而上学的同谋，是因为无论思辨叙事还是解放叙事，在相信叙述的绝对性这点上是共同的。叙述是视点对世界的一种观看，这种观看由视点的观看方式（包括特定位置、思想估计、意志作为与情感态

---

① 让-弗朗索瓦·利奥塔尔：《后现代状态：关于知识的报告》，车槿山译，生活·读书·新知三联书店1997年版，第41页。

② 同上书，第81、83、107、130页。

度等)发出,总是有倾向的,因而是相对的。思辨叙事遗忘了观看的这种相对性,而重复观看所依赖的决定论逻辑机制,将可变与应变的相对性当作了固定不变的绝对性,这种观看便把世界处理成了纯叙述的产物,取消了超出叙述的世界的存在。解放叙事则强化了观看的这种相对性,面对指示性陈述(真/假)与规定性陈述(公正/非公正)作为"两组自律的规则,它们确定不同的相关性,因此确定不同的能力"(利奥塔语)的不一致性,把原本具有自身发展轨迹的对象强制性地拉回到叙述的框架中,由此在多数情况下有意地将相对的观看夸扬为绝对的观看,而同样取消了超出叙述的世界的存在。这两种叙事,都相信自己观看的成果对他人同样有效,而要求具有不同视点及其相应观看意向的他人也无条件地顺从自己这般观看,便设定了观看成果的超验性,埋下独断论而成为在合法性上可疑的大叙事。

走出大叙事而超越形而上学的关键,是承认(即意识到)观看视点的相对性。观看总有一个视点参与其中,视点与观看者的自由意识相适应而积极自为,始终无法确定自己的准确位置,因为否则看到、看清自身后的视点就已不再是原先的视点了。这个事实使相对性无法从任何一种观看中被排除出去。你一方面想看到对象,另一方面又不知不觉地把自己的观看方式(比如某种价值判断)渗透进了正在观看的对象,所得到的便只能是两种姿态的融合,而使观看注定是相对的:观看本身属于被理解的世界的一部分,而始终不会是世界的全部。这反过来表明世界始终不为观看所限,而是超出了观看,有着不被观看所理解的一面。叙述是对世界的观看,这样,叙述也相应地是相对的,不可能穷尽所叙述之事的可能性。反过来,所叙述之事始终具有超出叙述本身的、具有生长性的存在。当利奥塔以引而不发的口吻谈论建立于误构基础之上的、注重规则异质性与分歧的小叙事,相信"它们(按:指大叙事)的衰落并未阻止无数其他故事(次要和不那么次要的)继续织出日常生活之布"时,[①]他实际上便为叙述与被叙述之事在小叙事中的这种张力,保留了合法地盘。小叙事因其后现代背景,很容易被人误解为以追求性能、效率优先为目标,然而,这个目标毋宁说是思辨叙事与解放叙事在现代性意义(如进步论)上才都有的,按利奥塔意味深长的说法,反而是"后现代科学知识的语用学本身和追求性能没有多少相似性"[②],因为当引入小叙事作为新的合法性保证后,诸如反例、悖论等原先被大叙事所不同程度

---

① [法]让-弗朗索瓦·利奥塔:《后现代性与公正游戏》,谈瀛洲译,上海人民出版社1997年版,第169页。

② [法]让-弗朗索瓦·利奥塔尔:《后现代状态:关于知识的报告》,生活·读书·新知三联书店1997年版,第116页。

忽略的成分，都被积极纳入了知识视野。从叙事研究角度看，这些成分正是超出了叙述的世界的存在：未知与可能。它蕴藏的潜能对叙事来说更具魅力——与叙述有关却并非被叙述说完、相反生发出了与之张力的，才是作为"不规则的发生物"(irregular occurrence)的事件。[①] 可以说，被叙述之事＝叙述，形成大叙事；被叙述之事＞叙述，才形成小叙事。现代本体论解释学，从哲学上澄清了这一点。叙述是人对世界的一种解释，人对世界的解释，总是带着先见进行的，先见保证了人在理解世界时已与世界共处为一体，人对世界的解释从而也是人对世界的融入。人的理解与解释行为离不开先见的潜在支配，在去认识世界之前已对将要认识的世界有了出于自身观看角度的某种估计与作为，即已与世界相一体，处于世界中了。正是先见融人于世界之中而不区隔于世界之外，成为自由生存的本体论根据。这样，和我国先秦道家学说所倡导的"为学日益，为道日损"等思想相顺应，先见保证了人越去解释世界、就越处于世界之中而非之外，即越面对世界向自己敞开的解释空白，也即越承认自己小于世界。由此，当我们发现自己植根于本土语境的解释策略不适应于来自异质语境的对象时，第一反应就不应是"对象出错了"而应是"我出错了"，也即无权利去强行解释，却需反思并改善解释策略，进而调整出新策略并重新进入对对象的解释，以免将"我们得以进行理解的真前见"不恰当地处理为"我们由之而产生误解的假前见"[②]，后者即不顾对象脉络而从自身某种习惯性成见或偏见出发去规范对象、使之迎合与顺从自我并被动为我所用的接受姿态。在这两种先见中，前者居于本体论层面而无以更改，后者则是在认识论上具有优劣之别的。

当认识到被叙述之事与叙述的张力后，叙述实际上获得了更为自由地面对被叙述之事的心态，即因有限地居于世界中而获得主动选择的可能与智慧。因为在思辨叙事与解放叙事中，叙述都设定了人与世界的对立关系，只不过前者视世界为思辨决定论模式的复现物、后者则视世界为意动诉求的附庸而在对立程度上更强罢了。然而，人与世界的这两种对立关系，都是以不自由为实质与代价的。因为在这两种关系中，世界与自我(自我是世界的另一方面)的关系都是被现成决定好了的，这个过程无需人的主动选择，因而是不自由的，尽管表面上显得很自由。自由只能发生在人能主动作出选择的基础上，选择之所以可能，是由于它必然有一个范围，在这个范围的

---

① Ilai Rowner. *The Event: Literature and Theory*. Lincoln and London: University of Nebraska Press, 2015. p.1.

② [德]汉斯-格奥尔格·加达默尔：《真理与方法》，洪汉鼎译，上海译文出版社 1999 年版，第 383 页。

限制中人才能进行选择，所以，主动选择的可能性维系于范围的有限性，自由从而便来自限制中的选择。就像一个长生不老的人因失去了生命的限制而相应地失去了人之为人的根据，被世界遗弃，其实不自由，一个懂得人是要死的、生命有限的人，才能更珍惜生命，而在选择中让人生变得真正自由。两种大叙事由于都设定了人与世界在关系上的现成性，只存在人去被动地代入它的问题，便失去了具体情境的限制而变得无所不包，也便取消了主动选择的可能而变得不自由了。自由只能来自小叙事的误构努力，在这种努力中由于叙述的相对性得到承认，叙述与被叙述之事之间的张力得以确认，人清醒意识到相对性（即受限性），在受限中主动作出选择而有限地寓居于总多出于自己的可能性中。利奥塔在《后现代状态》第十一章中提到的小叙事对“论证的丰富化”与“举证的复杂化”的追求，从某个角度来看其实是承认了叙述与被叙述之事的差别后同时带出的两个方面：前者是叙述的相对性所要求的，因为视点既然是相对而有倾向的，进一步的尽可能追求完善的观看便需调整观看策略，而使论证丰富化；后者则是被叙述之事的绝对性所要求的，因为观看策略之所以需要调整，又恰恰意味着所观看的对象本身始终看不尽看，有着无法被叙述所轻易垄断的复杂举证的需求。两者相辅相成。

从被叙述之事＞叙述这一关键，我们可得到自控与受控在后理论写作中必然保持张力的原因。事实上，从福柯直到晚近国际学界所探讨的事件性，强调的主旨正是超越规则化的不规则与突变，这正是叙述与被叙述之事的上述张力。比如，面对巴迪欧有关“事件是额余之物”的说法，[①]我们可以将“额余”理解为被叙述之事始终多出、溢出着叙述的那部分。又如，齐泽克认为“事件涉及的是我们藉以看待并介入世界的架构的变化”或者说“我们看待世界的方式的转变”，而主张“将事件视作某种超出了原因的结果，而原因与结果之间的界限，便是事件所在的空间”，相信事件作为日常生活中出人意料发生出的、类似于某种奇迹的新东西，始终无法被以回溯方式来确定因果理由的做法所穷尽，这也包含了对例外状态的兴趣：“藉以看待并介入世界的架构的变化”只能来自对这一架构的反思意识，而意识到这一架构，便意识到自身视点的非绝对性（相对性），即意味着叙述对被叙述之事只能采取出自某种特定因果解释的角度，这反过来证实被叙述之事不囿于这种角度的相对性而存在。齐泽克随后在参照系意义上论述了作为现实剧烈变化的事件、特别是作为“回溯的幻象”（意为无可摆脱而必然多于叙述的可

---

① ［法］阿兰·巴迪欧：《哲学宣言》，蓝江译，南京大学出版社 2014 年版，第 60 页。

能)的终极事件的《圣经》中人类堕落的故事,来进一步巩固溢出了叙述的事件。由此而来的例外状态,因而以充分生机正成为当代理论研究的学术新课题。在齐泽克联系哲学的举证中,从柏拉图与理念的相遇、笛卡尔对"我思"的强调,到黑格尔将绝对理念的引入,都是哲学"看待并介入世界的架构的变化"后形成的震撼人心的事件。[①] 齐泽克未断言这三种典型的形而上学哲学本身是事件,他是从出现时"独特的否定性"与"某种尚未被普遍接受的新事物以创伤性的方式侵入"的角度指认它们为事件的,这证明,事件本身来自与叙述绝对性的断裂,其接下来造成大叙事的可能不由其来承担责任,是其被程式化的产物。这与库恩有关范式出现后也可能程式化并趋向于危机的论述相类。[②] 再如,从这个意义上来尝试关联维特根斯坦有关"美学解释并非因果解释"的说法,[③]我们是否可以理解为,因果解释意义上的叙述是决定论模式在重复,对美学的真正解释如称其为一种合法的叙述,那只能是同时创造着不断等待解释因而始终高于任何现有既定解释的美学?被叙述之事与叙述的张力——事件再次呈露了出来。正是作为两者张力的事件,区分着叙述与被叙述之事,使它们不断在创造中达成一致,又始终保持为两者。

第二节 解构-建构的后理论:分岔创造意义

从上述分析进一步看,理论离不开语言、离不开述行与述事的分岔而解构着自身的效应,又必须同时确保自身不取消,而从正面建构出意义。这使我们思考后理论的新走向时实际上在思考有没有可能既保持理论对述行与述事的分岔的深刻揭示,又不令这种分岔成为解构的力量,而相反努力尝试来使之成为一种积极的建构力量?这种可能性是有的,它唯一地存在于文学中。广义上,述行作为对述事的替代,很自然地引发两种反应。一种反应

---

① [斯洛文尼亚]齐泽克:《事件》,王师译,上海文艺出版社2016年版,第13页。

② 这种叙述与被叙述之事的"必要的张力",应该说相当于库恩所言建立在世界观改变(革命)的基础上的范式思想,后者看起来很接近事件思想。在《什么是范式》一文中,阿甘本便探讨了范式与福柯所说的知识型之间的关联,尽管福柯本人出于某种原因回避这一点。可参见 Giorgio Agamben. *The Signature of All Things*. New York: Zone Books, 2009. pp.9-16。但库恩的范式观,一则主要针对自然科学而发,二则并未自觉建立于语言论基础之上,这又与以福柯为代表的事件思想有别。

③ Wittgenstein. *Lectures & Conversations: on Aesthetics, Psychology and Religious Belief*. California: University of California Press, 1967. p.18.

是被动地顺应这种替代，在替代中形成操作的惯性，并由于惯性而有意无意地导致替代行为与意图合谋。应该承认，理论对自明现象的深层结构的拆解，主要就是在这个意义上获得理由的，也正是这一点从根本上导致了理论不知不觉所陷入的上述悖论性困境，因为在操作性的替代姿态中，符号的位置不知不觉地在区分中被固定化并形成了深层结构。作为对此的积极反拨，另一种反应则是主动地创造这种替代，即在替代中不断地继续替代，从而杜绝替代姿态因反复操作而趋于固定化的惯性。那么，如何在替代中不断继续替代呢？由于替代的过程是符号的区分过程，不断继续的替代，便是让符号在区分中保持不断而继续的进一步区分，这样做的实质不是别的，正是化熟悉为陌生的陌生化进程。按“陌生化”（一译“奇异化”）理论的提出者什克洛夫斯基的分析，这种陌生化状态因将熟悉的事物以陌生方式写出来而增加感受难度、延长感受时间，凸显话语自身的构造，而非试图与那个似乎外在自明的事物对象达成符合，便是对语言作为符号系统在横向毗连与纵向对应的互动区分中不断灵活创造出建立在无限差异基础上的意义这一点的深化。这样，符号的位置无限自由地被更替，便在无限自由的区分关系的相互牵制中抵消（消除）了固定化所带来的惯性可能，而始终生成（即非满足于现成）着新的意义。

沿此可以发现，如果说在非文学活动中，述行与述事的分岔常导致前者将后者强行拉入自己的轨道，就像利奥塔揭示的大叙事那样。那么文学的情况与之不同。一方面，这种语言的艺术作品，同样离不开述行与述事的分岔，虚构即最好的证明。另一方面，这种分岔在文学中并不解构自身话语，却积极建构着意义。有力说明这点的证据，是文学作品的自我生长能力。我们都知道毛姆对《红与黑》的评论很著名，他以为这部小说的后三分之一比前三分之二逊色，因为在前三分之二里，于连是按自己的生命道路展开个人命运的，司汤达成功地使人物自动运行起来了，但到后三分之一中，作者不恰当地硬将已在走着自己道路的于连拉回起初设计的环境中，导致了人物形象与性格机械化的不良后果。[①] 确实，作者若总将笔下发动着的故事机械地纳入意识中先在的道德观念与政治见解的轨道，作品将告失败，意图论值得破除的原因也就在这里。而在另一些卓越的大师比如巴尔扎克与托尔斯泰那里，无论是一度狂热盘踞于脑海的贵族王政与保皇思想（如关于伏盖公寓的明显具有倾向性的著名描绘），还是同样的宗教热情（如大段的说教

---

① ［英］威廉·萨默塞特·毛姆：《毛姆读书随笔》，刘文荣译，上海三联书店 1999 年版，第 128 页。

与议论),都未损害《高老头》与《复活》的富于自身生发能力的故事。导致这些作品自我生长的原因不是别的,正是符号在陌生化灵活操作中创造出的新世界。符号的陌生化灵活操作,是在符号之间不断地随顺区分的无限可能性,这个过程在被现实的主体意图发动起来后就进入了自己的游戏规则,不是人力所能简单左右的了。因此,在这个被崭新创造着的世界中,述行与述事尽管仍存在(替代性)分岔,却与之积极协调、融为一体并创造出了意义,述行与述事克服了一般语言活动中述行与述事分岔的解构性后果,实现了富于意义的共处。纵然两者的分岔构成虚构的来源,唯有在文学中,虚构才不再作为仅仅等待被祛魅的对象而存在,而唯一地成为着真实,以至于"说许多文学作品大部分是由假话所构成,并不等于说它们是由妄命题所构成"[①],好小说就是好神话。有时候可以看到这种分岔积极形成的张力带给作品的空白与缄默,它们在深化意味方面起到了积极作用,是被大量杰作所印证的客观事实。

那么,文学藉以确保述行与述事的分岔不解构自我却行使积极建构作用的替代性创造是什么呢?这就是叙述的创造。述事带出了"在",述行触及着"说"。鉴于语言的符号性,"说"只能是对"在"的某种替代,即出自某种角度的叙述。这是述行与述事必然分岔而无法相向一致的根本原因。任何人类活动,从广义上说都是对世界的观看。观看总有一个视点参与其中。视点因与观看者的自由意识相适应而积极自为,始终无法确定自己的准确位置,否则,看到、看清自身后的视点就已不再是原先视点了。这个事实使相对性无法从任何一种观看中被排除出去。你一方面想看到对象,另一方面又不知不觉地把自己的观看方式(比如某种价值判断)渗透进了正在观看的对象,得到的便是两种姿态的融合,而使观看注定成为相对的:观看本身成了被理解着的世界的一部分,而不会是世界的全部。非文学活动,例如科学活动以这点为憾事,因为这意味着述行无法掌控述事,世界测不准。文学活动却以这点为能事,因为述行本身被坦然接受为述事的一部分,而且是必不可少的一部分。这样,为了在述行的相对性中依旧努力写出故事场面的真实性,便不能不运用智慧来努力进行叙述上的种种创造。比如引入外聚焦视角显现故事隐藏于水下的深厚冰山,才保证着人与世界的融合,这种融合恰恰带出了人的独特标志:意义。因此,作为述行的"说"与作为述事的"在"的分岔,在文学中得到独特的统一,正是这种统一带给了文学建构意义的积极机遇。举例来说,后现代的解构性,在文学上其实便常常伴随着建构

---

① [英]A. J·艾耶尔:《语言、真理与逻辑》,尹大贻译,上海译文出版社1981年版,第45页。

性,卡尔维诺的《寒冬夜行人》把十个不相干的故事开头嵌套插入,主干则是男女主人公共同寻找《寒冬夜行人》这本书,小说快结束时,十个故事的看似散乱的小标题,连起来成为十句话,竟也能成为一段通顺的内容,轻易就被陌生人理解为另一个故事的开头,解构中于是有建构。对这种建构取得的意义,可以有非常不同的具体发挥。但首先看到贯穿断片结构(打断即打岔,这因而是对述行与述事的分岔的某种强调)的建构诉求,又是深入解读文本所绕不开的。

文学在述行与述事相分岔中建构意义,而理论合乎逻辑地既承认述行与述事的分岔,又试图不让这种分岔流于解构性力量,理论由此推进至走向文学的后理论,融入文学的思想方式来更新自己,便可谓题中之义。在这儿,"走向文学"的意思是走向文学的思想方式(而非仅仅走向后现代意义上的虚构性与修辞性手法),正是它保证了后理论回归文学思想方式(而非文学文本,因为静态文本意义上的纯文学是文学的狭义,已不足以涵盖文学作为活的思想方式的动词性质)的本体性走向:不是后理论可以走向文学或不走向文学,而是必然需要走向文学。看起来,后理论就应是一种兼容解构与建构的新型写作,即既承认而非回避、掩盖述行与述事的分岔,又努力让这种分岔焕发建构的能力,这种能力使后理论不完全流于一个纯理论问题,而更成为一个写作实践(语言符号的陌生化创造)问题。不妨称这种新型写作形态为"解构-建构"写作。

"解构-建构"写作,在述事的同时也给出述行,主动地把两者同时保持在视野中(这一点很关键),不丢失其中任何一者,这是理论无意于做的。述行是述事的底牌,理论的述行底牌是同一张:语言论转向。无论新历史主义在历史书写与文学书写中寻找协调、后殖民主义关心西方如何在话语方式中想象外部世界,还是女性主义关注女性形象如何被男权社会通过想象加以规范,在这些看似十分不同的理论中,"是什么"都被从"被说成了什么"(替代)这个共同的角度加以阐释,底牌共同而唯一。这维持了理论的生命,也使它处在一种不无矛盾的自我运行中:既试图保持住新鲜感,因为新鲜感才意味着建构;又其实不具备新鲜感,因为底牌不断落入前面所述的、引起反理论者反感的重复套路演绎,可重复的是不可经验的或者说超验的(这正是德里达解构在场的根由),而值得解构。理论既用前者掩盖后者,又离不开后者,才出现上文所述的自我解构,而由于掩盖了述行,它在一些论者看来仍不乏宏大叙事意味,也便不难得到理解。如此看来,是在理论中创造性地来尝试兼容述行与述事的时候了。当这般酝酿时,它便已成为回归文学写作思想方式、逐渐走向了文学的后理论。

第三节 临界写作对思维方式的初步调整

对上述本体性张力与分岔性意义创造的积极看护，在操作层面上自然伴随着思维方式的相应调整。角色的这种转换不仅以语言符号的不断重组与创造为本体，而且在操作层面上自然伴随着思维方式的相应调整。按理，理论的发生源是语言论学理，它正是牢牢植根于被传统形而上学长期遮蔽了的语言的符号系统本性，而对自明性展开拆解的。斯图尔特·霍尔在其《表征》一书导言与首章中，将从索绪尔到罗兰·巴特的语言学诗学（深层结构）路向以及福柯的政治学（话语权力）路向完整界说为文化研究的内外因，准确道出了很大程度上可以视为文化研究代名词的理论的语言论根基。但当理论又始终只能立足于语言来揭露话语权力时，其如前所述不可避免产生的悖论，是让这种揭露以一种即时生成着的自明性去拆解另一种作为目标的自明性，从而仍奇特地保留下了主客二分的思维掩体，这一掩体便来自理性的狭义操作形态——合理性（Rationality）。前述种种质疑的声音实都与此有关。当逐渐走向文学后，理论承认并打开了自己同时处于其中的更大背景，其从自控进入受控并与之创造性积极共处的思维方式便不再囿于合理性。对超出自控能力的陌生化世界的筹划是出于对可能性的需要，需要的产生意味着情感的产生，而情感则是感性引起的内在感情。感性、情感自然有与理性相斥的一面，此时，理性是上述狭义化了的合理性。纵然如此，被理论普遍忽视的一个事实是，感性、情感还有与理性相容的一面，此时理性（Reason）则从狭义中获得了释放、上升后的完整内涵，不仅康德崇高判断中类似于宗教心境的情感，允可了情感中理性因素的合法存在，而且从胡塞尔到雅克·马利坦，现代思想家对不借助于逻辑推导却直抵事物真相、实现明见性的本质直观路径的探究，都涉及理性的完整诉求。感性、情感与直观这几种不是理性（Rationality）也不反理性（Reason）的心意能力，与语言符号的创造性重组活动相顺应（情感＝需要＝想象＝替代＝建构＝符号系统；本质直观或本质变更＝个体直观＋自由想象，因而也涉及了语言层次），正是文学的思想方法。对它们的汲取，使理论有可能更好地来实现语言论学理的自由效应。

这种效应的重要内容，或许是引导理论不再执守于大写的惯性、而积极回归理论（theory）一词的希腊、拉丁文化内涵：观察与沉思。后者与上述思想方法一致，实为文学的优势。分别仍是在前面章节中提到的《理论之后的理论》与《南大西洋季刊》中，我们看到了很有意思的说法。如威廉·拉什推出了让理论转型为小规模观察与“亚里士多德式的沉思”的主张，[①]莱·特拉达表述了并无本体论以及“左本体论”这种整体性的东西、[②]亟需持存理论的经验复杂性的看法。这都从不同角度显示出对理论受控的一面的向往。

具体地看，既然叙述的相对性的实质，是将叙述者置入一种表面的两难：怎样在叙述中实现（创造）被叙述之事的真实性？答案基于以下环环相扣的三方面理由而是唯一的：只能通过文学的写作。

首先，叙述通过想象来实现（创造）被叙述之事的真实性，而想象即文学写作。一方面，在事件的三种形态——当下式在场、过去式回忆与将来式想象中，前两种形态或让意识凭经验介入事实而未能自觉感受到事件，或以结果论的注视方式随顺而不创造事件，唯有最后一种形态是完整的世界。因为当你入场后，你看得见场内景象却看不见自己所占据着的那个观看点，当你离场后，你看见了场内全景，却失去了在场的亲身体验氛围，于是你只能通过想象去填补那被你失落了的现场亲身体验氛围，这样，想象便贯通着场内外，而场内外合起来正是完整的世界。另一方面，叙述却因其对语言的必然操持而具有不及物的离场性。被叙述之事向心相吸，叙述却离心相斥。叙述者由此最大限度写出真实性或者说场面质感的努力途径，在次要的方面可以是利用语言本身的能指感受，如借助声韵调等的对应，营造空间上的画面感等（这些机遇在文学活动中因文字较之于其他艺术的突出间离性而并不显著），在主要的方面则是激扬想象，通过英伽登所说的再现客体未被本文确定的成分，去积极填补空白与不定点，使之活起来而成为拥有具体进程的事件。

对此，阿特里奇将“所有想象性的书写”归结为“文学”[③]，精当地总结出了在叙述中想象被叙述之事的过程乃文学起作用的过程。而在当代思想家中，布朗肖则为此提供了更为重要的证明。他眼中的事件，是一种主要维系于文学存在的讯问，它利用语言的虚构本质，建立起同时影响作家经验与作品本身的虚幻原则，并带出了现代创造与思想，在那儿实现了与福柯对虚构的重视相一致的认识论转换。布朗肖从两方面展开这一问题意识，它们都与希腊神话有关：一是主要见于《文学空间》的、围绕俄耳甫斯下堕至阴间的故事的“在接近文学事件时作家发生了什么”；二是主要见于《未来之书》的、

---

① William Rasch. *Theory after Critical Theory*. in Jane Elliott and Derek Attridge. *Theory After "Theory"*. London and New York: Routledge, 2011. p.60.

② Rei Terada. *The Frailty of the Ontic*. *South Atlantic Quarterly*, Winter 2011. p.37.

③ Derek Attridge. *The Work of Literature*. Oxford: Oxford University Press, 2015. p.15.

围绕奥德修斯与海妖塞壬及其歌声相遇的故事的“事件如何影响了作为文学写作原则的叙述可能性”[①]。神话帮助事件在文学中具体化为极度经验与遭遇，展示出真理无法被理性掌控的一面。这样，作品中的事件便不是一个去被认知的真理，而是一种去被感受的运动。值得重视的，是布朗肖对塞壬之歌与事件的关系的论述。塞壬发出的是一种似歌非歌、敞开深渊与沉默的非存在之歌，这种非存在提供着对存在的承诺。通过讲述这种所谓非经验的经验，奥德修斯把即刻性危险转化成了无害的叙述冒险。这引出了小说与叙述的区别：前者拒绝并遗忘与塞壬之歌的文学化非凡相遇，代之以让人觉得平常的展示，就像上当的水手们；后者却相反，开始于前者去不到之处，致力于两者在文学中的绝对相遇所裂开的事件——叙述在创造着世界的同时被世界挟裹着走，就像既被歌声吸引又懂得塞住耳朵的奥德修斯。这意味着叙事并非对某一事件的记述，而是为了事件本身，是在接近这事件。叙述的这种例外发生(exceptional occurrence)，是进入塞壬歌声的秘密驱力的唯一入口，也仅仅是在违忤常规中对文学作品里的不可能事件的直接进入。叙述无法被简单把握为已然存在，不从属于历史的连续性与规律，而是正发生的运动，在那儿不可能事件可能发生着，只有在这种状态中，叙述才卷入了与事件的相遇，也才达到其限度——“离开叙述的限度，事件便失去了现实性。”[②]所以，事件无非是朝向事件的叙述运动。叙述组织赋予它两重性：既以在写作中与不可能性相遇为目标，又其实来源于这种不可能性，是后者的结果。因此，事件在叙述中每每以悬置与题外话的面目出现，介乎“什么将要发生”与“什么已发生”这两个问题之间，征服不可预见的危险，以例外性穿透现时并破坏看似稳然居停的当下时刻，这个过程将现实转化为现象、知识转化为形象、理性转化为幻觉的裂隙，并由此在对现实的悬置中，引入暴力的他者，体现出写作的特殊力量，即对不可减少的他者性形象进行证实，并提供尚未完成的、充满创新色彩的出场。写作事件因此归宿于与作品中即将到来的想象力的决定性相遇，这种相遇启动了现实的生成—形象性，并以他者性力量影响着引出“写作如何发现那拒绝被发现之物”以及“非经验事件如何通过难以捉摸的语言运动呈现出来”这样的问题，[③]写作特殊的思维方式由此不应被低估。

其次，想象进而使叙述通过语言实现(创造)被叙述之事的真实性，而语

---

① Ilai Rowner. *The Event: Literature and Theory*. Lincoln and London: University of Nebraska Press, 2015. p.76.

② Ibid, p.92.

③ Ibid, p.95.

言即文学写作。语言作为符号系统既然是去替代原物，便是想象出新物。想象从而意味着进入语言。而语言问题，在二十世纪以来文学理论的进展中被证明为就是文学问题，两者在“语言学与诗学”的主题下被视为同一领域。这一已被愈来愈多的迹象所证实的情况，为叙述的想象性创造提供了关键证据。罗曼·雅各布逊提出的话语六要素中，文学性（信息）要素的根据是突出话语本身的构造、而使之与所代表的事物相分离，他为此而提出的操作原则是“把对应原则从选择轴心反射到组合轴心”[①]。奇妙的是，这个操作原则，正是索绪尔所发现的语言的性质：在联想关系（选择轴）与句段关系（组合轴）之间区分符号之间的差别，并由此获得意义。就是说，在双轴间互动操作以形成文学性，这本就是语言必然要做的事，我们以为需要去外加给语言的东西，恰是语言本身的东西。乔纳森·卡勒把这点概括为“文学与语言学的相似之处”[②]。这意味着一种离不开语言的行为总会在某种程度上闪现着文学的影子，叙述自然不例外。当语言试图通过叙述想象出真实的场面（这是任何叙述的目标），必然得发展出各种可以统称为叙述语言的叙述方式、手段与技巧等，所有这些不是别的，而唯一、确定地属于文学的智慧。福楼拜对自由间接引语等叙述新声音的自觉创造与实践，海明威引入外聚焦后建立在厚实冰山之上的叙述新视角，以及其他形形色色的叙述方式，都见证着现代叙述者在叙述中去实现所叙述之事真实性的良苦用心与艰辛实践。所有这些努力都运作着文学的智慧与力量。表面上的两难其实从不沦为死结，而是在出色的叙述者的同样出色的想象中得到了创造性开解。当我们感叹现代叙事作品每每变得不易解读时，应同时承认，这在思想观念上首先是一种苦心孤诣的进步，因为非如此不足以从根本上调整出叙述（说）与被叙述之事（在）的合理关系，即人与世界的合理关系。

再次，想象与语言的一体化，又进而使叙述通过身体-主体实现（创造）被叙述之事的真实性，[③]而身体-主体即文学写作。想象是对未来的筹划，与

---

① [俄]波利亚科夫：《结构-符号学文艺学》，佟景韩译，文化艺术出版社1994年版，第182页。

② [美]乔纳森·卡勒：《文学理论的现状与趋势》，何成洲译，载《南京大学学报》2012年第2期。基于这一学理，笔者建议可以考虑不再使用“文学性”这个仍有本质化嫌疑、时常陷人于无谓概念之争的术语，而直接使用“文学”一词。这样做或许有助于深入健全与领会建立在语言论基础上的文学的命运。

③ “身体-主体”是二十世纪知觉（身体）现象学的核心思想。它弥补了非理性转向遗留的局限。尼采把非理性精神的出路定位于肉体，在跳出主客二元论的同时滑向着身心二元论，未及考虑到肉体对精神意识这一主体来说仍是客体，因而仍未动摇“精神唯一地维系于主体”这一二元论模式的出发点。接着尼采往前走的关键，于是在于证明肉体（此时便已不能再被称为肉体，而应称身体了）本就具有主体性，这才可能真正克服身心二元论而超越形而上学。这是尼采之后二十世纪思想的一大研究焦点。身体现象学由此倡导的身体-主体，便为艺术活动的真理性提供了有力支持。

人的需要有关，需要的产生同时触及了情感。情感具有弥散性的特点，既在已知意义上成为人的活动的出发点与依据，又反过来在未知意义上调节与塑造着人的活动。这便保证主体的视点在与语言一体化的想象过程中处于既在场又不在场的临界状态中，这个临界点就是身体现象学所说的身体-主体，它使身(肉体、在场感受)中有心(精神、离场反思)，而消除了身心二元的传统顽固对立，加强着文学的迷人状态：在写出叙述对象的同时，也写出在场的场面感，两者在互动消长中同步伸展，避免了单维平面化的发展，成为运作中的时间性进程。这样，叙述既有所说而澄清着所叙述之事，又因同时在场体验着所叙述之事而使情感整个活跃起来、笼罩住叙述视点而变正叙述着的主体为客体，反过来令所叙述之事朝叙述敞开还含混不清、意犹未尽的点，从而使澄清行为拥有了进一步的对象指向与可能前景，叙述由此既澄清着，又尚未澄清着。这就是被叙述之事始终大于、高于与深于叙述的一面，其间的微妙张力积极建构出了事件。

在实际的理论写作中，上述三方面思想方式乃是交织在一起的。以一个颇能说明问题的事件为例。1979 年学者李泽厚出版了影响深远的著作《批判哲学的批判》，当然是个事件，从深层文学机理辨察其实质，会有新的收获。在当时，人们要(被阐释为马克思主义思想三大来源之一的)黑格尔而不要(被认为是唯心主义的)康德，对康德的批判应属于大叙事。李泽厚表面上借用这个大叙事，也用马克思主义哲学来叙述康德，在全书各章对康德哲学作学理叙述后，都用马克思主义的观点批判康德哲学，客观上顺应拨乱反正初期的政治气候，而使该书的出版获得了合法性。然而这部著作实际起到的时代启蒙作用，不完全是用马克思(“人类如何可能”)去改造康德的先验立场(“认识如何可能”)，而更可能是反过来用康德补充、深化与推进马克思，即运用康德的主体性思想来还原与激活马克思主义哲学中由于种种原因而被长期遮蔽的“实践”维度。此书在当时引发思想轰动效应的原因主要在于此。在叙述的层面上，是用马克思去联结康德，实现的被叙述之事(即齐泽克等学者所说的“超出了原因的结果”)却是用康德去联结马克思，这两者间的张力，既来自李泽厚对自身视点的某种突破，也由此造就了一个事件。随顺着那种在谈论西方哲学(当时的说法可能是资产阶级哲学)时必须同时以马克思主义作为批判武器的时代习惯的他，同样出于推陈出新的冲动而意识到这一视点。而意识到这一视点，便意味着他对这一视点的相对性已开始有所作为，意味着他进入了文学的处境或曰思考方式：怎样在一种相对的视点中尽可能塑造出场面的真实性呢？这才开始有了超出被叙述所规定了的东西。对李泽厚来说，这种高于叙述的东西，来自在想象中变换叙述者的视点，和运用文学的修辞性悖论蓄意创造出的正话反说的意义效果，他不仅叙述着客观学理面目上的康德这一对象，而且在叙述这一客观对象时同时叙述着自己看待它的特定视点——实践观点，叙述着这一视点所展开的视野，并让这一视野与客观叙述对象的前一视野相融合，而成功地建构了一个事件：主体性实践哲学。这种运作于其间的文学机理，看起来还是必然的，若非如此写作这个事件便不会出现。

在此视野中，一些学者勾勒出了理论之后走向文学的迹象。除了上一章介绍的大卫·辛普森与乔纳森·卡勒外，晚近方兴未艾的新审美主义，可视为卡勒在2012年所瞻望的理论发展六动向的证明。[①] 在法国理论阵营，雅克·朗西埃饶具深意地指出“20世纪的批评家以社会学或机构与观念史的名义，自以为揭露了文学的天真，……然而他们所使用的用以讲述文学文本真相的解释模式，却是文学本身所铸造的模式”[②]。在英美“目前叙述和小说研究的共生领域是尝试思考超越保罗·利科著名的‘怀疑诠释学’（the hermeneutics of suspicion）的方式”，国际叙述研究学会前主席多萝西·霍尔新近在指出这一前沿进展后表示，“揭露的兴奋——指出在娱乐或审美的掩盖下进行的政治运作的兴奋——已经让位于这样的愿望：对文学，特别是小说的社会价值，以及文学批评家的作用做出积极的描述。”[③]他们在如何具体实现理论与文学的互融这点上止足，尚未及详究理论之后究竟存在着哪些新的写作可能，而使接下来对此的正面探索充满挑战。

第四节　四种临界写作及学理关系：与理论对比

如果“理论之后”的突破口与推进点是对自控兼容受控的发现与承认，首先，在自控与受控的临界状态，视点发出的观看始终是正被理解着的世界的一部分，观看方式从而是所观看之事获得的一个具体观察框架、一种如海德格尔所说使人融于世界的因缘整体性，看到的则是流变中的相态。而由于视点的观看在动因上是听任的（即必然带有先见的）、不具反思性的，因为反思（看清）到自身后的视点便已离开原先观看位置而不复为自身了，它便与某种意欲有关，从意欲出发捕捉话题，随缘地进入话题以展开不

① ［美］乔纳森·卡勒：《当今的文学理论》，生安锋译，载《外国文学评论》2012年第4期。

② ［法］雅克·朗西埃：《文学的政治》，张新木译，南京大学出版社2014年版，第30页。

③ ［美］多萝西·霍尔：《小说、叙述、伦理》，王长才译，载《英语研究》2016年第1期。

重复的因缘情境，形成“理论之后”的第一种新型写作：话题写作（Topical Writing）。

理论并不乏话题，但其拆解自明性时出于难以规避的发信—收信模式，每每在话题上预设路线，而以某种特定指向去左右话题。走向文学的理论则在顺应视点因缘的情况下，直接独立出话题并展开写作，发掘其超越理论的思想可能。如对“时间”这个现实话题产生兴味而展开因缘写作，便可能发现，给予沉湎娱乐的不自觉者以时间的警告，固然重要，无视他人奋斗目标而一味苛求其惜时如金，却更近乎残酷。这一话题写作道出了福柯所洞察到的相同情状：权力对个体的无形渗透，正是借助于“便于使用和控制的方式来积聚时间”的特殊话语方式来实现的。[①] 假借一种堂皇的惜时观念规训莘莘学子，使之违背自身兴趣意愿（比如文理分班）而南辕北辙，则导致其越貌若惜时，越深陷权力的牢笼而不自知。福柯由此深刻拈出的非理性真谛，于此得到神会默契。这证实了话题写作克服理论那个祛魅悖论的潜能：不抽空主体自身所处的具体情境，从而给出了自己。

事实上，在述事中同时交代述行，主动展示替代的角度、方式与理由等因素，这样的理论写作便融入了一种因缘。因为既然述行代表对述事的观看视点，而观看本身如前所述，注定成了被理解的世界的一部分，不会是世界的全部，这反过来表明世界始终不为观看所限，而是始终超出着观看，有着不被观看所垄断的一面，所叙述之事作为始终超出着叙述本身的、具有生长性的存在，同理不随着叙述的不同而改变自己，那么，叙述实际上只是被叙述之事获得的一个具体观察框架，它发自人的思维方式、知识积累以及修养趣味等因素所共同而微妙地构成的契入点，并从这个契入点渗入（而非穷尽）所叙述之事，这就打破了自明意义上的纯粹性，生发出诗意（意义）而出现了文学的效果。假如掩盖述行，而让述事看似合乎逻辑地得到客观展现，其实质恰是掩盖了观看（叙述）视点的相对性，不意识到这种相对性，便把这种相对性夸扬为绝对性，所叙述之事不仅已被从外部决定好，而且被决定为一个主观化的结论性产物，其潜台词是“你必须无条件接受它”，这自然不是文学的思想方式。但在述一件事的同时把替代的角度、方式与理由等也坦承出来，置于同一个理论文本中，由于被述的这件事在被观看的相对性上得到了确认，它反过来以“还能得到别的视点的不同观看”的开放姿态始终高出于此刻的述行交代，才客观地绽出了述行（人）融于述事（世界）的意义，即

---

① [法]米歇尔·福柯：《规训与惩罚》，刘北成、杨远婴译，生活·读书·新知三联书店 2019 年版，第 169 页。

建构出了意义。因此，当理论在写作中并置述行与述事，它可以不再为两者的分岔及其解构后果所困扰，而是形成一种具体生动、不可替换与重复的因缘情境，来获得正面建构意义从而开发出新思想的能力——人融于世界而向未知的可能性筹划，未知的，即新思想。面对新思想的跃跃欲试的话题写作、个案写作等，都是这种因缘写作的具体表现。

以一个实例来看，郑嘉励的《胡子史略》便成功地践行了一种因缘写作。作者要述之事很明确，那就是国人对待留胡子态度的观念发展史。为此，他从对历史课本中北京猿人复原像下巴光光的存疑入笔，据众多石器遗址从未出土过修胡子工具而推断上古先民是留胡子的，进而引出语言学家王力与文学家沈从文有关胡子的有趣学术争论。前者以古乐府“行者见罗敷，下担捋髭须”之句推论胡子长得好是古代美男子特征之一，后者则引大量文献资料表示异议。作者认同前者之际又假设，胡子留定后会由于地球引力影响而不断往下拖，所以后世胡子有了上翘式（如武梁祠画像石与北魏至唐代的佛教造像）与下拖式（如元明以后的戏曲人物造型）之分，后者被认为与蒙古人的征服有关，前者则被视作国粹。可到清末民初，人们又倒过来以前者为异态，以后者为常态。述事总伴随着述行成分。如就这样一路写下来或写到这儿为止，那个被掩藏起来而不暴露出的述行成分是什么？显然便是胡子留法在我国数千年演变历程中的某种规律性。这也可以被视为一种史论，但它是稀松平常的，在纯逻辑的符号操作中有强迫读者接受这一理论单向设定的可能，因为习惯性认知抑制了可能性生长，无新鲜思想的冲击力。作者却在叙述上面内容的同时这样主动述行：“于是，中国男人失去了留胡子的自由。倘不小心留了上翘的胡子，就免不了被人说假洋鬼子；倘让胡子自然而然地垂下来，又不免被人讥为老派守旧。胡子自由的丧失，是鲁迅先生平生一大愤懑。为避免国粹家的闲话，改革家的反感，先生索性将胡子修得既不上翘，也不下拖，作成隶书的‘一’字，从此天下无事，所麻烦者，必须时常修剪胡子而已。我以为，这是中国胡子史上最气派、最具独立精神的胡子。”[①]这个述行成分透露出明确的替代角度，那是与国民性反思有关的一种新想法。在这个述行成分的主动交代下，原先简单呈现为观念演变的史论，不知不觉地变成了一种情境，一个有关在保守排外与改革创新之间每每举步维艰，最后走上中庸之路的国民性情节。作者不失时机地赋予这种中庸精神以新解：比起非此即彼来，亦此亦彼的思维方式，未必不是更具独立精神的选择。火花被点燃了，这就出现了从理论上可以继续来不失时机地跟

① 郑嘉励：《考古的另一面》，广西师范大学出版社2016年版，第230页。

进的新想法、新创意，比如超越二元论（非此即彼）而趋向后形而上学（亦此亦彼）。隐喻与言外之意在形象的叙述中，都精彩而睿智，其情境不可替换，而具有阿特里奇在分析事件时所指出的“独异性”（Singularity）。[①] 一堆冰冷的史实，有了这个述行交代后，变成场面（事）与身体感觉（行）的统一体。这种因缘性的话题写作，有潜力成为后理论走向文学后的新形态。

既然受控状态意味着世界是超出视点观看范围的生长性存在，自由的观看，便需要将齐泽克所谓超出了原因的结果也积极地保持于视野，发动世界超出于视点的未知部分，这部分内容居于临界，视点在那儿说不可说而引导新的例外状态，便激发出不同于常规而独异的事件，形成“理论之后”的第二种新型写作：事件写作（Evental Writing）。理论的操作性色彩，淡化了库恩与波普尔所说的“反常和危机”[②]，后两者挑明的科学研究中以例外状态为解谜动力的范式革命，进而被晚近事件性思想自觉地与语言联系起来思考，走向文学后的理论遂有潜力从正面聚焦事件及其例外性。例如，对一些习焉不察的流行说法展开事件写作，可能发现其中蕴含着不为程式化视点所观看到的例外内容：“严格规范从政行为”，既曰规范就谈不上严格与否的程度把握问题，法律条文规定增之一分与减之一分都导致谬误，这类表达因而其实可能缩小了规范的内涵与意义；“顶风作案”之说亦然，其有意无意所暗含的对“风”的默许，岂非有容许本应如同钢铁般严肃的政纪国法弹性化之虞？“××队伍”这一惯语，也可能在某种程度上忽视了于今尤具警策作用的历史事实，即譬如华夏自孔子起教师实际上便是远离作为军事化建制的“队伍”、而以独立思想与自由人格为宗尚的。对这些隐藏于现实表象下的例外情形的独特发现与精心写作，受惠于文学（话语推敲）的思想方法，俨然能写出理论之后值得深入寻究的事件与新思想。对这些例外状态的独特发现与精心写作，受惠于话语推敲的文学思想方法，以承认理论的祛魅对象同样包括自身有限性为前提。回到根本上考察，事件性思想旨在揭示个体对一种知识对象的建构决不超时空地进行，而总是受到自身所处于其中的一系列具体复杂的话语条件的限制与影响，其建构过程是一个事件。这是因为去说一种知识对象即用语言去形成这种知识话语，语言的符号系统性质使之同时必然替代着这种对象，将它置入符号的区分关系中加以理解，这样，如何区分、往哪个方向具体区分，就形成了建构行为所不得不自我承认

① Derek Attridge. *The Singularity of Literature*. London and New York: Routledge, 2004. p.63.

② ［美］托马斯·库恩：《科学革命的结构》，金吾伦、胡新和译，北京大学出版社 2003 年版，第 111 页。

的具体话语条件。这意味着事件的发生就是个体对自我在具体环境中的受限性的主动展开。主动展开的意思是，寻找到积极的方式使自己展开。在具体环境中主动展开受限性，即让视点观看世界时一方面不回避自身与自由意识相适应的随机性，另一方面又保留观看的相对性所形成的、世界不为我的视点所垄断的始终生长部分。前面已论证指出，这种情形不发生于科学活动，只发生于文学活动的情形中。因为文学的基本任务不是别的，就是通过创造出一系列叙述方式与技巧，来看护（不是穷尽）住那始终稳然存在却无法被视点看全看完的世界的客观面貌，这种“看护住”就是富于智慧地去汩汩地引出。常说的文学的至境“意在言外”，也就是这种看护与引出。事件写作因而是文学机理对事件思想的深层支撑。

反过来看，既然受控状态意味着世界是超出视点观看范围的生长性存在，自由的观看便在已有视点位置之外进一步转变观看策略，对理论目标的现成对象性实施转义，以努力穷尽观看的成效。这不唯是对语言作为符号系统的本性的顺应，而且沿此集中了符号重组的智慧，形成“理论之后”的第三种新型写作：转义写作（Troping Writing）。如果说，随着时间的推移，理论因操作性因素的积累而在转义创新方面呈现相对的疲态与颓势，那么走向文学的理论，却在灵活操作符号并使之焕发陌生化效果这点上有了新优势。如对似乎已很难解出思想新意的《西游记》展开转义写作，便可能发现，天遥地远十四年，取经四众却没有年龄上的变化而是静止的，从头至尾的形象脾性也是一贯的，其神性状态与取经所象征的启蒙精神颇相违背，以至于当事人会多次上同样的当，启蒙在他们心性上仿佛没留下一点痕迹，一切都先验地决定好了。循此不是很可以来深入开掘诸如启蒙的优越性、精英话语的自反性以及现代性体验的复杂性等思想史议题吗？这种转义写作，克制了理论的操作惯性，而将其自我反思也同时端了出来。

确实，不仅在述事中同时交代述行，而且对已经形成的述行视点进行改进与更新，主动变换替代的角度、方式与理由等因素，这样的理论写作便实现了一种转义。因为既然在叙述与被叙述之事之间始终存在着张力，那么，观看视点在选定一个契入点的同时便无法固定于这个点，而得考虑被叙述之事始终多出叙述的例外状态，进而改换观看策略。这其实就触及了晚近以来正成为学术前沿的事件思想的深层文学机理。在那里，例外状态对常规的溢出，孕育着事件的创造。一方面，这当然是对语言论学理逻辑的顺应与深化。基于语言的符号性，它对任何一种理论目标的叙述，都是一种不断去替代、不断对理论目标进行延缓化与差异化、在不断延伸与扩展中走向新文本的转义，每一次替代都是对原先视点的反思与更替，它当然创造新意义，在此意义上必须承认“转义是所有话语构建对象的过程”①，失去转义机制，话语便无法正常运作。另一方面，这种转义作为对例外性的观看，又是对原视点的进一步反转，而区别于罗兰·巴特符号学理论将旧所指通过夸大畸变改造为新所指、造就今日神话的正转。后者在新旧所指若即若离的前提下进行，沿循常规方向而推进，“多年生绿色乔本植物”虽被广告商蓄意改造为“滋养生命与保护环境的必备物”，可其间逻辑的正向（光合作用制造氧气）毕竟是明显的，这就为纯逻辑现象在掩盖述行与述事的分岔中顺利实现自己提供了条件。作为对正转这一前提的接着讲，反转观看视点，显然仍是在承认视点相对性、从而将述行与述事保持于同一个共生视野的前提下进行。因此，两者的分岔同样克服解构的消极性，而从正面建构出了新的思想。

也以一个实例来看，吴非的《论武松之相信官府告示》便有效地展开了一种转义写作。对武松过景阳冈打虎这件事，历来的观看视点都聚焦于当事人的无畏精神抑或英雄气概，这几乎成了不变的述行模式，也因而令人麻木。能否从中发现观看的不可靠（这无疑源自视点的相对性）因素、进而尝试来进行必要的转义？作者通过细读作品文本，依循原著行文踪迹发现：“店家的劝说，武松不信；见树皮告白，没有落款，武松不信；再走二百多米，见到官府的榜文，酒后的他却立刻信了！道理很简单：那是带了印信的官榜。有意思。他竟然不信群众而信官府！”②由此剖析其无政府主义外表下潜藏着的“对权力机制的敬畏”，进而说古论今，联系当下某些值得针砭的不正常风气，再回到文本深化一笔，探究其何以由这信任官府的姿态一步步发展至最终旗帜鲜明反对招安而开始不相信官府，完成了振聋发聩的一次转义写作。诸如自由主义与无政府主义的细微比较等理论上的新想法与新创意，都能被这一火花所激活。述行在此仍被醒目地公开出来，与述事并置，但其间的分岔基于逆向思维造成的、具有强烈反差效果的意义，同样被建构得令人难忘，给人以“原来如此”的醍醐灌顶感。从广义看，因缘写作把述事层面的世界分配给观看它的、述行层面上的视点，已是一种初级转义，或者说为转义的前景提供了可能。这个例子显示的逆向性转义，属于更本质也更显著的进一步转义，它在替代中继续替代（反思）不可靠的观看视点。这种转义写作同样有潜力成为“后理论”走向文学后的新形态。

---

① ［美］海登·怀特：《话语的转义》，董立河译，大象出版社2011年版，第2页。

② 吴非：《阿甘在跑》，金城出版社2016年版，第253页。

在自控中创造性地敞开受控状态时,视点与世界的非符合关系,决定了前者最大限度地创造出后者真实性或曰场面质感这一本体任务,这取决于文学的自由创造。语言的符号系统性质决定了视点对现场的斥力。自由的观看则又源自现场对视点的吸力,身临其境而不隔,才是观看的真实性所系。包括理论在内的任何语言活动,都存在着协调这对斥力与吸力的关系的问题,可理论的祛魅惯性及其未能跳出的合理性窠臼,使它并不在意自觉处理上述关系,而仍以斥力(抽象思辨)为取径,这确实是它晦涩而惹人诟病的原因。走向文学后的理论对这个局限的克服,是统一斥性的叙与吸性的事,而这正是文学的主题与难题。因为贯通叙与事的桥梁,是叙述时间、视角、人称与声音等涉及"讲"法的叙述要素,以及由它们共同创造的想象性世界,一个用某样还没有的东西去替代(创造)另一样已有的东西、从而顺应语言本性的隐喻世界。这种统一因而体现为一种喻说。

喻说以想象为桥梁统一斥性的叙与吸性的事,想象作为对未知世界的需要,是关于已知世界应如何的评价,这必然在喻说中产生评价。在客体向主体融渗的意义上,它使理论从客观对象中选择契合主体意向的部分,不再遮掩理论所习惯于遮掩的这一点。反过来,由于"需要"这种情感产生后具有弥散性,在主体向客体融渗的意义上,它又调节着理论关于对象的评价,在调节中不断丰富自身选择对象的理由与可能性,对自己关于对象的评价进行评价。评价对象(选择)与评价自我(调节)的这种双重统一,使理论克服祛魅悖论及其二元对立的合理性窠臼,形成"理论之后"的第四种新型写作:喻说写作(Allegoric Writing)。如面对海德格尔的"人生在世"学说倍感艰涩而难得其解时,祭出柳宗元《小石潭记》写鱼名句"皆若空游无所依",似乎便在喻说中令人领悟到现代存在论的义谛:一个与"是"比照而来的"若"字,在评价意义上道出了空与非空(虚与实)的存在论差异。倘若想进一步廓清这种差异,借助吴非的喻说写作《看和尚晾牛仔服》又如何呢:和尚业余穿牛仔服,虽令人莞尔,却体现无甚可指摘的正常人性(那是回归生活世界的存在状态);但曾"宣过誓不拿群众一针一线"的腐败者,[①]却体现反常的人性(那则是存在层次朝存在者层次的降低),两相比照之下,存在状态孕育着富于人格的人性或者说超越性,不着理论一字而尽得风流。

具体展开上述新型写作时,可以适当吸收二十世纪以来涉及"写作"的文论思想(这项工作前人所做似还不多),如利奥塔以"误构"为基础的小叙事观(可启示话题写作),布朗肖、德勒兹与伊莱·罗纳的文学事件观,阿甘

① 吴非:《污浊也爱唱纯洁》,黄河出版社1999年版,第282-283页。

本对例外状态的研究(可启示事件写作),罗兰·巴特与德里达的阅读即写作(转写)观(可启示转义写作),以及本雅明的讽喻观与保罗·德曼的修辞阅读观(可启示喻说写作)等。在一个新平台上创造性地汲取它们富于生命之处并予积极转化,不啻推陈出新。

这些新型写作均立足于"理论之后"拆解与建构的创造性共存这个基点,客观上呈现为学理严密衔接的序列。话题写作从整体定位上展开自控性拆解与受控性建构在理论之后写作形态中的兼容,后三种写作都是在它基础之上的纵深展开。事件写作着眼于视点不动而世界变动的情况,转义写作则关注世界不动而视点变动的情况,属于上述兼容得以具体展开的一体两翼。前三种写作,都是对自控/受控的创造性兼容的自然顺应,最后一种喻说写作则主动创造这种兼容,从更高的层面上将"理论之后"的新写作推向了前沿。

上述话题写作、事件写作、转义写作与喻说写作等写作新形式,都是值得充实的新领域,或许将有助于为面向新世纪第三个十年的我国当代文艺学建设与教学新变革,提供一份推陈出新的学术努力。而在扬弃中关联并激活我国汉语智慧及其文化自信,也应成为方法上的努力追求。我们想避免简单移植西方文论的常见思路,将后理论的深层写作机理这一新主题与汉语写作独特智慧自觉关联起来考察,在认真的扬弃中探讨其中国化因缘,从而还原后理论写作在我国可能获得的独特契机与前景,进而在前沿水平上不断深化我们自己在"理论之后"的位置。同时,我们的循序渐进的考察将彰显,当错综展开后理论写作之后,文学历久弥新的元思想功能也从正面浮现出来。它超越狭义纯文学内涵,还原出动词性而成为理论之后的助推力,按理在我国更富于优势与共鸣。但试图沿此联结我国诗性传统与"理论之后"的写作形式时需具备扬弃的敏感。即需要考察有无回应形而上学稳定传统的自觉问题意识与迫切动力。在扬弃的基础上,辩证探索我国诗性传统与理论之后的新型写作的相融可能,应首先考察文言符号系统对话语效果的持久开发热情。其表意弹性使表层效果之下的深层结构开放地接受阐释的灵活介入,在两者的渗透中弱化了符号区分程度及其话语权力后果。白话符号系统中表层效果与深层结构更具距离,自明性更具掩体,而更需在对祛魅悖论的破解中引出一种兼容批判与文学的新型写作。尚未整体受到学界重视的杂文与思想随笔写作等由此有被深掘的潜质。

第五节 困境来自根本临界:事件的解构性与保守性

尽管如此,上述临界写作意识是初步的,很快面临困境。因为无论是自控-受控,还是解构-建构,这种类似于辩证法"一分为二"的思维方式,整体上仍受制于一种实体性或者说总体性思维,即它们依然都设定了一种作为前提的统一与融合关系。从语法分析角度看,规则在此被做了先行设置。从当代理论视域看,事件在上述发生(辩证思维中对立方的分裂)后即刻被中和了,其发生源即刻被归入了相对的静态,为事件所试图反抗的东西留下了可乘之机。这种理论困境来自根本上的临界状态,即事件在解构性中与保守性的共存。就是说,本来我们以为在临界点上发生的写作是个富于冲击力的事件,但如果这个事件同时被转化成可控的力量,它陷入了保守之境而被钝化,则又维护了临界写作的非临界性。

事件思想的主流展开为解构性,当它被运用于文学研究时,阿特里奇等学者对文学事件的解构性阐释,[1]提供了代表性标本。以点带面的考察表明,事件的解构性主要体现为三点:对时间性始源盲点的有效消除;对超越常规的独异力量的积极吸收;对主体性伦理范式的他异性重构。但事件思想在解构性发展中,逐渐暴露出保守性,也主要体现为三点:若干思想并非首创,而已不同程度地在传统思想中有其植根;解构性阐释对客观性的观念化让步态度及其折返性思维方式,具有残余和复苏总体性的倾向;在他异性伦理的转换中,弱化了伦理主体的情感维度。完整认识事件思想的解构性与保守性,有助于示范理论研究所应有的辩证立场。

"解构"至今给人颠覆与消解的印象,被学术主流视为理所当然的进步趋势,以及年轻一代学人的正常选项。在这种情况下,一反常态地指认它具有保守性,多少显得不合时宜。哪怕近三十年前国内学界就有了"解构的保守性"这样的体察,早已指出"它并非激进主义的代表。它之所以被广泛地接受并产生持久的影响,恰恰是因为它开展的是一场有所保留的革命"[2],其后的历史发展,却表明应者寥寥。这种很难调整的思考惯性,也影响到了正在国际前沿上蓬勃展开的事件思想研究。因为当强调"事件"的基本特征就是解构性时,人们同样容易忽略与这种解构性同时伴随着的

---

① 详见拙著《事件思想史》(华东师范大学出版社 2021 年版)第八章的论述。

② 杨大春:《解构的保守性》,载《哲学研究》1995 年第 6 期。

保守性。

首先，事件思想的解构性，体现在对时间性这一始源盲点的有效消除上。事件发生在一股时间流中，但关于事件的谈论就已不可避免地是反思和语言的介入，从而占据了一个始源而落在了事件现场之外，流失了现场氛围。事件思想在承认两者的同时，努力将两者融合为一者，这里需要的创造性智慧，便主要从对始源的解构体现出来。

以点带面地从整个事件思想史发展脉络看，对事件的时间性的关注，可以明显分为存在论与异在论两条思路，而敏感到事件在时间性中的始源，则明显是后一条思路的主题。

存在论思路从内时间意识角度来解释事件的时间维度。当代法国学者克劳德·罗马诺(Claude Romano)在其《事件与时间》等著作中总结道，亚里士多德禁止将时间现象减少至"过去"以变成内在时间，但海德格尔对这点的发现仍不足以把握时间形而上学的原创性和确定其基本特征，问题在于如何将时间现象与内时间意识结合起来。他分析道，时间本身实际上是通过多重性被"看见"的，在每一种情况下，都是"时间改变了其描述"，或者说"时间性谓词发生了变化"。[①] 例如说某人"来"，称"现在"与"过去"，从现象上说首先应呈现为"来"，然后出现为"现在"，继而出现为"过去"，人们根据这些变化的时间谓词的顺序，才说发生了变化。但时间本身并不就这样变化，时态谓词的交替，必然影响变化的内在时态，时间本身意味着人们可以把时间想象成一种变化，但为了被描述，反过来又需要时态谓词的交替：描述将不可避免地成为无限的回归。事物本身的变化是头脑中固有的一种变化，即期望变化为注意，注意变化为记忆等。从内在时间角度分析时间，要求对支配人类主体性理解的前提提出质疑，因为这个意义上的"主体"仍困扰着胡塞尔的先验自我范畴，很大程度上也困扰着海德格尔的"存在"。罗马诺认为应沿此深入发动"视界的改变"，通过"以事件为中心的现象学"来完成。[②] 这便触及了异在论思路。

异在论思路中的列维纳斯、布朗肖与德里达等人，不仅针对海德格尔前期在生存论视野中谈论时间的做法，也对其后期看似已经照顾到时间性始源盲点、仿佛已带上某种解构性的事件思想发起了冲击。詹姆斯·巴奥(James Bahoh)出版于2020年的新著《海德格尔的事件本体论》把海氏前后期的事件思想视为具有连续性的整体："海德格尔著作中的历史事件概念是

---

① Claude Romano. *Event and Time*. New York: Fordham University Press, 2014. pp.4-5.

② Ibid, p.9.

相对于他的事件本体论概念而衍生的，因此，系统地讲，是相对于这一本体论概念及其与消除形而上学异化的关系而恰当定义的，与他的纳粹主义或反犹太主义无关。”[①]依此看，前后期思想作为一个连续体，都存在着一个始源的问题。因为其后期思想未能回避前期过于强大的主体，“泰然任之”看似是迥异于前期思路的转向，其框架仍为其前期思想所决定，真正的回避必须建立在回避的不可能性之上，如德里达所指出，很难定义海氏后期思想中的“避免”“否认”与“逃避”等概念，“我们用‘避免’或‘否认’来理解什么呢？”[②]前后期思想都存在着的这种始源，便回避了发生之为发生的彻底性，使存在论从整体上带上了始源的神秘色彩。德里达用“不可能的可能性”范式，[③]即时间在差异中形成的事件性，超越存在论建立在始源上的可能性范式，表明了解构性才是事件思想的要义。

因此，其次，事件思想的解构性，体现在对超越常规的独异性力量的积极吸收上。因为用不可能性范式超越生存论的可能性范式后，人们发现，对形而上学总体性思路的抵制，来自事件超越常规的独异性力量，而这很大程度上即解构的同义语。以点带面地从整个事件思想史发展脉络看，对事件独异性的关注以德里达为集大成者。

事实上，德里达 1997 年受邀前往蒙特利尔参加一个事件概念研讨会，在会上提出基于一种新的语言经验的“不-可能事件”（The Im-possible Event）概念。这个被德里达造出的词，并非指可能性的否定性反面，而指可能性的条件、机遇与非常态经验，因为事件就是已实际发生者的不可能方面，它离不开不可说（unsaid）以及禁令（prohibited）这两个因素，两者刺激着不可能性朝向可能性存在作思想运动。在此基础上，德里达描述了事件的六个要点：一是绝对的惊奇，即在可以预见之物中什么都未发生，事件是例外、独异与不可预见性；二是冲击一切预期的视野；三是居有的运动，以 ex-appropriation 呈现不同于海德格尔的、对理解诉求的抗拒与挑战，这使任何人都无法将事件据为己有，或轻易与之妥协，除非动摇边界，不可能有事件，事件躲闪着、开放着与未决着；四是在纯粹的独异性中使主题暴露于生存的限度之处，并与他者相遇；五是事件依托于一种不从属于认知顺序的语言，超越一切预设性的观念；六是事件出之以幽灵般的、纠缠一切可能经验的秘

---

① James Bahoh. *Heidegger's Ontology of Event*. Edinburgh: Edinburgh University Press, 2020. p.10.

② Philippe Lacoue-Labarthe. *Typography: Mimesis, Philosophy, Politics*. London: Harvard University Press, 1989. p.11.

③ 汪民安，郭晓彦：《生产》第 12 辑，江苏人民出版社 2017 年版，第 60 页。

密的无限形式,不可预见的事件除非被重复,否则难以被理解与接受,其重复性(iterability)是一种重归于还在到来的情势。

到了2001年,在法国国会图书馆举行的一次学术会议上,德里达深化了对事件的三层界说:一种独特的现身;对这种独特现身的主体性经验回应;一种语言与证词方式。德里达用他者性(alterity)进一步阐说事件。他者性的隐秘对事件进行着布置与颠覆,对这一隐秘的出入皆非自觉,而来自他者的禁令,这种禁令是必须接受的,在这里他者是一种总是宣布自身为异己的非常规、非稳定力量,我无法选择与定义他者,相反,他者作为一种紧急与突发的胁迫力量萦绕于我。据此可以见出德里达与海德格尔所持事件论的区别,前者旨趣所在是错位(dislocation)、离散(dispersion)、撒播(dissemination)、侵入(incursion)与冲突,其所依托的差异性结构,躲避任何试图集结于一体的运动可能与恰当逻辑,而以Enteignis取代了海氏的Ereignis。这种他者性力量既威胁、又建构着经验,不可简化的差异中包含着异质性(heterogeneity)要素,而令事件发生于布朗肖所说的充满孤独的深渊中,在其中每一步都包含对自身的否定。这样,德里达带有解构色彩的事件便指向发生中所隐藏者,淋漓尽致地演绎了事件的解构性。

也因此,再次,事件思想的解构性,体现在对主体性伦理范式的他异性重构上。既然对德里达来说,事件从不可能性中产生可能性,这使他者相对于自我主体而言也是独异的,独异的他者对自我主体便形成他异性冲击,更新了事件的伦理。同样以点带面地从整个事件思想史发展脉络看,他异性是德里达从解构角度赋予伦理的新性质。

沿循解构的理路,由于事件既到来着,也同时离开着,这就总是带着死亡的标记,标志实体的缺失,暴露了存在的不适宜性。基于这个前提,德里达通过展示在"不可能"中如何定位"可能",来激发这种对"可能"的思考,因为一种仅仅是可能的可能性,只会去中和事件而使之变得贫乏,它预设了一种计划或程序。研究者援引德里达有关"绝对的不可见性存在于没有可见性结构的概念中"的论断,[①]区分了"无形"在德里达这里的两种不同含义:在第一种含义中,不可见的是被隐藏的可见之物,它并不真正无形,而保留着有形的秩序;在第二种含义中,不可见性则是绝对的"非可见性",指绝对不可见的、无条件的秘密。事件只能发生在后一种绝对不恰当背景下。这引出了德里达对事件主体的理解。

---

① François Raffoul. *Thinking the Event*. Bloomington: Indiana University Press, 2020. p.290.

主体对责任的行使，不再是在充分理由原则的授权下给出解释与理由，而是对不可估量的事件的到来作出的反应。传统意义上的责任每每指主体的决定、自由、意向性与意识，却忽视了德里达眼中更为重要的、作为回应的责任。事实上，德里达认为任何责任感都必须根植于回应的经验中，责任首先是一种回应，因为其词源可以追溯到拉丁语 respondere（背叛），这是一种基于不可能性的责任伦理，即“我们永远首先是通过应答、当面对（自我、自我的意图、行为、言论）负责。其中应答这种方式更本源、更根本和更无条件”[①]。在此，责任不是形而上学意义上的理性（权力）设定，而与一种开放的、无法预计与估量的未来有关，是对不可预测的事件——因而也即发生在另一人身上的事件——的反应，它总是突破了充分理由的框架设定。“事件不是一种权力（power），而是德里达所说的‘软弱’（weak）或‘脆弱’（vulnerable）的力量。”[②]主体面对不可预见的事件，不是被动麻木地应承，而恰恰获得了责任的起点，即以好客的姿态去迎接它。这种好客并非来自主体设定的某些条件，而是由另一人的事件而产生的。德里达在这里提出的好客伦理，表明在作为到达者的事件到来之前，主体在德里达心目中是无能为力的，当事件尚未发生，主体措手不及，暴露出绝对的弱点、脆弱性与无力感。也唯有在这种主体觉得没有能力接待他者的情况下，到达者的到来才构成一个事件。它由此不同于有条件的好客，后者仍受先前存在的欢迎力量的约束，而这实际上不是真正的好客姿态，却不可避免地带上了预先的算计，实质是主人在对他人（客人）行使权力。来访者如此突然，被德里达视为弥赛亚般的突然出现，如果主人热情相迎，那不是德里达所说的好客，因为这其中并无责任，只有主体权力的预设。突如其来的访客使主人不准备接待他，那则是真正的款待，因为其中责任得到了自然的展开。拉夫欧补充道，这个绝对的到达者也并非指神学意义上的某种超越性力量，因为它并不稳定地等待在地平线上，而是在主人对他的好客的迫切性中，穿透好客姿态包含的可能性，使可能性避免实体化，而总是趋于不可能。这因而成为一种解构的伦理。

从将始源揭示为不可能，到肯定基于不可能性的独异性，再到形成他异性伦理，以上三方面照示出事件思想迄今被公认的解构性。但如果只到此为止，对事件思想的解构性理解并不完整。深入的考察将彰显，解构的另一

---

① ［法］雅克·德里达：《〈友爱的政治学〉及其他》，胡继华译，吉林人民出版社 2011 年版，第 312 页。

② François Raffoul. *Thinking the Event*. Bloomington: Indiana University Press, 2020. p.296.

面是保守性，这种保守性从多种面相中流露出来。

首先，事件思想的保守性体现在，若干基本思想并非首创，而已不同程度地在传统思想中有其植根。任何一种富于生命力的思想，都无法脱离传统而绝对地自起炉灶，而必然具有不同程度的传统植根，只不过我们常常在追新逐异的心态支配下，忘记把它冷静地引入问题的源流，以至于将对事件思想的解构性观感，有意无意地绝对化，这是不利于完整把握事件思想的。

从事件思想迄今为止的发展进程看，对事件的解说，总体经历了三个阶段：一是以海德格尔为代表的“本有”事件观，将事件理解为一跃而出的发生；二是以德勒兹为代表的内在性事件观，将事件理解为虚拟运动；三是以德里达、巴迪欧等人为代表的超越性事件观，将事件理解为破裂与溢出。这三阶段中，前两个阶段实际上表明的都是一种有范围的事件思想，最后一个阶段相形之下则表明事件思想对某种范围的突破及其断裂性创造，那也正是后来逐渐成为主流的解构性事件观。但上述分类并非全新的空降之物，在以往的思想中已经有了类似的表述。如现代存在主义神学家保罗·蒂里希阐释道，作为可能性的存在，人有两种超越方式：一种是水平维上的“部分超越”，表现为追寻“政治和社会意义上的乌托邦”，以达成“有限的境界”；另一种则是垂直维上的“彻底超越”，它致力于“超越整个水平维超越的全部范围”，带来的是“某种突破整个水平维的神性事物的闯入”，以开启无限自由之境，两种超越方式所造就的“两个境界是互相渗透的”，这保证着“我们既有历史的实在又有超历史的实现”：

> 关于超越现实的事物（尚没有成为现实的事物），人们无法决定它是可能还是不可能。由于这一原因，乌托邦必定始终要悬浮在可能性和不可能性之间。如果我们现在考虑我在前面关于乌托邦消极面的论述，那就产生了这样的问题：难道就不可能超越乌托邦在其中发现自身的这整个处境吗？难道就不可能通过彻底的超越而不是通过一点点的超越而克服乌托邦的消极性吗？而彻底的超越并不是指水平维上的超越而是指垂直维上的超越，是指超越整个水平维超越的全部范围。[①]

这里区分的水平超越（局部超越）与垂直超越（彻底超越），显然就相当于事件思想的内在性形态与超越性形态，只是在不同语境下使用了不同的

① ［美］保罗·蒂里希：《政治期望》，徐均尧译，四川人民出版社1989年版，第221页。着重号为笔者所加。

表述。而这种表述不待事件思想得到热烈阐扬的今天才提出，它早已有了。所以，事件思想的解构性，不见得需要完全得到惊诧的注目，换个角度看，它或许只是换了件理论外衣而在重复已有的思想，这是它在尖锐、激进表象下不可不察的保守性。

也从事件思想迄今为止的发展进程看，对事件与语言的关系的理解，总体经历了从语言论到超越语言论的过程。但这同样不是一夜间突然冒出的新思想，在索绪尔这位语言论鼻祖的论著中就已有了。索绪尔已开始将对语言论主题的背反视为事件更重要的性质。在新中译出版的《普通语言学手稿》中，索绪尔区分了事件和系统，划开了"语言种种事件和语言种种系统"的界限，认为"系统意味着稳定性，静态的概念。反过来，其固有范畴所获得的事件总和并不构成一个系统；至多看到一定的共同的偏离，但并不作为一简单的价值在其间引发事件"，即表明语言可以被从程度递进的两个方面理解为事件："所以，同性质的事件在此情况下能够产生一个相对的有限变化，至于第二种情况，则产生一个绝对的无限变化，既然它建立了一个所有术语的新状态。这简单地取决于知道所产生数量的差异，根据直到那时所存在的，是不是第一次。这与事件的性质没有一点关系。所以，若承认它是值得的，全部的差异因此不在于改变的事件，而在于它所改变的状态种类。事件总是特殊的。"[①]前一方面指尽管开始打破系统的稳定性，却只处于"一定的共同的偏离"程度，同质性大于异质性，充其量只迈出了反语言论的第一步；后一方面则不然，它对语言系统稳定性的非同质性偏离，产生出了完全新鲜而特殊的、第一次（即此前未有过）出现的"绝对的无限变化"，并引起整个状态的改变。从中可以清楚看出索绪尔自己对事件与语言的关系的辩证认识，后来事件思想发展的历史事实，总体上并没有超出他的论述视野。这也是事件思想的保守性体现。

其次，事件思想的保守性也体现在，解构性阐释对客观性的观念化让步态度及其折返性思维方式，有残余和复苏总体性的倾向。阿特里奇在历数事件的解构性力量之际，总是不忘以小心回护的态度，来试图保留解构背后的客观性，如强调文学事件所处于其中的历史文化语境，便印证了此点，尽管他声称这种文化语境同时具备不稳定的变化性，而非定于一尊，但这就和他同时试图吸收的德里达的重复思想形成了某种龃龉。因为在后者那里，差异形成的重复，从一开始就是以检讨奥斯汀述行理论的语境饱和性为起

① [瑞士]费尔迪南·德·索绪尔：《普通语言学手稿》，于秀英译，商务印书馆2020年版，第261页。

点的。[①] 所以，这中间存在着解构性与客观性的伴通，或者说，对解构性需要兼顾客观性的强调，止步于观念化的让步态度，留下了让客观性沦为总体性的形而上学缺口。对于这种总体性残余，笔者曾提出这样一个问题：解构的本意，应该是拒斥学派化的，因为学派化就仍然难免于中心化与总体化。解构，本应针对可重复的声音在场幻觉而走出重复，按理是无法被轻易效仿的，却在被效仿中不知不觉重蹈重复的窠臼，导致想要检讨的目标成了脚下的出发点，这有没有可能？从理路上推证，产生这种怀疑是很自然的。解构的学派化和运动化，就是其保守性之一端，它在阿特里奇苦心为事件辩护的“特有文化”及“解释团体”等理由中，[②]得到了加强。

从更深层次上影响着阿特里奇上述回旋性、弥补性做法的，则是事件思想在整体上流露出的折返性思维方式。从源头上看，海德格尔事件观的核心概念——“本有”(Ereignis)，兼具“具有本己(本身)”与“本来就有”两义，也即兼容“有自己”与“有本来”这双重内涵，[③]而形成既与历史拉开距离又最终走向历史的另一个开端的“所从之来”的存在论过程：折出去又返回来。此后形形色色的事件观虽然具体论法不同，却在折返性思维上具备共同的取向。无论是德勒兹的逃逸-生产、马里翁的熵-负熵、南希的偶然-必然与齐泽克的非物质-物质，还是阿甘本的“潜在的不写作”“非写作”与“完美写作行为”[④]、马苏米的虚拟-本体、迈克尔·索亚的独异-日常乃至哈特与奈格里的去主体-新主体等表述，都印证了这一判断。在发出事件、绽放其独异性色彩和光芒的同时，事件论者们似乎总是不情愿让尺度过大，而倾向于不同程度地将将要脱缰的野马拉回至轨道中，留足可控的空间。当各家都这般运思时，一种相对凝固的总体性残余，便可能被悄然复苏。这至少是事件思想在解构性表象下未脱保守性的又一证明。

再次，事件思想的保守性还体现在，在他异性伦理的转换中，弱化了伦理主体的情感维度。在事件中，责任不在于自我主体向他者主动发出的关怀，而反过来在于接受他者对自我主体的冲击与塑造，这改写了传统好客的内涵，把待客唯恐不周的热情，转换为在客人降临之前无法做什么的失措状态，以及唯有当客人降临后、自我才获得主体性位置的反转状态。好客由此反传统之客为主，出现了被国内伦理学研究者幽默地描述为“为他人活”的

---

① 详见下一章的具体论述。

② Derek Attridge. *The Work of Literature*. Oxford: Oxford University Press, 2015. p.35.

③ [德]马丁·海德格尔:《哲学论稿》，孙周兴译，商务印书馆2016年版，第646页。

④ Marco Piasentier. *On Biopolitics: An Inquiry into Nature and Language*. New York and Oxon: Routledge, 2021. p.60.

"雷锋哲学的高级玄奥洋装版"情状。[1] 这种事件伦理看起来十分新颖，呈现出与以康德为代表的传统伦理学的极大异趣。然而细究起来，它在人际关系上用"不可能性"观念支配下的互斥性和刺激性，一举取代"可能性"信念中的互容性和和谐性，尽管努力反思和改进传统伦理观念中总是从自我主体出发去同化他人的做法，却也存在着以理节情的倾向。以独异性为核心的事件伦理，很大程度上就是解构伦理，而解构是后现代的标志之一。出现以理节情的倾向，和文学从古典演变至后现代进程中的两重性——在思想观念上更理性更进步，却同时付出情感感染力下降、变得越来越难读的代价，在道理上是一致的。文学不断更新对世界的合理认识，这一思想观念合法化的过程与文学开发自身创作技巧的热情相同步，离开创作技巧的多变与新变，文学不同于传统的全知全能式作品的思想力量，就难以被带出。例如，正是有赖于外聚焦视角的积极创造，海明威的小说才大大改变了以往世界在文学中的面目，而焕发出迷人的新思想魅力，以至于在某种程度上总令读者生出不适应感。虽然过去那种唯恐招待不周而经常有意流露出的客套，在待客之道方面确实有一定的逢场作戏和内心算计（实则为防御对方）的心理成分，但因此而代之以自我主体在面对他者冲击之际的绝对脆弱与无力感，"积极遗忘自己作为赠予者的赠予行动"[2]，仿佛自己在没有他者降临到头上之前什么也不是而缺乏存在价值，这便又导向另一种极端，即以内心"唯他者为大"这一不变的（理性）观念，挤兑了正常人际交往中具体随缘的（情感）联系。这在情感美学已积累大量成果、"情感转向"渐趋深入的今天，不能不说显示了相对退却的保守性。

这种保守性，当面临事件思想在中西方的交流碰撞时尤其突出。因为儒家文化影响下的我国伦理主导取向，是基于情感本位与弹性空间的嘘寒问暖，以及由此而来的主动关照姿态，"中国人逢场作戏地说点恭维话，即使是种客套，也是为图个吉利，于人于己，都说得过去。不在意别人是否领情，只怕礼数不到，这是一种谨慎的为人，无可厚非。但是也因此就有了令人不堪的繁文缛节，让人感到活得真累。"[3]不管这种传统用列维纳斯、德里达等人的上述他异性伦理视野来看是否有确凿的局限性，儒家伦理能稳健地走到今天，并保持相当的延续性，这一客观历史事实在显示出其合理性的同时，至少表明事件伦理不是垄断性的唯一伦理，并非除它之外就没有了其他

① 李泽厚：《伦理学新说述要》，世界图书出版公司 2019 年版，第 167 页。
② 张旭：《礼物——当代法国思想史的一段谱系》，北京大学出版社 2013 年版，第 180 页。
③ 朱大路：《世纪初杂文 200 篇》，文汇出版社 2011 年版，第 245 页。

伦理的可能性，用它来唯一观照伦理取向，倒可能重新落入欧洲中心主义的窠臼。所以，在考虑"事件"对中西方的涵盖（这是事件思想研究的题中应有之义和自我推进动力）时，这种似乎只擅长解释某一局部的、从解构而来的事件伦理，其保守性便需要得到充分估计了。

在解构中看到保守，在事件的独异中承认继承、连续和稳定，由此成为一个亟待重视和填补的学理环节。这也是辩证思维在事件思想研究中的体现。原则上，人们都会承认去一分为二地把握包括"事件"在内的当代西方理论，但实际的操作往往显示，研究者很容易埋首沉迷于事件思想自尼采、海德格尔起的浓郁非理性色彩，而在某种研究的偏执中渐行渐远。辩证看待事件思想的解构性与保守性，让解构的保守更好地成为生产和创造，便不失为学术推进的新生长点。

通过上述分析可以领悟到，文论研究中常发生"创新实则是传统"的情况，回避这一点，可能松动学理发展的序列性，而且容易重蹈已被传统所解决的问题陷阱，低层次重复。即以与事件思想相关的问题域为例来看，如引论所分析，事件的基本性质——独异性，一定程度上与俄国形式主义的"陌生性"（"奇异性"）理论不乏渊源关系，但建立于现代语言论基础上的陌生化理论，又可以被追溯至德国浪漫主义美学与诗论提出的"陌生化"概念与理论、甚至古希腊亚里士多德的修辞学理论，[①]它因此并不是全新而注定被追捧的思想。只要不带偏见地去考察和审视事件思想史，会发现其中不少命题与论说思路，都可以在传统文论思想中，不同程度地找到种子与根基。我们之所以倡导在研究事件思想时，不满足于将某家事件论作为一颗孤立的棋子加以阐释，相反主张先努力图绘出作为学理基础的事件思想长河，以在整体中更为透彻、深入地看清其中某一点的坐标位置，就是因为学术研究的深度首先来自历史。如果持这样的心态研究文论，学术场域中会减少许多诸如"阐释是否过度"的不必要聚讼，而集中精力于学理谱系的深耕细作，并从这种根本张力中发现，对"理论之后"理论与文学的临界写作的探究尚需另立学理根基。

① 王元骧：《审美反映与艺术创造》，杭州大学出版社 1998 年版，第 406 - 411 页。

第五章 “理论中的文学”的临界悬念

在寻找理论与文学形成临界写作的更合理切入口时，一种现有的典型方案——“理论中的文学”很自然地进入了我们的考察视线。关于“理论之后”的研究，虽已出现了不少说法和思路，总体上存在着一种共同的缺憾，即往往止步于梳理、概述与简介，完全由我们自己来搭建一个框架和拼接一套谱系。就目前似乎显得热点已过去、重新陷入停滞的相关现状来看，很难说这样的处理已融入了国际前沿学理，并与之建立起了有效的对话。恰当的做法是，做有位置的学术研究，即找到“理论之后”谈论问题的合理位置，从最具代表性的方案切入，通过细致反思与批判，接着它讲进入学理轨道，获得我们自己在“理论之后”的思想坐标。

这种代表性方案，就是卡勒提出的“理论中的文学”。它直接受到了奥斯汀 1955 年首次提出的以言行事理论的影响。理解这一方案的关键是：以言行事的“事”是不是德勒兹、巴迪欧与齐泽克等当代学者所说的“事件”？译成中文后的两者，从字面上看似有相近之处，在西方语境中，字面完全不同的它们（前者为 do things with words，另一表述是 performative，即“述行”或“施事”；后者则是 event），产生出的微妙牵扯和争议其实也早已开始。本章试图还原和探究这一迄今尚未引起人们足够留意的争议，沿此考察这个题目最终将带给我们什么。

第一节 Agency 译名辨正与“能动”问题的提出

卡勒提出“理论中的文学”的语境，是 1960 年代以来理论的变化，尤其是“理论之死”引发的讨论。“理论之死”论的代表、英国学者史蒂文·纳普在 1993 年出版了《文学兴趣：反形式主义的各种限度》一书，书中的核心概念“文学兴趣”（literary interest），启发了卡勒思考理论的走向。在纳普看来，存在着一种不同于别种思想与写作模式的、特殊的文学兴趣，那是一种使人对其表述本身感兴趣的表述，这种表述“将其所指对象插入与表征本身的特定语言与叙事结构密不可分的新‘场景’中”[①]，实现文学话语的自指层面与结构层面的同构效果。纳普认为，解释的重构使一种解释的难题——诸如“作者写诗这件事是诗中发生的事吗”——成了文学兴趣之源，这个难题通过一个叫做 agency 的中介得以表现。agency 即被插入表述本身的指涉物，它既可以被观看，又可以通过它进行观看，因此既充当表述的客体又成其为自为的主体，从而成为解释的难题。所谓文学兴趣，就是对这个归根结底产自文学写作模式的难题的兴趣。

纳普围绕 agency 展开文学兴趣，旨在融合创作主体及其创造的文学世界，这两方毕竟有身份上的连续性，不难得到理解。当把这一思想从文学活动拓展至理论活动，让研究文学的理论本身也成为文学，双方便由于传统观念中抽象/形象思维之别，而让事情变得不那么顺理成章。在这点上的探索者首推卡勒。他借鉴 agency 这一纳普的关键词，展开理论中的文学推演。要弄清他的确切意思，因而需先解决 agency 如何准确翻译的问题。

国内最早完整中译出卡勒《理论中的文学》一文的学者是余虹，他 2003 年发表的译文将题目译为“理论的文学性成分”，将 agency 译为“代理”[②]。这是常见的译法。可举一例旁证：2020 年去世的法国技术哲学家斯蒂格勒，认为要使记忆成为真正的记忆，必须懂得遗忘以获得记忆的真实性，这种遗忘状态被中译为“代具状态”[③]。他援引博尔赫斯小说《费奈斯或记忆》中主人公费奈斯虽拥有惊人而细密的记忆却终究与真实擦肩而过的故事，表明记忆同时应当包含对差异的遗忘（这种差异是事后塑造的产物），才能通达真正的差异（这种差异则意味着事件及其叙述之间的真实距离）并实现事件。“代具”显然即“代理”，显示出汉语学界在翻译 agency 这个词时的某种普遍性。再加上文学是语言的创造活动，语言就是起替代（表征）作用的符号系统，译作“代理”似乎更显得天经地义。然而这样译是否准确呢？

回答是否定的。在卡勒的语境中，agency 不能译作“代理”，应译为“能动”或“行动”。2007 年出版的中译本《理论中的文学》译之为“行动”，才是准确的。理由首先在于，这个词作为卡勒直接借鉴纳普的产物，在纳普的著作中被明晰表述为“能动”：

---

① Steven Knapp. *Literary Interest: The Limits of Anti-formalism*. Cambridge: Harvard University Press, 1993. p.3.

② 余虹、杨恒达、杨慧林编：《问题》，中央编译出版社 1993 年版，第 121 页。

③ [法]贝尔纳·斯蒂格勒：《技术与时间 2：迷失方向》，赵和平、印螺译，译林出版社 2010 年版，第 134 页。

> 在我的论述中，最简单的方法就是注意到其中的核心重要性，这一系列问题涉及各种实际的与想象的能动(imagined agency)，特别是自柏拉图以来的文学作品的明显倾向，歪曲或破坏能动(agency)，人们认为这种歪曲或破坏能动的方式或涉及非理性的固定，或涉及不可阻挡的转移或循环。①

这里的两处显然都只能译为“能动”，若译作“代理”便弄反了意思。纳普在这段话中表明，柏拉图之后的文学作品出于将文学理解为非理性活动的意图，趋向于虚构(代理)而淡化着能动性，后者在文学中其实已长期被忽视，而显得久违了，现在他就是试图改变这种状况，而重新伸张文学的能动性。所以这从词源上有力地辨正了上述译法。还可以补充一个有力的证据：当代欧陆学者在强调事件与我们对事件的感知之间不存在任何插手之物(中介)时，用了 acting without agent 这一表述，②表明了 agency 与 act 在“能动、行动”之意上其实相当接近，以至于论者为强调程度的微妙不同而不得不苦心再加以分辨。

更关键的是，从纳普到卡勒，他们都从述行理论的背景出发谈论 agency，强调 agency 使“理论的后果是向诸学科通告其结构所具有的虚构性和述行效果二者”③，因此纳普赋予 agency 的述行性含义——“能动”，也为卡勒所承继。当然，卡勒特意指出，共同完善着这种“能动”结构的动力因素还包括文本、全知与阐释等，但述行“极端重要”④。联系整体理路来看，卡勒接上了纳普的思路，不满足于将文学理解为虚构对象，而把理论本身也视作文学行动来加以创造性处理，“能动”结构加强着理论的这种行动意味：故事就是讲故事。

循此以进，卡勒指出“能动”结构是“一种将个别性和普遍性合而为一的特殊结构”⑤，能使哈姆莱特既体现于个别细节中，又以现实中的人所不具有的方式带有普遍性。理解作为能动的自我，就是既要在具体情境中观察自己，又要揣想某人在我的情境中会做什么，以及他可能的选择和行动路线。

---

① Steven Knapp. *Literary Interest: The Limits of Anti-formalism*. Cambridge: Harvard University Press, 1993. p.3.

② Claude Romano. *Event and World*. New York: Fordham University Press, 2009. p.3.

③ [美]乔纳森·卡勒：《理论中的文学》，徐亮等译，华东师范大学出版社 2019 年版，第 35 页。

④ 同上书，第 13 页。

⑤ 同上书，第 25 页。

例如在身份政治批评中，身份或被认为由出生决定，或被认为随人物命运而变化，一部《安提戈涅》却让人们在具体的叙事情境中，领略身份在先天与后天选择之间相互生成的微妙情形，这是身份理论靠自身做不到的，在文学中不仅这两种情况都有，而且常常展示出更为复杂的纠葛。这个例证得到后续国际著作的支撑，后者也将精选的小说视为“在审美片刻中理解身份的一种方式”[①]。卡勒的信念是，文学应当从理论之所说者变成理论之所说。

尽管如此，细绎卡勒的论证，至少有深浅不一的两个矛盾引起我们进一步追问的兴趣。就浅层矛盾而言，卡勒关于理论中的文学的讲述，存在着内涵有时暗中发生游移的问题。总体来说，他倡导的是一种作为思想方法的文学观念，但从诸如文学为身份政治理论“提供了丰富的材料”[②]，以及朱迪斯·巴特勒“使用”《安提戈涅》这出悲剧讨论亲属关系模式理论等表述看，[③]文学有时被卡勒处理为促进理论研究的材料与例证，便又成了对象而非结构本身，与他的整体立场是有矛盾的。卡勒最后呼吁通过“回到文学作品”实现理论中的文学，[④]也存在着重新将文学实体化的嫌疑，而有待于进一步考虑与整体理路取得协调。

比起以上浅层矛盾，深层矛盾直接触及了要害。这就是卡勒赋予“能动”结构在动机上的规范性，和他同时相信这种结构在效果上的变化性之间的矛盾。作为卡勒的主要资源，纳普并不执著于文学的社会公正担当之类主题，这与卡勒同时举证的美国当代哲学家玛莎·努斯鲍姆的诗性正义论正好相反。卡勒的立场介于两者之间，原本也并没有明显的文学伦理倾向，以至于在别的学术研讨场合明确挑战阅读伦理学，表示“不认同以伦理方式对待作品这一理想”[⑤]。虽如此，卡勒仍不知不觉地倒向一种带有伦理色彩的规范性立场，而坚持理论中的文学实即“文学能作为行动的范例性表象(exemplary representation)对理论起作用”[⑥]。此处的 exemplary 一词，应非卡勒随意之笔，它不只简单有举例、示例的意思，在英语中指“模范的、典范的、可作榜样与楷模的”，即某种总体性模型。这与他所引述的纳普有关

① Ian Fraser. *Identity, Politics and the Novel: The Aesthetic Moment*. Wales: University of Wales Press, 2013. p.5.

② [美]乔纳森·卡勒:《理论中的文学》,徐亮等译,华东师范大学出版社 2019 年版,第 28 页。

③ 同上书,第 31 页。

④ Jonathan Culler. *The Literary in Theory*. California: Stanford University Press, 2007. p.42.

⑤ [美]彼得·布鲁克斯、希拉里·杰维特:《人文学科与公共生活》,余婉卉译,译林出版社 2022 年版,第 90 页。

⑥ Jonathan Culler. *The Literary in Theory*. California: Stanford University Press, 2007. p.36.

文学兴趣涉及“行动自身的理想状况”的说法异曲同工。[①] 那么，这点怎样与卡勒在同一文章中寄予理论的厚望——“理论是一种力图谈论非同一性、变化、他者、不确定性或远离工具理性的另类场所或事件的话语”[②]——相协调呢？带有规范性与总体性的出发点，如何导出非同一性与充满了他者冲击力量的事件？

中间的路线似乎被卡勒设想得过于平坦了。他不长的行文，也制约了他本应在此更充分发挥的阐述，而把接着思考的任务交给了我们。正是这个深层矛盾牵引出的述行与事件的不等同性，动摇了“能动”结构在实现理论中的文学时的合法性，让事情变得没有那样顺利。需要追问的是：以言行事的“事”是不是事件？

第二节 “奥斯汀式的文学事件”

把以言行事所行之事和当代事件哲学不知不觉等同起来，是乔纳森·卡勒相隔十年出版的两部著作《文学理论》(1997)与《理论中的文学》(2007)处理的一个共同主题。前书第七章“述行语言”和后书第六章“述行”看起来相差无几，后者比前者增添了几个段落，但提出并重复了同一个命题：“奥斯汀式的文学事件”(the Austinian version of the literary event)。[③] 笔者最初注意到卡勒笔下这个比起“理论是什么”与“文学是什么”来并不特别醒目的说法，是在做事件思想史研究的过程中，考虑对“文学事件”进行溯源。卡勒在 1997 年就提出了“文学事件”之说，比伊格尔顿出版于 2012 年的《文学事件》整整早了 15 年，这一事实令人兴奋。当然在兴奋的同时也需要小心考量：卡勒这个命题是否足以宣示文学事件论的缘起？还是属于不经意间顺带出来、而仅仅停留在权宜说法上的一笔？它有确切的实指吗？

卡勒谈论以言行事的动机，是认为奥斯汀这一理论有助于描绘文学话语。这种诉求是他一路谈下去而终于把以言行事和文学事件联系起来的深层原因。卡勒回顾了以言行事的原理，即奥斯汀如何从开始对述行与述事二分，到逐渐发现很难区分出两者，难以为维持两者之间的区分找到坚实的标准，由此进一步发展出话语行为、话语施事行为与话语施效行为的三分

① [美]乔纳森·卡勒：《理论中的文学》，徐亮等译，华东师范大学出版社 2019 年版，第 25 页。

② 同上书，第 33 页。

③ [美]乔纳森·卡勒：《文学理论入门》，李平译，译林出版社 2008 年版，第 106 页；[美]乔纳森·卡勒：《理论中的文学》，徐亮等译，华东师范大学出版社 2019 年版，第 140 页。

法，述事不再被独立作为一类话语对待，而是作为语言使用的一个方面而存在。以海明威的《白象似的群山》为例，如果说述事层面是小说中一男一女聊天的具体内容，那么述行层面的上述三分法，依次对应的便是两人有一搭没一搭的话本身、在对话中包含着的拒绝对方的动作，以及在反唇相讥、针尖对麦芒般话不投机之中的厌恶感(所引起的现场效果)。以言行事理论由此的确可以得到文学活动的证明。对此的回顾使卡勒感到，至少在两点上以言行事可以和文学产生关联。一是它作为对语言的使用，有助于人们把文学构想成创造世界的活跃行为，在语言行为中创造出(做到)文学所打算命名的那个世界。二是，以言行事打破了意义与发话者意向的联系，使语言不再作为内在意向的外在符号现身，正是在这里卡勒让以言行事向事件靠拢，推出"文学言语也是事件"这个观点，[①]因为它事件性地超越了意向的规定。

上述内容被卡勒早早地写在了1997年的《文学理论》中，2007年的《理论中的文学》作了意思基本原封不动的重申。考虑到后者是由各篇论文汇集成的专著，这不难得到理解。后者出版时在此处加入了一些新的段落，主要是强调用以言行事作为文学分析的语言模式所遭遇的两个"反讽的结论"。一是，奥斯汀明确在提出以言行事理论时排除了文学。二是，奥斯汀所说的以言行事，乃把语言安放在具体社会语境及功能中之举，但文学对以言行事的征用却旨在突出语言的自反特征，而出现了在文学中以言所行之事到底是与社会现实相反的(虚构)世界、还是仍嵌在现实社会内的棘手问题(这又进一步包含两点要害，即在以言行事中确保文学序列成功的条件是什么，以及在文学中以言所行的是何行为，它们都关心以言行事在文学中的特殊性)。两个问题其实是同一个问题。奥斯汀的学生塞尔以"假装的言语行为构成了虚构作品"[②]，对此作出了不甚令卡勒满意的回应。"奥斯汀却吊诡地把文学言语和不当真的言语搁置起来"[③]，卡勒这样发出感叹。"吊诡地"，意味着让他感到奇怪而不合常理，不太能接受，不愿意认同。他怎样来扭转这个对他自身诉求不利的局面呢?

顺着奥斯汀的举证，卡勒追问戏剧表演这样的文学活动有否打破以言行事这一点。与奥斯汀不同，他对此的回答是肯定的。奥斯汀认定舞台、玩笑和诗(广义的文学)发出的命令都是不当真、从而无法被归入述行的。卡

① [美]乔纳森·卡勒:《理论中的文学》，徐亮等译，华东师范大学出版社2019年版，第125页。

② [美]约翰·R.塞尔:《表达与意义》，王加为、赵明珠译，商务印书馆2017年版，第97页。

③ [美]乔纳森·卡勒:《理论中的文学》，徐亮等译，华东师范大学出版社2019年版，第139页。

勒却下一转语曰“为了察觉这件任务是不可能的，它需要被当真地对待”[①]，堂恩的《歌》咏叹“去捉住一颗陨星”，这个被文学家放飞的梦想仍然充满了当真的命令。卡勒援引芭芭拉·约翰逊在《诗与述行语言：马拉美与奥斯汀》中对之的分析，相信它在形式上的极度不当真，没有妨碍它根本性的当真，这一点不因为作者与角色是两个人而改变，仍需要相信，看似不同于战场命令的一首诗中的命令也在以言行事：“这两种以词语来做事的命令都拥有述行力量，都涉及可重复性和引用性的难题。”[②]至于究竟为何和如何“拥有”“涉及”，卡勒戛然而止。我们不得不猜测他接下来想说而没有说出的话，而产生了三个疑问。首先，如果文学世界也是以言行事的产物，文学与非文学便不再存在界限，两个领域可以被语言打通，这会是还在谈论着“文学是什么”的卡勒的本意吗？他似乎还没走这么远。其次，倘若文学中以言行事的合法性维系于作者“察觉这件任务是不可能的”，这便允诺了作者意图在以言行事中的渗入，视之为一种对在场的反思(而那必然已离场)，是否又与卡勒前面有关以言行事因摆脱了作者意图而趋于事件的主张矛盾？

再次，假如文学依托卡勒所说的“可重复性和引用性”来以言行事，这似乎想把德里达对奥斯汀的批判反过来吸收进后者，那同样进而存在着三个疑点。其一，如卡勒所区分，奥斯汀的以言行事比起巴特勒来是独一行为，后者对重复的倚重确实吸收了德里达，但毕竟已非源头上的吸收，不足以从原理上证明以言行事对可重复性的容纳。其二，德里达的可重复性旨在消弭始源和进行延异书写，并不认同原意的在场，这与卡勒在上面仍遗留的作者意图缺口，又如何协调呢？其三，卡勒有关以言行事仍可以容纳可重复性与引用性的信念，或许来自他此处行文引述的芭芭拉·约翰逊，但细检后者以马拉美诗为例在这点上给出的理由，是“马拉美著名的晦涩不在于他对显而易见的事物的狡黠模糊，而在于他通过对同一段语言不断地进行看似相互排斥的解读，对可解性本身进行了彻底的转变。这就是马拉美与指称性的决裂，而不是简单废除对象，这仍然是一个完全指称的姿态。引用在这里不是被拒绝，而是被推迟”[③]，把可重复的引用理解为对同时存在的矛盾的肯定，是对德里达的误解，因为从 A 引出矛盾面 B 时，一种作为始源而被固定

---

① [美]乔纳森·卡勒：《理论中的文学》，徐亮等译，华东师范大学出版社 2019 年版，第 126 页。

② 同上书，第 127 页。

③ Barbara Johnson. *Poetry and Performative Language*. New Haven: Yale French Studies, No. 54, Mallarme (1977). p. 156.

下的矛盾关系本身得到了安全的预设，[1]这与解构的精神是相违背的。

理路上这些似难自洽之处，不因卡勒点到为止未作展开而被遮蔽，显示出“奥斯汀式的文学事件”这一命题的模糊。需要来重审横亘在卡勒面前的一个困境，那便是德里达对以言行事的批判。

第三节　重审困境：语境性、非严肃性及视角代表性

让以言行事向事件思想方向靠拢，面临的第一个困难如卡勒所示，是德里达对这一理论的语境饱和性的批判。2001 年访问中国并应邀演讲时的一段话，表明了德里达的基本看法：

> 近几十年来，“行为”语言理论的研究有长足发展。这是要很快地使“语言行为”制造“事件”。比如，在婚礼上，我说：“是的，我同意……”，行为句制造“事件”，但是为了使“事件”被制造出来，事件的制造者（比如会议主席）必须对此胜任，如果随便什么人都来当主席，那就会坏事。所以，就必须有一种法定的职业权力。行为语言意味着：“我能够……”“我擅长做……”“I can……”“I may……”等等。但是，“事件”被制造出来的条件是“行为”要得到允许。这就是说，被“行为句”制造的“事件”，它是真实的，同时又由于得到某种合约和机构的保证而被中性化了。我想，如果这几十年来行为理论在哲学、社会学、文学等诸多领域受到广泛关注，那是因为人们有一个幻想即得到一个语言在其中拥有权力的平台。我想，制造“事件”的权利是与这种权力相关的，我要把事情相对化，要指出从这个词而来的“事件”是在这行为的权力被超过限度来到我身上的。“事件”的本身缺少行为，如果我能这样说的话。[2]

---

① 不止一位晚近学者针对这点指出“差异不等于单纯的对立，因为对立引入了一种减少，一种不那么深刻的关系，在一种简单的矛盾中压缩了复杂性”（Stefania Caliandro. *Morphodynamics in Aesthetics: Essays on the Singularity of the Work of Art*. Berlin: Springer, 2019. p.4.）。美国学者克莱顿·克罗克特出版于 2018 年的《书写终结后的德里达：政治神学与新唯物主义》便主张“我们不应该把差异看作上帝”，以至于视之为一种可被构造的、实质性的东西，那会不恰当地赋予事件一种从外部加上去的强大逻辑——或拯救，或复活，而回避了差异的发生，因此德里达所说的可重复与引用的差异是“一种造成差异的差异，是一种情况的根本转变或变形”（Clayton Crockett. *Derrida After the End of Writing: Political Theology and New Materialism*. New York: Fordham University Press, 2018. p.97, 100.）。

② ［法］雅克·德里达：《大学、人文学科与民主》，杜小真译，载《读书》杂志编：《〈读书〉现场》，生活·读书·新知三联书店 2007 年版，第 416－417 页。

“被中性化了”,“超过限度来到我身上”——德里达的意思是,奥斯汀的以言行事中和了事件所应有的性质,而并不构成事件。这是他自 1971 年发表《事件·签名·语境》以来一贯坚持的观点。德里达对奥斯汀观点的阐释,是在存在论(在场形而上学)批判的理论背景中展开的,在场的话语主体,无论是在前期海德格尔还是奥斯汀那里,都是德里达批判的靶子所在。奥斯汀标示出交流实践中话语施事的力量特征,强调语言作为社会性制度的本质,旨趣上是建构性的,言语行为成为游戏而非交流,正是德里达在解构孔狄亚克与胡塞尔的交流观念之后,试图在奥斯汀开启的视野中论证的观点。他对奥斯汀的理论表现出坚定的批判态度,以“语境”概念为切入点,用文字学理论重新铭写以言行事的预设,试图消解奥斯汀思想中的逻各斯中心主义元素。他也承认奥斯汀的革新性,但觉得这种表述方式似乎暗示意义首先是意向的问题,而结构性的惯例则以意向为中心,体现为话语主体对惯例性规则的调用与支配。这使德里达发现了奥斯汀对总体语境的追求实质:言语行为的目的论意味着主体意向的意识性在场,而施行话语交流的规范性,体现为意图意义的优先。从而,奥斯汀的“‘总体’情境”观念,[①]成为总体性哲学的一个实例,总体哲学则是对他者或事件的压制,语义播撒的可能性被取消了。

这的确击中了以言行事的某种要害:语境性(context)。奥斯汀确曾表示过施行话语“是在正常的情境中讲出的”[②],因此“必须考虑说出该话语的整个情境——整个言语行为”[③]。语境性便在某种程度甚至相当程度上意味着总体性,这是无需再作论证的事实。它对事件最重要的性质——发生性的回避,被斯坦利·费什在论列一系列以言行事不能做到的事后,[④]总结为“言语行为理论解释了可理解性的条件,解释了它在社会中意味着什么,解释了在一个人被理解之前必须制定的程序。在许多文本中,这些条件与程序都是预先假定的;它们没有摆在我们面前供我们考虑,重点是在它们被满

① Alan Bass. *Margins of Philosophy*. Harvard: The Harvester Press, 1982. p.321.

② [英]J. L. 奥斯汀:《如何以言行事》,杨玉成、赵京超译,商务印书馆 2012 年版,第 19 页。

③ 同上书,第 44 页。

④ Stanley E. Fish. *How to do Things with Austin and Searle: Speech Act Theory and Literary Criticism*. Homewood: MLN, Oct, 1976, Vol. 91, No. 5, *Centennial Issue: Responsibilities of the Critic* (Oct., 1976). p.1023. 费什列出的不能被以言行事做到的事,包括“它不能告诉我们任何事情发生后会发生什么,言外之意的行为已被执行(这不是修辞);它不能告诉我们任何关于表演者内心生活的东西(它不是心理学);它不能作为文体的基础;它不能被阐述成一种叙事诗学;它不能帮助我们区分文学与非文学;它无法区分严肃的话语和虚构的作品,也无法在不作弊的情况下将虚构与事实区分开来”等。

足和调用之后会发生或可能发生什么”[1]。那么德里达为此而提出的策略，是否更加触及了“发生或可能发生什么”的事件性质呢？

他的确发问“我们必须首先理解一个事件的‘发生’或事件性意味着什么”[2]，并且用同样得到了卡勒关注的可重复性（iterability）和引用性（citationality）来说明问题。德里达在对胡塞尔的意义理论的批判中提出引用性概念，这是一般符号的内在可重复性的体现，正是引用，促使语境以不饱和的方式扩展或断裂，意义的衍生由此也就没有止境。而奥斯汀的理论话语却构造出严肃/非严肃的形而上学对立，又以一种强烈的偏执，将不严肃（即失去话语施事力）的引用斥为“反常的”或“寄生的”，文学话语的价值在这里受到实用性的目的论的贬损，似乎奥斯汀在西方文字观念史中成为了另一个孔狄亚克。文字在这种观念性的哲学传统中往往被视作为“寄生物”，德里达在《论文字学》中就对此表示强烈的质疑：“文字的顺序成了外在性的顺序、‘偶然性’的顺序、‘附属物’的顺序、‘辅助物’的顺序、‘寄生者’的顺序。……如果文字迫使我们重新思考寄生逻辑，我们怎么办呢？”[3]基于对传统文字观念的置换，德里达在这里的论证是：应该区分两种优先性。奥斯汀坚持的是实事内容的优先性，即特定的语言游戏及其规则的产生，总先于对它们的再现性摹仿。这种“先于”合理吗？维特根斯坦在《哲学研究》第82节中已有过类似的追问，在那里维氏对做游戏时所遵循的规则发问：“‘他依之行事的规则’这个说法在这里还会是在说什么？”[4]比奥斯汀早生的他的这句话，看起来活像是直接针对以言行事而说的。

德里达坚持的，则是本质结构的优先性。文字之所以成为全体符号的原型是因为它最为明显地呈现出缺场状态中的纯粹可重复性，而引用性的话语，正是在意向填充之前的对特定话语惯例的纯粹重复，是意义（诗性意义或具有施事力的意义）生产的前提条件。正是在此意义上，文学话语，并非在卡勒援引的芭芭拉·约翰逊所谓的“相互排斥的解读”意义上，比施事话语拥有更大的可能性空间，因为前者对任何语言片段的“引用”以及组接可以充分体现出意义的不可限定与不可逆料，而后者总是对于某类特定的社会性惯例的引用，意义在语用推理的预期中（根据有限的规则系统）是可

① Stanley E. Fish. *How to do Things with Austin and Searle: Speech Act Theory and Literary Criticism*. Homewood: MLN, Oct, 1976, Vol. 91, No. 5, *Centennial Issue: Responsibilities of the Critic* (Oct., 1976). pp. 1024 - 1025.

② Alan Bass. *Margins of Philosophy*. Harvard: The Harvester Press, 1982. p. 326. 此处“事件性”一词，法文原文为 événementialité，英译本作 eventhood of an event。

③ [法]雅克·德里达：《论文字学》，汪堂家译，上海译文出版社 2015 年版，第 76 页。

④ [英]路德维希·维特根斯坦：《哲学研究》，陈嘉映译，上海人民出版社 2005 年版，第 45 页。

以被完全把握的，否则就成了交流的失败与意义的彻底空洞。在实用性的表意活动中，获得“相对纯粹性”的代价是失去对播撒的意外效果的期待。这就是“奥斯汀式的文学事件”从德里达视角看所面临的第二个困难：以严肃/非严肃为名，将文学视为非严肃的话语并排除出以言行事的范围，实际上便放弃了文学本可以帮助发生出事件的引用性、解构性力量，那当然导致以言行事绕开了事件。按英国学者安德鲁·本尼特的研究，文学不是认识而是无知，通过文学获得的恰恰不是语境的饱和性，而是“他者的他者性(otherness)”[①]。将文学排除在以言行事之外，由此便等于宣告了以言行事对他者性(事件的冲击)的回避。这个难点显然是直接承接前一难点而来的。虽然塞尔写了《复德里达》来反驳德里达对可重复性与引用性的伸张，但从卡勒对塞尔这一观点的不以为然态度，以及肯定了“解构理论之所以存在，完全有赖于重复之功”看，[②]他对德里达观点的倾向性是明显的。

有人或许会问：以上分析是顺着卡勒的处理，从德里达的事件观角度审视奥斯汀，这一视角能代表事件思想的核心原理吗？还是仅仅只表示德里达不同意将以言行事归入事件学、别人则可能未必？

要回答这个问题，就得弄清德里达基于可重复性与引用性的上述事件思想，在整个事件思想史中的位置。事实上，这种代表性确实得到了公认。首先，如上文显示，这是德里达从1971年一直坚持到2001年的稳定观点，他自己的这份坚定，本身说明了他在事件思想上的成熟性，他与列维纳斯、布朗肖等法国理论家在事件及其“不可能性”上的直接关联，都是学界已知的客观事实。其次，德里达这一事件思想也被英美学界视为事件学谱系的代表。不仅专论事件的著作每每将德里达作为有限的几个代表性理论家进行专题论述，例如详介其对事件的六个代表性规定(绝对的惊奇；冲击一切预期的视野；居有的运动；暴露于生存限度处并与他者相遇；依托不从属于认知顺序的语言，超越一切预设；幽灵性)，[③]而且谈论文学事件时直接取道于德里达的可重复性与引用性，如被卡勒称为“在很大程度上受惠于德里达灵感”的《文学的独异性》的作者德里克·阿特里奇，[④]在其另一部更新的著

---

① [英]安德鲁·本尼特：《文学的无知：理论之后的文学理论》，李永新、汪正龙译，河南大学出版社2014年版，第239页。

② [美]乔纳森·卡勒：《论解构：结构主义之后的理论与批评》，陆扬译，中国人民大学出版社2018年版，第77页。

③ Ilai Rowner. *The Event: Literature and Theory*. Lincoln and London: University of Nebraska Press, 2015. pp.98-99.

④ [美]乔纳森·卡勒：《论解构：结构主义之后的理论与批评》，陆扬译，中国人民大学出版社2018年版，25周年版序言第IV页。

作《文学作品》中便认为文学作品“既不是对其中所有文本都是标记的理想对象的提及,也不是对物理对象(文本存乎其中的特定书籍)的提及,而是对一个事件的提及”[1],“文学作品的无限变化性原则,恰是德里达所谓‘可重复性’的一个例子,即符号对新的语境的开放性,允许它保持其身份”[2]。再次,前沿上的研究者们还深入发现了德里达这一事件理论和德国事件思想的代表性关联。可以举出一个最新理据来加以说明。

这个理据来自美国西北大学教授塞缪尔·韦伯 2021 年出版的新著《独异性:政治与诗学》。我们知道,独异性即事件的基本属性,因此,这部探讨独异性的著作理所当然地涉及了德里达基于可重复与引用的上述事件理论。不过我们饶有兴味地注意到,著者把这一事件论和本雅明有关历史起源的理论,创造性地贯通起来。本雅明对独异性(Einzeln)与个体性(Indiduum)的区分,揭示出独异性只能通过与其本身直接矛盾的过程——重复来达成,“重复”在此不仅由相似性组成,而且由不可化约的差异组成。他将独异性的这种不可还原的特征视为历史的起源,相信“起源并不会从事实性检验中突显出来,它涉及的是事实性检验之前和之后的历史”,以至于“在所有的本质性之物中,一次性与重复性是互为条件的。起源的范畴因而并不是科恩所说的纯粹逻辑性范畴,而是一个历史性范畴”[3],必须被从历史而非逻辑的角度理解为不可还原的独异,即“它涉及不断地努力恢复无法以相同方式复制的东西,因此不得不重复和改造自己”[4],从未封闭于直接的或实际的存在中,相反只在历史前和历史后、通过排演和重复被看到。著者自陈,他研究独异性的旨趣是吸收本雅明这一思想,以及“试图找到阿多诺所说的‘非同一’与德里达所说的差异的汇合点”[5],这便把德里达事件论在德国语境中同样具备的代表性,令人信服地还原了出来。德里达的上述事件思想,确实代表了正在成为当代重要学术论题的事件思想的基本精神。

语境性,破除了以言行事与事件的等同性。在语境的饱和设定中对文学非严肃性的指认和排斥,进而堵塞了从以言行事中引出文学事件的路径。依据以上两条德里达所道出的理由,以及德里达在事件思想史上的代表性,“奥斯汀式的文学事件”这一模糊的命题如何落实,看起来便成了悬案。除

---

① Derek Attridge. *The Work of Literature*. Oxford: Oxford University Press, 2015. p.26.

② Ibid, p.35.

③ [德]瓦尔特·本雅明:《德意志悲苦剧的起源》,李双志、苏伟译,北京师范大学出版社 2013 年版,第 26 - 27 页。

④ Samuel Weber. *Singularity: Politics and Poetics*. London: University of Minnesota Press, 2021. p.20.

⑤ Ibid, p.ix.

此以外，笔者认为还存在着一个相对更为关键的问题，面对这个问题的犹豫和回避，最终使以言行事在后期德里达所置身的事件思想主流中，显示出了学理上的不洽适。

第四节 观念性能否保证伦理：文学副本新方案

令以言行事区别于事件的第三个也是更显著的困难，是它在言语活动中所作之“事”，比如打赌、发誓和愿意娶某人为妻，有别于现实实践活动，而是观念性的。我不是唯一发现这个问题的人，近期有学者也在接近的意义上分析指出：“奥斯汀曾提出‘以言行事’，这一意义上的言说尽管可以形成外在的社会后果，但其本身又不同于实际作用于外在对象的感性活动而呈现观念的形式，借助于‘言’而展开的‘事’，也相应地首先与观念性活动相联系。”[①]观念以语言的形式存在，这触及了以言行事的关键。诚如奥斯汀所表示，以言行事破除了意图论，在说“我愿意娶你”时“不宜把它看成是在实施一种与此不同的内在精神行为”[②]，即意图。以言行事不是假装，正是这点使他排除了作为虚构的文学。也因此，当同样被卡勒观察到的保罗·德曼在运用以言行事理论分析卢梭的《忏悔录》时，他所指出的卢梭在忏悔这个述事层面上做自辩这件事，本质上不能被看做他自己蓄意为之的行为，而是连他自己也并不清楚有这样一个明确而强势的意图在起支配作用，如研究者所说“卢梭本人想必也相信了这个说辞并且把它当作事实接受了下来”[③]，也正是德里达在分析同一文本时指出的自恋。这无法为意图所控制而区别于报道的、直接做事的一面，是否就做成了具体的事？

作这样的估计恐怕过于乐观。因为虽然开始超越意图论，但这件事在语言的施为中存在，呈现为观念形态，和马克思所说的人的现实的实践活动毕竟又是不同的。根本原因仍然出在奥斯汀对语境规则的坚持上。奥斯汀并未说“我道歉”这句话使我道歉成为一件事，他说的是“‘我道歉’这一施行话语的适当性使得我正在道歉成为一个事实：而且我的成功道歉依赖于‘我道歉’这一施行话语的适当性”[④]。以言行事的成败，维系于它是否合乎适当

① 杨国荣：《人与世界：以事观之》，生活·读书·新知三联书店2021年版，第13页。

② ［英］J. L. 奥斯汀：《如何以言行事》，杨玉成、赵京超译，商务印书馆2012年版，第10－11页。

③ 徐亮：《叙事的建构作用与解构作用——罗兰·巴尔特、保罗·德曼、莎士比亚和福音书》，载《文学评论》2017年第1期。

④ ［英］J. L. 奥斯汀：《如何以言行事》，杨玉成、赵京超译，商务印书馆2012年版，第40页。

性,即看它有没有破坏语境得以顺利展开的常规性。这便表明以言行事始终是在坚持一个前提下的运作。约翰逊用一个带有文字游戏色彩的说法道明了这种前提:"如果考虑到奥斯汀经常坚持的所有述行话语的常规性(conventionality),真的可以说开始讨论的主席或为婴儿施洗的牧师或宣判的法官是人(person)而不是人格(personae)吗? ……因此,当述行话语使他成为传统权威的代言人时,述行话语自动虚构了他的发话者。"[①]以言行事对语境的同一性及其饱和规则的依赖,使一个人在说出"我打赌""我发誓"时已经把说着话的自己,自动地虚构为自己,把自己仿佛二重化地置换成了某种通例和人格化的抽象面貌。

这形成了相互联系的两方面后果。一方面,以言行事回避了一个事实,即自己是在观念中而不是现实中做打赌、发誓这件事,这件事和"我打赌""我发誓"这句话固然同时发生,却也停留在这句话里,是一个观念性事实的呈现。正因为决定这个事实的因素是维持语境的恰当性,所以这句话究竟在多少程度上得到了现实的兑现,其实不在奥斯汀关心的问题之列,到底我打的这个赌如何影响了对方的选择,以及我发的这个誓是否能得到检验,这是超出了发话者视野的问题,"效果"仍是从发话者这边得到观照的。这样,用语言做一件事的稳定信念是,我是我这个行为的全权责任者,我对以言所行之事成功地负了责。因此另一方面,以言行事的过程缺乏他者的介入与冲击,发话者也受到限制,但受到的是语境规则的限制。如约翰逊上面所分析,受限于语境规则,其实不是真正的受限,因为那实际上在接受中放任和强化着语境规则,中和了事件的尖锐冲击力,而让一切温和化、去事件化了。它也是一种重复,重复的却是牢固的始源,属于在场的重复,与德里达可重复性在打破始源中获得延异、发展出签名等理论的缺场的重复,是迥不相侔的。根据以上两方面,从以言行事推不出事件思想的又一关键理据浮现出来,那就是它不具备事件所必需的伦理:一种唯有在他者的介入与冲击中才存在的责任。

不因字面上出现类似于事件的迹象,以言行事就符合事件的性质。事件的性质植根于它的伦理,它的伦理恰恰不来自施为的主体性,而来自他者对施为者主体性的迫出。仍是德里达,探讨事件伦理时颇具代表性地指出,事件在一种脱节的暂时性中,阻止当下的任何认同,表现出既到来着、同时离开着的交替性,这使它总携带死亡的标记与实体的缺失,通过展示在"不

---

① Barbara Johnson. *Poetry and Performative Language*. New Haven: *Yale French Studies*, No.54, Mallarme (1977). pp.150-151.

可能”中如何定位“可能”，重新激发人们对“可能”的思考，提醒人们若满足于现成的“可能性”，等于预设了计划与程序，那只会中和事件而使之失去“不可能性”并变得贫乏。① 对“不可能性”的这种把握，形成了德里达关于事件主体责任的理解。主体对责任的行使，不发自主体的决定、自由、意向性与意识（这便区别于以言行事），不是给出解释与理由，而是对不可估量的事件的到来“通过应答、当面对（自我、自我的意图、行为、言论）负责”②，换言之，客人的绝对到达，作为事件逼出了主人的责任，帮助主人建立起自己的主体性。从言的发出到事的实现，不取道于通畅的语境，而恰恰需要经过“不可能性”这一中介的尖锐转换。所以，在事件思想看来，独异的才恰恰是伦理的，也才带出了事件。

由此可取的策略，是不轻信以言行事创造了事件，相反在探讨两者关系时，将前者视为后者的一个组成部分、一个动机而非全部步骤。2017 年围绕以言行事的一个新方案，无形中给出了启示。这是由美国学者罗宾·瓦格纳-帕西菲奇所著的《什么是事件?》一书。它指出“言语行为的有效性取决于社会主体（包括个人与集体）在结构化和制度化的、但本质上也是开放和偶然的社会世界中对它们的吸收”③，对后一开放与偶然的充分兼容，使事件不仅来自述行，而是由述行（performatives）、指示（demonstratives）与表征（representations）三个要素共同组成，④“只有当表征、指示与述行相互支持和反映时，一个事件和一个事件概念才会最终形成。”⑤以“9·11”事件为例，帕西菲奇发现，导致一些人对这个突发事件感到进退两难的，是世界贸易中心发生这个不确定事件后一小时左右时间里，一个目击者在确定自我的身份这点上陷入了困境：我是旁观者还是证人？抑或只是受害者？这种身份转换或许用时很长，但述行要素面对事件的突发性时在身份确认上是犹豫和不确定的。这便阻断了以言行事已在语言中直接实现了事件的信念，而感到了被动状态的威胁：

> 我们对某些事件破裂的意识是由惊讶、迷失方向和不确定性混合

---

① François Raffoul. *Thinking the Event*. Bloominton: Indiana University Press, 2020. p.290.

② ［法］雅克·德里达:《〈友爱的政治学〉及其他》，胡继华译，吉林人民出版社 2011 年版，第 312 页。

③ Robin Wagner-Pacifici. *What Is An Event?*. Chicago: The University of Chicago Press, 2017. p.21.

④ Ibid, p.19.

⑤ Ibid, p.91.

而成的。我们需要更好地了解在这些未知状态下究竟发生了什么,当我们的身份和行动的指示性、表征性和述行性机制受到挑战时。这导致我们考虑破裂本身。[①]

有某种可能正在发生的感觉。但真的是这样吗?它是否会变成某种东西,会改变生活、身份、权威、法律、忠诚度、边界或历史?破裂的时期可能特别不舒服,主要是因为它永远不能这样称呼自己。破裂是在提出或提出主张之前的时期,在表征、指示和述行完全殖民化解散或高潮之前的时期。我们可以尝试解读征兆并追踪轨迹,但仍有许多事情需要确定。游戏中通常会有一种假死感,这可能会导致玩家处于一种被动状态,即使玩家可能会采取戏剧性的行动。被动和等待与突然的活动竞争,结果可能会爆发。[②]

这里对事件性质的定位——“惊讶”“迷失方向”“不确定性”“未知状态”,尤其是“破裂”,无不呼应着德里达对事件的代表性界定。帕西菲奇在此引出的、无法单独被述行所担待的“被动状态”,准确地道明了以言行事的主动色彩与“事件在被动应答的责任伦理中才存在”的区别,和我们在上面的分析是一致的。他还引述约翰·霍尔出版于2009年的《启示录:从古代到现代帝国》中有关“在历时性和战略性时间性框架下的行动之间的相互关系得到了促进,因为这两种时间取向都集中在展开了的事件序列上。脱节和失语的出现,往往是因为历时地强调重复和可计算性,与强调战略上的时间性,即意在塑造未来事件进程的一次性行动之间的差异”的观点,[③]指出“在这样的表演从历时性转向战略、危机或事件(取决于所使用的术语)之前的时刻是多么困难”[④],认为事件的多变性,很大程度上与这种身份认同上的不确定性有关。

借助法国历史学家莫娜·奥祖夫(Mona Ozouf)在其《节日与法国大革命》(这部著作借鉴了涂尔干《宗教生活的基本形式》一书的方法)中对法国大革命这一划时代事件的分析,帕西菲奇将这一论证具体化。虽然得承认在革命起点上,像宣誓等述行行为确实指向了事件的发生,但奥斯汀没估计

---

① Robin Wagner-Pacifici. *What Is An Event?*. Chicago: The University of Chicago Press, 2017. p.54.

② Ibid, p.55.

③ John R. Hall. *Apocalypse: From Antiquity to the Empire of Modernity*. Cambridge: Polity, 2009. p.213.

④ Robin Wagner-Pacifici. *What Is An Event?*. Chicago: The University of Chicago Press, 2017. p.60.

到，述行又会因强烈到过度（这是宣誓的常态）而越出发话者本人的控制，在一个由共同热情激发的集会中，变得容易受到自身力量无法应对的行为与情感的影响。打动发话者的强大激情，使他仅仅凭以言行事的语境已无法满足诉求，语境必须破裂并接受暴力和无节制的行动的渗入，形成超人的英雄主义，或血腥野蛮的行动，而那才实现事件。法国大革命中崇高与野蛮的交织盖源于此。普遍高蹈的气场，导致最平庸无害的资产阶级成为英雄和屠夫。这种从以言行事到事件的距离，被帕西菲奇概括为三点：一是所有革命或时代转折点所伴随的突然的震惊；二是将人们聚集在一起的情感和激情，身份在此期间发生了变化，男人变得不一样了，参与的可变性导致一些人走向英雄主义，另一些人则走向野蛮；三则是不可避免的暴力引出的全方位情感记录与身份转换。三点共同见证了“表征、指示与述行——都在共同塑造和动员事件”[①]。述行，由此被有力地证明为不是事件的唯一动因。

这便需要在对事件的解释中，动态地开辟偶然性的空间，它依赖于事件的另两个要素：指示与表征。指示性，指任何事件都无法发生于上下文之外，上下文本身在不断变化，进行着扩展、收缩、合并与排除，尤其是指示词主动地重新配置着上下文，借助焦点、姿势与手势等变更着情境中的方向，这便打破了述行的语境饱和性。活动参与者与观众，在关系与身份转换过程中，必须根据不断变化的环境找到自己的方向，确定前后方是什么、哪些因素仍在进行中和已完成、哪些近距离哪些遥远、何为中心和边缘等，对这些的确定，体现着事件在动变中的指示性要素。指示又与表征——“副本”复杂地相互作用。[②] 在一个灾难性事件中，其“副本”包括当地的报道、政府要员的定性与自己事后的判断等一系列渐进、反复的表征，小说、戏剧、诗歌、绘画与照片之类体裁，都形成并移动着事件，大众媒介传播中对突发新闻的标题处理，便体现了体裁对事件框架的意义赋予。

可见，同样触及事件与文学的关系，与卡勒直奔“奥斯汀式的文学事件”的做法不同，帕西菲奇将文学的力量放在了与述行要素相配合、而非直接同一的位置上，从1997、2007到2017，依次相隔十年的三个时间节点显示出的这种观念演进，于今得到富于意味的综观。

---

① Robin Wagner-Pacifici. *What Is An Event?*. Chicago: The University of Chicago Press, 2017. p.96.

② Ibid, p.26.

第五节　调动事件视角的后理论

依据以上分析，以言行事的事件学定位是：它不能和事件哲学直接划等号，仅在一定的限度内，作为事件发生的某种因缘，和其他因素协同并形成事件。

本章对上述定位的探讨，是从提出以言行事的“事”能否被置于当代事件哲学序列这一问题开始的。在这一问题上的争议，随着乔纳森·卡勒提出的“奥斯汀式的文学事件”这一命题的模糊性而加剧。有三条理由让人对此产生怀疑并给出否定的回答。一是，前期德里达批判表明奥斯汀因预设语境的饱和性而中和了事件。二是，与此相联系，前期德里达同样以严肃/不严肃的对立，将文学书写视为寄生物而排斥差异。以言所行之事因而不属于事件，看来已是个水到渠成的结论。而进一步联系后期德里达代表的事件理论主流，我们又发现，可以提出第三条理由，即以言行事在作为观念性的施事中，缺乏他者的介入与冲击，回避了事件学及其独异性主题中至为重要的责任伦理内涵。帕西菲奇等晚近学者，不直接视以言行事为事件，相反主张让它在与包括文学在内的其他要素的配合中实现事件，为笔者的论证提供了有力的理据。因此，对“文学事件”这一概念便需要另行溯源。像这样辨明“不是什么”后得到的“是什么”，才有助于更好地从整体上把握事件思想史的行进脉络。

检视上面三条理由，特别是最后一条理由，会发现事件从方向上说是走向解构的，卡勒这个命题不够令人信服的主要原因就在这里。据此再回到他提出这一命题的语境中，对他用德里达和德曼来解说奥斯汀以言行事的可能，也就可作出判断：德曼“也把事件的可能性与述行的设定联系在一起，不过，相比强调强行设定所具有的潜在的积极特征，他更强调两难结构的不可理解性”[①]。称德里达强调述行的潜在积极意义，固然是本章意图证伪的模糊之处。把德曼从奥斯汀有关述行与述事无法真正区分、只能不断形成分岔的观点发展出的修辞阅读批评，说成强调两难的不可理解，并试图从中引出事件的可能，这同样不充分。原因不仅仅在于德曼这一企图揭露述行与述事之间不平行、旨在不断解构的理论，本身却竟然预设了为自己所正反

---

① ［美］乔纳森·卡勒：《理论中的文学》，徐亮等译，华东师范大学出版社 2019 年版，第 134－135 页。

对着的建构性，以至于连他自己也察觉到陷入了“抵制理论”的悖论：“无论什么东西都无法克服对于理论的抵制，因为理论本身就是这种抵制。”[①]建构性地提出一种旨在解构的主张，这本身已使德曼的修辞阅读理论带上了人为的方向性而成为“总体化的”[②]，事件在这种趋于饱和的总体化变种中，被中和与消解了。归根结底，这是把述事拉回到述行轨道中所致。唯当思维像帕西菲奇那样倒过来，让述行跟着述事的不断意外的发生走，这才有了让以言所行之事在破裂的溢出中接受指示性因素中他者的冲击、而形成事件的可能。饶是如此，也还有让这种冲击不定于一尊，以至于再度沦入饱和样态的问题，所以帕西菲奇及时引入了述行与指示之外的表征因素。决定事件的因素始终不是单一的。

这样，当卡勒令人信服地将德曼上述理论观概括为“理论就须以语言问题为焦点，因而把阅读的注意力集中于文本的语言和修辞结构”时，[③]理论自身仍在总体化意义上对自身的顽固抵制，及其中和事件的实质，便使“理论之后”很自然地与“不再中和事件”这点联系起来。这并非说后理论得唯一地从事件思想中取资，而是客观地展示出了一种新走向：对后理论方案的激活和深思，是不是可以来创造性地考虑调用“事件”这一视角？

在这种情况下，乔纳森·卡勒运用史蒂文·纳普的“文学兴趣”概念来激活理论研究，将作为指涉物的文学插入与理论表述一体的新脚本，使文学通过“能动”结构，从理论对象变为理论自身的性质。“能动”一词来自纳普及其述行立场，因此不能被译为“代理”。但将文学纳入述行时又因语境性等始源残余，回避了他者的冲击。由于述行中这种始源残余，立足于它的“能动”结构并未根除对象与结构的界限，阻断了理论中的文学。用基于事件思想的“虚空”结构置换卡勒的“能动”结构，以主体趋向语言限度的潜能运动来根除对象与结构的界限，才解开了理论与文学的融合难题。主体在此虚化进程中，呈现出与“泰然任之”的本质区别。这一置换揭示出理论中的文学在后理论定位上有别于经验感悟之处，并已初步得到实例的演示。下一章即循此解题。

---

① [美]保罗·德曼：《对理论的抵制》，李自修译，见《解构之图》，李自修等译，中国社会科学出版社1998年版，第114页。原文在“就是”下打了着重号。

② 同上。

③ [美]乔纳森·卡勒：《理论中的文学》，徐亮等译，华东师范大学出版社2019年版，第69页。

第六章 “理论中的文学”的虚空论置换

如上一章所分析，“理论中的文学”是乔纳森·卡勒出版于2007年的著作书名，也是他进入新世纪后的同名主张，其核心是将作为指涉物的文学插入与理论表述一体的新脚本，使文学从理论对象变为理论自身的性质。这就要破除文学与理论的界限，找到使两者不再彼此外在、相反融为一体的动力。此前已有学者对此表示过类似愿望，[①]但在具体探讨实现这一主张的结构方面，卡勒是第一人。他称这种特定结构为“能动”，却只纲领性地简要提出，后续未再展开详尽的论证。这或许是此后十六年里多见对此的话题照搬，而鲜见对它作跟进分析的原因。当今天文学在各种新兴媒介中的位置确认显得迫切时，对“能动”结构的译名、内在机理以及外在定位进行深度考察，重审理论中的文学，便有着不可低估的现实意义。

第一节 “能动”的始源残余：未能根除的界限

鉴于“能动”结构直接建立在对述行(performative)的信任上，要凭借这一结构根除理论与文学的界限，便需要检查：述行是否已保证所说者与所说本身不再分离？述行是以言行事的简称。问题于是进一步变为：以言行事是否根除了所说者与所说本身的界限？从而，以言所行之事，是当代思想所说的那种让发生物与发生源融为了一体、消除了始源的事件吗？这一问是卡勒未及深究而等待我们来填充的。

事实上，我们已经提及，把述行等同于德里达等当代学者所说的“事

① 如哈贝马斯在后形而上学论域内探讨这一问题，通过分析卡尔维诺小说《寒冬夜行人》，指出当文学文本被读者接受时，其不同于现实世界而营造出的虚构性消失了，“理论要求在实践中加以证明”这种虚构性的消失，从而文学和理论产生出同一性，关键在于“在它们的临界点上不对有效性加以转化，不让读者放弃作为文本本身所提出的有效性要求的接受者的角色”([德]于尔根·哈贝马斯：《后形而上学思想》，曹卫东、傅德根译，译林出版社2001年版，第240页)。

件”,并将文学纳入其中,是卡勒《文学理论》与《理论中的文学》共同处理的一个主题。前书第七章“述行语言”和后书第六章“述行”,提出了同一个命题:“奥斯汀式文学事件”(the Austinian version of the literary event)。[①] 这个命题能否成立?需要来考察它是否仍存在着顽固的始源。

首先,以言所行之事因其语境的饱和性而“被中性化了”,不等于“超过限度内来到我身上”的事件,[②]这种中性化,如同康德所说的那种必然与“规格理念”有关的“平均值”[③],即在对差异的均质调和中预设了一种始源。这是德里达坚持批判奥斯汀的理由。他发现,奥斯汀言语行为的目的论意味着主体意向的意识性在场,施行话语交流的规范性体现为意图意义的优先。这击中了以言行事的语境性(context)要害。奥斯汀确实表示过,施行话语“是在正常的情境中讲出的”[④],因此“必须考虑说出该话语的整个情境——整个言语行为”[⑤]。语境性,便在某种程度意味着总体性,它对事件最重要性质——发生性的回避,被斯坦利·费什在论列一系列以言行事做不到的事后,总结为“言语行为理论解释了可理解性的条件,解释了它在社会中意味着什么,解释了一个人被理解之前必须制定的程序。在许多文本中,这些条件与程序都是预先假定的;它们没有摆在我们面前供我们考虑,重点是在它们被满足和调用之后会发生或可能发生什么”[⑥]。语境性因而隐藏了述行的始源盲点。

被德里达正面树义的事件,则不取道于通畅(总是显得可能)的语境,而需要经过不可能性这一中介的尖锐转换才能达成,从述行便推不出事件思想。这或许与卡勒的英美学者身份有关。英美传统倾向于持可能性立场,与欧陆传统较多见的不可能性立场异趣。从卡勒晚近在研究抒情诗理论时反复提及“研究西方抒情传统中固有的可能性来探索替代方案”“可能性系统”等,[⑦]便不难领悟此点。在此意义上我们才理解,2017 年美国学者罗宾·瓦格纳-帕西菲奇所著的《什么是事件?》,为何另辟蹊径指出事件由述行、指示(demonstratives)与表征(representations)三个要素共同组

① [美]乔纳森·卡勒:《理论中的文学》,徐亮等译,华东师范大学出版社 2019 年版,第 140 页。

② 杜小真、张宁编译:《德里达中国讲演录》,中央编译出版社 2003 年版,第 63 页。

③ [德]康德:《判断力批判》,邓晓芒译,人民出版社 2017 年版,第 54 - 55 页。

④ [英]J. L. 奥斯汀:《如何以言行事》,杨玉成、赵京超译,商务印书馆 2012 年版,第 19 页。

⑤ 同上书,第 44 页。

⑥ Stanley E Fish. *How to Do Things with Austin and Searle: Speech Act Theory and Literary Criticism*. Homewood: MLN, Oct, 1976, Vol. 91, No. 5, *Centennial Issue: Responsibilities of the Critic* (Oct., 1976). p. 1023.

⑦ Jonathan Culler. *Theory of the Lyric*. Cambridge: Harvard University Press, 2015. p. 3, 6.

成，“只有当表征、指示与述行相互支持和反映时，事件和事件概念才会最终形成。”[①]述行是事件的一个组成部分而非全部。

其次，以言所行之事以“不严肃”为名排除了文学，[②]卡勒吸取德里达思想来试图扭转这一局面，却在将文学纳入以言行事范围的同时预设了意图性始源。德里达用同样得到了卡勒关注的可重复性(iterability)与引用性(citationality)，解构奥斯汀构造出的严肃/非严肃的形而上学对立，不再将文学视为非严肃的话语而排除出以言行事的范围，却想用文学引出其事件性力量。虽然后来奥斯汀的学生塞尔写了《复德里达》来反驳德里达这一主张，但从卡勒对塞尔这一观点的不以为然，以及肯定了“解构理论之所以存在，完全有赖于重复之功”看，[③]他对德里达观点的倾向性是明显的，即也同意用文学来完善以言行事。然而他的说法却是，对一首诗歌“为了察觉这件任务是不可能的，它需要被当真地对待”[④]。“察觉这件任务是不可能的”，便允诺了意图在以言行事中的渗入，这与他同时正确强调了的以言行事对意义与发话者意向的联系的打破，[⑤]便存在着矛盾。这种矛盾残余的意图性，因而也导致了述行的始源盲点。

再次，更重要的是，以言所行之事(如打赌、发誓和愿意娶某人为妻等)，有别于现实实践活动而是观念性的，这就阻隔了他者性的力量冲击，仍不等同于事件。一件事在语言的施为中存在，呈现为观念形态，和马克思所说的人的现实的实践活动毕竟是不同的。为卡勒所首肯的纳普的一句话，透露出这种观念性特征：“文学兴趣的道德利益或许不在于告诉我们哪些价值观是正确的，而更谦虚地说，在于它帮助我们发现我们的评价倾向是什么。”[⑥]“评价倾向”即一件在观念中而非现实中所做的事。根本原因仍然出在对语境规则的坚持上。奥斯汀并没有说“我道歉”这句话使我道歉成为一件事，他说的是“‘我道歉’这一施行话语的适当性使得我正在道歉成为一个事实：而且我的成功道歉依赖于‘我道歉’这一施行话语的适当性”[⑦]。以言行事的成败，维系于它是不是合乎适当性、有没有破坏语境得以顺利展开的常规

① Robin Wagner-Pacifici. *What Is An Event?*. Chicago: The University of Chicago Press, 2017. p.91.

② Alan Bass. *Margins of Philosophy*. Harvard: The Harvester Press, 1982. p.325.

③ [美]乔纳森·卡勒：《论解构：结构主义之后的理论与批评》，陆扬译，中国人民大学出版社2018年版，第77页。

④ [美]乔纳森·卡勒：《理论中的文学》，徐亮等译，华东师范大学出版社2019年版，第126页。

⑤ 同上书，第125页。

⑥ Steven Knapp. *Literary Interest: The Limits of Anti-formalism*. Cambridge: Harvard University Press, 1993. p.100.

⑦ [英]J. L. 奥斯汀：《如何以言行事》，杨玉成、赵京超译，商务印书馆2012年版，第40页。

性。这表明以言行事始终是坚持某个前提之下的运作。

对这个前提，学者芭芭拉·约翰逊用一个带有文字游戏色彩的说法来描述：“如果考虑到奥斯汀经常坚持的所有述行话语的常规性(conventionality)，真的可以说开始讨论的主席或为婴儿施洗的牧师或宣判的法官是人(person)而不是人格(personae)吗？……当述行话语使他成为传统权威的代言人时，述行话语自动虚构了他的发话者。”[①]这一虚构自我的过程，抵御他者的介入与冲击，因为发话者诚然也受到限制，受到的却不是听话者而是语境规则的限制。如约翰逊所分析，受限于语境规则，其实不是真正的受限，因为那实际上在接受中放任和强化语境规则，中和了事件的尖锐冲击力。举敦煌曲子词《菩萨蛮》为例：“枕前发尽千般愿，要休且待青山烂。水面上秤锤浮，直待黄河彻底枯。白日参辰现，北斗回南面。休即未能休，且待三更见日头。”情人枕畔耳鬓厮磨、极尽忠贞不渝之情的海誓山盟和蜜语甜言，从述行角度看恰是一种在观念中而非现实中所做之事，如有识之士所言“枕前所发的誓言，大抵是靠不住的”[②]，发话者无须为自己的话负绝对不出意外的责，受话者发现此话被现实证伪后，也不至于单单抓住这句兴之所至的话来索赔，离婚在现代社会的判决极少听说会去追究对一句曾经的誓言的背叛，而只能用事实的法理代替观念的情理，其理便在于观念性同样造成了述行的始源盲点。

既然将文学纳入述行会产生以上语境性、意图性与观念性的始源盲点，建立在它之上的“能动”结构，便使理论在讲述文学时，无法做到让自己也不露斧痕地同时成为文学，痕迹还在并阻断了理论中的文学。卡勒举弗罗斯特的两行诗《奥秘端坐其中》为例，认为当诗中写到人猜测奥秘时，“这首诗本身进入了猜测或知晓的模式”而激发文学兴趣，[③]成为他倡导的理论中的文学同样在做的事：用猜谜这一修辞（文学）方式研究一首涉及猜谜的诗。一时虽还猜不出谜，毕竟却总相信已（可能）有一个谜底的方向在前方摆着，述行在这里对规则之外的事件缺乏估计，而授人以钻空的缝隙。

以上从语言哲学角度对“能动”结构中仍残余着始源盲点的分析，同样得到了生存哲学的证明。对始源保持着高度敏感的当今海德格尔研究者，将 agency 与海氏后期逐渐陷入了神秘的思想联系起来考察：

---

① Barbara Johnson. *Poetry and Performative Language*. New Haven: *Yale French Studies*, No.54, Mallarme (1977). pp.150－151.

② 陶然编：《吴熊和教授纪念集》，浙江大学出版社2014年版，第78页。

③ [美]乔纳森·卡勒：《理论中的文学》，徐亮等译，华东师范大学出版社2019年版，第22－23页。

> 海德格尔谈论这种类型的历史转变的方式常常让人联想到一种神秘的准能动(quasi-agency),在我看来,这种能动并没有严肃的理由。显然,他会否认我刚才所说的方式,因为他认为“能动”(agency)是一个隶属于形而上学的概念。[①]

不承认后期思想蕴含着“神秘的准能动”色彩,却明确宣判“能动”是个形而上学概念。并没有对 agency 一词及其述行立场作必要学理深究的卡勒,将如何应对这样的理据呢?看起来有点棘手。他没有沿此写下去,使之成为一个未竟的悬念。这个悬念驱动了“能动之外还有什么”的方向:对理论中的文学,有没有可能跳出目前的思维定势,来找到一条不再被始源所关联的阐解新思路呢?

第二节 虚空论视野中的“能动”:潜能与语言限度

这节的标题意味着思考角度的转换:确保文学插入与理论表述一体的新脚本的关键,不是仍暗含着始源的述行方向,而是反过来消解了始源的虚空方向。虚空消解了存在于事件前的主体性,唯一地发生出客观性,才擦除了理论中的文学所面临的痕迹难题。

虚空(void)是坐落于“有/无”范畴之外的意义维度,虚空论是超越以存在论为标志的关联性立场的新思想。存在论的因缘结构,设定了主体入场后看不见自己所占据的点,有中必定生无,只能离场以尽收全场于眼底。当代显现论者在这点上充分表现出了存在论态度,在把视点描述为“与者”而非“受者”后,发现了观看的两重性:(1)视点在时间的流逝中看到了场内的一切,却始终无法看到自己正占据着的观看位置,观看由于这个盲点的存在,而相对和有倾向;(2)想要看清场内的全景,就必须拔身而出来到场外观看,即进入反思,反思意味着视点脱离了现场而置身场外获得了一个新的、处于更大背景中的观看视点,它固然由此看清了原先拘囿于场内而无法看清的东西,也因之同时失去了现场的亲身体验。这表明,显现中视点的观看不是纯粹在场的,而必然成为在场体验与离场反思(想象)的统一。

---

① James Bahoh. *Heidegger's Ontology of Events*. Edinburgh: Edinburgh University Press, 2020. pp. 89 - 90.

与之异趣，虚空论则通过让主体虚空化，使主体既在场、又同时看见包括自己所占据点在内的场内全景。虚空论及其诗学效应，尚未在国内外学界形成正面的主题，但它作为隐线其实已贯穿于当代思想中。本着论从史出的原则，我们需先图绘这条隐线的四个关键环节，然后在此基础上观察虚空论为理论中的文学带来了什么。

古近代关于虚空的探讨，由于形而上学主流而显得边缘化。二十世纪以来，把“虚空”这个源自古希腊哲学的概念，尝试运用于哲学与诗学的人首推布朗肖。与海德格尔视语言为存在的真理不同，他谈论马拉美与卡夫卡等现代作家，认为意义不靠语言的向心内收获得，却向外侵蚀而趋于虚空：“被吸引不是被外在的诱惑力所引诱，而是在空虚和匮乏中经历外界的真正在场，并且与在场联系紧密的情况下遭遇了无法更改的事实：只能处在外界之外。”①他据此视语言为对虚空、即主体不在场状态的等待，贯穿其间的是基于匮乏与深渊的吸引力，如同作家所咏叹，“好好看看雨和生命。看看暴风雨、寒冷、虚空、失去的猫、这朵花和你。”②这带出尖锐的问题：虚空如何处置主体性与客观性的关系？接续这一问的巴迪欧，证明“在现在存在的东西之前没有真相。正是在这种虚空的基础上，主体才将自己构成真理过程的一个片段”③，事件在主体趋于虚空状态的过程中即时地生成，这个过程作为“构成真理”（即实现客观性）的环节，使巴迪欧“通过这种方式改变主体性的定义（主体形成对事件的回应，而不在事件发生前）”④，才在主体趋于虚空之际打开了客观性。

虚空的这种客观性有没有时空维度？布朗肖交出否定的答案，认为基于虚空的灾异书写“没有它发生完成所需要的时间和空间”⑤。这种无时空的灾异，也是“都无法和语言产生关联”的状态，⑥成了纯粹无理性的。这稍后被德勒兹有关事件在虚拟中生成的思想所改进。虚拟又译为“潜在”，经历了在潜能中生成虚空的过程。德勒兹通过区分“序列时间”与“永恒时间”来说明通向事件的“反实际化”操作。“反实际化”即清除实际化的现在，重

---

① [法]米歇尔·福柯、莫里斯·布朗肖：《福柯/布朗肖》，肖莎等译，河南大学出版社2014年版，第58页。

② [法]米歇尔·芒索：《闺中女友》，胡晓跃译，漓江出版社1999年版，第143页。

③ Alain Badiou. *Handbook of Inaesthetics*. California: Stanford University Press, 2005. p.54.

④ Michael Sayeau. *Against the Event: The Everyday and the Evolution of Modernist Narrative*. Oxford: Oxford University Press, 2013. pp.22-23.

⑤ [法]莫里斯·布朗肖：《灾异的书写》，魏舒译，南京大学出版社2016年版，第82-83页。

⑥ 同上书，第73-74页。

新赋予其驱动流变的虚拟动力，使事件从空的瞬间中爆发出来。作为绝对流变的最小瞬间，这种纯粹的空形式就是时间的永恒真理。对虚空的抽象感觉，或者说对事件与运动的直接感觉，是一种对时间（形式）本身的空直观：时间是脱节的，神是空的时间，人是时间中的顿挫，时间不是属于既成物的限制性边界，而是穿越与推动所有变化物的界限本身，也即运动中不断接近的某种极限，这种极限意味着，充实时间-空间场域的是强度的量，其生成源于强度的零度，即纯粹时间-空间的虚空，需由此建立"一种对于空间和时间的空意识"①。这与语言走出同质性平衡的积极创造作用有关，引出了语言打破平衡状态后的限度。

语言是有限度的，其极限处构成了对经验性语言的否定。这点稍后被阿甘本注入了更深的意蕴。他旨在探讨使任何发生成为可能这一主题，即不仅发生出事件，而且要让"发生"本身也始终处于发生状态中。这靠海德格尔前期在有/无范畴之间的转换，以及后期对本有的某种静态持守，均已无济于事，需引入不同于它们的虚空这一新维度，从外部否定已有结构而非从内部同化已有结构，才能做到。他一方面也认为追求康德意义上超越知性能力的物自体有必要，另一方面又感到这个过程须与事件发生本身的事件化同步，因此就必须与书写的困难同步，即"恢复物自体在语言中的位置，同时，恢复书写的困难，恢复书写在创作之诗性任务中的位置：这是即将来临的哲学的任务"②。"书写的困难"就是对语言的限度的敏感。自觉暴露语言自身的限度，物自体才能从各种预设中解放出来，在语言中得到恢复。这便将正在使用的语言逼向边缘，引出一种基于语言限度的经验，或者说非书写的书写，那"仅仅同虚空的和无决定的整体相关"③。虚空论行进至今取得的代表性成果莫过于此。

以上历史事实表明，虚空论的问题意识是，以海德格尔（包括其前后期思想）为代表的关联性思路是否穷尽了客观性。对此的怀疑和反思，使它超越关联性思路而努力打开了存在之外的意义维度——虚空。其理路呈现为环联的四步：

（1）存在论在关联性思路作用下，用"无"凸显"有"的可能性，形成整体因缘结构，那照亮了"无"与"有"的界限，或者说以"无"与"有"并非一者、而

---

① ［法］吉尔·德勒兹：《康德的批判哲学》，夏莹、牛子牛译，西北大学出版社 2018 年版，第 149 页。

② ［意］吉奥乔·阿甘本：《潜能》，王立秋、严和来等译，漓江出版社 2014 年版，第 20 页。

③ ［意］吉奥乔·阿甘本：《来临中的共同体》，相明、赵文、王立秋译，西北大学出版社 2019 年版，第 85 页。

是两者为前提，“有”已被“无”决定好而总是可能。

（2）虚空打破这种连续与共存的关联性，证明不存在一种事先去对“有”进行塑形并产生向心力牵引作用的“无”状态，相反，“有”面对的是另一种不断流露出新的匮乏因而总是显得不可能的虚空状态，“无”因此和“有”失去界限，不再有两者而只剩下了一者。

（3）去除“无”状态后的虚空，吸引“有”通过自身潜能及其充满强度的运动去接近它，由于它不再如“无”那样是一种能达到的关联性目标，“有”的潜能运动因此始终只能趋向极限，却无法关联到它，①原先清晰的界限由此被潜能代替，逼出了同时异于“有”和“无”的外部：总逼近着却实现不了之境。

（4）因此，从虚空角度看，具备了清晰界限的，倒是被内部所关联——这往往同时已是一种同化——的伪外部；不具备清晰界限的，才挑起了异于内部的真外部。

可见，虚空是主体在潜能中发动事件的结果，这以新的姿态避免了主体性的始源盲点：不让一种主体性事先在所论对象面前抬头，相反借助潜能运动和流变，以虚空化主体的方式增强了客观性。而只有当对世界的语言化介入，趋向一个将语言证明为不可能的边缘性极限位置时，主体才避实就虚，不再被关联进可能的内部，相反进入了虚空的外部。鉴于对语言来说“任意性与差别性是两个相关的特征”②，以及为了更好地来“呈现语言的发生”③，语言的限度从学理上体现为三方面：一是任意性的限度，表现为，仍有非任意的物与实在存在于虚空中，那指向被卡勒正确提及的思辨实在论；④二是差别性的限度，表现为，差别仍可能凝固成另一种形而上学实体而需要被进而打洞，那便是也进入了卡勒视线的事件思想；三则是发生性的限度，表现为对语言在否定了自身规则后才能获得的生命的探测，那包括同样已在卡勒考虑范围内的后人类与动物研究。⑤ 思辨、事件与生命，由此共同交织起虚空的复调，为虚空注入了复杂而富于新生机的内容。

---

① 潜能运动中主体的虚空化，因此不同于柏拉图理念论对主体的限制，后者反过来让主体努力去达到理念。如米开朗基罗自幼因热爱绘画而备受歧视，其采用透视术便带有向自然科学精确性靠拢、证明自己有能力摹仿理念的用心。

② Alan Bass. *Margins of Philosophy*. Harvard: The Harvester Press, 1982. p.10.

③ [英]亚历克斯·默里：《为什么是阿甘本?》，王立秋译，南京大学出版社2020年版，第22页。

④ [美]乔纳森·卡勒：《理论中的文学》，徐亮等译，华东师范大学出版社2019年版，中文版序言第6-7页。

⑤ 同上书，中文版序言第6页。

都是卡勒客观上已触及的内容，我们现在尝试帮他把中间这座名曰虚空论的桥梁架构起来，即用虚空取代“能动”充当文学与理论之间不再暴露出裂痕的贯通结构。理论在研究文学时，不再从仍携带着始源盲点的述行立场出发叙述，而反过来不断趋向自身语言的限度，在这个过程中根除理论与文学的界限，真正保持住对象和自身研究结构的一体性。这意味着，理论应当在趋近自身语言限度的过程中展示潜能的运动，不再在关联性意义上去企图穷尽文学对象的意义，却尽最大努力接近它，与它较量和搏斗，逼出其作为外部降临、而非主体内部同化的意义，那就使作为指涉物被插入与理论表述一体的新脚本的文学，成为一种避实就虚、探测语言限度的的独异性力量。这种虚空结构才从根本上解开了理论中的文学之谜。

当用虚空这样取代“能动”结构，激活卡勒所说的理论中的文学时，需要及时澄清的敏感问题是主体在这一新结构中的性质与功能。虚空化的主体，真还是具备生命活力的主体吗？抑或它流于理论的愿景，实际上失去可操作性而滑向神秘，沦入了后期海德格尔思想中“泰然任之”(Gelassenheit)那种状态？

第三节 去/新主体：虚空与“泰然任之”之别

从表面上看，虚空与“泰然任之”似乎有点像，以至于有些学者很自然地对此产生了怀疑。如上所述，虚空论的集大成者阿甘本，相信潜能作为含混而充满冲突的领域，在语言的极限处才具备反抗的可能，被如此设定的主体性，受到一些学者的批评，他们认为，以不可能性为自身边缘，建立于其上的生命政治因之失去了主体性，不再行动与自主创造，却“使得生命政治变得毫无力量，并缺乏主体性”而“让人想起海德格尔的泰然任之”[①]。后者如学界所知，关涉“让存在本身总是前瞻性的与选择性的”始源盲点而为人诟病，[②]这就把基于潜能的虚空论是不是在重蹈“泰然任之”状态的问题，提上了议事日程。

对这个问题，简单呼吁一下“重建主体性”并不奏效。因为，如果仅仅出于反对潜能趋向限度运动的用意、而重提主体性的必要，那带出的对策很可

① [美]迈克尔·哈特、[意]安东尼奥·奈格里：《大同世界》，王行坤译，中国人民大学出版社2015年版，第46-47页。

② [美]理查德·沃林：《存在的政治》，周宪、王志宏译，商务印书馆2000年版，第152页。

能仍只不过把主体性“限定在不变的、自然主义的框架内”，即仍以“常数的”范式来描述主体性对权力结构的反抗，[①]而把主体性常数化，并不足以创造出生命的另类形式。这可以得到现实的印证。以我国 1980 年代中期的那场主体性大讨论为例来看，当时一大讨论焦点是，为反拨过去很长时间里只讲客观、不讲主观的机械反映论流弊，每每在个体性、自由性与精神超越性的意义上倡导主体性，而为了清除这种主体性理论脱离社会性所陷入的更大片面性，当时坚持审美反映论的另一些学者，针锋相对地试图通过论证主体性是马克思主义反映论的题中之义，认定情感、想象、无意识心理与创作个性等主体性成分“从根本上说是由客观现实所决定的”[②]，强调主体性是社会性意义上的主体性。今天看来，后一立场看似克服了前一立场的偏颇，却仍只到理论而非实践层次为止，停留在常数化的主体性观念中，在让主体性服从于一种逻辑主义设定下的客观性前提之际，回避了主体从事现实实践活动时必然会遇到的各种偶然与例外因素，质言之忽视了现实实践活动的事件性。所以，对“重建主体性”的浮泛谈论，并不足以防范主体在虚空中“泰然任之”的风险。怎样进一步治本呢？

可取的方案是在虚空的去主体进程中生产出新主体。学者们由此提出“生命政治是新的主体性的创生，这既是反抗，同时也是去主体化”，感到应通过产生另类主体潜能，深化包括虚空论在内的理论研究。这种“去主体-新主体”的张力结构，被在事件意义上描述为“这个事件，通过生命规范与形式的积累，以及主体化的力量，介入主体性领域，实现了新的主体性的生产”[③]。在去主体中重建新主体，就是清除虚空的寂灭性质，复原其行动性。这与齐泽克通过清算海德格尔思想引出虚空维度，又及时说明虚空决非趋于了最低生命张力的死亡变体，相反是“并不等于最低的能量水平”并“代表了‘未死’的方面”[④]，异曲同工。把虚空结构理解为在发生中不断激发新的发生、充满异质冲动而通过行动不再残余始源的事件，显示了虚空与“泰然任之”之别。

有人或许会问：如果有效弥补虚空论的出路是新主体发起的事件思想，那和我们正在反思的虚空论的代表性来源阿甘本是否会构成矛盾？阿氏以潜能为核心的虚空论，直接受到了海德格尔思想的影响，而后者的基干不就

---

① [美]迈克尔·哈特、[意]安东尼奥·奈格里：《大同世界》，王行坤译，中国人民大学出版社 2015 年版，第 47 页。

② 王元骧：《审美反映与艺术创造》，杭州大学出版社 1998 年版，第 273 页。

③ [美]迈克尔·哈特、[意]安东尼奥·奈格里：《大同世界》，王行坤译，中国人民大学出版社 2015 年版，第 48 页。

④ 张一兵主编：《社会批判理论纪事》第 3 辑，江苏人民出版社 2009 年版，第 13 页。

已是事件吗？学者詹姆斯·巴奥出版于2020年的新著《海德格尔的事件本体论》，书名即已肯定了事件思想在海氏思想中的核心位置。在这种情况下，再用事件去激活本就建立于事件之上的虚空，个中理路能否解通？可以从相关的两方面来进一步说明这个问题。

一是海德格尔思想中的事件是否已经是我们此刻正在呼唤的事件。在上面，齐泽克之所以指认海氏忽视了虚空维度，就是因为不满于海氏表示，此在消失后就没有任何东西存在了，为改进这种强势关联论立场，他继续追究“澄明不得不以某种方式从单纯的实体的封闭中‘爆炸’”[①]形成的进一步前景——虚空。如他所正确指出的那样，虚空仍将继续存在，只是不再被海氏纳入意义视界中而获得披露。这表明当海氏相信此在被先行抛入世界、在澄明中获得意义视界时，他开启的是生存因缘结构这一事件。因缘结构，决定了海氏所持的是关联性意义上的事件，它与虚空论去主体后的新主体及其事件实质，在破除有关始源的关联性这点上根本有别。所以，两者不仅不矛盾，后一事件还是保证前一事件健全运作的前提。

二是海德格尔的事件思想是否存在着前后期的转向，以至于前期注重关联性，后期则超越关联性，而与我们此刻正在呼唤的事件合流。鉴于海氏本人曾表示过，前期以《存在与时间》为标志的思想仍未能挣脱形而上学，需进而转向后期围绕同一与差异而展开的“本有”思想，不少论者相应地容易认为，海氏确乎存在前后期思想的转向，这种印象由于当今一些理论（如生命政治）更多取径于后期海氏的思想，而在某种程度上加剧了。巴奥却论证表明，这种断裂式理解并不准确，应把海氏前后期的事件思想视为具有连续性的整体：“海德格尔著作中的历史事件概念是相对于他的事件本体论概念而衍生的，因此，系统地（*systematically*，巴奥特意以斜体强调此词在体系意义上的有组织性和一贯性）讲，是相对于这一本体论概念及其与消除形而上学异化的关系而恰当定义的，与他的纳粹主义或反犹太主义无关。”[②]他并据此力排众议而主张“最好将 Ereignis 译成普通英语中对应的 event”，[③]显示出对全局的通达把握姿态。依此看，前后期思想作为一个连续体，都存在着一个始源的问题。事实是否如此？

从法国当代哲学家菲利普·拉库-拉巴特的进一步论证中，我们获得了

---

① Slavoj Žižek. *On Belief*. London: Routledge, 2001. p.10.

② James Bahoh. *Heidegger's Ontology of Events*. Edinburgh: Edinburgh University Press, 2020. p.10.

③ 1999年出版的海氏后期思想代表作《哲学论稿——从本有而来》英译本，则将 Ereignis 译作 Enowing。

对此的肯定答案。他在《印刷术：摹仿，哲学，政治》等著作里，批评指出海德格尔前期的存在论执著于肯定自身、却不知自我否定与复返的主体，其后期思想中的回避(那显然包含“泰然任之”)，则根本无法回避前期那过于强大的主体，真正的回避必须建立在回避的不可能性之上，“泰然任之”看起来是一种迥异于前期思路的转向，但其框架仍为其前期思想所决定，并无实质性突破与建构。在为这本书所作的序中，德里达赞赏性地指出，确实很难定义海氏思想中的“避免”“否认”与“逃避”等概念，“我们用‘避免’或‘否认’来理解什么呢?”①前后期思想都存在着主体的关联性衷曲，其事件立场便在本性上回避了发生之为发生的彻底性，由此需接受主体丧失(即去主体)-主体复归(即新主体)的范式更新，如研究者所说“失落的主体是拉库-拉巴特同时追踪自己经验的‘主体’”②，充实以虚空论视野中的事件，便构成合理的路向。这也预示了事件思想在当今(文学)理论研究中的活力与契机。

虚空的上述从“去主体”到“新主体”的事件性质，展开理论与文学的无缝对接状态，使卡勒有关理论中的文学的主张褪下了迷雾。相关的例证可以说明这一判断并非夸饰而是恰如其分。

第四节 一则例证及其理论中的文学特征

卡勒对理论中基于“能动”结构的文学，仅简述了其原理而没有举出任何例证。或许在他看来，目前尚未出现这方面的明确表现，而有待展望。这多少有点让人意犹未尽。当用虚空置换“能动”探讨同一问题时，并非没有能说明问题的例证，那在彼时可能缘自无心，于今看来客观上却正坐实了理论中基于虚空结构的文学。我们举蔡良骥的《文艺枝谈》为例。这部著作对外国文学别开生面的研究，蕴含了理论中的文学特征，有助于证明此刻正待验证的主题。

从理论对语言任意性的限度呈露看，理论中的文学不到任意性为止，而是承认文学中有不任意的物与实在，无限趋向后者激发出的前者限度。如《月亮》一篇，发端于太阳作为光明使者却并不万能的感悟，引海涅长诗《德国，一个冬天的童话》“它刚照明了地球的一面/它就把它的光迅如闪电送到

---

① Philippe Lacoue-Labarthe. *Typography: Mimesis, Philosophy, Politics*. London: Harvard University Press, 1989. p.11.

② John Martis, Philippe Lacoue-Labarthe. *Representation and the Loss of the Subject*. New York: Fordham University Press, 2005. p.19.

另一边/与此同时这一面已经转为黑暗”，接着追问“怎么办”，不直接抛出答案，而即刻用《沙恭达罗》中天帝马车夫的话作答：“太阳命令月亮用她温和的光亮驱走夜晚的黑暗。”[①]这里，从太阳到月亮的自然过渡，不借助看似任意却生硬的理论性人力，而让所分析的文学自己来“如波之折，如云之展”[②]，复原自身的辩证逻辑。理论与文学的拼接痕迹，在理论语言趋向限度的虚空进程中得到了消弭。

进而从理论对语言差别性的限度呈露看，理论中的文学也不到差别性为止，而承认并追索文学中不止于语言建构的意义，后者超出着理论的预设，事件化着理论。仍在《月亮》一篇中，从朱自清与刘真笔下女性化的月亮宕开一笔，追询“月亮是人？不，它只是人体的一部分，是一张脸”，于是引出普希金《月亮》与格利戈罗维奇《苦命的安东》；再追询“月亮到底像人？像脸？像眼睛，作者认为它像人，就是人”，于是引出司各特《皇家猎宫》“黯淡的号灯”、德莱塞《天才》“闪亮的盾牌”、华盛顿·欧文《睡谷的传说》“滚动的巨轮”、阿·托尔斯泰《两姊妹》“游动的水母”、罗曼·罗兰“鹅毛”与波德莱尔“冰盘”之喻；进而追询“同一形态的月亮，既是人，又是脸，又是眼”，于是引出普希金《死公主和七勇士的故事》和密茨凯维奇《康拉德·华伦洛德》；[③]附议以歌德有关文学细节允许不可理解的独特认同，阐明“抒情文学中的形象”这一长期处于薄弱研究状态(因为对形象的界说往往只以叙事文学为判据)、也有相当难度的理论。《风》一篇亦然。从风无形而只能在别的对象上看出其方向与强弱，引出雨果《笑面人》“云是风的面貌”；又通过设问“风果真是无形的”，引出普希金《冬天的夜晚》、裴多菲《牛车》与王尔德《西班牙公主的生日》诸诗中风的形状、气味与色彩；继而追询作为其最常见手法的拟人，引出《约翰·克利斯朵夫》“风用它黄金般的嘴唇吹着大地”和朗费罗《灯塔》中“大飓风的魁伟的双肩”；再追询其描写的单调性，引出泰戈尔《沉船》、高尔基《意大利童话》中野兽般的风、富曼诺夫《恰巴耶夫》中猛犬似的风、柯罗连科《盲音乐家》中抖动着翅膀的风以及季洛姆《杰瑞美的明灯》中“晚风的黑翅膀”等，[④]调动起“文学形象的虚实关系”理论。密集而精妙的例证并不平铺直叙、机械地作为理论举证现身，相反在紧张的层层追问形成的事件中，逼出一个个尖锐的问号，虚化(即积极克制)主体各种预设，防止文学兴趣在理论语言的符号差别所可能形成的另一种变相因果实体中失落。

---

① 蔡良骥：《文艺枝谈》，浙江人民出版社1982年版，第32页。

② 钱锺书：《管锥编》，中华书局1986年版，第409页。

③ 蔡良骥：《文艺枝谈》，浙江人民出版社1982年版，第33－35页。

④ 同上书，第53－55页。

再进而从理论对语言发生性的限度呈露看，理论中的文学同样不到发生性为止，而是承认并反转出那个否定现有语言规则的、赤裸的生命姿势，后者将理论与文学打通为一体。《酒和时代》以贺拉斯名句“一杯在手，谁不谈吐风生”起兴，却承接以“本文作者也是在一杯之后，兴致勃然，提笔来写这一篇文字的”[①]，否定了台上在演戏，却把台下的观众移入台上的戏，在入戏中调停理论与文学的隔阂，娓娓道出文艺真实性理论。《卖刀、卖画、卖车和卖圣像》，则从“十余年前”自己在城乡物资交流大会上听到的一段生动商贩对话入笔，引出果戈理《肖像》中施金劝画店店主的生意话，不禁“大大惊异于在不同国度里、相隔一百余年的一个商贩和一个店主，其语言竟是那么的相似”[②]，沿此逐渐逼近作者试图道出的生活语言理论。这个运思过程已不见理论与文学之间那道顽固的鸿沟，讲述者将自己化身于所讲述之事中，仿佛在失去自身立足重心的情况下，端出了包括自己所占据点在内的现场全貌和真相，臻于理论表达的虚空化，获得了理论研究中罕见的空灵感。

上述例证似乎很接近随笔体，但与一般所说的随笔有着本质不同。随笔以主观的思想表达与情感渲染为主，带有强烈的主体性色彩，与虚空写作恰形成了鲜明的比照。在虚空中逼出主体以为总是可以操控的语言的限度，虚其心而实其身，这条让主体事件化的思路，才根除了卡勒的“能动”结构所未能根除的二元论残余。做到这一点，哪怕是出版时间较早的例证，也不妨碍它具备了后理论写作潜质；反之，即使是最新出版的后理论著作，也可能比起理论甚至前理论来换汤不换药。我们当然欢迎并期待能有更多、更集中的“理论中的文学”例证出现，但在此前以《文艺枝谈》这样的既有例证为参照，又是可行的。

认识到上述区别，“理论中的文学”才形成后理论写作，而非重蹈前理论。如果按卡勒留下了缺口的论述，理论中的文学可能倒退回我们熟悉的那种满足于直觉意会、经验感悟老路的做法，那其实是前理论观念。正如用理论中的文学观念来研究诗歌有别于我国古代“论诗诗”，用虚空结构取代“能动”结构贯通文学与理论，探索理论与文学的创造性临界写作，才清晰地凸显了“理论中的文学”的后理论定位。这种定位正是今天我们需要来深度勘探它的动力和意义。

---

① 蔡良骥：《文艺枝谈》，浙江人民出版社 1982 年版，第 7 页。

② 同上书，第 120 页。

第五节　回应“述学文体”与“论笔体”研究

论述至此，有必要对近年来兴起于我国人文学界的“述学文体”与“论笔体”讨论作一回应，因为两者表面上都与“理论中的文学”颇为相似，值得加以辨析。

“述学文体”讨论主要为三个原因所推动。首先是，批评理论及其形成的强大理论文化，历经一个多世纪的发展，逐渐与文学现象疏离，后者作为理论的阐释对象，使阐释主体有被压抑得年深日久之感，产生出反弹的意愿，探索学术本身如何来更好地表达自己（这包含了超越理论、回归文本之意）。二是，一个多世纪以来语言论学理的深入人心，使人们在看待对象时慢慢习惯于从建构性立场出发，不是直奔一种理论“讲了什么”这一目标，而是流连于这种理论“如何被讲出来”这一旨趣，很自然地便会考虑学问表述的文体这一新问题。三是随着研究条件的日渐改善，文献采择空间日趋丰富，不少文人学者的讲演、引语等材料，陆续被钩沉出来，为学术界深入细致了解相关学说的创生背景和言说隐衷，提供了今天特有的时代便利，客观上也刺激和促进了人们对学术表达方式的关注兴趣。在这三重背景下出现对“述学文体”的呼吁，[①]便属于题中应有之义。

但在这般论述时，“述学文体”播扬者每每流露出的情绪，是有感于理论与文学的隔阂而试图回到学术美文写作之路。论者很容易进而以一些个案为例表达上述想法。如以“后期维特根斯坦与钱锺书的述学文体”为例，[②]试图表明两者在从事“断片”写作这一形式上相似，觉得他们的写法似乎为“述

① 详见陈平原《现代中国的述学文体》（北京大学出版社 2020 年版）的有关论述。

② 吴子林：《“毕达哥拉斯文体”——述学文体的革新与创造》，浙江工商大学出版社 2022 年版，第 190 页。论者以乔治・斯坦纳提出的“毕达哥拉斯文体”为此种意义上的“述学文体”命名。在此值得进一步考虑的事实是，也存在着“毕达哥拉斯陷阱”。英国伦敦大学教授迈克尔・索亚引用里卡多・尼伦伯格（Ricardo L. Nirenberg）与大卫・尼伦伯格（David Nirenberg）联袂发表于 2011 年的一篇论文中的论断，认为巴迪欧的事件思想既在神秘的主观色彩中肯定了公理的必然性，又要求事件挣脱这种事先的必然性而显示出独异，导致了前后龃龉，由此陷入了“毕拉哥拉斯陷阱”（Pythagoric snare）：“在从他的理论论证中推论出哲学与政治上的后果时，巴迪欧将非正式模型的偶然性属性与公理的必要后果相混淆（我们将这种混乱称为毕达哥拉斯陷阱）。结果产生的政治哲学主张在用来证明其合理性的集合论中没有基础。”（Michael Sayeau. *Against the Event: The Everyday and the Evolution of Modernist Narrative*. Oxford: Oxford University Press, 2013. p. 22. 索亚所引原文见 Ricardo L. Nirenberg and David Nirenberg. “*Badiou's Number: A Critique of Mathematics as Ontology*”. *Critical Inquiry*, 37 (Summer 2011), p. 586.）“述学文体”由此始终仍有个防范重新落入某种现成论窠臼的问题。

学文体”提供了可行的注脚。这种看法需要进一步注意到,“理论中的文学”与我国古典文论中注重经验描述的兴会、感悟式批评虽有相似处,却存在着本质区别,是积极扬弃这一环节后形成的新思路。

就与我国古典感悟批评的相似处而言,“理论中的文学”与“述学文体”都在意图上避免将世界对象化或物化,非二元地去领悟它。尽管下文将指出我国古典文论客观上仍带有的某些形而上学局部嫌疑,但它立足于真切阅读经验来感悟地品评文本的意愿毕竟是明显的,例如《二十四诗品》以诗的方式分析文学,形成文学化的文论。由于以文学的整体思维而非科学的知性分解思维去与文本打交道,加上汉语文言得天独厚的涵虚性,文本就相应地如同学者钱锺书在《中国固有的文学批评的一个特点》中所指出的,中国文学批评有别于西方文学批评的根本特征在于被“通盘的人化或生命化”了,[①]即每每被从气、骨、脉、魂、魄、文心与句眼等方面加以研磨,被看成与批评家平等的、非对象性的“人”。一系列中国文学批评特有的术语——风头、猪肚、豹尾、蜂腰与鹤膝等,为此提供了明证。这样,面对与我们一样的这个具有生命元气的“人”,中国的传统文学批评家便不采用知性的认识方法以免割裂其元气,而采用感悟、体味的理解方法来全面地领会它。这与“理论中的文学”因语言不直通事物、不把理论当物操持、相反去激活与创造出理论的思想志向相似,而确实有着被“述学文体”研究所关注和试图吸收之处。

但两者存在着重要区别:我国古典感悟批评在语言层面上很活跃的表现,并不针对形而上学这一明确靶矢,这与文学地做理论试图通过语言击中并走出形而上学,形成鲜明的差异。除外来的因明学以外,中国自古并无西方那种形而上学传统,不具备去挣脱形而上学的问题意识与原动力,不存在“形而上学是坏的”坚定想法。这一背景下的文论,因而具有两种性质:要么其实流露着形而上学衷曲,始终安于做形而上学的变相同谋,而不愿意挣脱它;要么认为形而上学是没有的,自己根本就不是形而上学,而无从去挣脱它。

前一性质表现为趣味主义。从语言摩挲赏玩作品,臆造一个自足性的审美结构,将自己框于其中享受此岸的乐趣,带出士大夫趣味。如果考虑到趣味主义在康德(审美无利害)意义上引发布迪厄等现代学者反思的理由,便不难明白,它基于特定阶级习性而区隔着人类生存的严峻真相。因为它制造出距离,认定带着功利心理看一棵树是个不利于审美的主观行为,与这棵树拉开观照的距离,在距离中去静观它,才是个有利于审美的客观行为,

① 钱锺书:《钱锺书散文》,浙江文艺出版社1997年版,第391页。

质言之，在趣味主义看来，取消距离将会导致主观性，那不可靠，保持距离才实现了客观性，这才可靠。这就是传统艺术一般不从正面描绘丑、即使触及丑的题材也每每让丑作为美的陪衬而存在、试图化丑为美的原因。因为拉开距离去看某样东西，实质是去看到自己想要看到的、理想的样子，是对这样东西所作的提纯与美化，这一美学观因而是精英趣味式的，仍蹈袭着二元论（在主客体之间人为地拉开距离，即产生了主客对立），未从根本上走出形而上学窠臼。如果进而考虑到康德的纯粹哲学对语言问题的忽略，[①]也会领悟到，趣味主义不同于语言论哲学反思形而上学传统的思想诉求以及揭示“词与物”任意关系的旨趣，后者在语言中生成着并不外在于自己而就在自己之中的世界，取消了主客体之间的人为距离而超越了二元论形而上学，使世界成为与人融为一体因而具有意义的生活世界。文学成为做理论的思想方式，更多吸收的是现代语言论传统，它已经内化为我们今天看待世界的视野。文学地做理论，因而不囿于趣味主义，而有超越形而上学的鲜明诉求，表现为既区分出理论中隐藏着的形而上学狡计，也区分出作为理论本义、又恰好接近文学本性的、不再使主客体对立起来的“沉思”[②]，由此呈现形而上学与超越形而上学的对比度，让理论在文学中开启内在的自我反思。

后一性质表现为感悟随想。散文诗式的感悟品评在古代层出不穷。这种语言游戏有鉴于语言作为符号不具有实质性、人类文化却总得通过语言来表达，而容易失去对人类文化绝对性的信任，用感悟随想取代严整系统的理论话语建构。这作为现代性张力结构中反抗理性的审美层面的用心，是有权得到理解的。但这种做法也容易使关乎文化的议题显得相对、易逝、怎么都行。如果来深入比较一下后现代的语言游戏，就会发现后者并非自说自话，而是针对自然语言观或曰本质主义语言观而言的，语言不与世界发生一对一的关系，只是一套不具备实质性的表征符号，人们从而不能借真理之名贩卖私货，反对形而上学的证据即在于此，但这套证明本身就是严密的学理思辨，其论证来自索绪尔与维特根斯坦这些最严谨的语言学家与哲学家。这就是有识之士讨论感悟随想的情绪性反应时提出应与之拉开一个“知识学观察距离”的原因。[③] 文学地做理论因而也不囿于感悟随想，不取消理论

---

① Franz Rosenzweig. *The Star of Redemption.* Notre Dame: University of Notre Dame Press, 1985. p.146.对于康德忽视语言这一点的更为醒目的批判来自本雅明，他试图证明，康德式的追求如果建立在语言哲学上会更有收获。这条批判思路后来又为保罗·德曼等人吸收并推进。

② Walter Brugger. *Philosophical Dictionary.* Spokane: Gonzaga University Press, 1972. p.415.

③ 刘小枫：《现代性社会理论绪论》，华东师范大学出版社 2018 年版，第 5 页。

的理解世界的权利，不淡化其思辨性能，只是用文学的语言创造性操作、比如叙事与个案等让理论建构保持开放性，避免成为独断的，理论还是理论，却融入文学的思想方式而活起来了。

当这样践行以“理论中的文学”为旨趣的“述学文体”时，文学便不是一种增强效果的添加剂，而是离开它便无从完成理论的本体建构。需要用建立在以言行事理论基础上的Agency，来实现文学对理论表述结构的能动插入。“理论中的文学”，由此便不以深入浅出为名义弱化理论学术的品质，更不在反理论的趣味主义驱动下，遁入将理论修辞化从而消解政治的真空天地，相反旨在让理论文化建立在更加如其所是的基础上。在吸收以言行事哲学的基础上，往卡勒的“能动”结构里注入新生机，那是一种在虚空化主体的进程中去除主体而又新建主体的事件性进程。它和语言在潜能中逼向限度的潜能运动有关，不让书写很快顺溜地导出逻辑和结论，却恢复书写的困难，暴露语言的限度，虚空化主体原本试图安排一切的能力，打破关联性思维。更恰切地取代“述学文体”的说法，从而应当是“述学事件”：以卡勒对“理论中的文学”的体察为起点，激发理论与文学之间的“能动”结构；再以虚潜论思想，根除这一结构在以言行事上的观念性残余，从去主体，到新主体；以这两点为前提，再探索我国诗性传统与之创造性融合、转化的空间。借鉴西学并以之为积极参照，以免不知不觉倒退回传统里需要被批判地吸收的东西，便成为合理的选择。

比“述学文体”研究稍晚兴起的“论笔体”研究，也成为“理论中的文学”方案的对话者。“论笔”（Essay，亦译为“论说文”等），是阿多诺在《文学笔记》中吸收了卢卡奇相关思想后提出的一个重要概念。卢卡奇在其早期文章《论说文的本质和形式——致列奥·普波的一封信》中，曾表示过“论说文”“也是一件艺术作品、一种艺术类型”的想法，[①]初步为哲学与理论写作如何改进自身的表述形式这一问题指出了新的方向。吸收了这一点的阿多诺，以《论笔即形式》一文开启《文学笔记》之思，将“论笔体”视为一种挑战笛卡尔以来那种注重明晰感知和确定性、循序渐进路线和体系性的思想传统的、起源于圣伯夫等现代批评家的意识形态批判和挑战，其要旨为：

> 它不关心任何“原初所给予的”。……正如论笔拒绝“原初所给予的”，它也拒绝对于其概念的任何定义。哲学已从各种角度对定义作了

① [匈]卢卡奇：《卢卡奇早期文选》，张亮、吴勇立译，南京大学出版社2004年版，第120页。

彻底的批判，包括来自康德、黑格尔与尼采的批判。[①]

表达方式是要在定义被省略时打捞那种被牺牲掉的精确性，而非将事物一劳永逸地出卖给概念意义的武断。[②]

论笔是有方法而无方法地行进着。[③]

论笔中的各种概念接受了隐藏于其自身中的"终点"之光，而非被任何显而易见的"起点"照亮，在此，正是其方法体现了论笔的乌托邦意图。它的所有概念都要以这样一种方式来表达，即它们相互支持，每一个概念都通过它与其他概念的沟通而变得清晰。[④]

论笔的总体性，也即被内在地构建出来的形式统一性，是一种非总体性(something not total)的总体性(totality)，这种形式上的总体性并不坚持思想与其事物的同一性观点，这种观点正是论笔的内容所排斥的。从同一性压制下解放出来的自由，偶尔也会赋予论笔一些逃避了官方思想的东西、一个无法去除的时刻、一种始终不褪色的色彩。[⑤]

由于出现在论笔中的概念不仅带出其意义，也带出其理论语境，论笔便必然涉及理论。可以肯定，论笔涉及理论像它接近概念那般谨慎小心。[⑥]

论笔并未美化自身的关切，以至于把起源看得比被中介的事物更为原初，因为对它来讲，原初性正是它自己试图反思的对象，是消极的东西。[⑦]

从中可以窥见"论笔体"试图革新哲学与理论写作的用心。这种用心被我国学者在信任的意义上描述为"一方面，来自哲学论笔体的思维惯性无疑会强化文学批评的否定性和批判性力度，从而穿透文学事象的假面，粉碎'艺术观赏'的虚伪，把真正的文学精神释放出来；另一方面，论笔体也给文学批评提出了形式上的要求——它不是四平八稳粗大笨重的论文体，而是'以碎片的方式思考'，因为实在本身就是破碎的，断断续续的，强加于其上的严谨的逻辑秩序不过是一种假象。这样，'非连续性'(discontinuity)对于

① Theodor W. Adorno. *Notes to Literature. Volume I.* New York: Columbia University Press, 1991. pp. 11 - 12.

② Ibid, p. 12.

③ Ibid, p. 13.

④ Ibid, p. 13.

⑤ Ibid, p. 17.

⑥ Ibid, p. 18.

⑦ Ibid, p. 19.

论笔来说就显得至关重要”，认为这使得“一旦把这种论笔体用起来，思想之锋芒，否定之意识，批判之精神，乃至尝试性、冒险性与战斗性也就必然会随之被唤醒，被附体”①。论者很容易有的这些观感，仿佛也呼应了阿多诺本人1931年在法兰克福大学所作的演讲《哲学的现实性》，后者将关于“论笔”的考虑总结为“精神真的不能制造或抓住真实实在的总体性，但是，它却能够渗透到细节之中，小规模地突破大群的单纯存在物”②。乍看起来，处于上述愿景中的“论笔体”，似乎不但与“述学文体”、而且与我们正在探究的“理论中的文学”都很有相合之处。然而以下三点考量标示出了貌同之中的心异。

首先，尽管阿多诺运用非连续性思维切入哲学与理论写作的立意是那样强烈，但最终他将“论笔体”的目标与性质归结为“非总体性的总体性”，则不仅仍为总体性留下了空隙与残余，而且也依然持守着“是(总体)/非(细节)”的界限性思路，而据前所分析，预设了这道界限的思路，只能是已经确立好某种总体性方向的关联性思路。阿多诺试图以此消除的“原初所给予的”东西，恰恰仍在。所以如果不考虑从德国思想之外的虚潜性立场获得参照和补充，这条思路及其所默许的“从同一性压制下解放出来的自由”，是难以落地生根的。

其次，基于以上关联性立场与思路，被阿多诺在“论笔体”主张中引以为要点的“概念不仅带出其意义，也带出其理论语境”，也失去了可操作性而流于空洞。将概念与其所生成的语境融为一体，实属阿多诺一贯追求之境，在他看来“概念本身和一个非概念的整体是纠缠在一起的”③，因为显然“无论个体还是集体艺术，似乎丝毫无意去逐步实现其概念”④。但在界限性、关联性思路作用下，被做了这般重估的概念，也是无从得到具体落实的。如果在形成这一想法的同时突破阿多诺所置身于其中的德国思想语境，融合法国思想语境，比如德勒兹等人有关“概念建立事件”(详见第十章)的差异论、异质论思考角度，这一问题才有望获得清晰的图形。

再次，或许是由于以上两点局限，阿多诺并未明确点出哪些已有个案可以作为“论笔体”的范例，而留下了付诸实践的悬念。卢卡奇举出的“最杰出的论说文作家的作品”，包括“柏拉图的对话，神秘主义者的文章，蒙田的

① 赵勇:《作为“论笔”的文学批评——从阿多诺的“论笔体”说起》，载《文艺争鸣》2018年第1期。

② [德]泰奥多·W.阿多诺:《哲学的现实性》，张亮译，载张一兵主编:《社会批判理论纪事》第2辑，江苏人民出版社2007年版，第260页。

③ [德]阿多诺:《否定的辩证法》，张峰译，上海人民出版社2020年版，第9页。

④ [德]阿多诺:《美学理论》，王柯平译，上海人民出版社2020年版，第218页。

‘Essays’,克尔凯郭尔的幻想日记和短篇小说”[1],他又称柏拉图为“最伟大的论说文作家”[2]。这样的例举在阿多诺那里似已不复存在。可以揣度的一个原因是,如果将柏拉图视为“论笔体”代表,那么该如何解释其形而上学立场和阿多诺试图反其道而维护的立场之间的龃龉呢?无法贸然提出相关范例,某种程度上恐怕与卢卡奇遗留的上述问题有关。这一课题值得在今天被接力,根因即在于此。

从阿多诺的这些论述中,已经可以察觉到差异与重复的力量。当他表示“论笔中的各种概念接受了隐藏于其自身中的‘终点’之光,而非被任何显而易见的‘起点’照亮”,以及“有方法而无方法地行进着”时,这些说法可以从当代事件思想及其独异性理论中,找到在重复的同时不断生成幽灵性差异的投影(详见第十一章)。如此看来,与“述学文体”研究主要提供了“理论中的文学”的扬弃面不同,“论笔体”研究提出了与法国思想语境进一步联结的主题,巩固了“理论中的文学”引入法国视野、用虚空论置换能动论的理路必然性。

---

① [匈]卢卡奇:《卢卡奇早期文选》,张亮、吴勇立译,南京大学出版社 2004 年版,第 122 页。

② 同上书,第 137 页。

第七章　从虚空-外界思想还原临界写作

现在需作进一步探究的是：究竟应当如何理解理论与文学的临界写作的“界”？在这个要害问题上，始终横亘着一条妨碍我们认知的思路。当通过下面的论证，努力从这条思路中解放出来后，临界之“界”会从另一条思路得到说明，那便是虚空-外界思想。

文论的发展已不止一次表明，有些重要思想早在古代即萌发过，但在稍后的历史长河中变淡了，直至当今才慢慢又开始成为议题。与其说这是被人们遗忘了之故，毋宁说是当代人在阐释变得更为复杂的意义时不断遇到的新旧难题，使这些思想得到了重审和创造的生机。虚空-外界思想便属于这种情形。本章将依次论证其学理逻辑、其帮助解开的既有意义阐释难题、以及其局限为进一步的意义阐释难题提供的转机。

第一节　临界之“界”：虚空-外界

虚空，英文为 void，是古希腊思想中已出现的一个概念。外界，英文为 outside，法文为 dehors，[①]意大利文为 fuori，[②]又可译为“外部”“外在”等。研究存在之外的维度、超越关联性思路（即认为存在与思想唯有在两者的相互关系中才能获得[③]）来理解意义的思想，即虚空-外界思想。把这两个词连接在一起的理据既是历史的，也是当代的。

---

① ［法］吉尔·德勒兹：《批评与临床》，刘云虹、曹丹红译，南京大学出版社 2012 年版，前言第 1 页。

② ［意］吉奥乔·阿甘本：《来临中的共同体》，相明、赵文、王立秋译，西北大学出版社 2019 年版，第 86 页。

③ Levi Bryant, Nick Srnicek and Graham Harman. *The Speculative Turn: Continental Materialism and Realism.* Australia: Melbourne Press, 2011. p.3. 关联性的传统含义即关系。参见［德］康德：《纯粹理性批判》，韩水法译，商务印书馆 2022 年版，第 79 页注释 2。梅亚苏与哈曼等思辨实在论者称之为“相关主义”（correlationism）、“接近哲学”（philosophy of access）等。

先看历史理据。学界近期探究如何“把虚空及其虚化变成灵性之源”时，[①]简要回溯了希腊虚空思想谱系。作为对此的补充，我们发现柏拉图在《智者篇》中已肯定“非在者以某种方式在”导出的有无之辨，[②]这之后“虚空或者完全的空，就是‘无’”[③]。伊壁鸠鲁学派认为，虚空作为不含任何主观心理与可感知特征的绝对实在，[④]分割开了原子，由此而生的非连续性和个体主义，遭到斯多噶学派的反对。斯多噶学派把虚空与时间、位置、谓述列为四种潜在存在，相信内部具有连续性的宇宙，在自身外部还有作为次级存在的虚空，这不仅触及了虚空的外界，而且指出了它与“无”不同的事件特征：“它们不是存在，它们作为非存在(nonbeings)而出现或被反驳，但在它们纯粹存在的这个存在的空性(nullity)中，它们并没被还原为无(nothing)。”[⑤]这两派哲学描述的虚空，接近我国学者钱锺书有关“中虚”与“外旷”的概括，[⑥]在古代都作为支脉现身，并很快消隐于亚里士多德主张现实先于潜能、[⑦]从而崇尚“有”的形而上学中，引发了后世对“亚里士多德逻辑否认虚空的存在”的共同观感。[⑧] 此后两千余年形而上学进程，对虚空的探讨相应地变得罕见，[⑨]才有了其当代复兴。

再看当代理据。自然科学的新进展显示，黑洞作为时空奇异点“是数学符号真实而不是科学经验真实”[⑩]，用数学真实取代经验真实，体现出对关联性思路的超越。物的独立性，超出了关联性思路对它的建构式把握。如有当代学者较早地“将连接性结构和可重复的机器特征与事件独异性结合”[⑪]，从主流语言论及其背反这两种取向上，为新技术视野下的独异性诗学提供

---

① [法]朱利安：《大象无形：或论绘画之非客体》，张颖译，河南大学出版社 2017 年版，第168 页。

② [希]柏拉图：《智者篇》，见《柏拉图全集[增订版]7》，王晓朝译，人民出版社 2017 年版，第211 页。

③ 汪子嵩、陈村富、包利民、章雪富：《希腊哲学史》第四卷，人民出版社 2020 年版，第 167 页。

④ Quentin Meillassoux. *Iteration, Reiteration, Repetition: A Speculative Analysis of the Meaningless Sign. Freie Universitat*, Berlin, 20. April 2012. p.2.

⑤ Claude Romano. *Event and World*. New York: Fordham University Press, 2009. p.6.

⑥ 钱锺书：《管锥编》，中华书局 1986 年版，第 424 页。

⑦ [希]亚里士多德：《形而上学》，苗力田译，中国人民大学出版社 2003 年版，第 129 页。

⑧ [英]弗兰克·克洛斯：《虚空：宇宙缘起何处》，羊奕伟译，重庆大学出版社 2018 年版，第13 页。

⑨ 马舍雷问道：“虚空——也就是说不允许自身受种属和偶然之划分限定的一种存在——的可能性为什么不为亚里士多德这些后继者们所接受呢？”(《在帕斯卡尔和斯宾诺莎之间：虚空》，赵文译，见《追随斯宾诺莎：斯宾诺莎学的学说与历史研究》，西北大学出版社即将出版)。

⑩ 金观涛：《消失的真实：现代社会的思想困境》，中信出版集团 2022 年版，第 16 页。

⑪ Louis Armand. *Event States: Discourse, Time, Mediality*. Prague: Litteraria Pragensia, 2007. p.viii.

了范型。他们不否认，通过与量子力学的勾连，可以将技术机器因素引入对事件结构的分析，进而研究机器语言在独异性诗学中的作用，证明量子力学将测不准的根源归于观测目标始终离不开观测手段的介入，这与机器语言在独异性发生中扮演的角色具有同样性质，后者首先也正是在必然测不准目标、却因此创造出真实的意义上，消解了将自身中介化的做法。但他们同时又认为，若仅止于此，当代技术便成了与主流语言论一致之物，难免被简单化了。对主流语言论在稳固结构中淡化了事件及其独异性的体察，使他们进而将语言与技术-物理系统联系起来，在分析德里达所谈论的“一般写作的可能性”时，指出其不仅是差异性的，而且“在某种意义上也是幽灵性(spectral)的：作为与‘技术’的其他‘公开’行为相伴随的效果”①。幽灵性，即超出了结构(建构)主义稳定性、无法被关联性思路所把握到的复杂性。他们沿此指出，事件水平与时间演化状态的过渡与临界点，在机器技术中联结起了由实例化与表征组成的矛盾系统，复杂的情境流变及其例外尽在其中。这便从技术角度再次确证了独异性对主流语言论的超出，证明了关联性思路不足以穷尽自然科学在今天试图探求的真相。

与自然科学的上述进展暗合，当代人文思想也开始重估以存在论为代表的关联性思路，并以此为起点与核心，循序将虚空-外界思想展开为了五个学理逻辑层次。

第二节 走出关联性：虚空-外界思想的五层学理逻辑

首先，存在的饱和预设被虚空解散并抵达外界的深渊。

“虚空”一词在当代出场于布朗肖著作。“外界”一词在当代出场于福柯的《外界思想》，该文概括了布朗肖的思想，表明其为虚空-外界思想的当代滥觞。布朗肖反对海德格尔有关意义往内凝聚以获得饱和的存在论立场，认为意义向外侵蚀而“在空虚和匮乏中经历外界的真正在场”②，语言相应地是对虚空的等待。这样，虚空不是虚无(那是存在论层次上作为“无”的可能性)，也不是虚妄(那是存在者层次上作为“有”的假范畴)，而是与不可能有关的边缘体验。它挣脱把意义和始源(此在)关联在一起的可能性(因缘结

① Louis Armand. *Event States: Discourse, Time, Mediality*. Prague: Litteraria Pragensia, 2007. pp.274 - 275.

② [法]米歇尔·福柯、莫里斯·布朗肖：《福柯/布朗肖》，肖莎等译，河南大学出版社 2014 年版，第 58 页。

构)框架,打开了未被同质(即在允许始源不变的情况下发生出事件)力量耗尽的异质维度——外界,将存在论的可能性信念倒转过来,迈出了超越关联性思路的第一步。

其次,所进入的虚空-外界具备从内向外的语言创造机制。

布朗肖认定基于虚空的灾异书写中的"沉默不来自语言"[①],虚空成了无言的悬念,这稍后被德勒兹的虚拟思想所拗救。虚拟,英文为 virtual,拥有连续或少于或多于现实的部分,既"外"又"内"(outside-within)[②],而与布朗肖只讲外不讲内形成了分野。可见,虚拟和虚空有关,也包含了对外界的向往,却经历了从内向外、在潜能中生成虚空的过程,以接近事件的虚拟维度的方式,[③]提供了"对于空间和时间的空意识"[④],破除了关联倾向。因为以存在论视野看,"无"决定"有"的意义,照亮了两者的界限,那已经被决定好而总是可能。虚空打破这种连续和共存的关联性,把"无"看成不被事先塑形、无向心力牵引却不断流露出新的匮乏、总是显得不可能的状态,"无"因此和"有"失去清晰界限。"有"在潜能及其强度中趋向极限,这个始终只能趋向却不能达到、显得无理性的边界,才逼出了异于"有"的外部。质言之,具备了清晰界限的,倒是被内部关联(同化)的伪外界;不具备清晰界限的,才发动起异于内部的真外界。

上述逼出过程又经由语言创造来实现。鉴于"极限不在言语活动之外,它是言语活动的外在"[⑤],德勒兹拒斥语言的排他析取与渐进连接,通过扩展、违背词法与句法,借助含混、反复、增生、分叉、偏离甚至变得结巴等方式,见证"在新旧语言之间,是差距,是虚空"[⑥],与布朗肖回避语言创造机制形成了异趣。两人以麦尔维尔的小说《缮写员巴特比》为例,作了相反的分析:布朗肖用"夜晚的私密性"将巴特比的遭遇定性为"被动性的复制"[⑦],强调其无言忍受的一面;德勒兹则视之为语言的主动创造,抓住巴特比回应上

---

① [法]莫里斯·布朗肖:《灾异的书写》,魏舒译,南京大学出版社 2016 年版,第 74 页。

② Ilai Rowner. *The Event: Literature and Theory*. Lincoln and London: University of Nebraska Press, 2015. p.142.

③ [法]吉尔·德勒兹:《差异与重复》,安靖、张子岳译,华东师范大学出版社 2019 年版,第 366 页;[法]吉尔·德勒兹:《〈荒岛〉及其他文本:文本与访谈(1953—1974)》,董树宝、胡新宇、曹伟嘉译,南京大学出版社 2018 年版,第 147 页。

④ [法]吉尔·德勒兹:《康德的批判哲学》,夏莹、牛子牛译,西北大学出版社 2018 年版,第 149 页。

⑤ [法]吉尔·德勒兹:《批评与临床》,刘云虹、曹丹红译,南京大学出版社 2012 年版,前言 1-2 页。

⑥ 同上书,第 212 页。

⑦ [法]莫里斯·布朗肖:《灾异的书写》,魏舒译,南京大学出版社 2016 年版,第 182 页。

司屡屡调遣他做这做那时一句带有上述含混句法意味的话——“我情愿不”，指出它“不仅排斥巴特比不愿做的事，还令他正在做的一切、他理应愿意做的一切变得不可能”①，即决非在否定外界指令之际肯定自己正在做的无聊工作，却在始源发生出事件时，消弭始源的同质性而保持其为事件，防范对它的关联性固着。这就是失去清晰界限后，很自然趋向了极限的潜能运动。

再次，这样的虚空-外界消除了存在于事件之前的主体性，而唯一地发生出了客观性。

经由上述特殊语言创造的虚空-外界会不会淡化客观性？这相当于追究主体在虚空-外界中处于何种位置。推进这一思考的是巴迪欧。他挑明，唯虚空才消除了存在于事件发生之前的主体性，因为“正是在这种虚空的基础上，主体才将自己构成真理过程的一个片段”②，事件在主体趋于虚空状态的过程中即时生成，这一过程成为“构成真理”的环节，使人“通过这种方式改变了主体性的定义（主体形成对事件的回应，而不在事件发生之前）”③，才开启了客观性。因此，虚空反转出的外部是主体退场以发起事件的结果，这巩固了布朗肖所说的不在场状态：主体性愈这般退场，显然便愈增强了客观性。但这又不同于柏拉图理念论对主体性的限制。因为存在论用“无”规定了主体所能“有”的内聚力，理念论同样用“有”规定了主体所应“有”的内聚力，两种内聚力都规定了方向而显得同质，都不具备主体向外侵蚀并因之充满异质风险的行动——客观性恰恰来自被事件化，从而打破了关联性的这里。

第四，语言与主体在虚空-外界中被进而从否定性角度深描。

当这样用特殊语言机制和事件化的主体机制来推进虚空思想时，人们主要从逼近极限的角度运思。极限处始终达不到，构成了对经验性语言的否定。这稍后又被阿甘本深化。他引入虚空维度从外部否定已有的结构，围绕澄明“追问否定性的寓居之所及其结构”④，将其无声的本质定义为“一

---

① ［法］吉尔·德勒兹：《批评与临床》，刘云虹、曹丹红译，南京大学出版社2012年版，第145页。

② Alain Badiou. *Handbook of Inaesthetics*. California: Stanford University Press, 2005. p.54.

③ Michael Sayeau. *Against the Event: The Everyday and the Evolution of Modernist Narrative*. Oxford: Oxford University Press, 2013. pp.22－23.

④ ［意］吉奥乔·阿甘本：《语言与死亡：否定之地》，张羽佳译，南京大学出版社2019年版，第3页。

种‘原始痕迹’，一种在场与缺席之间的原音位”[1]，兼顾作为发生物的事件（从缺席变为在场）与作为发生本身的事件（从在场再变为缺席）这两种状态，并用语言的限度弥合两者：追求康德意义上的物自体，显然为事件奠立了发生源；但这又与事件本身的事件化同步，须因此“恢复书写的困难”[2]，这份困难正来自对语言的否定性敏感。

以这种否定性为铺垫，阿甘本也直接使用了“虚空”与“外界”这两个概念，指出为使自身有意义，语言得置身于它所必须消除的那个东西——“在…之外”中。“在…之外”不指任何关联性意义上的本体论，而“仅仅同虚空的和无决定的整体相关”，即“是同‘它之外的’空间——又必定是个空的空间——发生接触的一个接触点”[3]，正是这点形成来临中的共同体。可以在比较中看清这点：可能性用“无”绽出“有”的生存结构，虽然有时间性动力贯穿其间，却是绕开个别性自身之后作出的限定，仍属于从外部加给个别性的关联性，与用“无”规定主体所能“有”的内聚力一致；用虚空代替“无”，在非关联的裂隙（尚未分离的状态，它涉及了极限）中让既有空间激发出外界，处于这条边缘线上的语言限度，才逼出了界定而非限定个别性的、真正的外界。

第五，作为行动而非寂灭的虚空-外界扬弃性地吸取东方智慧。

以上轨迹得到了齐泽克的总结和延伸。他发现当海德格尔因主体在世界之外而避谈之、坚持此在被先行抛入世界并在澄明中获得意义时，海氏陷入了意义视界要不要去进一步关联实体视界、进而承认虚空的困局：

> 如果实体在澄明（清除）之前作为真实存在，那么两者最终如何关联？……我们会回到没有澄明的实体的前人类沉默存在吗？正是在这样的背景下，我们也应该探讨海德格尔与东方思想的关系。梅达特·鲍斯在与海德格尔的交流中提出，与海德格尔相反，在印度思想中，存在者出现的空地不需要此在作为“存在的牧羊人”——人只是其中的一个。“站在空地中”的领域，它为自己而闪耀。人通过他的自我毁灭，通过欣喜若狂地沉浸在净空中，将他自己与净空联合起来。这种差异是至关重要的：人是唯一的“存在的牧羊人”这一事实引入了“清除”本身的时代历史性的概念，这是印度思想中完全缺乏的主题。……这个维

[1] ［意］吉奥乔·阿甘本：《剩余的时间》，钱立卿译，吉林出版集团2011年版，第128页。

[2] ［意］吉奥乔·阿甘本：《潜能》，王立秋、严和来等译，漓江出版社2014年版，第20页。

[3] ［意］吉奥乔·阿甘本：《来临中的共同体》，相明、赵文、王立秋译，西北大学出版社2019年版，第85页。

> 度是东方思想完全缺乏的——海德格尔的矛盾心理就是这里的症结所在。……他偶尔暗示他的清除与事件的概念及东方的原始虚空(primordial Void)概念产生了共鸣。①

要害因而是海氏在关联性思路中对虚空的忽视。当他相信此在通过先行抛入世界、清除了存在者的实体性质时，这个先行被抛本身仍设定了始源，沿此展开的历史性会沦入另一种形而上学变体，而与事件"不处理任何预先的本体论承诺"的性质相违背。② 由此，可窥见海德格尔内心的一个矛盾，即既想捍卫某种肇端于希腊的西方传统，又发觉此路有不通处。这个矛盾不仅见于海氏前期的存在关联论中，而且见于其后期因赋予了倾听以特权而形成的语言关联论中，都是由于他未及看到希腊思想中其实包含着前述虚空成分使然。但在将目光进一步转向被海氏忽略了的东方传统时，齐泽克又没有简单地用佛家的虚空思想来填空，③而是在比较中指出，不同于涅槃那种消解一切秩序、趋于最低生命张力和死亡的虚空，虚空"并不等于最低的能量水平"，却"代表了'未死'的方面"④，表明接着存在论讲的进路，维系于充满行动的、作为事件而非寂灭的虚空论。正是在这里，被海氏作为无意义实体加以拒绝的那个外界(齐氏特意将 outside 醒目大写)，被证实并不只具有滑向存在者层次的意义，而重新进入了我们的视线。

通过上面五层学理逻辑，虚空-外界思想证明了存在之外仍有意义，对意义的阐释从而不能满足于仅通过存在论这样的关联性思路进行。就此而言，正视虚空-外界，有助于从新角度来考察和解开长期聚讼的意义阐释难题。

第三节　被虚空-外界思想解开的三道意义阐释难题

那么，如何超越关联性思路来阐释意义呢？目前至少已有两种方案。

---

① Slavoj Žižek. *On Belief*. London: Routledge, 2001. pp.10－11.

② John Milbank, Slavoj Žižek. Creston Davis and Catherine Pickstock. *Paul's New Moment*. Grand Rapids: Brazos Press, 2010. p.83.

③ 梵文中没有相当于"无"的词。佛教传入中土后，在大乘性空思想影响下发展出"空"，取代道家的"无"成为核心范畴。参见田淑晶《文心与禅心：中国诗学中的空思维与空观念》(中华书局2021年版)第二章的详细梳理，尤其是第57、74－75页。

④ [斯洛文尼亚]斯拉沃热·齐泽克：《弗洛伊德-拉康》，何伊译，见张一兵主编：《社会批判理论纪事》第3辑，江苏人民出版社2009年版，第13页。

一是分析哲学。它证明关联性属于遵行某种规则所带出的特定语言游戏，其界限却并非不变，因而属于形而上学虚妄。但它视语言为世界的全部，又陷入了更深的关联性思路。二是思辨实在论。它倡导恢复非关联状态下的物并对之进行思辨，以此“重申笛卡尔有关思维与广延的二元论”①，显示了用抽象思维超越关联性思路的态度，却将物与事件截然对立起来，②没有认识到事件化是完整的物的构成环节，③而把存在之外的丰富意义维度简单化了。

这两种现有方案或仅致力于拆解，未能指出意义的新落点，或虽有建构的正面冲动，却多少显得开历史倒车，都无法真正令人满意。较之于它们，虚空-外界思想是更合理的取径。它走出关联性而使三道背景上有联系的意义阐释难题，现实地得到了澄清：当阐释者和创作者（他也是自己作品的意义阐释者）被抛入外部世界、相信由此获得了意义后，真就实现了客观性吗？如果回答令人犹豫，而觉得似乎还需进而还原存在之外的客观性，那是否意味着，打破关联性思路后必然出现的阐释独异性，反而才兼容于阐释的客观性？而这一来，对独异性的允诺又该怎样防范过度阐释，找到那个恰到好处的“度”？

面对这些问号，让我们结合两部2022年正好分别完整问世100与50年的相近主题作品——鲁迅的《阿Q正传》与金庸的《鹿鼎记》，来依次考察虚空-外界思想的解题新思路。

首先，关联性思路并未穷尽阐释的客观性，虚空-外界思想才解开了主观阐释中的客观性之谜。

发自主观的阐释何以能得到客观性？传统对这一难题的解答主要采取关联性即现象学与解释学这条广义的“存在论”思路，④认为“艺术所显现者就取决于它的显现。但是另一方面，艺术所显现者在艺术投入显现的具体活动的一刹那就已经被决定了（或者说已经被暗含在内了），只是尚未显现出来，艺术的活动只是去将它显现出来。这是存在于艺术活动中的二律背反性质”⑤。“二律背反”指先见与后见的共存。在视界交融中如此生成的因

---

① Ray Brassier. *Nihil Unbound: Enlightenment and Extinction.* London: Palgrave Macmillan, 2007. p.58.

② ［美］格拉汉姆·哈曼：《铃与哨：更思辨的实在论》，黄芙蓉译，西南师范大学出版社2018年版，第242页。

③ 参见西班牙学者迈克尔·马德（Michael Marder）2009年出版的《物的事件：德里达的后解构现实主义》。

④ 金宁主编：《〈文艺研究〉与我的学术写作》，文化艺术出版社2019年版，第316页。

⑤ 徐亮：《显现与对话》，百花文艺出版社1993年版，第46页。

缘整体结构，指向"已经被决定了"从而化虚为实的可能性方向。这种客观性在整体上回避主体先见的始源，默许主体意识结构的同质化，被认为需代之以"以事件为中心的现象学"[①]。因为只有当事件依循自身时间性发生、不为一切主体尺度所囿、摆脱任何先验条件的制约，主体才不再是被我们出于各种阐释诉求而人为地请出场去的，而是他确乎必须在虚空论意义上退场，才能换来客观性。虚空-外界视角因而指出了改进方向：主体避实就虚发起的事件才是客观性所系。

因此，受传统惯性推动的文艺批评，虽然可以从作品里不断演绎"生存意义"等话题，却存在着迎合主体因缘结构的同质化趋向的风险，这种风险当遇到需作出客观性评判的阐释场合时会特别明显。例如批评界一直为这样的问题所吸引和困扰：同是触及"国民性的悲剧"主题的著名小说，[②]阿 Q 与韦小宝这两个主人公形象，究竟哪个更具批判深度？从表面上看，鲁迅写阿 Q，写出其从中兴到末路、最终失败的结局，俨然无苟且之意；金庸写韦小宝，却写其官场情场赌场样样得意、一路亨通的运程，仿佛有歆羡之心，其结果就像有些批评家在评价类似文本处理时所说的"不是批判，而是赞扬、原谅"[③]。前者直接介入的批判立场，好像确实比后者时常显得暧昧的认同姿态深刻得多。

这样阐释便化约了本具备生长深度的难题。哀其不幸、怒其不争而将其推至绝路，固然不乏决绝处理的通达快感，却难免也将抉择的困难与复杂性简单化了。这种追求昭彰结果的批判态度，相信人性和文化痼疾可能得到克服，认可着存在论意义上乐观昂扬的、作为理念与掌控性体验的主观死亡：它是对生的执著。但不假手于批判态度的介入，顺其逻辑允许其一路得逞下去，让他顺风顺水地永久活着表演，看似失却了针砭的锋芒，倒反转出一种根深蒂固的虚空境地，抵达了不同于可能性（即可以改变）幻象的不可能性（即无可改变）外部，在那里更为犀利地逼出了虚空论意义上"坏人越来越少，江湖越来越坏"的[④]作为现实的客观死亡：它是怪诞而不可能终结的垂死。前一种主观死亡纵然成其为悲剧，以解脱告终，批评家对其旨归的各种辩护，未尝不都默许着带有审美主义色彩的逃避态度，其思维是关联性的，表现为坚信去除这种现象后会迎来健朗的人性与文化，认为那完全可能，而无需考虑其间不以线性意志为转移的顿挫与意外环节，整个思路建立在思

---

① Claude Romano. *Event and Time*. New York: Fordham University Press, 2014. p.9.

② 曹正文：《金庸笔下的一百零八将》，上海文化出版社 2020 年版，第 9 页。

③ 杜南发等：《长风万里撼江湖》，中国友谊出版公司 1998 年版，第 137 页。

④ 六神磊磊：《六神磊磊读金庸》，浙江文艺出版社 2021 年版，第 447 页。

想可以对存在进行筹划这一信念上，筹划的实质乃规划。后一种客观死亡却以喜剧出之，从一种执着投入世界、“不惜任何手段要求活下去”的日常心态出发，[①]用实际行动见证执著比解脱更艰难也更可贵，其思维则是非关联性的，表现为思想对存在的筹划在现实面前的深深无力感。两种写法相比较而言孰深孰浅，也就可以获得较有说服力的阐释答案：韦小宝形象确较阿Q形象有更为力透纸背的一面。

其次，打破关联性思路后必然带出阐释独异性，虚空-外界思想也解开了客观阐释兼容独异性之谜。

不再关联性地阐释意义，很自然地导致意义无法朝一个方向内聚，主体相应地抑制各种预设，向外侵蚀而调整阐释程序，发展出广义上的独异性阐释姿态。进一步的难题便是独异性和客观性会不会发生冲突。其实，鉴于独异在字面上显得与众不同，而担心它难以与“众”协调好关系、沦为以“突发奇想的方式起作用”的消极（假）成见，[②]这不仅仍属于存在论的关联性思路，而且也体现了东方式、中国式的伦理理解，但在包括虚空-外部思想在内的当代“伦理转向”看来却不成为问题。因为后者揭示出，独异性不构成客观性（当然也包含伦理性）的障碍，正相反，独异的才恰恰是客观（伦理）的。这里的关键在于看到，独异性并非个体性。依循当代学术的理解，判断一种观点是否独异，只有把它与它所不是的其他东西进行比较，但从精神分析学角度看，被拈出进行比较的它，暗含了要找出它不同于其他东西的差异这一行动方向，在行动的潜意识中便已不再是原初的它，而是在重复——即在找出差异的冲动中始终重复性地维持住使差异成为可能的秩序、以及用新的差异同样来重复性地冲击这一秩序——中被置换了，导致人们只能在差异与重复交织而成的复杂潜能运动中感觉到它。因此，以为从普遍中可以分离出来的独异，其实是一种错觉，错就错在它始终达不到实体性的起源——纯个体化的自身，只能通过一个与其本身直接矛盾的过程——重复来逼迫（而非一般意义上的“形成”“生成”）出自己的存在。“重复”在此不仅由相似性因素组成，而且由不可化约的差异组成。这样，独异性便始终达不到那个实体起源的纯个体化自身，而“只表示它可能是什么与它不可能是什么之间的某种紧张关系”[③]。这种紧张关系既然在可能性与不可能性之间发生，便在关联性与非关联性之间发生，即在存在与存在之外的虚空之间发生。它

---

① 卢敦基：《金庸小说论》，浙江文艺出版社2000年版，第220页。

② 徐亮：《意义阐释》，敦煌文艺出版社1999年版，第157页。

③ Samuel Weber. *Singularity: Politics and Poetics*. Minnesota: University of Minnesota Press, 2021. p.18.

不再迎合可能性以自恋，而是主动攻击与摧毁自己以实现自我改造，即并非简单从“是”走向“否”（所以不等于单纯否定意义上的乌托邦与反乌托邦），却整体超越了预知状态，将全身心交付出去，在突破自身中才承担起了见证（回应）他者的责任。

虚空的客观性由此不仅不排斥独异性，而且恰恰经由独异性这一中介尖锐转换而来，是撕裂与创伤之后的彻悟。这又启发意义阐释克服将客观与独异对立起来的倾向，重视作品的独异性踪迹。仍以前面的例子来说，韦小宝形象较之阿Q形象更具深度，就正是由于作家还在语言的独异创造中引出了虚空的客观性。

这是由于，和巴特比一样，韦小宝也在“我情愿不”的人生哲学支配下得过且过（与此相关的台词是“乖乖龙的东，猪油炒大葱”），排斥他不愿做的事，拒绝教化干预。这个事件的发生，又不意味着他对自己正走着的路持坚定信念，而也同时否定着玩世不恭的始源性，即连自己也不知道自己整日在干什么。这样说的证据，包括但不限于他自我吹嘘的四宗混世法宝中的前两宝——“匕首锋锐，敌刃必折”与“宝衣护身，刀枪不入”。将这两句话并置，便产生了语言对极限的趋向：拿这把匕首去刺这件宝衣，后果将如何呢？语言在自相矛盾中流露出含混，相互将对方逼迫至极限，悬搁了共处的可能性，在滑稽感中沦入不可能的虚空境地，演绎了主体如何事件性地趋于虚空的客观。怪诞而不可能终结的垂死作为客观性，便依托语言的这种独异创造而兼容不悖。这是值得在阐释小说意义时悉心把玩的。

再次，为了独异地实现客观，虚空-外界思想还用语言的限度解开了防范过度阐释的“度”之谜。

沿循上述分析所发现的最令人感兴趣的东西，是避免意义阐释过度的突破方向，即究竟如何理解适度/过度阐释的“度”。这个传统难题之所以显得难解，是由于相关解题思路尽管不至于涉及数字量化，仍未能跳出现象学-解释学的存在论窠臼，典型做法即以和谐、充分为“度”的标准，认为“和谐包括两个方面的要求：没有牵强附会；富于整体性”[①]，进而“充分，是指顾及到了本文的每一细部，无一例外，不存在为了符合某种解释，而故意忽略、遗漏或者轻视某些细节的问题”[②]。这条思路的要害在于一种对关联性的预设，哪怕那已吸收现代思想成果，而以意义连续性等各种新面目表述出来。走出关联性后，既然独异性来自对语言限度的试探，以及同书写困难的积极

① 徐亮：《文学解读：理论与技术》，敦煌文艺出版社1992年版，第87页。

② 同上书，第90页。

较量，这种试探和较量在深层次上成全着阐释的客观性，那么语言的限度，就是实实在在的阐释度标准。意义阐释的适度，所适应之度正是语言的限度：适度阐释，指还原作品的语言限度（即书写的困难）以揭示其客观性；与之相对的过度阐释，则指迎合作品的语言惯性而遮蔽其客观性。

这向文艺批评提出了阐释作品的语言限度的任务。继续接着前文的例子看，鲁迅写阿Q最终走向失败，不难被批评家从文本中读出踪迹。金庸写韦小宝始终走向成功，这样的戏仿却会不会在正话反说中失控，以至于令读者感到“作者是很正经的，并没有嘲讽的意思”[①]，而失去距离感呢？专门研究讽刺艺术的学者的确列举过丰富的事实，来表明“有些最上乘的内容戏仿会被粗心大意的读者视为原作或真实的风格”[②]，连博学细心的资深读者也会产生类似的疑惑，以至于对《红楼梦》中黛玉代宝玉戏仿的那首《杏帘在望》，[③]表示“开头破题，结尾颂圣，是试帖诗的路子。林黛玉笔下出现试帖诗，如何解释”这样的不解。[④] 倘若引发这种不解并非作家本意，区分戏仿成败的关键，便维系于作家逼近语言极限以激发客观性的处理智慧。可以举一例旁证。颇为接近《鹿鼎记》戏仿风格的阎连科的短篇小说《革命浪漫主义》，叙述某中队三连长还没谈上合适的对象，碰巧一位姑娘来部队，“这样儿，全营五百多个人，一千多只眼，就那么哀伤地望着她，像一片孤儿望着要丢下他们远走他乡的一个姐姐样，……不再敬礼的五百多个士兵，哗的一下突然朝她跪下来，在夜的朦胧里，五百多个士兵像一座山在她面前坍塌样，像一片树林在她面前倒下样，……齐声地说了一段话——求你嫁给我们连长吧。”[⑤]作品很大程度上指向非常年代中某种集体主义话语的荒谬。可初衷是否与收效吻合？作者本试图让读者领略强烈的反讽力量，却潜在地欣赏着集体主义，因为让连长与姑娘最终走到了一起之“因”，恰恰是集体主义，反讽因而失去了基础，就像金庸对韦小宝同样写着写着悄然变得认同，都落入了戏仿的失控。这样的指责有道理吗？

其实，这种指责去迎合语言惯性的阐释姿态，不及探测到语言在这部作品中的限度，恰成了过度阐释。可以发现，这段文字的画面感极强，强烈到通过“这样儿”“姐姐样”“坍塌样”与“倒下样”（巧妙利用方言词“样”的重复性）这些充满视觉刺激性的提示词直接出面，与之伴随的“夜的朦胧”等环境

① 龙应台：《龙应台评小说》，上海文艺出版社1996年版，第65页。
② ［英］吉尔伯特·海厄特：《讽刺的解剖》，张沛译，商务印书馆2021年版，第79页。
③ 蔡义江：《增评校注红楼梦》，作家出版社2007年版，第217页。
④ 张中行：《红学献疑》，见《张中行作品集》第六卷，中国社会科学出版社1997年版，第127页。
⑤ 阎连科：《革命浪漫主义》，春风文艺出版社2005年版，第31－32页。

描写,也被加重强调而高度造型化,作家似乎从头至尾盯着一个现成化的现场,没有视点上的变换,仿佛真先有这个士兵们齐刷刷敬礼、姑娘忙不迭道歉与士兵们下跪求婚的场景,然后才把这一幕场景勉力记录下来,"看图说话",这便把语言弄成了可指及事物的传达性工具。而我们知道,语言决无法这样传达现成画面,因为它是在符号区分所形成的差别中进行替代与表征的任意性符号系统。因此,作家以诙谐方式逼出了语言不可能达到的一面,即逼出了语言的限度,把语言实际做不到的事凸显为虚空,从中我们在不迅速滑向直接批判性结论的情况下感知到了乖讹:这靠集体主义观念就能轻易做到的一切,是被限度上开启的语言真相所否定的。还原出这点,才成全了意义阐释的适度。相形之下,若从主观感觉出发指责作家在此失去了戏仿的分寸,倒因独断预设了一个惯性化的"度"标准,而成了过度阐释。由此看,引入虚空-外界思想,意义阐释度难题的解决才有了突破的方向。

当然,虚空-外界思想不是静止的教条,它的行动性与事件性,决定了它自身同样需要不断得到开放的阐释,而会在发展中逐渐暴露出某种局限和遗留下某些问题,这反过来也为进一步制约着意义阐释的难题带来了转机。

第四节　虚空-外界思想的局限

尽管虚空-外界思想具有上述深广学理逻辑,从新角度帮助解开了意义阐释中长期存在争议的一些根本问题,功绩是主要的,但同时也伴随着某种局限。虚空-外界思想的起因,诚然是反思建立在关联性思路上的同质化倾向,同质化因其始源而难以获得本体上的澄清,隐含着盲点及其神秘性。但始源又是顽固的。克服了一种神秘性的虚空-外界思想,会不会也不知不觉滑入另一种神秘?

这成为辩证考察虚空-外界思想的新生长点。英国肯特大学教授马克·皮亚森蒂埃出版于2021年的新著《论生命政治:自然与语言研究》发现,后期海德格尔张扬语言是存在的家园,用澄明引出一种作为纯粹意指潜力的声音,却放弃了存在于话语之外的物质性、本体论独立,并未将语言从任何规范性禁令中解放出来,依旧落入以解放为表象的压抑,也影响了试图接着他讲的某些论者的看法。皮亚森蒂埃将这种压抑概括为"拟人化的残余"(anthropomorphic remnant),为反思虚空-外界思想的局限提供了突破口。

"拟人化的残余"指,在暴露语言限度这一前提下进行语言书写,相当于对神进行拟人化的表现,必然会遗留下与初衷相违背的残余。这一术语取自神学上的圣像崇拜,意在检讨阿甘本有关人通过语言的限度达至虚空的思想。古希腊哲学家色诺芬尼,曾批评荷马与赫西俄德对神进行人性化描述的做法,认为神的最高本质是完全不像凡人。但稍后某些神学思想,则出现了将神拟人化的倾向。在皮亚森蒂埃看来,“将神的概念去人性化(dehumanize)的努力,与企图将存在的声音从任何拟人化表象中解放出来的努力有着有趣的相似之处”,因为“将这种存在的概念从任何拟人论中解放出来的努力不可避免地会留下残余物”[①]。意思是,从语言的一般书写中试图引出语言的限度,相当于想要在拟人化中对神“去人性化”,引出超语言的神的本来面目,这难以彻底,注定会在那看似引出的边缘限度——虚空处留下残余,而残余便蹈袭着“解释权只在我”的人本窠臼,暗设了生命只可意会,流露出虚空的神秘色彩。这是此前的虚空-外界论者没有估计到的。

“拟人化的残余”由此赋予语言神秘性色彩。明明是世俗层面上的语言展开,却苦心借助否定性姿势运作来不停地揭底,称如此所见所闻者均不真实,而吁请透过现实的理障进入虚空的神圣大道,这种在语言暴露出绝对极限的脆弱之处坚持使用语言之举,使阿甘本关于语言的界定,回到了这些界定不能不一直属于的地方:“‘语言的纯粹外部’的虚空”[②]。其虚空代表生命的零度,因为它用抽象的外界置换了本应具体的外界。皮亚森蒂埃造了一个富于文字游戏色彩的句子:The outside of language completely saturates the outside from language。[③] “外界”本旨在表达 from 之意,即具体地从语言中达到边缘和限度,属于内部潜能的延伸(就像前文德勒兹那般),但虚空-外界思想后来的发展态势,使语言成了为将后台烘托出来,而不惜公开牺牲自己的姑且、暂时与权宜状态,这便将 from 置换成 of,使人无法再从语言中构思外界。可以在此及时而有趣地插一句的是,被作了这般神秘化处置的虚空,也在相近的理由上受到了我国学者的质疑。如钱锺书评论王士祯诗艺时也用“虚空”一词,道出把语言神秘化后残余的伪饰成分:“一吞半吐,撮摩虚空,往往并未悟入,已作点头微笑,闭目猛省,出口无从,会心不远之态。”[④]钱氏对此的讥议,意在将诗悟区别于禅悟,认定前者建立在语言创造的基础上,脱离语言的虚空会遁入大荒。皮亚森蒂埃则进一步证明了这种脱离语言的虚空在生命形式上的零度后果。

---

① Marco Piasentier. *On Biopolitics: An Inquiry into Nature and Language*. New York and Oxon: Routledge, 2021. p.64.

② Ibid, p.59.

③ Ibid, p.63.

④ 钱锺书:《谈艺录》,中华书局 1984 年版,第 97 页。

他援引施洛特戴克的分析，指出后期海德格尔并未克服其思想中始终若隐若现的反生物激情，特别是以“本有”一词将人的本质归宿于语言，把前期追求的平等意义上的生命抽象化了。后期海氏与福柯，由此交汇于一种关于语言与人的新观念，即语言只在人的消失中才存在，以生命的消解为前提。皮亚森蒂埃认为，对海氏的这种解读开创了一种哲学传统，其中包含了福柯与阿甘本哲学的重要组成部分，要义是“根据这一传统，人本质上不是一个有生命的存在”[①]，换言之，人唯有消失才能遇到真理。这导致虚空所在的外部无休止地逃避于语言的拆解中，难以提供关于人的定义。因为人持续使用着本质上并未属于自己的语言，需要在对语言的否定中呈现其生命形式，这种呈现就是无目的、也非手段的姿势，它从语言规则的日趋惯性化运作局面中引出生命形式的动感介入，仿佛恢复了生命的活力，却陷入另一种执著，即让现实中的人说着语言时，意识到自己从未说出过真实的什么，这种公然撤回虚空的姿势，使纯粹潜能失去了生命，后果是，人尽管能到达语言的边缘，却无法发现那个与纯粹潜力相矛盾的积极因素——语言的限度，而沦入了被这种限度无情抹去的虚空境地。那也正是为齐泽克所拒绝的寂灭式虚空。

这是符合虚空-外界思想进程的判断。仍据前文的梳理，同样反拨关联性思路，五层次学理逻辑中，很明显前三个层次针对的都是前期海德格尔的存在关联论，即超越此在与存在的因缘整体形成的意义团块效应及其可能性信念。相形之下，第四个层次针对的，则是后期海德格尔的语言关联论，即语言被上升至存在之家地位后同样形成的意义团块效应及其可能性信念。前期此在与存在在世界中的共存一体，终究使双方的生命性都得到了保障，虚空-外界对这一格局的超越，无论是主体向外侵蚀，还是在事件中趋于虚空，都没有丢弃生命的具体性，都是在激发生命行动这一前提下展开的。但到后期语言主宰一切后，生命的具体性微妙地发生了被语言否定的过程，否定的决绝使主体的退场并非在事件中即时生成，而更像是被某种神秘力量事先安排好的。这有否剑走偏锋之嫌？能代表虚空-外界思想的主流吗？从最后第五个层次的总结看，它所总结的主要也还是虚空-外界思想在破除前期海氏关联性思想方面的独特优势，预示了这样的纠偏方向：生命的具体性没有理由成为盲点。

纠偏工作由此对准了生命的失落。皮亚森蒂埃将虚空-外界处理为需

① Marco Piasentier. *On Biopolitics: An Inquiry into Nature and Language*. New York and Oxon: Routledge, 2021. p.50.

要扬弃的中介而非直接归属,试图在保留虚空论中合理因素的前提下,重建具体的生命,走向更为健全的生命政治。就是说,生命政治需要克服将语言与生命再度分离的局限,避免让"拟人化的残余物破坏了'生命观念'以及构成这些解释的语言观念"[①],以致令本当具体的生命消散于神秘的虚空,而加剧人文与自然科学的紧张对立关系。这不仅有助于生命政治自身的积极调整,而且可以由此和方兴未艾的动物研究、科幻研究等方向,建立起更为深入的关联。虽然这项纠偏工作的本意是完善生命政治,但被它作为关键理据摆出来的主题——语言否定自身后所趋向的虚空如何重建生命的具体性,是需要虚空-外界思想承认的。

第五节　最后一道意义阐释难题的转机

承认虚空-外界思想在语言趋于极限过程中产生弱化生命的局限,这与前面认为语言的限度才是防范过度阐释的"度",是否矛盾?这就要看在语言的限度上进行探测与试验所形成的独异性,作为消解了始源的重复,是在重复中涵容差异,还是在重复中趋向同一。既然,独异在与普遍性进行比较的重复中拉开和始源的距离,它便在重复中才存在,重复的时间性告别了起点上的永生而使生命有限,由此难以规避的死亡作为真实而非神秘的生命体验,不与虚空相冲突却相反充实着它。韦小宝的无法被现实证实的自相矛盾的话,以及作为其实质的阎连科小说里那些"看图说话"的戏仿,都在限度的意义上表明语言无法透明地导出事物与场面,这是每个人都有的生命体验,不存在为了强制推销某种特定的否定性姿态、而掩藏拟人化残余的嫌疑。独异性阐释在此便以积极重复而不等同于个体性为前提,展开为生命的具体鲜活的差异,未弱化而是深化着生命。用虚空-外界思想来这样介入意义阐释,便是适度的。

但当文艺批评无论是在后殖民主义理论驱动下发出"中国国民性的理论是否也如白背心一样,是洋布编织出来的"之问,[②]还是径直挪用福柯的话语权力理论而得出鲁迅"似乎并不排斥使砍头成为可能的那套道德与政治

---

① Marco Piasentier. *On Biopolitics: An Inquiry into Nature and Language*. New York and Oxon: Routledge, 2021. p.1.

② 刘禾:《跨语际实践:文学,民族文化与被译介的现代性》,宋伟杰等译,生活·读书·新知三联书店 2022 年版,第 80 页。

思维模式。……鲁迅于此反成指点批判看客的高级看客”的结论，[①]则都让人在语言论操演的惯性中，每每感到落入了一种不免使“文本抗拒着应用于它们身上的理论”的理论阐释模式，[②]而疑信参半。原因在于，视角看似奇崛的独异性，被一回回迅速重复为仿佛有某种定规可循的阐释程式，而导致可重复性与可经验性的分离，滑向了类视点中的“普遍化的独异”（generalized singular）。[③] 当存在于重复中的独异性，如此这般受某种单一神学范式的调控而被置换为起点上的独一无二者时，死亡便被永生代替而不再令人焦虑，使世俗凡人在对神的信仰中减缓和抵御面对死亡的焦虑。独异性阐释在此，则用同一性统摄了生命的具体差异性，为虚空留下了神秘的残余。此时用虚空-外界思想看，意义阐释在迎合语言惯性的同时钝化了它的限度，则是过度的。

这又是否表示理论阐释更容易过度？强调这一点的人们，每每将审美阐释视作解药，把又一道难题再度简单化了。二十世纪以来建立在语言论学理基础上的理论阐释——即被当代理论家们概括为“不再以非语言学的即历史的和审美的考虑为基点”的理论活动，[④]也即以语言论立场解读作品的活动——诚然不乏在理论操演方面的过度阐释倾向，但看似与之对立的审美阐释，不仅存在着存在论路线与独异论路线之别，而且在常见情形中满足于走前一条路线，以至于在关联性思路支配下，将审美阐释等同于感悟阐释，当它试图从语言的规则化运作中否定性、赤裸性地解脱出来，感悟性地乞援于超越语言的虚空时，抹不去堕入拟人化残余的神秘色彩，而无以从根本上解题。因此，不能乐观地相信能实现理论/审美阐释互补的折衷局面。因为被理论阐释同一化的虚空-外界维度，固然必须建立在具体的生命基础之上才真实，而审美阐释同样容易在感悟中将生命神秘化，走向抽象的生命形式，并不与理论阐释在逻辑上相配合。症结在于两种阐释范式各自均有拟人化残余，不笼统构成互补。恰当的说法是，理论阐释吸收审美阐释中的独异阐释而非感悟阐释来完善自己。那实际上意味着在承认虚空-外界维度的前提下，可以和应当发展出一种新的独异性阐释范式，就像正关注“后批评”的一些批评家展望的那样，“文学的再描写之所以吸引我们，不仅仅是因为这种再描写是出人意料且诱惑人的，还因为它会增强我们对事物何以

---

① 王德威：《想象中国的方法：历史・小说・叙事》，百花文艺出版社 2016 年版，第 138 页。

② ［美］波林・玛丽・罗斯诺：《后现代主义与社会科学》，张国清译，上海译文出版社 1998 年版，第 121 页。

③ Samuel Weber. *Singularity: Politics and Poetics.* Minnesota: University of Minnesota Press, 2021. p.264.

④ ［美］保罗・德曼：《解构之图》，李自修等译，中国社会科学出版社 1998 年版，第 98 页。

为事物的理解”[①]，以走出文艺批评长期深陷其中的两种范式之争，更好地推动自身的历史化与个性化进程。

这也就是虚空-外界思想在不讳言自身局限的情况下，有助于解开的最后一道意义阐释难题：理论阐释与审美阐释，摈弃并不可靠的互补表象后，到底呈什么关系？如果说本章对前三道难题的索解，体现了虚空-外界思想对意义阐释的修复性补正，那么这最后一道难题在解题方向上的转机，则使意义阐释从虚空-外界思想中获得了生产性路标。生产比修补更重要。因为毕竟透过重重现实迷障写出和阐释出真实而有力的外部，这不仅是文艺创作的时代命题，也是与之协奏的文艺批评的愿景所系。

总结起来便是，虚空-外界思想，是对以存在论为代表的关联性思路作出深度反思的当代方案之一。它通过语言的独异创造与主体性观念的重置，在趋向语言限度的否定性进程中，逼出了无法被内部同质化的外界。它不同于虚无和虚妄，却与虚拟存在着交集。作为当代文论中一条重要隐线，虚空-外界思想的发展，经历了五层次学理逻辑：(1)起点上解散存在的饱和预设并抵达外界；(2)所进入的虚空-外界具备从内向外的语言创造机制；(3)这样的虚空-外界消除了存在于事件之前的主体性，而唯一地发生出客观性；(4)语言与主体在虚空-外界中被进而从否定性角度深描；(5)作为行动而非寂灭的虚空-外界扬弃性地吸取东方智慧。前沿上的最新研究，则引出了虚空-外界在拟人化残余中而将生命神秘化的负面。对此的深入寻绎，相应地有助于依次解开意义阐释活动中的客观性、独异性、适度性与互补性这四道相连环的难题：关联性思路并未穷尽阐释的客观性；打破关联性思路后的独异性能兼容于阐释客观性；避免过度阐释的“度”是语言的限度；理论阐释与审美阐释并不简单互补，激活着理论阐释的是审美阐释中的独异阐释而非感悟阐释，两者的贯通有望发展出阐释的新范式。建立这一理据，进而以此为基础探索如何将虚空-外界思想与汉语文论创造性地融合，将能为我国文艺批评避实就虚的创新，提供积极借鉴。“理论中的文学”的临界写作奥秘由此被揭开了。

① [美]芮塔·菲尔斯基：《文学之用》，刘洋译，南京大学出版社2019年版，第137页。

第八章 临界写作沿此形成的虚潜诗学

在明确了理论与文学的临界写作所临之界是虚空-外界之后，临界写作所依托和展开的新背景——虚潜诗学便相应地浮出地表。虚潜诗学(Virtual Poetics)，是从学理上还原出“虚”的“潜在”含义、吸收当代潜能思想来阐释艺术问题、并在此过程中践行事件思维方式的诗学新形态。它的这一性质，使它首先有助于澄清艺术发生机制研究，比如艺术语言发生学中的某些难题，从而将艺术保持为始终正在发生的事件。本章先讨论艺术语言发生之谜以及无意识理论(从有到有)、存在论(从无到有)这两种现有的阐释，分析两者的阐释局限而引出第三种虚潜论(从虚到有)阐释，论证虚潜在事件思维方式中的客观性，从艺术语言的发生上确立起虚潜诗学方向。“理论之后”的临界写作的性质，将从中得到更为深入的说明。

第一节 从艺术符号区分之谜切入

语言是符号的区分。皮尔士将符号界定为替代他物的某种东西，索绪尔在同样的方向上证明，意义在符号区分中实现。符号的区分是指一个符号在所有不是自己的其他符号关系中才有意义，无论那是横向句段连接关系还是纵向联想对应关系。于是产生了一个有趣的问题：第一个符号在还没有其他符号出现和它构成区分关系前，是如何让自己获得意义的？

把这一问题缩小至艺术领域，尤其显示出解谜的迫切性。任何一门艺术都建立在各自独特语言的基础上。如此，艺术家朝纸面落下的第一笔，在尚无第二笔跟进前，仅仅是虚晃一枪吗？以文学为例，为什么作家们纷纷表示小说中第一句话决定了后面许多东西？缘于此，已有学者伸张“开端叙事学”[①]，集中探讨文学作品的开头问题。他们中的有心人进而把类似的心得

① 参见余杰《开端叙事学》(中国社会科学出版社2015年版)的相关论述。

推广至其他艺术，相信像历史上著名的"一画"法不过是强调，第一笔点染功夫可以令潜在的画面世界如一道闪电般呼之欲出，为整轴丘壑奠基。单独看来不难理解的上述经验，如今却遭遇一个矛盾的挑战：若认为第一个符号奠定了后续符号的格局，岂非说它自身无须经由其他符号的区分而存在，成了区分原则的例外？

当这样提出问题时，不知不觉支配着我们的思考角度首先是无意识。第一个符号在艺术中的发生，既然作为动作还暂无依傍，每每显示为破空而至的神来之笔，它就不是纯自觉的行为，而是带有某种灵感成分，来自非自觉状态中的无意识驱力。问题在于如何解释这种无意识驱力的成因。对此的代表性阐释，是认定这种无意识归根结底来自意识的转化，乃主体动作达到相当的熟练程度后所不自觉打开的化境。这种阐释吸收了苏联学界对"无意识"的有关理解，[①]认为无意识并非如精神分析学所说的那样一概处于心理最低水平，或仅限于动物性层面的生理性质，而是"也包括由意识活动的不断重复转化而来的自动化了的熟练动作（如'动力定型'）和心理状态（如'意向''定势'）等"，正是这种"转化"促使艺术家"信笔写来"[②]，其中显然便包含了艺术中看似突如其来的第一笔。这种阐释是否已科学地解开了艺术中第一个符号的发生奥秘呢？

回答是否定的。因为这种阐释的疑点在于，被如此构造的"无意识从意识中转化出来"的阐释思路，暗含着理性的权力规训风险。有论者例举新时期初我国文论界那种认为"艺术直觉的非自觉性实际上是一种特殊形式的理性"的观点，针对这些观点所臆造的理由——"长期的逻辑、理性训练会改变人的心理结构，理性积淀为本能，自觉的有意识实践造成了在非自觉精神状态中的信息处理现象，因而人们会不假思索地直觉地应用理性心理结构"，针锋相对地批评指出，这样的想法默许了"可以在理性的名义下，蓄意将一种荒谬的观念通过训练而沉潜到人们的心底深处，让它以直觉的形式起作用，这样它就可以冒名为理性了"[③]，因为它对理性与直觉的谈论与普罗提诺以来的学理背景没有关系，其思路来源于自己所设想的生理-心理学路线。上述对无意识的阐释，和此处对直觉的阐释有相通之处，也是着眼于理性长期训练后积淀为非理性的无意识这一角度，同样埋伏下了话语权力：一种荒谬的观念，可以依托于一条以训练为名义、"从意识（理性）转化而来"并

---

① ［苏］康斯坦丁诺夫主编：《苏联哲学百科全书》第一卷，上海译文出版社 1984 年版，第 50－52 页。

② 王元骧：《审美反映与艺术创造》，杭州大学出版社 1998 年版，第 242、257 页。

③ 徐亮、苏宏斌、徐燕杭：《文论的现代性与文学理性》，浙江大学出版社 2005 年版，第 145 页。

以无意识形式起作用的路径而合法地存在。这正是福柯所呼吁警惕的规训。既不便否认无意识在人类反映活动中的客观存在，又先已占据了一个批判精神分析学说的牢固立场（用马克思主义批判泛性论），便很自然地想到求助马克思主义（因为《1844 年经济学哲学手稿》表示过"有意识的生命活动把人同动物的生命活动直接区分开来"），以及受其影响的苏联有关心理学说对意识/无意识关系的论述，而在找不到马克思对这种关系的正面论述的情况下硬要交出答卷，便容易产生"无意识由意识转化而来"的阐释路径。这条路径和无意识理论得到公认的学理并无关系，却在自创中不知不觉落入了权力规训的窠臼，并未科学地阐释艺术中第一个符号的发生奥秘，在某种程度上把艺术同一化了。

上述无意识理论阐释，是"从有到有"地思考问题。既然这一角度暗含理性规训的风险，考虑"从无到有"地解谜，便成为进一步的选择。这就是存在论思考角度：追问第一个符号作为"有"，如何从"无"的汪洋大海中被唤醒并发生出来，并唯一地暂时面对接下来的"无"。从表面上看，存在论立场与无意识理论立场有某种相似处，也强调上手的东西在"抽身而去"之际才本真地上手，[①]对存在的寻视操劳，使存在与此在出现客观距离，但此在对这一距离的"知"却是"盲的"[②]，此在作为被抛的根据而存在，却"绝不能控制这根据"[③]，此在的本真绽露是为"一向实际上必要的回收而保持其自由"[④]，此在的操劳活动对本真生存"无所谓"[⑤]，这里的"抽身而去""盲的""绝不能控制""回收"与"无所谓"，都表明此在非知状态中才能领会本真存在，似乎很接近无意识。但这种非觉知状态与无意识有着本质不同：无意识属于非理性范畴，前于和外于意识；非觉知状态属于从狭义理性（Rationality）中解放出来的广义理性（Reason）——意义（诗思）范畴，内在于和深化着意识。后者对于世界的理解，是在作为先见的整体因缘结构这一前提下展开的，世界的开端由此获得了方向性估计。

正是从这样的存在论立场出发，一些研究者从隐/显语言（即无/有）角度，将艺术中第一个符号的发生，阐释为"艺术语言的出现是突然的，它不是艺术家寻找过程的按部就班的逻辑的结果，它是一道闪电，骤然出现，又迅

---

① ［德］马丁·海德格尔：《存在与时间》，陈嘉映、王庆节译，生活·读书·新知三联书店 1999 年版，第 82 页。

② 同上书，第 124 页。

③ 同上书，第 325 页。

④ 同上书，第 351 页。

⑤ 同上书，第 400 页。

即熄灭，但世界却因此被照亮过了。关于这道闪电，能够断定的东西也许很少，但它是整个作品的精神发源地，尽管短促，它也仍然有摄入和延伸，就是说，它还是有过程的”，其过程被描述为“隐语言的生成-隐语言-显语言”，作为第一阶段的隐语言的生成，在意识中“对于语词、句式、语法特征和意义生成方式，以及其中任何一项的改变引起其他项类相应变化的机制，已是极有把握”①。这为艺术中的第一笔，设想了一条从“无”向“有”生成的现象学路径，用一照即逝的闪电比喻先见在语言阐释中的本体性地位。从这一存在论角度是否已得出解谜的正确方向呢?

第二节　从有到有、从无到有、从虚到有

把存在论的主题抽绎成哲学模型来看，即观看的两重性：一个人无法既在现场，又反思这个现场的意义，因为反思（反过来思）是一个回头的动作，回头反思，就对自己在现场中的位置进行了二重化，便失去原先的立足点而移身场外了。这是现代“测不准原理”宣示的真理——位置与动量不可兼得，对电子位置的测定，必然以该电子已跳离原先位置为前提。这也是“此情可待成追忆，只是当时已惘然”的人文心结所系。鉴于符号作为替代物（表征），行使的正是离场功能，故事的发生与对故事的讲述，因而在存在论视野中无法成为同一件事：前者需要不隔；后者却不得不隔。上述哲学模型便从根本上体现了存在论与语言论的关联。

但由此也可见，这个哲学模型，揭示的是有（在场）总伴随着无（无法同时看到场内的自己）这一生存本体，总伴随着，表明了一种稳定持久的团块效应，因此是建立在“让意义内收为团块”这一存在论基础上的。这种团块效应，可以从基础存在论倚重的因缘结构见出。所谓因缘，指主体在场内的观看是随缘的、听任的，他随机地占据了一个观看的视点位置而发出观看，看到的内容是被这个视点位置所关联到的视野，因而是有倾向（先见作用下的方向估计）的。在以关联性（关联即随缘）为实质的这种因缘结构中，核心与周际消弭了拼接痕迹而整合为一体，内外部天衣无缝地接榫。有/无在这一因缘结构中始终伴随着，才有了烦、畏、死等一系列诗思，以及自由的信念：因为会遭遇无（死），才需珍惜与眷顾有（生）。思考艺术中第一个符号如何发生，相当于思考无中如何生有，实为这种存在论惯性在起作用。

① 徐亮：《显现与对话》，百花文艺出版社 1993 年版，第 120－121 页。

惯性的形成是由于始源的存在。始源规定了方向估计范围内的可视(因缘)范围,但也把无法被始源所关联到的虚空排除在外,体现出显著的关联性(correlationism)立场。直接受到存在论哲学影响的艺术显现论,对此提供了证据。

艺术显现论对国内文艺研究的主要原创性贡献,是开始超越二元论思维方式。不管提出者当时主观上对现象学与解释学哲学了解多少,这一理论客观上与存在论范式有相当的共鸣,则是显然的。这一理论从细致清理艺术再现论与表现论入手,展开显现论运思。[①] 这一初衷已表明对二元论思维方式的不满及反思意图。在此前提下,显现论者构造了一条这样的论证思路:艺术是一种活动而不是结果→为什么是显现→艺术显现什么→关于艺术的一元本体论→视点与观看→艺术中的对话关系→艺术语言→艺术家的对话→观众的解读创造性。对其中决定着显现论成败的关键——“为什么是显现”这一要点,作了四点环环相扣的规定:(1)显现就是逐渐地现,它表明了一个过程,即由不清晰到逐渐清晰起来,所显现的东西不是事先决定好的,而是在显现过程中逐渐明确的;(2)显现的起点总有一个潜在目的;(3)因此,艺术活动是随机的,是一个随机地搜寻目标的过程;(4)显现表达了人与艺术世界的真实关系:人是世界的一部分。

界定“显现”为过程而非结果,无疑与现象学的意向性学说在精神上合拍。显现论不认为有任何事先存在的现成性结果,一切都是在显现中即时生成的,这与胡塞尔有关意向性形成纯粹现象,从而面向事情本身的主张,取得了观照视角上的联系。其次,认为显现又以一道闪电般的潜在估计为起点和轮廓线,因为观看方式已经发动起了看的方向,即意向性。这一点就相当于海德格尔存在论哲学,及其直接衍生的伽达默尔解释学哲学所说的先见。先见一照而点亮某种前景,但迅速熄灭,因为接下来作为物化性的艺术创造起点的后见登场,开始了后见与先见的协调对话——这不就是“视界交融”的实质吗?所谓“随机搜寻”,即后见与先见的交融。被显现论充分注意到的这两个环节,符合艺术实际。有一个潜在的世界,构成了估计,这是一条“有”与“无”并生共存的轮廓线:就像黑夜中划过苍穹的一道闪电,一照之后又迅即使四野沉入黑暗中,尽管如此,它已然照出了某种前景。古今中外无数成功艺术创作经验都表明,确有一种全景视像、一种有着全部细节但

---

① 当然,这样的处理多少也带有较强的预设性,即在酝酿显现论时已处处暗含了“必须与再现论与表现论都不同”这一想法,进而为达到超越二元论的目的而将前两论分别归之于客观与主观。实际上,这般处理忽视了当时已在英美学界蓬勃展开的分析哲学对艺术本体的研究。这在某种程度上化约了问题的对立面。

还未被实现出来的瞬间景象在艺术审美活动中一跃而出。如文学家常常会发现，构思中的人物“好像出于自己的动机，一下子跳了出来”[①]，人物仿佛脱离了作家笔触的控制，故事似乎获得了自主向前运行的态势，真理逻辑自行显现于艺术作品中。不惟创作维度，接受维度上也存在着同样的现象。如宗白华先生当年欣赏罗丹的绘画作品时，感到像“忽然遇着一刹那的电光，破开云雾，照瞩前途黑暗的道路。一照之后，我们才确定了方向，直往前趋，不复迟疑”[②]。电影编导希区柯克同样“有一个视觉化的头脑”使得“在我们坐下来排练之前，他对完成后的电影已经有了一个整体的概念，他只是引导着我们朝那个方向努力”[③]。所谓“一下子跳了出来”“一刹那的电光”“一个整体的概念”，不都是相当于黑夜中的那道闪电吗？艺术创造所要做的，就是在充分迎接和拥抱这条轮廓线之际，被其所塑之形指引而往前随机探询，直至将其终于实现为全景。再次，对人生存于世界中而非世界外这一归宿的自然导出，便与海德格尔想到了一块儿。以下核心论述集中体现出了显现论在理论上的远见：

> 如果我们把艺术理解为一种活动，而不是在活动之外的僵硬的存在物，那么艺术所显现者就取决于它的显现。但是另一方面，艺术所显现者在艺术投入显现的具体活动的一刹那就已经被决定了（或者说已经被暗含在内了），只是尚未显现出来，艺术的活动只是去将它显现出来。这是存在于艺术活动中的二律背反性质。**艺术并没有把这种性质视为两种东西的结合，而是把它视为一个东西。**显现便是艺术活动的基本性质，它吃去了艺术活动的二律背反性质，以其自身的时间性质贯穿其中。因此，我把显现看作是艺术活动的本体形态。[④]

这清晰地表述了先见作为人与世界的真实关系的本体性纽带作用：它把要去在显现中获得的终点，一开始就已保持在起点的前景估计中了，“二律背反性质”指的正是解释学循环。在此，显现论的意图就是海德格尔式的。因为“尚未”作为此在之本己存在的组建因素，现身为先见的“一跃”“跳跃”[⑤]，不断塑造着主体视点的新的可能前景。据德里达的考察，德文

① [美]亨利·詹姆斯：《小说的艺术》，朱雯等译，上海译文出版社2001年版，第291页。

② 宗白华：《美学散步》，上海人民出版社1981年版，第268页。

③ [美]夏洛特·钱德勒：《这只是一部电影》，黄渊译，上海译文出版社2006年版，第137页。

④ 徐亮：《显现与对话》，百花文艺出版社1993年版，第46页。着重号为笔者所加。

⑤ [德]马丁·海德格尔：《形而上学导论》，熊伟、王庆节译，商务印书馆1996年版，第7、15页。

ursprung(本源、起源、涌现)一词由两部分组成,其前缀 Ur-意为“本源的”,其词根 sprung 则意为“起跳、跳起”,即跳跃之义,[①]可见跳跃乃本源的涌出,终点已经是起点了。在海氏那里,Geschehen 为动词“发生”之意,进入概念视野的同时,保持作为动词的建构立场而有“事件”之意。[②] 能不能由此说,艺术显现论就因体现了海德格尔哲学精神而完备了呢?

对这个问题的深究,带出了显现论在走出二元论之际遗留下的未竟问题。那就是,上述显现论思路,是对可能性的信念持守,这种乐观的持守态度,忽视了异在的暴力冲击对存在的内聚团块及其和谐效应的挑战。因为以先见为性质和运作动力的可能性,是一种对“未知的”(unknown)因素的积极筹划,未知相对于已知而言,绽出着本真的已知,总体结构是递接式的,带有既成结构,主体是事件的主人,欢迎它。这正是显现论在上面把先见与后见这对二律背反“视为一个东西”的原因所在。它意味着一种相信两种成分始终可以和谐共存、凝聚成团块的信念。

但这一点在海德格尔思想产生世界性影响的同时,受到了以列维纳斯与布朗肖为代表的法国当代哲学的质疑。列维纳斯认为海氏对可能性的乐观定位并不可取。他提出应将存在定位于“不可知的”(unknowable)因素,[③]既不能被预知,也无法被捕捉,在未知与已知之间,不存在谁顺服谁的关系,总体结构是断裂式的,属于绝对惊奇,主体不是事件的主人,并不主动欢迎它,两者是彼此单独的。这实际上已不是存在而是异在。因此,可能性与主体,并非呈现为田园牧歌式的和谐共存关系,相反异在于主体。“将来即他者。与将来的关系也即与他者的关系。”[④]沿此,列维纳斯认为海德格尔对此在与他者的关系的理解,把个体的孤独置于了与他者的先决关系中,以与他者的关系作为生存论结构,其谈论的“共在”是一种肩并肩、环绕某个共同项(真理)的关系,并没有使此在与他者的更为重要的关系——面对面的关系在原初上得到澄清。用布朗肖的话说,海德格尔相信有一种内收的、往里凝聚以获得饱和意义的意义。布氏也不同意这点,认为语言是一种向外侵蚀、最终达至沉默与虚空的运动,感到“当语言到达自己的边缘,它所发现的不是一种与自己相互矛盾的确定性,而是要把它抹掉的虚空。它必须进

---

① [法]雅克·德里达:《论精神:海德格尔与问题》,朱刚译,上海译文出版社 2008 年版,第 55 页注释 1。

② Jean-Luc Nancy. *Being Singular Plural*. California: Stanford University Press, 2000. pp.161－163.

③ Emmanuel Levinas. *Time and the Other*. Pittsburgh: Duquesne University Press, 1987. p.75.

④ Ibid, p.77.

入虚空,并同意在隆隆声中,在对它的所言的直接否定中,在沉默中解散——这种沉默并非秘密的近亲,而是一种纯粹的外部,在此,词在无限拆解"①。因此,较之于海德格尔仍赋予意义充实的在场内涵,布朗肖所说的"外部"(即"外界")却指一种主体不再存在、基于虚空与匮乏的吸引力的不在场状态。这些严肃而深刻的挑战,对构成了显现论根本支柱的可能性思路,形成异质的刺激。这里的要害就在于,存在论范式的关联性实质,用始源同化异质并使之变得可能,实际上没有走出总体性窠臼。

能否转换思路考虑来挣脱这种存在论惯性,用更具说服力的自由证明它其实还不自由?仍然抽绎到哲学模型上来考量。一个人可以既在场,又同时观看到场内的自己,方法是让自己由实入虚,获得主体的虚化。此时,主体既扎根于场内,又不由于就在场内的立足点而陷入观看自己的盲区,因为这个立足点被虚化,使主体通过它完整地看到了对象和自己。对此形象地描述,就是主体"在场内退场":仍在一个场内占据观看的视点,但把自己所处的位置用虚线框起来,仿佛和场内除了主体之外的一切浑然化为了一体。主体发出观看对象的视线,在这一视线的折返中反观自身,而不再付出失去原先立足重心的代价。

那么,什么是上面所说的"虚化"?由实入虚的关键在于,当说实的反义词是虚时,不朝虚假或虚妄方向理解"虚",而承认"虚"是"潜在"的意思。因为上述虚化进程是通过潜在能量——潜能的运动实现的。

第三节　"虚"应从"潜在"理解

这是当代文论正在深描的景观。在鲜明反对本质主义的当代文论看来,潜能与虚拟有关,指事物的真相不受任何先验力量的支配与控制,而维系于虚拟活动。这种虚拟活动注重鲜明的分化行动,而植根于以"有限而真实的发生中的无限性流动"为特征的内在性。② "内在性"就是一种富含差异(而非筹划好了全局)的潜在虚拟过程。它不旨在绝对地超越现实,而是将思想的可能性维系于具体现实的、无限流动的表面,是一个涉及无穷突变与多样性的本体性概念。由于不受任何先验力量的支配与控制,它便不属于

---

① [法]米歇尔·福柯、莫里斯·布朗肖:《福柯/布朗肖》,肖莎等译,河南大学出版社 2014 年版,第 53 页。

② Ilai Rowner. *The Event: Literature and Theory*. Lincoln and London: University of Nebraska Press, 2015. p.34.

具有稳定系统的理性活动，流动的表面含有未经固定的混乱（chaotic）因子，使哲学作为思想操练，必然面对这种作为内在动力而产生出各种边界与孔穴的混乱因子。这种失序作为混乱之流经过裂隙，破坏性地迫使思想对自身进行无限的再创造。思想中没有规则与永恒之物，它只向由混乱因子发起的、非成形的构成物开放，把自己交给一系列活跃的事件的多样性，也就被事件赋予了独异的新意，因为事件的生成来自独异性要素的持续重新配置。当关于存在的确认源自多样性的无限力量，其蕴含的事件及其独异性，才能脱离一切强加于它之上的分类秩序，而变得不可预见，并不断创建新的感觉体系。虚拟因此离不开潜能的细微运动：

> 德勒兹的“虚拟”（virtual）对应于怀特海的“纯粹潜能”（pure potential）。[①]

后者将潜能性的进入过程视为经验的契机，作为一种个体发生力量，在动态的经验形式（即事件的融合）中合作，其潜在的进入活动是激励。虚拟的作用之一便是使惊奇成为一种普遍的、构成世界的力量。人们沿此察觉到，在同一虚拟空隙中的连续性原子由于缺乏规模或位置，在空间上无法严格区分，最终得到的图像，是在虚拟叠加（virtual superposition）状态下不断区分连续性原子所形成的。意识在事件上述虚拟叠加的连续性中减弱，替代它的意识上升之后，会发生一小部分的中断，导致缝隙中发生的微小事件不会被自觉地记录下来，但看似盲视的这一过程，还是会对发生的事情作出一种定位。“有问题的重叠区域比起放置接触点来是更好的安置它的方法。彼此陌生的两个过程，可以在构成两者的问题中紧密重叠，而不必以任何形式相互模仿甚至共享内容”，两者最终都将以其自身有问题的方式吸收对方并“形成潜能”[②]。在此，虚拟被清晰地与潜能运动联系起来思考，证明了“虚”的含义是“潜在”。

上述“内在性”是否即意味着潜在性，从而能形成事件，引起了某些学者的不同看法。他们认为，基于平面性的“褶子”概念“极具抗扩展性，仿佛迷宫般直接且定性，以至于他根本无法解释事件或破裂的独异之处”[③]，仍然忽

① Brian Massumi. *Semblance and Event: Activist Philosophy and the Occurrent Arts*. London: The MIT Press, 2011. p.16.

② Brian Massumi. *Architectures of the Unforeseen: Essays in the Occurrent Arts*. London: University of Minnesota, 2019. p.viii.

③ Marian Fraser. *Theory, Culture & Society*. Goldsmiths: University of London Press, 2006. p.131.

视了“事件是连续性中的一种无法理解的断裂”[①]。这种看法没有注意到，事件并非只有断裂与破裂这一种意义，它也可以发自潜能运动趋向极限所形成的较量与搏斗。晚近学者们吸收“内在性”理论，从对语言限度的逼近角度阐释事件的成因：恢复物自体在语言中的位置，同时恢复书写的困难，那开启了潜能与经验性语言在极限边缘上的搏击；因此，不能用规则的现成性遮蔽作为原初赤裸生命状态的“语言事件”[②]、“纯粹语言事件”[③]，以免陷入经验的贫乏。沿此得到探讨的潜能，正是在这一趋向语言限度的过程中，将人的语言经验的意义移至经验之外，让语言潜在地置身于它所必须消除的那个东西中，抵达“仅仅同虚空的和无决定的整体相关”的外界，[④]简言之，“虚”即“潜在”。

从“潜在”角度这样理解“虚”，才在对比中超越了存在论的关联性立场。如前所述，存在论在关联性立场作用下凸显可能性，形成团块式的整体因缘结构，照亮了无与有之间的界限，有已被无决定好，而总是显得可能。潜能运动却证明，并不存在一种事先去对有进行塑形、形成向心牵引力的无状态，相反，有面对的是不断流露出新的匮乏，因而总是显得不可能的虚空状态，无因此和有失去界限，不再呈现为两者，而形成潜能的极限性挤迫。鉴于虚拟与潜能的这份内在联系，笔者建议将当代文论关键词 virtual 中译为“虚潜”，将虚拟论相应地表述为虚潜论。这一译法可以同时将中国古代相关智慧吸收与涵容在内，[⑤]比较起来更具学理上的准确性。

第四节　虚潜的客观性：潜重复中的独异

主体这样置入虚潜状态后，与现场在关联性意义上的因缘结构被打破，团块效应被无限推迟而取消，这会不会用虚潜的不确定性，冲击在场的客观性呢？消除这层顾虑的关键在于看到，现场固然无法作为原物被抵达，却也未必就得在叙述中被替代，它恰恰在主体的虚潜状态中才呈现为独异的。

---

① 汪民安、郭晓彦主编：《生产》第 12 辑，江苏人民出版社 2017 年版，第 81 页。

② ［意］吉奥乔·阿甘本：《语言与死亡：否定之地》，张羽佳译，南京大学出版社 2019 年版，第 145 页。

③ ［意］吉奥乔·阿甘本：《潜能》，王立秋、严和来等译，漓江出版社 2014 年版，第 25 页。

④ ［意］吉奥乔·阿甘本：《来临中的共同体》，相明、赵文、王立秋译，西北大学出版社 2019 年版，第 85 页。

⑤ 道家的“虚室生白”与易经的“潜龙在渊”等命题，也在中文语境中为这一译法提供了理解上较为自然的支持。

因为独异在潜重复过程中，将差异的幽灵性溢出也包含在内，包含了原先被忽略的虚拟因素，这些相对不可见的因素和可见因素合起来，才是完整的世界，独异性由此获得了并未被关联性所穷尽的客观性。这在学理上通过以下三个步骤而得到严格证明。

首先，独异性只有从重复性角度才能得到理解。人们很容易认为，独异的(singular)必然是不可重复的，独异之物从而是与众不同的个体(individual)，独异性由此被等同为个体性。这种成见在某种程度上受到了中文语境的影响，把独异理解成了从外部加给事物的成分。但其实独异性内在于事物，是一样事物区别于别的事物的独特性质所在。作为独异性的事件并非现象的一种特例情形，相反，任何现象本质上都具有事件性，是自身给出的事件，只是后来这种事件性逐渐弱化，才令现象沦为对象，比起现象来，我们以为恒定不变的那个对象才属于"事件的阴影"①。把独异理解为外加的成分，会显得相对肤浅，就像"陌生化"理论意在从外部加给语言一种拉伸、扭曲的变化，容易使语言问题局限于修辞技术层面一样。将独异理解为内在于事物的一种性质，则要深刻得多。因为把独异性理解为外加因素，是将独异性看成不可重复的个体，是在造神；把独异性理解为内在因素，才把独异性从神还原到对一般现场的描述中，赋予了它历史存在的依据与意义。

对这个道理的进一步深化，来自对重复的重新发现。判断一样东西是否独异，必须把它与它所不是的其他东西进行比较，然而被分离出来作比较时的它，已经不再是原初的它，而在重复中被置换了。从普遍中分离出来的独异，因而始终达不到实体性起源——纯个体化的自身，却"只是表示它可能是什么与它不可能是什么之间的某种紧张关系"②，独异性自然就不等于个体性。"重复"构成了独异的关键。这是晚近学者们在吸收本雅明有关历史起源的思想后作出的总结性阐释。独异性只能通过一个与其本身直接矛盾的过程——重复来达成，"重复"在此不仅由相似性组成，而且由不可化约的差异组成。他视独异性的这种不可还原的特征为历史的起源，坚持认为"起源并不会从事实性检验中突显出来，它涉及的是事实性检验之前和之后的历史"，以至于"在所有的本质性之物中，一次性与重复性是互为条件的。

① Jean-Luc Marion. *In Excess: Studies of Saturated Phenomena*. New York: Fordham University Press, 2002. p.36.

② Samuel Weber. *Singularity: Politics and Poetics*. Minnesota: University of Minnesota Press, 2021. p.18.

起源的范畴因而并不是科恩所说的纯粹逻辑性范畴,而是一个历史性范畴"[①],起源必须被从历史而非逻辑的角度,理解为"不可还原的独异"[②],即"它涉及不断地努力恢复无法以相同方式复制的东西,因此不得不重复和改造自己"[③],从未封闭于直接的存在中,相反是通过排演被看到的。独异由此存在于重复中,避免了定于一尊的个体化倾向。

其次,重复性在差异的幽灵性溢出中形成了虚潜性。在重复中形成独异的过程,即基于幽灵性差异溢出的虚潜运动。"重复"在英语中,有 iterability 与 repetition 两个词与之对应,肯定前者而反对后者的理由,在于"德里达在此的'可能'不仅仅是本雅明的。尽管如此,他对'潜重复性'(iterability)与'重复性'(iteration)、'可重复性'(repeatability)与'重复性'(repetition)、经验上可观察的事实与结构可能性之间的区分,可以告诉我们本雅明对关键概念的偏好,即根据它们的可能而非它们作为事实的现实性来形成它们"[④]。从此处研究者对 iterability/iteration 与 repeatability/repetition 这两对词的刻意对举和使用看,他们分别肯定每组的前者,而否定每组的后者,即特意选用 iterability 以区别于 repetition,若把这两个词都笼统中译为"重复",便容易混淆这种区别。

这种区别在于,iterability 是"重复(repetition)的残余或者说幽灵性的余波"[⑤],作为"潜在的交流行为"(potential act of communication)溢出回归个体性的轨迹,[⑥]消弭了可能性意义上原物与重复物的界限,需注意的却是"'重复性'通常是削弱可能性本身的定义,即自亚里士多德以来一直被理解的现状或实现方式,从而定义了反对它的否定,不可能性(impossibility),排除"[⑦]。重复也因而是积极涵容了潜在性的重复,"它的现实将与它的潜在实施(potential implementation)、它的实现一致"[⑧]。质言之,两者的区别在

---

① [德]瓦尔特·本雅明:《德意志悲苦剧的起源》,李双志、苏伟译,北京师范大学出版社 2013 年版,第 26-27 页。"科恩"的更常见译名是"柯亨",即德国犹太哲学家、新康德主义重要代表赫尔曼·柯亨(Hermann Cohen)。

② Samuel Weber. *Singularity: Politics and Poetics*. Minnesota: University of Minnesota Press, 2021. p.16.

③ Ibid, p.20.

④ Samuel Weber. *Benjamin's-abilities*. Cambridge: Harvard University Press, 2008. p.6.

⑤ Ibid, p.203.

⑥ Ibid, p.44.

⑦ Ibid, p.6.在亚里士多德看来,形式是现实,质料是潜能,形式先于质料,故而现实先于潜能。其《形而上学》第九卷借助四条理由对此作了论证。见[希]亚里士多德:《形而上学》,苗力田译,中国人民大学出版社 2003 年版,第 186-188 页。

⑧ Samuel Weber. *Benjamin's-abilities*. Cambridge: Harvard University Press, 2008. pp.44-45.

于：iterability 是可分割的、潜在的，属于不可能性意义上的重复，原物与重复物在潜能的无限逼近中失去了界限；repetition 则是不可分割的、现实的，属于可能性意义上的重复，原物与重复物之间已被决定好界限。基于上述理据，笔者主张将 iterability 译成“潜重复性”，以体现潜能运动的差异特征，与之比照，将 repetition 译成“可重复性”。后一译法不仅有效地解决了两者在中文语境中的学理区别问题，而且用一“可”字，自然地带出了 repetition 在“可能”而非“潜在”（“不可能性”）意义上的特殊含义。

再次，虚潜性导出了被关联性所遮蔽的客观性。虚潜与重复在差异性基础上的上述贯通，贯穿着强调动变与差异的事件（event）思想。虚潜所置身于其中的广义背景，实即隐伏于当代文论中的、基于事件的虚空思想。当代学者挑明，虚空消除了存在于事件发生之前的主体性，因为“正是在这一虚空基础上，主体才将自己构成真理过程的一个片段”[①]，事件在主体趋于虚空状态（即趋向于语言限度，并反过来否定经验性语言）的过程中即时生成，这一过程成为“构成真理”（即构成客观性）的环节，使人“通过这种方式改变了主体性的定义（主体形成对事件的回应，而并不在事件发生之前）”[②]，才开启了主体虚化（即在场内退场）以发起事件的客观性。从这个意义上说，虚潜而非实在，才恰恰保证了现场的客观性——独异性。独异是在潜重复性中实现差异化的自己。差异已不是仍残留下任何同一性关系的“从正到反”，而是呈现拓扑式的分叉和褶皱，幽灵性地始终跃出可能的估计。

事件的发生才开启了客观性，这本身可以联系整个事件思想谱系来证明，也非本章所能尽情展开的论题，但最简洁地承认“事件才是客观的”，也并无难理解之处。虚空反转出的外界，是主体退场以发动事件的结果，这巩固了当代理论所说的“不在场”状态：主体性愈是这般退场，显然便愈增强了客观性。但这又不同于柏拉图理念说对主体性的限制。因为就像布朗肖批评海德格尔用“无”规定了主体所能“有”的内聚力，理念同样用“有”规定了主体所应“有”的内聚力，这两种内聚力都由于被规定和塑造好了方向，而显得同质，[③]以至于都不具备主体向外侵蚀这一充满了异质与风险的事件——

---

① Alain Badiou. *Handbook of Inaesthetics*. California: Stanford University Press, 2005. p.54.

② Michael Sayeau. *Against the Event: The Everyday and the Evolution of Modernist Narrative*. Oxford: Oxford University Press, 2013. pp.22－23.

③ 如卢梭激烈反对在日内瓦建剧场，即有感于戏剧表演容易伤风败俗以至于无法“同多数人的利益配合一致”。参见[法]卢梭：《论戏剧》，王子野译，生活·读书·新知三联书店 1991 年版，第 26 页。

客观性却也只来自这一事件。建立于事件思想基础上的虚潜的根本意义，就在这里。

第五节　运用虚潜诗学解题

至此可以发现，艺术中第一个符号，在尚未有后续符号出来和它构成区分关系前，看似破空而至，实则为虚潜符号。应搁置“从意识中转化出无意识”这种从有到有的阐释，以及存在论这种从无到有的阐释，换以从虚到有的虚潜论阐释来揭开艺术语言发生之谜。这条新的阐释思路，是“在重复中‘产生’不可重复的独异性”并由此形成“姿势”（gestures）[①]。“姿势”接近上述已有阐释中涉及的长期动作训练形成的定势，但它摒弃了“长期动作训练”这个阐释方案中的理性权力规训，和以存在论为名却仍趋向于团块效应的因缘结构背景，揭示出了“长期动作训练”的潜重复性实质。

具体地说，艺术创造中第一个符号在临界点上的发生，不来自灵感突发的无意识，也不来自对可能世界的筹划与领悟，而来自虚潜机制。它诚然是艺术家在意念中反复试探了无数次后才被写上纸面的第一笔，这却不表示一个接下来的可能世界开始被艺术家看到和看清了，因为它从被写出起，就是与那些没被写出的意念中试探之笔的比较。这种试探和比较，有别于将之处理为有惊无险的整体安全愿景的存在论。存在论认定“显现就是逐渐地现，它表明了一个过程——由不清晰，到逐渐清晰起来”，总之“这个过程是由整体的朦胧到整体的明朗”[②]。真实情况是否总这样从朦胧到明朗、最终实现为云开日出的可能性呢？无法在上述乐观的、团块内聚性的理论预设和客观结果之间建立必然的逻辑联系。事实是，艺术家平时也有长期训练的积累，在展开创作之际潜在地调动起自己的类似经验，但这种调动并非按部就班向某个确定目标筹划。他有搜寻目标的冲动，但与此过程更多地伴随着的因素，却是与各种意想不到的差异因素进行搏斗的紧张，充满了临近深渊和黑暗的身体惊颤。这个试探过程不像通常认为的那样，在经过多次试探后终于找到了所谓语感而让世界如愿显现出来。若如此，无与有之间便仍被插入了生硬的界限，而背离了潜能运动的宗旨。为什么这样说？

---

① Samuel Weber. *Benjamin's-abilities*. Cambridge: Harvard University Press, 2008. p. 203.

② 徐亮：《显现与对话》，百花文艺出版社 1993 年版，第 46－47 页。

因为被这样拿出来和意念中的试笔进行比较的“第一个符号”，已不再是个体化的它，而是处于重复形态中的它。艺术语言发生的独异性，就存在于这种重复及其所伴随着的差异因素中。其深层理据得到精神分析学说的证明：人产生愿望，是想让体验得到满足，但这个得到满足的过程总是在感知的同一性中重复记忆中的体验，因此愿望是一种不断基于重复的幻觉，既令我们正在追逐的愿望从根本上说重复着旧有秩序，又通过重复与重复之间的距离，打开了梦（即独异）的空间。

这意味着，尽管艺术中第一个符号重复着旧有秩序，是对意念中某种构思尝试进行定型的重复，但当它落笔在纸上后，这个符号又同时迅速溢出了自身的面貌，形成了重复的幽灵——始终与新生成的差异性因素共生的再重复。如前所述，人们据此对 iterability 与 repetition 进行区分，证明 repetition 仅强调差异的个体性，仍维持住了旧秩序，iterability 才是不止步于个体性的幽灵性重复。既然这个符号同时在差异中潜在地重复（iterability 而非 repetition）着自己，包含着在事件的独异性冲击中溢出常规的倾向，它就具有超语言的性质，属于事件哲学所说的“在语言表面‘钻孔’，以找出‘背后隐藏着什么’”[①]。换言之，第一个符号的发生不能被从语言论角度理解，属于另一种机制，是超出语言论视野、体现为事件性独异力量的虚潜符号。这个虚潜符号不受常规意义上符号区分的影响，自然便不与语言论的区分原则矛盾。

但当艺术中第一个符号确立并逐渐推出后续符号时，超出语言论的事件性独异力量，又逐渐开始进入常规意义上的符号区分进程，在符号之间的互容抑或互斥等灵活区分关系中，形成相对稳定的意义创造路向。艺术中第一个符号的独异性冲击，作为在语言上所钻之孔，始终与后续逐渐平稳展开的符号区分关系构成张力，使后者在展开区分的同时，内含有超越区分原则、趋向独异的潜能，正是这种潜能，赋予了艺术创造的整个过程、包括作为成果的艺术作品一种独特的味道。本章开头艺术家们有关作品开头第一句话具有笼罩全篇的力量的说法，指的就是这种被开端赋予、并贯穿全篇的味道。它从另一角度弥补了语言论区分原则所不及道出之物。

虚潜论的如上阐释，是否走出了理性的权力规训？回答是肯定的。因为虚潜论的事件性思维方式，防止重蹈理性的权力规训。“事件性”思想的

---

① Jean-Jacques Lecercle. *Deleuze and Language*. New York: Palgrave Macmillan, 2002. p.6.

初衷，[1]即批判话语权力在监狱制度等看似文明的现象中的规训力量，对其中的实践体系复杂性进行分析。事件理论主张“在一种激发历史常态的诱惑之处、或一种具有直接的人类学特征之处，以及一种将自身影响显而易见地、一致性地加给全体之处，使独异性变得明显可见”[2]，这种独异性，即在看似常态的现象中发现“连接、遭遇、支持、阻塞、力量与策略等在某个特定时刻建立了随后被视作自明、普遍与必要之物的情形”[3]，由此使“对过程的内部分析，与分析出的‘突出部分’的增加齐头并进”[4]，因此，被事件性思维方式肯定的“不是被认作病理学恒量的理性”，而是“将这个词的用法限制在一种工具性的与相对的意义上”，即在此意义上“检审理性形式如何将自己铭刻入实践或实践体系中，以及它们在其中扮演着何种角色”，通过它“看看人们如何通过真理的生产来掌控（自己与他人）”[5]。建立在事件思维方式之上的虚潜论，对自身发生性（独异性）的这种不断保持与更新，使它有效地擦除各种试图将它定型化的权力企图，较之于上述“意识转化出无意识”却仍暗含权力规训的阐释思路，在对理性的非本质主义重构中根除了权力规训——至少现在我们尚找不到反过来的明证。

这样，艺术中第一个符号的区分之谜得到了最终的解题。艺术在符号区分中形成意义，这使艺术中第一个符号的发生成为待解之谜。对此的两种现有解法，分别是无意识理论的“从有到有”和存在论的“从无到有”。前者有关艺术中第一个符号是“意识转化而来的无意识”的解释，暗含着理性的权力规训。后者因设置了有无之间的界限，同样未能根除关联性立场及其总体性实质：基础存在论对因缘结构的信任，使它相信主体在场内的视点具有随缘（关联）性，即无法同时看到对象与自身，一反观自身，便离开了现场。虚潜论超越存在论立场，让主体在潜能趋向语言限度的运动中积极敞开虚空，从而在场内虚化自身，同时看到对象与自身。这意味着，现场既不能作为原物被抵达，也不必在叙述中被替代，它在主体的虚潜状态中呈现为独异的。独异并非作为个体与众不同，而指在潜重复中将差异的幽灵性溢出包含在内，因此独异性比起关联性来才是客观性。艺术中第一个符号的发生看似独异，实即来自潜重复性作用下的姿势，姿势转化为看似无意识的动作，克服了理性的权力规训与

---

[1] Graham Burchell, Colin Gordon, Peter Miller. *The Foucault Effect: Studies in Governmentality*. Chicago: The University of Chicago Press, 1991. p.76.

[2] Ibid, p.76.

[3] Ibid, p.76.

[4] Ibid, p.77.

[5] Ibid, p.78.

总体性惯习而成为虚潜符号。

“虚潜诗学”由此成为当代文论研究的新生长点。这一诗学建构可以沿循以下学理步骤展开:(1)深度反思无意识理论在“意识转化出无意识”这一持论中的理性权力规训与存在论的关联性立场;(2)引出虚拟论对存在论的超越;(3)证明虚拟之“虚”的“潜在”本义,贯通当代理论有关潜能的学理逻辑,从而确认虚拟论的更为准确的表述为虚潜论;(4)澄清虚潜过程中独异的生成原理,还原出独异在潜重复性姿势中存在的真相;(5)进一步从词源和学理上辨明重复的不同形态,尤其是重复在差异中幽灵性地溢出的关键理据,确立重复在虚潜诗学中的核心位置;(6)分析主体在虚潜过程中得到重构的具体机制,如与“泰然任之”等近似的虚化形态的实质区别;(7)合乎逻辑地调动中国古代文论中与虚潜思想相关的资源,充实虚潜诗学的内涵;(8)将虚潜诗学运用于文艺研究,为今天的文论注入生机。艺术语言发生的上述虚潜机制,为虚潜诗学提供了论证起点。这个起点,同时指向了“理论之后”的方案取舍。因为在“理论中的文学”这一方案中,既然理论与文学的界限消弭,如前所述需考虑哲学基础的虚空论置换,虚潜诗学便为这一方案的具体运作机制,提供了方法论依据。

第九章　用虚潜诗学解决理论阐释度难题

从虚潜诗学角度，可以进一步找到那个长期制约着理论、并由此引出"理论之后"议题的瓶颈：理论阐释为何会在越来越疏离于文学的过程中，不断显得过度？事实上，究竟如何把握过度/适度阐释的"度"标准，迄今仍然是阐释学中围绕阐释客观性的理论难题。原因在于现代阐释学是本体论哲学，阐释度则是相对涉及具体文学批评操作的方法论问题，前者无法直达后者。国内学界初步在两者间构造的通道，是强调阐释过程的和谐与充分，这条现有思路因基于关联性立场而有私有语言的神秘嫌疑。以正在形成文论新生长点的潜能论思路取代现有思路，将阐释"度"理解为语言的限度，才解开了阐释度难题：适度阐释是还原阐释对象的语言限度，展示其在书写上的困难；过度阐释则是迎合阐释对象的语言惯性。对文学戏仿是否过度的阐释为此提供了证明。理论阐释可以通过去除界限中介而避免过度，因为理论在阐释对象的独异时，独异既非一神化的个体，也不是令差异再度普遍化的秩序，而是潜能运动趋向语言限度所形成的重复。在虚潜论基础上得到重构的"理论中的文学"等晚近方案，即意在践行适度的理论阐释。

第一节　阐释度：从本体论到方法论

就像艾柯曾举例指出的那样，阐释过程中"过分的好奇导致对一些偶然巧合的重要性的过高估计，这些巧合完全可以从其他角度得到解释"[①]，而会引发过度阐释的一系列表现，在阐释问题上几乎人人众口一词，认为过度阐释不对，应当努力保持阐释的适度，以求实现阐释的客观性。那么究竟怎样才算"过度"？到底如何才是"适度"？阐释的"度"在哪里？对此的回答却并

① ［意］翁贝托·埃科、［美］理查德·罗蒂、［美］乔纳森·卡勒、［英］克里斯蒂娜·布鲁克-罗斯著、斯蒂芬·柯里尼编：《诠释与过度诠释》，王宇根译，上海译文出版社 2023 年版，第 57 页。

未在学理上形成有效的共识，事实上成了阐释学发展至今的难题。原因在于阐释学进入现代以后的本体论性质，和阐释度问题的方法论要求之间，存在着审视角度上的偏差。

众所周知，阐释学(Hermeneutics)原意是对《圣经》寓意的翻译，即正确解释《圣经》中上帝语言的一门学问。近代以后随着主体性范式的发展，以浪漫主义阐释学传统为代表，阐释学被从单纯对《圣经》的解释上升至哲学高度，这种"对于解释中的主体性因素，对于个体性与理解的历史性、整体性给予了更多的关注"的阐释学观念，[①]虽试图在观念上融合主体与客体这两极，却在思想实质上奠基于主体性框架，经由体验阐释学的继续发展，终于受到二十世纪以来的阐释学家比如海德格尔的批判。后者认为"生命"本身并未作为一种存在方式在存在论上得到澄清，[②]由此带来的体验，仍局限于主体性形而上学范围内。[③] 在此基础上，海德格尔与伽达默尔提出了新的"阐释学循环"——先见与后见的循环(视界交融)，认为人离不开先见，因为人的视点无法同时既看到对象又看到自我，否则，意识到自我后的视点就已离开原地而不再是它，也就是说视点为了不失去自己的存在，必然顺从于特定位置而进行观看，关于对象已经有了某种估计与倾向。我要去理解世界，世界是我意欲去理解的终点，可我在去达到这个目标时已处身在这个目标中了，终点成了起点。与任何线条都不同，唯有圆上任何一点才既是起点又是终点，或者说已无所谓起点/终点之分，圆即循环。先见沿此保证着人与世界的融合，成为主客融合的本体性纽带。

从这里可见，对于进入现代的阐释学，不能因为它在名称上带有一个"学"字，而将它误解为一门具体的学问。它不是阐释的方法论，更不是具体的阐释方法，而是一种涉及人与世界的根本关系的本体论哲学。由于阐释学关心本体论意义上人对世界的理解，它便只能从原则上确认人作为阐释主体在整个阐释的因缘结构中"如何存在"和"不如何存在"，由此证明先见有积极/消极(后者即海德格尔所说的"偶发奇想和流俗之见的方式"与"没有作为结构的把握"、伽达默尔所说的"阻碍理解并导致误解的前见"与"假成见")之分，却无心也无力具体揭示这两种状态在现实操作中的要领，那不在它的审视角度中。

阐释度问题却是涉及具体文学批评操作的方法论问题。它需要能帮助

---

① 潘德荣：《西方诠释学史》，北京大学出版社 2016 年版，第 230 页。

② ［德］马丁・海德格尔：《存在与时间》，陈嘉映、王庆节译，生活・读书・新知三联书店 1999 年版，第 55 页。

③ ［德］马丁・海德格尔：《在通向语言的途中》，孙周兴译，商务印书馆 2004 年版，第 124 页。

它区分过度/适度阐释,从而避免过度阐释的方法,因此在作为本体论哲学的现代阐释学中,理所当然未成为焦点。本体论不是方法论,无法直接拿海德格尔与伽达默尔的本体论阐释学来建构“文学阐释学”,以为已经可以据此进入具体的阐释活动,那会发生语境的错位。正因此,我们时常感到阐释学往往以讲授一套确立基本准则的“大道理”为主,至于如何着手来展开每每呈现为“小细节”的阐释,仍是个未决的议题,而呼唤人们来寻找从本体论到方法论的有效通道。

第二节　现有通道及其困境

围绕阐释度问题构造从本体论到方法论的通道,国内文论学界也已取得一定成果,认为在两个基本标准上,文学阐释是适度的,那就是和谐与充分,优秀的文学批评活动始终乐于展开并贯彻这两点要求。

在现有研究看来,所谓和谐指“没有牵强附会;富于整体性”[①]。对《阿Q正传》来说,如果阐释所得是“阿Q这一形象体现出因性欲受压抑而转移发泄的深层意图”,便给人牵强附会感,因为纵然阿Q的单身背景及对小尼姑与吴妈做出的举动可以在某种程度上支持这种解读思路,作品整体面貌却并不从头到尾贯穿这种阐释思路,阐释因而过度了。富于整体性,是阐释作品时应有一条可将全部细节关联起来的主线。就《红楼梦》而言,某段时间里有关“第四回是全书总纲”的阐释思路,无法关联起整部作品,因为小说中更为夺目的宝黛爱情主线,难以从中获得位置。所谓充分,则指“顾及到了本文的每一细部,无一例外,不存在为了符合某种解释,而故意忽略、遗漏或者轻视某些细节的问题”[②]。例如纳博科夫固执地认为,在《变形记》中,面对格里高尔这个“虫的外壳掩盖下的人”,他父母与妹妹都成了“装扮成人的虫”[③]。然而母亲哭着阻挡拿苹果掷儿子的丈夫,妹妹悄悄端牛奶给哥哥喝,这些细节显然难以充分支持纳博科夫同样存在着明显过度嫌疑的阐释。

上述分析,大体代表了迄今为止学界在阐释度研究上的基本认识和进展。但对“不牵强附会”的强调,预设了“通过努力能避免牵强附会”这层意思,即相信“有”中之“无”仍能“有”,“有/无”因而能在互相转化中实现本体

---

① 徐亮:《文学解读:理论与技术》,敦煌文艺出版社1992年版,第87页。

② 同上书,第90页。

③ [美]弗拉基米尔·纳博科夫:《文学讲稿》,申慧辉等译,上海三联书店2005年版,第243页。

论并存。这种并存，体现出一种意义内聚效应，即认为意义是一个稳定、内收的团块，或者说是一种整体因缘结构，建立在整体因缘结构上的可能性就是意义。正因此，接下来论者才强调适度的阐释应当富于整体性和充分估计细部，后两者显然都以承认一个整体的存在为前提。

"有/无"构成的这种轮回，尽管带来了意义稳定内聚为一个因缘整体的后果，却以尼采的"永恒轮回"学说为范型，引发了当代思想的反思。"永恒轮回"认为只要用理性去遏制死亡，那么理性的另一面——本能的报复就会来势凶猛，导致遏制与爆发、创造与毁灭永恒轮回。诚然，这样的分析旨在批判苏格拉底以来扼杀欲望的传统形而上学，但"轮回"思维本身却仍是典型的形而上学思维，是一种看似允诺非理性的差异、却无形中凝固起另一种差异的思维，尼采因此被海德格尔称为最后一位形而上学家。

为什么沿此走不出形而上学窠臼呢？原因在于根深蒂固的界限意识。现有思路对"有/无"这一生存本真结构的描述，横亘着一道界限，显示出两种状态，由此关联起一种状态向另一种状态的转变方向（即向可能性的超越），证明了界限意识必然发自关联性立场——相信存在（阐释对象）与思想（阐释主体）只有在两者的相互关系中才有意义。阐释对象是出于我这个阐释主体存在的动机，不去阐释对象便失去了在对象中存在的我。阐释行为因而在某种程度上失据——主体想要做的（去阐释对象）和主体的存在（已经在对象中了）成为一回事（失去了对两者之间裂隙的敏感[①]），这便不无神秘地沦入了后期维特根斯坦吁请防范的私有语言陷阱（"只能被一个人使用和理解的语言"[②]）。例如强调阐释整体性时，被阐释者渗透进自身主体意识观念的那个"整体性"，由谁来规定其之所以为整体的客观性？只能是自己认定自己已到达整体。从这条思路把握阐释度，对阐释过度/适度的指认，也便只能反复从仅仅为阐释主体心理上的增减损益入手，每每流于神秘的独断便在情理中。当代思辨实在论将这种关联性立场描述为"相关主义"（correlationism），认为大陆哲学长期以来处于对关联性的热情中，惯于将现实看作被建构的产物，无力谈论独立于思想或语言的对象。这种关联性热

---

① 因为正如"测不准原理"所揭示，对电子的动量（主体想要做的）和位置（主体得以存在的基本估计）无法同时兼得：去试图测定电子位置时，该电子必然已跳离了原地，观测手段和观测目标由此已无法分离，前者的介入使后者必然始终成为"下一个"。"测不准原理"因而是关联性思路的典型形态。

② 陈嘉映：《简明语言哲学》，中国人民大学出版社 2013 年版，第 138 页。维特根斯坦将之表述为"指涉只有讲话人能够知道的东西；指涉他的直接的、私有的感觉"的语词（[英]路德维希·维特根斯坦：《哲学研究》，陈嘉映译，上海人民出版社 2005 年版，第 103 页），即"别人都不理解而我却'似乎理解'的声音"（同上书，第 110 页）。

情，源自康德有关物自体只可以用信仰、而非知识来达成的哲学，在现象学的意向性理论以及存在论对先见的本体论奠基中，同样存在着。确实已到考虑变更思路来解题的时候了。

第三节　思路的变更：去界限、由实返虚与潜能

思路的变更离不开理据。当代思想家阿甘本揭示出界限意识必然属于关联性立场的实质。阿甘本区分了“限定”与“界定”这两种情形，[①]认为需要防范那种绕开个别性自身之后作出的限定，存在论向往的可能性便属于这种“限定”，因为它相信用“无”可以绽出“有”的生存结构，这是一种从外部加给个别性某种性质的做法。既然是从外部加给，那同时意味着建构和关联，即证明了“限定”恰恰来自关联性立场：可能性是被事先安排好了的，界限的介入只是为了加强它的稳定存在。阿甘本由此发现，“限定”遮蔽了“界定”，后者才避免了从外部加给个别性某种性质的做法，而直接、正面进入了个别性，持存住了个别性之为个别性的独特性质。在此基础上，阿甘本突破了前期海德格尔具备强势关联性色彩的基础存在论思路，也超越了后期海德格尔将语言视为存在家园的、同样强势而更趋神秘的关联性路线，从去除界限的新基点上，指明了走出关联性立场后的新立场，即由实返虚的潜能进路。

既然关联是通过界限来实现的，不再关联，意味着去除界限的顽固存在。去除界限，又意味着承认裂隙的开启。裂隙的存在表明，原先试图在整体计划安排下分隔开的两块区域，现在彼此外在而根本连接不起来，不明稳定前景何在而陷入了虚空的境地。虚空中彼此外在的两者，失去了界限而处于一种似分离、未分离的胶着状态，因找不到界限及其指引的方向而只能向边缘无限逼迫和挤压，即逼出了语言的限度（极限）。可以在与存在论思路的对比中看清这条新思路的实质。存在论执着于一种事先去对“有”进行塑形、并对之产生向心力牵引作用的“无”状态，现在“有”面对的却是另一种不断流露出新的匮乏、因而总是显得不可能的虚空状态，“无”因此和“有”失去界限，不再有两者而只剩下了一者。去除“无”状态后的虚空，吸引“有”通过自身潜能及其充满强度的运动去接近它，它不再相信有一种叫做“无”的、能够达到的关联性目标，“有”的潜能运动因此始终只能趋向极限，却无法关

① ［意］吉奥乔·阿甘本：《来临中的共同体》，相明、赵文、王立秋译，西北大学出版社 2019 年版，第 85 页。

联到它,原先清晰的界限由此被潜能代替,逼出了同时跳出“有/无”框架的外界:总是逼近着却实现不了之处。

经由这般思路更新,“虚”不应被从汉语字面上理解为虚假、虚弱、虚怯乃至虚不受补等贬义,它在学理上的准确含义是“潜在”。虚空及其得以产生的虚拟等近似项,都需要被从潜能——潜在的能量的运动角度得到把握。当代德勒兹主义者马苏米用一句话道出了这层学理关键:“德勒兹的‘虚拟’(virtual)对应于怀特海的‘纯粹潜能’(pure potential)。”[①]他吸收了怀特海的过程哲学、威廉·詹姆斯的“彻底的经验主义”思想以及德勒兹与瓜塔里有关虚拟的学说,论述了潜能中以事件形态出现的差异性因素及其关系,认为思辨与潜在活动的性质有关,其在发生变化时的情形和其如何在一个独异性变位中确定潜在的形状有关,过程中的差异性最终表现为共同构成的力量。这个游戏总是带有推测性,使过程的到来在某种程度上呈现为“事件展开的动态统一”[②],在此过程中活跃地猜测未来的它会是何种样子,经验就这样在潜能的虚拟运动中开放地到达目的地。

从表面上看,“虚”似乎也相当于存在论思路所说的可能性,一些论者正是在此意义上使用“虚实之辨”这个名称的。但这种理解没有注意到,存在论之“虚”,是在基于关联性的同一性范式中讲的,虚实之间的界限被更根本的整体力量所已规定好了,其“虚”被从“实”的整体因缘结构角度塑造为了稳定的环节。与之不同,潜能论之“虚”,却是在打破关联性意义上的差异性范式中讲的,虚实之间不再被插入任何起界限作用的中介,“虚”通过差异的不断生成,在一种动态视野中内在于“实”,调动起了“实”之为“实”的全部潜在因素,这些潜在因素在包括存在论思路在内的传统理论视野中是被普遍忽视了的。

这是否意味着弱化乃至取消主体在潜能运动中的积极作用?对此存在着两种相反看法。否定者认为以阿甘本为代表的潜能论,将生命政治设定为“只是在其极限处才能看到反抗”,即在“不可能性的边缘”的权力,那“使得生命政治变得毫无力量,并缺乏主体性”而“让人想起海德格尔的泰然任之”[③],他们由此提出从产生另类主体潜能的事件角度来理解生命政治,言下之意是不承认潜能运动中发生了与主体有关的事件。肯定者则认为虚空并不

---

① Brian Massumi. *Semblance and Event: Activist Philosophy and the Occurrent Arts*. London: The MIT Press, 2011. p.16.

② Ibid, p.14.

③ [美]迈克尔·哈特、[意]安东尼奥·奈格里:《大同世界》,王行坤译,中国人民大学出版社2015年版,第46-47页。

等于趋向最低生命张力的死亡变体,相反是“并不等于最低的能量水平”并“代表了‘未死’的方面”的积极事件和行动,[1]考虑到虚空与潜能的关系,这相当于承认潜能运动中发生了与主体有关的事件。这两种看法哪种合理呢?

回答是后者。在极限的不可能性边缘上反抗,不是泰然任之状态,而是主体发生出事件的状态。因为泰然任之状态是对海德格尔后期思想回避了主体的描述,但对主体的这份回避,因语言(本有)始源的神秘性而并未得到真正的回避,当说语言是存在之家时,语言仍是起主体作用的那只手,它作为界限隔开语言中的存在与语言外的虚空,暗含了对存在之外的虚空的贬低,因而仍属于关联性思路的流露。真正的回避必须建立在回避本身的不可能性之上,“不可能”说的是连回避本身也不再能合法存在。“我们用‘避免’或‘否认’来理解什么呢?”[2]所以泰然任之状态仍囿于语言关联性立场。潜能运动却消除了存在于事件发生之前的主体性,让主体性在事件带来的虚空状态中即时地发生出来,从而“正是在这一虚空基础上,主体才将自己构成了真理过程中的一个片段”[3],这一过程成为“构成真理”的环节,使人“通过这种方式改变了主体性的定义(主体形成对事件的回应,而并不在事件发生前)”[4],才形成了主体虚化以发起事件的客观性。

主体的虚化,形象地说就是指主体“在场内离场”。因为按存在论思路,“有”与“无”始终相生,在场内无法看到自己,要看到场内的自己只能通过移身于场外才能实现;潜能论思路克服了这一点而让主体虚化,把场内的自己用虚线框起来,和场内除自己外的对象化为一体,从而在场内同时看到对象和自己——这当然意味着客观性的实现。在此过程中,主体不再付出离场(退避以求客观)的代价,它自身的主动程度显然不仅未减弱,反而加强了。这为我们在今天重新思考阐释主体对阐释度的处理,提供了新的学理参照系。

第四节　适度阐释是还原阐释对象的语言限度

既然潜能运动是一种趋向极限的挤压和逼迫状态,是在语言限度上的

---

① 张一兵主编:《社会批判理论纪事》第3辑,江苏人民出版社2009年版,第13页。

② Philippe Lacoue-Labarthe. *Typography: Mimesis, Philosophy, Politics*. Cambridge: Harvard University Press, 1989. p.11.

③ Alain Badiou. *Handbook of Inaesthetics*. California: Stanford University Press, 2005. p.54.

④ Michael Sayeau. *Against the Event: The Everyday and the Evolution of Modernist Narrative*. Oxford: Oxford University Press, 2013. pp.22-23.

试探，不能不与阿甘本所描述的“书写的困难”积极搏斗和较量，[1]这种试探、搏斗和较量，在深层次上包含了被存在论的关联性思路所回避的各种差异性因素，因而成全着阐释的客观性。从这个意义上看，阐释度之“度”即语言的限度：适度阐释的“适度”，指还原阐释对象的语言限度，把阐释对象在书写上的困难逼迫出来，实现阐释的客观性；过度阐释的“过度”，则指迎合阐释对象的语言惯性，化约阐释对象在书写上的困难，以至于遮蔽了阐释的客观性。

可以举当代文学批评中的一例说明。阎连科的短篇小说《革命浪漫主义》叙述某中队三连长始终没谈上合适的对象，碰巧一位姑娘来部队，在一番牵丝扳藤后出现了下面的场景：

> 这时候，一连的兵们都又敬着礼，从她身后跟过来，这样儿，全营五百多个人，一千多只眼，就那么哀伤伤地望着她，像一片孤儿望着要丢下他们远走他乡的一个姐姐样，就用哀求的目光把她包围了，用庄严而伟大的军礼把她包围了，用革命者的真诚把她围得水泄不通了。
>
> 站下后，她看着一营的全体战士们，想了想深深地朝大家鞠了一个躬，大声地用哭着的嗓音说，我对不起大家了，对不起大家了，也对不起了三连长。
>
> 不再敬礼的五百多个士兵，哗的一下突然朝她跪下来，在夜的朦胧里，五百多个士兵像一座山在她面前坍塌样，像一片树林在她面前倒下样，跪下的士兵们，在她面前如同听着口令，共同唱着一首凄婉的歌曲样，齐声地说了一段话——求你嫁给我们连长吧。[2]

对于这篇小说的主旨，存在着某种争议。有评论家已指出，阎连科擅长运用“拟文革体”语言，来积极消解一度荒诞的现实。上述选段对非常历史时期中某种集体主义思维的解构，主要借助于谐谑而庄重的话语表达来实现。那么，初衷与收效是否吻合？从摘引的三段原文品味，有人认为，作者本试图让读者领略到的强烈反讽力量，并不存在基础，毋宁说潜在地认同与欣赏着集体主义。因为，让三连长与姑娘最终走到了一起之“因”，居然恰恰是集体主义。君不见五百个战士齐刷刷下跪相帮逼婚，令姑娘感动落泪，并顺水推舟对三连长以身相许？姑娘面对强大而不容个体分辩的集体力量轻

① [意]吉奥乔·阿甘本：《潜能》，王立秋、严和来等译，漓江出版社2014年版，第20页。

② 阎连科：《革命浪漫主义》，春风文艺出版社2005年版，第31－32页。

易放弃了自己的爱情自由，鉴于集体主义能如此轻易实现一件正义之事，而指出作者与集体主义达成了妥协，这样的指责有道理吗?

其实，这种指责取迎合语言惯性的阐释姿态，不及探测到语言在这部作品中的限度，恰成了过度阐释。可以发现，这段文字的画面感极强，强烈到通过“这样儿”“姐姐样”“坍塌样”与“倒下样”(巧妙利用方言词“样”的重复性)这些充满视觉刺激性的提示词直接出面，与之伴随的“夜的朦胧”等环境描写，也被加重强调而高度造型化，作家似乎从头至尾盯着一个现成化的现场，没有视点上的变换，仿佛真先有这个士兵们齐刷刷敬礼、姑娘忙不迭道歉与士兵们下跪求婚的场景，然后才把这一幕场景勉力记录下来，“看图说话”，这便把语言弄成了可指及事物的传达性工具。但我们知道，语言决无法这样传达现成画面，因为它是在符号区分形成的差别中进行替代与表征的任意性符号系统。因此，作家以戏仿的方式逼出了语言不可能达到的一面——限度，触及了文学戏仿在正话反说中会不会滑向失控之境的常见阐释难题。

在写这篇小说时，阎连科是否怀有反讽意图，有意在作品中戏仿式地反向体现出来，像哈谢克的《好兵帅克》以及略萨的《潘上尉与劳军女郎》等世界一流作品那般呢？下这样的判断，得有依据，究竟有何依据，始终是困扰批评家的问题。以潜能论为新视角，可以相对圆满地解决这个问题。戏仿，就是变着调子说话，说不吻合自己平时声口和形象的话，就是让语言朝向那道原本无意于去触碰的极限极力挤胀，所以成功的、以假乱真的戏仿，实际上就体现为一个富含各种灵活差异因素(这代表了戏仿在语言上的创造性)的潜能运动过程。对它有否失控的判断，不是看它在多大程度上介入了主体的调控——若那样来阐释，是企图从戏仿文本中去分辨哪些为真哪些为假，这便等于默认语言有可能真的能在某种范围内指及画面，恰恰顺从了语言的惯性，成了过度的；而是看它有没有激发出语言的限度——若这样来阐释，则将戏仿文本中的全部努力，证明为是徒然去指及画面之举，这份尖锐打破对语言的依赖、在语言边缘上穿洞和打孔的努力，才是适度的。换言之，不能因为一位作家戏仿得入戏太深，便指责他佯狂成真，因为入戏很深的姿态正表明他向语言极限逼迫的顺利，沿此对其间创造性动力的一一具体揭示，才保持了阐释上的适度。

语言向它试图实现的画面极力膨胀和挤迫，终于触探到限度的摒挡而反弹回自身，这个过程见证了文本在“不可能性”意义上的充分试验和创造，才孕育着阐释细致沿循其边缘线而努力还原、激发真相的活力，把语言实际做不到的事凸显为虚空，让人在语言限度的还原(对书写的困难的逼出)中感知到某种戏仿的矛盾(客观性):这靠集体主义观念就能轻易做到的场景,是被限度上开启的语言真相所否定的。还原出这点,才成全了意义阐释的适度。相形之下,若将这几段叙述文字真当作画面对等物,判断其与作家思想立场是否产生了某种龃龉,则属于将语言看成没有限度、内聚意义的稳定完成体,惯性化地失去了对限度的敏感而成了过度阐释。由此看来,引入潜能这一视角,阐释度难题才有了合理解决的方向。鉴于文学本身就是一种广义的戏仿,对戏仿的阐释度其实代表了文学中阐释度的一般原理。

第五节 理论阐释作为独异阐释:对过度的调整

从语言的限度理解阐释度,还有助于调整理论阐释中的过度阐释。二十世纪中后期发展至今的理论,最为学界所诟病的就是它在试图批评文学时逐渐疏离文学而显得过度的特征,然而从潜能论视角看,问题不见得有如此简单。

相对于自明性范式及其表现——审美阐释对文本的密切关注,建构性范式及其表现——理论阐释,是在语言论学理上发展起来的批评范式,它在破除自明性的解码意义上,用哲学、政治学与社会学等跨学科理论阐释文本意义,揭示看似自明的现象(即罗兰·巴特所说的"纯逻辑的结构")被深层结构、符号权力与隐性意识形态建构成如此这般的意义生产真相。两者的根本区别在于:自明性范式从近代理性化视点出发,倾向于将世界看成自己想要看成的、理想的样子,而理想是相对单一的,所以这导致古典传统艺术在发展上缺少变化和显得缓慢;建构性范式则开始转向非理性(特别是语言)视点,倾向于将世界看成(实际上此处的"看成"已非刻意为之,而是随顺和还原)实际所是的样子(这也不是新样子,而是世界从"被看成的样子"中自然解放出来后的结果),它便已不再是理想的样子,得到的是真相,较之于理想的单一性,现实中的真相则是各自不同、彼此独异的,所以才有了现代艺术在发展上的多变,以致最近一百多年来艺术发展的剧烈程度,远甚过去两千多年。这种区别表明,建构性范式支配下的理论阐释,旨在阐释一个对象有别于其他对象的独异性,性质上已是一种独异阐释。

问题在于这种独异阐释为何会过度?这便涉及如何正确理解"独异"。人们很容易将独异望文生义地理解为与众不同的个体。这种理解忽视了两点:

(1) 独异不是个体,而是重复。因为对某人/物是否独异的判断,需要将它与它所不是的其他人/物进行比较,但被这样拿出来比较的它,就已经不再是原初的它,而是在重复中被置换了,独异因此不是某个一神化的个体,而存在于重复中。

依据弗洛伊德,人产生愿望,是想让体验得到满足,但这个得到满足的过程,总是在感知的同一性中重复记忆中的体验,所以愿望是一种不断基于重复的幻觉:越致力于凸显一样东西的差异性,越是在深层次上维持着使这种差异成为可能的稳定秩序。齐泽克就曾借助精神分析理论,[①]谈到一种意在否定"物质现实就是一切"的说法,即直接从对立面推出"物质现实不是全部"这一表达形式,但这种表面上的否定形式,仍从深层压抑机制上肯定了"物质现实就是一切"这一前提,因为它对构成性例外的呼唤,乃是为了巩固与加强其普遍性基础。[②] 这就是存在于无意识中的重复机制。

(2) 重复是无法被普遍化的差异。因为越致力于凸显一样东西的差异性,越是在更为根本的深层次上维持着使这种差异成为可能的那个稳定秩序,而需要继续不断走出这种秩序。

同样是在无意识中,重复与重复之间的距离才打开了梦的空间。此处的关键在于看到,"重复"有两个对应词——iterability 与 repetition,前者作为独异超越着后者。德里达"对 iterability 与 iteration、repeatability 与 repetition、经验上可观察的事实与结构可能性之间的区分"[③],表明 repetition 仅强调差异在可能性意义上回归不可分割的个体性,仍维持住了旧秩序;iterability 才是被分割为"重复性的残余或幽灵性的余波"[④],不断继续分割而作为"潜在的(potential)交流行为"不再回归个体性的重复。[⑤] 潜在性消弭了可能性意义上原物与重复物的界限,证明"'重复'通常是削弱可能性本身的定义,即自亚里士多德以来一直被理解的现状或实现方式,从而定义了

---

① 与弗洛伊德的原则一样,拉康也认为"第一个事件(E)发生了,但直到第二个事件(E2)发生才发生"(Bruce Fink. *The Lacanian Subject: Between Language and Jouissance.* Princeton: Princeton University Press, 1995. p.64.),因为第一个事件的不可逆的发生,总是被作为症候分析目标的第二个事件压抑(以解放为表象)为可控的对象,其创伤性从而在针对症候分析的冲动意义上才存在,成为追溯性的,并在这种追溯中流失和置换了原初的创伤性,即"会由于第二个以后事件的影响而追溯性地成为创伤性的(并导致症候的形成)"(Bruce Fink. *A Clinical Introduction to Lacanian Psychoanalysis: Theory and Technique.* Cambridge: Harvard University Press, 1997. p.65.)。

② Slavoj Žižek. *The Book We Are All Waiting For.* in Frank Ruda. *For Badiou: Idealism Without Idealism.* Evanston and Illinois: Northwestern University Press, 2015. p.xii.

③ Samuel Weber. *Benjamin's-abilities.* Cambridge: Harvard University Press, 2008. p.6.

④ Ibid, p.203.

⑤ Ibid, p.44.

反对它的否定，不可能性，排除”[①]，重复因而涵容了潜在性，即潜能运动的重复，“它的现实将与它的潜在（potential）实施、它的实现一致”[②]。德里达用“自免疫”回应上面所述在重复中维持差异秩序的深层压抑机制，[③]“自免疫”就是“自我否定并因此超越它通过‘我’或自我而来的独异的辩证尝试”[④]，旨在攻击和摧毁自己，以实现自我改造，即认识到为保护自己，活着的自我不仅需要防御外来的东西，而且需要避免让自己成为另一种隐性自我保护模式的产物，这种自保模式排斥了内在的他人（即对自我的质疑），从而忽视了“只能通过保护自己不受自身的保护才能生存下去”的道理，[⑤]若失去这份警惕，主体便在主权原则影响下，使自我系统趋于统一的普遍性实现。从普遍化差异的角度理解独异性，同样会走上歧途。

作为对这两点、尤其是后一点的解决方案，“自免疫”理论立足于重复理论而展开，这触及了潜能与重复的联结点。德里达论证道，文字发挥功能的源头在于“可重复”（iterable）[⑥]，重复的力量既塑造了一般符号，又使任何有限的结构或系统趋于溃裂，对这种双重性的重复运动的形态描述就是延异。他沿此解构在场哲学的主导原则，以“语境”概念为切入点，消解奥斯汀言语行为理论的逻各斯中心主义元素，颠倒与置换“严肃/不严肃”的二元对立，认为真正的事件指向断裂，而非奥斯汀在言语事件中设想的意识在场。这便将可重复性作为话语事件的基础。吸收了这一点的晚近学者也认为：一方面，独异是通过某种分割（即重复）而得到体验的，有别于个体性；另一方面，存在于重复过程中的独异，又并未同时形成另一种“普遍化的独异”，而恰恰在差异中保持差异，避免了让“重复”重新凝固为普遍秩序。

由此，理论阐释应将其实质——独异阐释积极保持为一种潜能运动，在差异生成与溢出的潜重复过程中落实阐释度。过度的理论阐释，是理论将对象的独异定位为与众不同的个体，巩固和强化使理论路线得以可能的程序。对理论来说，这就是迎合自身基于语言论立场的阐释模式，而不对它作必要的修正与试验。理论作为“不再以非语言学的即历史的和审美的考虑

---

① Samuel Weber. *Benjamin's-abilities*. Cambridge: Harvard University Press, 2008. p.6.

② Ibid, pp.44－45.

③ Ibid, p.109.

④ Samuel Weber. *Targets of Opportunity: On the Militarization of Thinking*. New York: Fordham University Press, 2005. p.24.

⑤ Samuel Weber. *Benjamin's-abilities*. Cambridge: Harvard University Press, 2008. p. 111.

⑥ Jacques Derrida. *Limited INC*. Evanston: Northwestern University Press, 1977. p.18.

为基点”的阐释活动,[①]迎合自身阐释程序就是在迎合语言的惯性,这一点是显然的。在迎合语言惯性中钝化语言在其边缘上遭遇的事件,失去对语言限度的敏感,如前所述即陷入阐释的过度。但因此宣判理论的终结而走向后理论,尚有轻率之处,因为理论之后的后理论,既然无法摆脱仍用语言来表述自身的宿命,它就仍然有一个语言惯性与限度的问题,只有如前文所分析,从根本上确立起阐释度标准,才能避免在对语言惯性的迎合中仍陷后理论于过度阐释之境。

将后理论视为理论从过度调整为适度的阶段,才是可取之径。要点在于去除任何“中介”所试图代表的界限意识,因为正如哈曼所言,“如果一个实体被简化为其关系,那么该实体本身就不可能成为任何潜能的家园”[②],只要还承认各种界限性残余,关联性立场便无法被真正克服和超越,就仍会去迎合语言的惯性。恰恰是为了去实现事先的规定,才需要有界限。有人或许会问:语言使主体划分出行动的前后两块内容这一意图显得不再有意义,它的任意性原则使它在试图作为工具去传达已划好的意图目标时陷入了困境:它已做不到这种传达,而只能是去同时替代那个实现设定的目标,这样,在语言论视野中被说出的这道界限,按理已消解目标的预成性,而去除了主体介入的权力,为什么语言论仍然逐渐导向了界限意识及其关联性方向呢?因为,语言虽走上了建构的方向和理论的道路。但“理论,为了得出结论,为了证明自己正确,必须强调某一面。这就把话语的双重运作现象过滤为单向度的。理论话语本身要求这种所谓的发现和创新,这是它无法克服的逻辑。理论家需要证明:第一,自己的发现是有来由的,是从理论传统中得来的;第二,自己的发现是全新的。所以,如果不摆脱理论的话语方式,这种单向的肯定性就无法克服”[③],以至于本性上脱离了主体规定的界限,客观上仍逐渐趋于主体的关联热情。

去除界限意识之后,理论阐释很自然地变成理论与文学之间不再存在隔阂的活动。需要在肯定乔纳森·卡勒等当代学者提出的“理论中的文学”目标前提下,改进其具体方案中仍变相存在着的界限——那个被视为中介新脚本的“能动”(Agency)结构。这一结构已不能再如卡勒所界定的那样建立于述行基础上,因为奥斯汀述行理论对语境饱和力量的信任,已被德里

---

① [美]保罗·德曼:《解构之图》,李自修等译,中国社会科学出版社1998年版,第98页。

② Levi Bryant, Nick Srnicek and Graham Harman. *The Speculative Turn: Continental Materialism and Realism*. Australia: Melbourne Press, 2011. p.298.

③ 徐亮:《叙事的建构作用与解构作用——罗兰·巴尔特、保罗·德曼、莎士比亚和福音书》,载《文学评论》2017年第1期。

达证明为是一种尚未根除的总体性，这一盲点的存在，使卡勒的方案滑向了忽视异质力量的陷阱。用潜能取代述行，以潜能的不动为大动，才最终形成这样的信念：理论阐释不是在规定好界限的前提下，迎合阐释主体的某种诉求和预设，而是和阐释对象（文学）不再保持界限，向阐释对象不断进行富于差异性变更的阐释，在一次次阐释中令阐释对象不断向语言上的限度挤压、膨胀和逼迫，在将理论与文学保持为一者的同时，显示出两者基于潜能运动的分割性距离。适度理论阐释及其客观性即维系于此。

第十章　理论之后的写作对概念的处理

在澄清理论与文学的临界写作机制问题后，"理论中的文学"将如何看待和处理理论的基本单位——概念，便成为下一个问题。到目前为止似乎仍无法贸然否认，理论的实质起点是问题，形式起点则是概念。在当代学术图谱中，学者李泽厚以创造一整套自具体系的概念著称于国内外学界，并自陈为此而找到的依据是法国当代哲学家德勒兹有关哲学在于"制造概念"的主张。但德勒兹这一主张旨在激发概念的事件本质，从而打破树形模式的理论结构体系性，代之以重视差异的块茎模式；李泽厚的"制造概念"，却是要通过概念的原创来建构一套首尾相连的树形理论体系，与德勒兹恰恰是相反的。尽管如此，这一误读客观上歪打正着，产生出正面效应，启发人们比较理论与后理论对待概念的不同态度，以及后者从前者中合理转化而出的可能前景。

第一节　同一主张的相反走向：块茎与树

哲学在于"制造概念"，这是德勒兹与瓜塔里出版于1991年的《什么是哲学》一书提出的主张。该书专辟一节"什么是概念"，从四方面界说了"概念"的要义：(1)概念在传统哲学中，指向的是始终已变成第二位客体的对象；即使扭转这一观念，也不能径直判定概念就是不再被客体化的另一个主体，而应指认其为"既非主体亦非客体"、却能推导出这两者的一种先验力量，它与"纯粹的'存在'领域"有关。(2)概念有生成与转变，涉及与同处一个层面上的概念的关系并扩展至无限，不过"其内部一致性是不同的、异构的，但又不可分离的"，区域是叠加的，界限是模糊的。(3)概念是其自身组件的重合点与凝聚点，它"在被创造的同时定位着自己以及它的对象"。(4)概念不是一种论述性的型构，它"并非连贯一致"，而是呈现为"零碎的整体"，从而有别于命题与内涵那种"无情的独白"，相反作为"纯粹的事件，决不能与它所表现的事物的状态相混淆”①。这样，综合起来，德勒兹认为概念是对事件的建立：

> 哲学的任务是当它制造（create，亦可译为“创造”）概念、实体时，从事物和存在中提取一个事件，或建立新的事件，一个新的事件总是由此产生：空间、时间、物质、思想，以及作为事件的可能性。
>
> 哲学概念不以补偿的方式存在，而是通过它自己的创造来建立一个事件，考察整体存在的各种状态。每个概念都以自己的方式建构和重构事件。哲学的伟大之处在于，它的概念召唤着我们或在概念中释放了事件的本质。②

尽管表面上，德勒兹所谓的“哲学制造概念”很容易被误解为标新立异，但“制造概念的目的是用语言来表达表现于现实事件中的纯粹事件”③，新的“概念是事件”④，它在生成中被动词化了。概念的制造由此成为一种被德勒兹首肯为“实验”的思考过程，在此“实验总是涉及正在产生之物”⑤，实验即试验。运用清晰的语言，德勒兹指出“一个概念应表达一个事件而不是本质”⑥，因此，在事件发生前不存在概念，任何给定的事件、思想或行动产生了经验与概念。《德勒兹辞典》阐释道，这“意味着思考和创造是同时构成的。这样，他关于事件的一般理论为理论的内在创造力提供了理论上的手段”⑦。德勒兹以树为例说明这一点。“树”这个概念不是在简单记录一个事件，而是在替代性位置上起着建立新场所、诱发这棵树出现的作用，代表了一个过程性事件。在这种情况下，“事件”不是指可识别的、令人难忘的或重要的事件，而是指在思想与行动的交汇处以恒定的流量变化着的多种关系。将“制

---

① Gilles Deleuze and Felix Guattari. *What is Philosophy?*. New York: Columbia University Press, 1994. pp.16－25.

② Ibid, pp.33－34.

③ ［澳］保罗・帕顿：《德勒兹概念：哲学、殖民与政治》，尹晶译，河南大学出版社 2018 年版，第 154 页。

④ ［美］罗纳德・博格：《德勒兹论音乐、绘画和艺术》，刘慧宁译，南京大学出版社 2020 年版，第 190 页。

⑤ ［澳］保罗・帕顿：《德勒兹概念：哲学、殖民与政治》，尹晶译，河南大学出版社 2018 年版，第 142 页。

⑥ Gilles Deleuze. *Negotiations, 1972－1990*. New York: Columbia University Press, 1995. p.25. 另参见中译本：［法］吉尔・德勒兹：《哲学与权力的谈判：德勒兹访谈录》，刘汉全译，商务印书馆 2000 年版，第 29 页。中译本此处译作：“概念应该说明事件，而非本质。”

⑦ Adrian Parr. *The Deleuze Dictionary*. Edinburgh: Edinburgh University Press, 2005. p.88.

造”作为概念的来源，由此成为德勒兹的一种新发现。他把概念理解为在制造过程中产生的某种事物，它允许并在客观上产生出思想与经验的变革时刻。例如对艺术活动来说，艺术家在其中产生事件与概念，这些事件与概念将艺术创作过程解释为实例的流动性继承，每个实例都进入一种特定的而非基本的联系，代表了制造艺术的经验所产生的不可估量的复杂关系的运动。

德勒兹进一步举例道，一个人对微风的体验已无法回想和追溯，因为随后思考的时刻带出的是反思的经验。考虑艺术中任何时候出现的思想、行为与形式的同时性，需对过程进行更富于包容性的理解，从而既说明新兴艺术形式的量化情况，也说明瞬间的活跃过程所代表的不确定性，以及由此产生的过程变化。德勒兹与瓜塔里以游牧民族为例阐明这一活跃过程，认为游牧民族做的是一件“制造地图而非追踪”的工作。[①] 这需要发展出一种运动的、不合既定现实的思维方式，改变和扩展对时间所持的观念：时间不是一种感觉的顺序，而是一种体验性存在，是一种与我们遇到世界时出现的节奏与力量有关的事件而非度量。相应地，事件应当被理解为力量的始终出现及其瞬时的配置，这些力量不孤立地作为经验或事件而出现，而是经历着事件的发生，使之成为部件或元素汇合后存在于纯虚拟状态（即真正的内在可能性）中的内在变化。事件由此不是一种客观经验，而是一种从潜在到实现的状态，其每一刻都标记为一种动态的和有节奏的转变，既非起点也非终点，而总是在中间。这种与事件融合在一起的概念，与传统相比显示出了异趣。

可以看出，德勒兹“制造概念”的重心，落在一种以异质性与差异性为核心的事件思维方式上。在他看来，概念不是一个名词而是一个动词，作为动词不定式的概念，有助于开启线条的极限，“在这条线的极限处，事件出现了；而在这个不定式的统一性中所发生的事件，则以两个系列的振幅分布，而这两个系列的振幅构成了形而上学的表面。这个事件与这两个系列中的一个联系起来，作为一种无逻辑的属性，而与另一个联系起来，作为一种无逻辑的感觉”[②]，这整个由点、线、面共同构成的系统，代表了意义的组织。德勒兹这些说法虽然显得风格独特而不乏抽象晦涩的色彩，但只要紧紧抓住他在事件与意义逻辑的关系上所论述的核心——因果的异质性及其在无限

① Gilles Deleuze and Felix Guattari. *A Thousand Plateaus: Capitalism and Schizophrenia*. Minneapolis: University of Minnesota Press, 1987. p.24.

② Gilles Deleuze. *The Logic of Sense*. New York: Columbia University Press, 1990. p.241.

细分中形成的分歧性综合效应，便容易对他有关概念是事件的说法抱以理解。按米歇尔的概括，德勒兹倾向于把语言看作一种始终与其他非语言功能联系在一起的中介形式，与结构主义符号学的“树”模型不同，他采用“块茎”(rhizome)模型，其中每个点可以连接到另一点，点与点之间没有趋向于总体的统一性、基础性或封闭性，[①]营造的决不是一个“同心圆”[②]——后者却是李泽厚通过“制造概念”想要达到的明确目标。

在人才辈出的汉语学界，李泽厚堪称一个异数，因为他的学术研究是以自(原)创一系列概念为鲜明特色的。这是国内外学界对李氏学术的共同观感。在应英国《今日哲学》之约撰写的《哲学自传》(中文版立题为“课虚无以责有”)中，他自述这种显得独特的做法来自德勒兹的直接启示：

> G. 德勒兹《哲学是什么》一书认为哲学是制造概念以思考世界。我通过制造“内在自然的人化”“积淀”“文化心理结构”“人的自然化”“西体中用”“实用理性”“乐感文化”“儒道互补”“儒法互用”“两种道德”“历史与伦理的二律背反”“理性化的巫传统”“情本体”“度作为第一范畴”等等概念，为思考世界和中国从哲学上提供视角，并希望历史如此久远、地域如此辽阔、人口如此众多的中国，在“转换性的文化创造”中找到自己的现代性。[③]

对李泽厚由此取得的学术成就，自宜有足够的敬意，也暂不是本书的题意所在。笔者仅想指出，他这种引以为豪的“制造概念”，和德勒兹所说的“制造概念”不是一回事。从他明确表示过的“福柯、德里达比马克思差远了，更无法比康德”等态度来看，[④]他应该确实不会对同属于后学序列的德勒兹的思想，报以特别垂青。事实上仅见李泽厚掐头去尾地引述过德勒兹一句“哲学是制造概念”。如上面所分析，德勒兹提出“制造概念”，是基于一种后现代式的打破体系的用心，采取的模型是块茎形的、充满分叉与差异的；而李泽厚对“制造概念”的主张，相反试图建构属于他自己的某种体系——

① Johann Michel. *Ricoeur and the Post-Structuralists: Bourdieu, Derrida, Deleuze, Foucault, Castoriadis*. London and New York: Rowman & Littlefield, 2015. p.79.

② 李泽厚：《哲学探寻录》，见《实用理性与乐感文化》，生活·读书·新知三联书店 2008 年版，第 192 页。并见李泽厚、刘绪源：《该中国哲学登场了？》，上海译文出版社 2011 年版，第 61 页。

③ 李泽厚：《课虚无以责有》，见《实用理性与乐感文化》，生活·读书·新知三联书店 2008 年版，第 291 - 292 页。

④ 李泽厚：《循马克思、康德前行》，见《批判哲学的批判》，生活·读书·新知三联书店 2007 年版，第 461 页。

除“同心圆”外，他还用“常山之蛇”来比喻自己这种首尾相连、内部处处呼应的体系，表示“我是常山之蛇首尾相应”[①]，而从基础主义的角度制造概念：“我提供的好些概念，就是这种基础性的哲学视角。”[②]同心圆和常山之蛇，所采取的模型则明显是树形的、自上而下推演的。

面对同一命题出现如此相反的定位，后者又坚定声称自己是在继承前者的精神，这使人感到有趣。德勒兹倡导哲学原创概念，是出于事件及其生成性的诉求，其用心是后现代的，路线是反本质的。相形之下，李泽厚试图在“制造概念”中建构自己相对本质化的理论体系，便恰好弄反了德勒兹的本意。

第二节　误读的意义：理论制造概念之勾连与比较

尽管存在着上述误读，李泽厚带出的这个议题不是没有意义的，因为误读本身诚然可以得到拨正，它却也有可能产生出积极的正面效应，那就是启示人们对“理论如何制造概念”这个重要问题本身，作出深层次的勾连、比较与思考。这在当代理论运动正不断引发反思，以至于“理论之后”成为热点的今天，尤其不可不辨。

德勒兹把“制造概念”的主语维系于哲学，也就是理论。二十世纪是理论的世纪。当然，从古希腊起人类就没脱离过理论生活，为什么独独要强调理论文化在二十世纪的兴盛和衰替呢？因为二十世纪从起点上深刻反思并重估语言的性质，这直接导致了“理论的世纪”及其与传统理论研究的不同。就“文学理论”这一理论分支而言，人们都有明显感觉，觉得二十世纪前那些时长跨度很大的文学理论属于“文学的理论”，与文学现象和文本结合得很紧密，有一种充分诠释的融贯感渗透于其中。这一切等进入二十世纪特别是后半世纪后，画风突变，短时间内涌现出大批以“批评理论”为实质的、愈来愈疏离文学现象与文本的理论，“文学的理论”开始被“文学与理论”的新局面接管，这让许多人不安。究竟是怎么出现这种变化的呢？

联系“语言论转向”在二十世纪端口上的表现可知，语言被长期认为是一种可以去穿透对象的工具性存在，这使二十世纪前的文学理论很自然地

① 李泽厚、陈明：《浮生论学》，华夏出版社2002年版，第272页。

② 李泽厚：《循马克思、康德前行》，见《批判哲学的批判》，生活·读书·新知三联书店2007年版，第464页。

呈现出与研究对象水乳交融、弥合无间的特征，接受起来并不难。经索绪尔的醒目论证，语言作为“任意性的符号系统”这一观念逐渐开始深入人心，符号不是原物而是替代物（表征与建构），这使文学理论对所论对象的穿透性努力，看起来陷入了一种奇特的局面：它越试图去“说中”对象，越只是把对象“重新说”了一遍。理论的自身表述结构开始和理论对象从原则上脱节成两层皮，很自然地出现了“文学理论不再关心文学”这种令不少人感到不适的后果。以传统惯习为参照系来看，理论每每成了仿佛从外部空降给对象的隔层。由于这种隔空发招的合法性得到确证，理论可以放开手在“形成某种说法”这点上发力，对概念这一起点的精准编织的热情，相应地更为加剧了。二十世纪理论这种相比于传统的生硬感，与概念更多、更大面积地在理论运动中出场，形成了合法性呼应。

理论发展至此的隔层特征，植根于语言的无法直通事物的符号系统性质，实际上隔开了对象的表层与深层。这种双层结构伴随着理论的演进，必然触及深层如何建构出表层的话语权力，带出了理论进入二十世纪下半期后的政治色彩。福柯由此被公认为理论运动的奠基人。他有关“一种虚构的关系自动地产生出一种真实的征服”的洞见，[①]和稍后布迪厄提出“教育分类产生的公开差别，倾向于产生（或加强）真正的差别”之论，[②]显然都吸收了语言论的基本精神，以如出一辙的句式，表明了相同的道理：是符号的深层区分，在塑造（建构）现实的表层区分（不等。因而涉及了权力）。布迪厄把福柯开创的话语权力范式，引入反思社会学领域，在相当长时间里两人一前一后雄踞于全世界范围内被引用程度最高的当代理论家排行榜前两名。正是在这里，可以对布迪厄与李泽厚作一勾连，从中看清理论“制造概念”的奥秘。

迄今还未见有专文探讨李泽厚美学思想与布迪厄的学理关系，但这种相关性随着 2010 年李泽厚作为唯一一位中国学者入选国际权威的新版《诺顿理论与批评选》，而有理由成为接下来的学术议题。在这部文选的编辑过程中有西方学者认为，“李先生的美学思想与同时期的法国理论家皮埃尔·布迪厄（1930—2002）的美学理论似乎有相似之处”[③]。这种“相似之处”除了

---

① ［法］米歇尔·福柯：《规训与惩罚》，刘北成、杨远婴译，生活·读书·新知三联书店 2019 年版，第 218 页。

② ［法］皮埃尔·布尔迪厄：《区分：判断力的社会批判》，刘晖译，商务印书馆 2015 年版，第 36 页。

③ 顾明栋：《〈诺顿理论与批评选〉及中国文论的世界意义》，载《文艺理论研究》2010 年第 6 期。

两者在内容上均呈现出一种社会学建构的总体立场外，还突出地体现在形式上，那就是两者都热衷于原创性地“制造概念”。和同出生于1930年的李泽厚一样，布迪厄也制造出了区分、阶级、习性、场域、文化资本、符号权力等一系列新概念，在每个大概念下又进一步制造出更为细小或更趋极端的概念，如习性概念之下还包括“文化无意识”“塑造习惯的力量”“心理习性”与“知觉、欣赏、行为的心理构架与操作构架”等一系列分概念，“符号权力”衍生出“符号暴力”等。这套精密的运思，成为二十世纪理论文化的典型标本，在不断给人晦涩难解的印象之际，推动着当代思想的蓬勃进展。

在这个用以勾连李泽厚的参照系中，布迪厄“制造概念”的用心，也是显著的树形模式追求，力图通过概念之间的精细连环而达成“总体性实践理论”[①]，总体性便正是本质性。这与德勒兹提出“制造概念”的初衷，同样截然相反。扩充性地把布迪厄和李泽厚的“制造概念”放在一起，作为二十世纪以来的理论范式与德勒兹的“制造概念”相比较，可以得出怎样层层递进的异趣呢？

首先，德勒兹“制造概念”的立场，是要从语言上来“打洞”，这与布迪厄、李泽厚在顺从语言力量的前提下“制造概念”[②]，形成了反差。概念诚然是一种语言表述的结晶，但德勒兹打破这种语言惯习，反对主流语言论学理而致力于“在语言表面上‘打洞’，以找出‘背后隐藏着什么’”[③]，因为在他看来语言无法再现事件，重要的却是“将结构内的历史重写为一系列与结构独异性相关的事件”[④]，循此，德勒兹一定相信用语言制造出来的概念，是与任何现有概念都不雷同和重复的，他看重这份敏感。布迪厄与李泽厚则不然，在制造出概念后让概念去实现一种无洞的体系结构，这便容易失去对洞——无洞本身恰是大洞——的敏感，即失去对语言中进一步事件性因素的敏感，而把对既有概念的变相重复，当作自己的新创。即就布迪厄制造的概念来说，“区分”（一译“区隔”）显然是在吸收了语言论学理和福柯对之的创造性阐释后定位于符号位置关系的概念，和索绪尔语言学所说的符号之间形成差别所依赖的区分，在符号分类这一精神上是相承的，不能说是被新“制造”出来

① ［美］戴维·施沃茨：《文化与权力：布尔迪厄的社会学》，陶东风译，上海译文出版社2006年版，第10页。

② “我极端重视语言。我认为，以语言活动为核心的符号系统极为重要。”（李泽厚：《哲学答问》，见《实用理性与乐感文化》，生活·读书·新知三联书店2008年版，第127页）

③ Jean-Jacques Lecercle. *Deleuze and Language*. New York: Palgrave Macmillan, 2002. p.6.

④ Ibid, p.106. 并参见拙文《独异性诗学的当代谱系》（载《文艺研究》2021年第4期）的相关分析。

的概念。[①] 在逐新心理驱动下将之高调溢美为原创,恐怕是在学理贯通方面不够深透使然。同样,尽管“文化心理结构”是李泽厚“制造”出来的一个新概念,但它被自创出来的诉求背景其实不新颖,那就是百年前已被鲁迅掇用的“国民性”思考模式。李氏多次表示,“文化心理结构”即“国民性”“民族性”“民族性格”[②],即塑建本民族性格特征、文化传统和思维模式的特性,认为“文化心理结构”概念有助于区分“国民性”概念的表层与深层。[③] 他用“积淀”解释表层与深层的关系,却并未摆脱此前“国民性”批判的视野,这从他有关“文化心理结构”将积淀在文化群体心理中的特征意识化、发掘其优点与弱点、“以提供视角来‘治病救人’”的诉求中得到了有力明证。[④] “治病救人”四个字,不就是鲁迅用笔取代手术刀解剖国民灵魂的方法吗?

其次,德勒兹“制造概念”的方法,是打破概念链之间的因果联系,代之以差异性配置,这与布迪厄、李泽厚在信任因果力量的前提下“制造概念”,也形成了反差。德勒兹认为“概念在它的任何一个规定的层面上,在它所包含的任何一个谓词的层面上都可以被阻断”[⑤],他用“准原因”来界定概念之间的因果关系:“只有当因果关系包含了因果的异质性——原因之间的联系与结果之间的联系时,它才能逃脱并肯定其不可约性。就是说,作为肉体的活动与激情的结果的非物质的感觉,也许只在它表面上与一种本身是非物质的准原因相联系的程度上,才能保持它与物质原因的区别。”[⑥]在此意义上,概念始终处于问题的介入与分割中,只能说概念与一个问题性事件有关,而定义这些问题的分歧性条件,即某事件之果与另一事件之因在一个序列中的复杂并存,这就是分歧中的综合。相比较而言,布迪厄注重的是概念

---

① 从表面看,布迪厄对索绪尔语言学以及结构主义有批判的一面,认为后者作为“不偏不倚的旁观者”,以静态的共时性结构忽略了语言实践交往以及由此形成的权力支配关系(参见[法]皮埃尔·布迪厄、[美]华康德:《实践与反思:反思社会学导引》,李猛、李康译,中央编译出版社 1998 年版,第 186 - 198 页;布迪厄在这一问题上的集中著述是《言说意味着什么——语言交换的经济》)。纵然如此,一位理论家对另一位理论家作出的批判,很多时候其实并没有顺着对方的逻辑展开并接着讲,而只是在表明自己与对方立场观点上的不同而已,在批判对象之前,立场已先有了,这样的批判在有效性上往往是值得深入考量的。事实上,布迪厄也有吸收和继承索绪尔的一面,如国外研究者所指出,布迪厄的符号系统“其内在的逻辑可以通过结构分析——这种方法是索绪尔为分析语言、列维—施特劳斯为分析神话而发展起来的”([美]戴维·施沃茨:《文化与权力:布尔迪厄的社会学》,陶东风译,上海译文出版社 2006 年版,第 96 页)。

② 李泽厚:《中国古代思想史论》,安徽文艺出版社 1999 年版,第 301、303、315 页。

③ 李泽厚:《历史本体论 己卯五说》,生活·读书·新知三联书店 2008 年版,第 276 页。

④ 同上书,第 342 页。

⑤ [法]吉尔·德勒兹:《差异与重复》,安靖、张子岳译,华东师范大学出版社 2019 年版,第 27 页。

⑥ Gilles Deleuze. *The Logic of Sense*. New York: Columbia University Press, 1990. p.94.

之间的相互照应与有机衔接，如西方研究者所指出，其概念系统“揭示出非常一贯的、指导他的所有研究的一套潜在的元社会学原则”[①]。李泽厚在制造他的概念的过程中，同样高度留意概念之间的互推逻辑，而将“文化心理结构”“心理本体”与“情本体”等他自创的概念自觉联结为一体。如“文化心理结构”被李氏和“工艺社会结构”相并举，两者分别对应于“心理本体”和“工具本体”：前者体现“个体主体性”，后者体现“类的主体性”；前者侧重“人性内在结构”，后者侧重“人类外在结构”。[②] 这就把“文化心理结构”和“心理本体”等同起来。而早在1980年代，他已明确表示“人性就是我所讲的心理本体，其中又特别是情感本体”[③]，“情感本体”即后来得到进一步明确概括的“情本体”。在一张概念网络中让概念与概念随时相互策应，处处顾及前后左右的应和，遂使理论体系具备了因果分明的总体性力量。

再次，德勒兹“制造概念”的目标，是还原出一个概念在规则与结构之外的异质性张力，包括可能被概念制造过程所忽略的例外状态与意外情形等因素，这与布迪厄、李泽厚对异质冲力的回避，同样形成了反差。从对主流语言论（结构主义路线）的反抗出发，德勒兹提出独特的“逃逸线”概念，使人从字面上即已感到逃逸于差别之外的意义新生长点。事实上，针对结构主义与后结构主义观念，德勒兹认为“最小的实体单位不是词语、观念、概念或能指，而是装置”，前者引出了结构，如果说“结构关涉的是一种同质化环境，而装置则并不如此”[④]，产生的是与现实的决裂。他与同时代的利奥塔等哲学家用心一致，都洞察到“当你们用一个名词来创造一个动词，这其中存在着一个事件：语言的规则系统不仅不能解释这一新的用法，而且还与之对立，它抵制这一用法”[⑤]，而主张事件应“在认识的无序中被发现”并伴随“某种规则失常”，超越规则的安全性与稳定性而取得突破。这是德勒兹概念观中最为重要的内容，“概念即事件”的要义就在这里。对照起来，可以发现布迪厄在将概念环扣为理论体系的同时，仅以康德美学中的“美的分析”为靶子，推演出自律论美学在符号权力方面的策略，却回避了康德美学中同样重

---

① [美]戴维·施沃茨：《文化与权力：布尔迪厄的社会学》，陶东风译，上海译文出版社2006年版，第6页。

② 李泽厚：《哲学答问》，见《实用理性与乐感文化》，生活·读书·新知三联书店2008年版，第130－131页。

③ 李泽厚：《关于主体性的第三个提纲》，见《实用理性与乐感文化》，生活·读书·新知三联书店2008年版，第234页。

④ [法]吉尔·德勒兹：《逃逸的文学》，张凯译，见白轻编：《文字即垃圾：危机之后的文学》，重庆大学出版社2016年版，第197－198页。

⑤ [法]让-弗朗索瓦·利奥塔：《话语，图形》，谢晶译，上海人民出版社2012年版，第170页。

要、甚至在今天看来越来越显得重要的“崇高分析”部分。推究起来，这是由于前者天然适应布迪厄的阶级习性与趣味等概念，能很自然地证明自明性现象背后挥之不去的符号暴力（权力），而不再以不食人间烟火的纯处子面目示人；尽管如此，倘若一切背后都因有权力建构背景而不再纯粹自得，我们还能否谈论高出于任何个体的神圣的崇高？它也需要被揭露权力机制吗？那今天笃信什么？还有值得看护的清高所在吗？布迪厄制造的概念系统，似乎并未给上述问题留下地盘，因为上述问题作为反规则的异质性冲力，会威胁到现有概念系统的应答能力，可能令其陷于失语。同样的盲区也很早就出现在对李泽厚概念系统的质疑声中。像超越性与实践性能否以及如何协调、积淀与突破的关系等被频繁探讨的议题，根子上便是“制造概念”与“建立事件”在非等同情况下所必然出现的征象。

第三节　概念建立事件：理论之后的悖论与化解

既然理论的“制造概念”具有上述在比较中得以彰显的意义，人们不禁要追问：该怎样理解德勒兹有关“概念建立事件”的说法呢？这方面一个结合艺术的尝试性阐释，是由两位学者杰克·理查森与悉尼·沃克发表于2011年的一篇论文——《艺术创作的事件》作出的。他们紧紧围绕德勒兹的“概念建立事件”的思想，揭示了概念在事件意义上的两个组成部分——时间与经验。

创作离不开时间，时间究竟是过程的一致性还是某种偶然性？是不断积累的无穷无尽的瞬间还是每一特定的瞬间的不可重复的表现？创作过程会不会影响时间感？两位论者认为，这些重要问题在引入事件思想后，能得到更为透彻的观察和理解。要理解创作过程的复杂性，满足于使用未经审查且显得自明而方便的时间概念是不够的。时间不只是随着艺术品的产生而在背景中延续的东西，它是通过艺术创作而产生的。在理解时间时，人们容易从序列的角度将其降为背景测量值，从而降低其重要性。这一来，创作过程的重要性主要是由这一连续状态中出现的那些值得注意的、显得成功的或不难得到理解的时刻来解释的，是被从时间中挑选出来的，整个过程的进展以可观察的结果来衡量，可量化的成果之间的时间间隔被有意无意地当作是无关紧要的，这导致了在这些时刻之间同样需要得到处理的经验，其实并未被创作所认可。事实上，创作过程不仅包括上述可量化的时刻，还包括丰富细腻的智力、情感与体验，它们都不一定是序列化的，不只包括进步的方式,体验可以是重复的而非线性的,这些重复的事件代表原始的和分离的瞬间,坚定了两位论者提出"时间多重性"的概念,并认为它才有助于对艺术创作与时间的关系进行有效的重估。被理解为多重而非单向流动的时间,使创作成为一个富于节奏的事件,破除了与时间顺序进行经验性谈判(妥协)的做法。这是结合德勒兹的"事件"概念所获得的时间观念上的扩展,它才能遭遇世界中出现的节奏和力量体验,有效地表达对时间的流畅体验。时间由此被看作事件而非度量,事件被理解为力量的始终出现与瞬时的配置,这些力量经历着事件的发生,直接带出了经验的更新。

重要的是以一种非常规的方式了解此处的经验。经验不是已经发生的事,而是正在发生的事。理查森与沃克由此推进德勒兹的看法,认为所有想法都是通过对不断发展的经验条件进行试验而发生的。这不仅指非常规的创作方法,也指将艺术创作实践理解为过程事件以及不断变化的关系的动态交汇。他们举林赛(Lindsay)的绘画艺术创作为例。林赛使用精心策划的艺术创作策略,将韦斯特维尔社区图像处理为许多拼贴画与绘画,在此过程中的她需要找到一条德勒兹所说的逃逸线,以消解过度分层所造成的地方感。她作为艺术家超越表象来寻找逃逸线,逃避熟悉的表象,而释放隐藏在过于令人熟悉的表象中的差异、强度与感觉。对起伏的雕塑的观察,便帮助她不断地在有节奏的褶皱中重复,进而与时间的感觉建立联系,重复自身而积累起无形的经验:"事件不应被理解为一种客观经验,而是'由其潜在的事件构成'的一种状态,当事件实现时,状态的每一刻都被标记为一种转变。事件表示构成艺术品的各种元素固有的力的动态综合,并由于艺术家与作品的存在而被激活。"①这便涉及如何看待某些传统观念,比如视创作为实践的观点问题。在两位论者看来,艺术创作过程中不是不涉及实践问题,但一般所说的"实践"的概念,是通过经验的反复而发展来的,这些经验构成了艺术创造的惯习。他们发现,其实德勒兹不反对惯习与记忆,也认为它们是产生事物固定表象的关键因素,但德勒兹强调通过虚拟的差异性背景才能使这些重复成为可能,尽管经验上可能出现重复的相同性,但也存在许多改变经验的差异,这是被以往的实践论文艺观所忽视的。关键是看到,艺术完全可以和应当成为使惯性不安、并不断改变既定关系的事件,关系的变化是艺术创作成为事件的枢纽。

理论制造概念,概念建立事件,由此主要是对概念的时间与经验的还原:让概念的抽象性不损害时间,避免在概念中将时间降低为背景测量值;

---

① Jack Richardson and Sydney Walker. *The Event of Making Art*. *Studies in Art Education*, 2011,53(1), pp.6-19.

让概念的抽象度不损伤经验，避免在概念中化约经验的差异、强度与感觉。要使得承袭千百年之久的理论概念做到这两点，是不切实际的愿景还是具备可操作性？把论题缩小至“从理论到理论之后”这一演变范围中看，德勒兹引发的“理论制造概念，概念建立事件”这一论域，启发“理论之后”的理论或者说后理论，考虑如何来更好地关照理论的起点——概念。

尽管国际学界迄今对“理论之后”有种种不同的具体取径，从根本上说，所谓“理论之后”就是对盛行于二十世纪的理论作出反思，找出其日渐暴露的局限，并由此探寻推陈出新之道。这本来属于人类观念发展的正常逻辑递延。问题在于，敏感到“理论之后”的学者们所发现的理论的弊病，集中在其慢慢脱离文学文本与现象而形成的自主性——主要是其概念群上，这种情况被证实为沦入了一种新的总体性思路，是和理论当初发生时在语言论立场上超越形而上学的初衷逐渐相违背的；但当“理论之后”的倡导者们试图循此来反思理论的这种不足时，他们中的大多数人仍然免不了从总体上去概括理论的这种不足，并继续以概念的形式，推出作为解决方案的各种后理论，这就与自己正试图告别的总体性模式，构成了一个悖论。后理论研究在一度喧嚣过后，目前似乎又已不太被人们提起，而仿佛陷入了某种难以继续前推的瓶颈，一大关键原因恐怕就在这里。

那么，如何才能让概念成为事件呢？这里仍以布迪厄制造的核心概念之一“阶级习性”为例稍加阐扬。单从这个概念的构词来看，把两个分别在各自传统中具有明确内涵的词截搭在一起，是看不出它被布迪厄所赋予的独特新意的，甚至它还容易引发理解上的附会，使人附会成马克思主义方向上的表意，而混淆权力的不同归属。如何从后理论角度化解这个概念本身的生硬和板结之处，保持住它作为概念的时间连续性和当下可经验性？就气象地理上的比较而言，研究表明，尽管从整体上看我国与西欧都冬冷夏热，但“我国是世界同纬度上甚至全世界最冬冷夏热，即四季变化最显著的地区”[①]。即一方面“冬季我国是世界同纬度上最冷的国家”[②]；另一方面“我国由于气候大陆性强而夏热，成为世界同纬度上除了沙漠干旱地区外夏季最热的国家（高山高原地区除外）”[③]，形成了颇为典型的“寒暑文化”，大量敏感于寒暑的古典诗词（如“天南地北双飞客，老翅几回寒暑”）即为明证。这在表面上的后果似乎应是：因为同纬度冬季没那么冷，夏季又没那么热，天

① 林之光：《气象万千》，湖北科学技术出版社2014年版，第221页。

② 同上书，第5页。

③ 同上书，第251页。

人关系在西欧地区，相对而言比在中国更为和谐。然而，中国冬最冷夏最热，仿佛天人不和谐，却是否也由此而慢慢造就了另一种耐人寻味的和谐呢？苦中作乐的无奈，久而久之也演化出了传统文化根深蒂固的趣味主义取径，无法从根本上改变苦难的根源，又不得不生存与延续下去，便容易以回避苦难的代价来从心理上化解苦难，用自己给自己造成的从心理上已脱离了苦难的假象，来理解和规范别人面对苦难似乎同样具备的姿态，由此逐渐形成摩挲赏玩苦难的趣味化姿态。这就是“趣味判断的社会批判”及其对“阶级习性”的聚焦，它造成的区分由此得到了怎样的具象演绎？

回答是，在这一概念个案中，“中国地理”和“寒暑文化”，分别消弭了一个新创概念“阶级习性”在时间上与经验上与现场的距离（隔阂）。从概念的抽象性说，阶级习性在心理上的转化与自律性后果，只能是由代表转化轨迹起始点的两个被切割出来的端点所构成的直线，抽象的概念化过程，抽空了两点之间的丰富、变化的情境。但当建立起中国气象地理中的寒暑温差情境后，寒与暑的微妙转化便克服了概念抽象性造成的间隔缺失，切片般显示出寒暑温差的细致辗转变迁，弥补线性时间所流失的多重性节奏，尤其是保存下瞬间的体验，即寒暑气温在人体感官经验中直接触发的细微差别。这就改变了概念的抽象度，调动起在场者对概念的身体性进入，而使概念成了活生生的事件。

不惟如此。这个事件的出现，还撕扯出了初学者对概念的认知的新的创伤口子，打开了一道每当概念接受者自以为已经得到满足，却迅即陷入新的深深不安与疑惧状态中的闪电，照亮了继续从多角度反思这个概念的前景。一方面，西欧相对的冬暖夏凉，虽看似天人和谐，却是否充分考虑到了异质性存在呢？西方文化除了希腊文化，还有同样重要却每每容易被忽视的希伯来文化，后者流亡迁徙的屈辱生活以及由此带出的苦难、信仰与救赎主题，也能被涵盖于冬暖夏凉这一气象地理环境中吗？当如此进一步事件化时，新的思想维度被更为深刻地打开了，我们沿此可以进入康德等近代美学大家所开启的知识与信仰两分的重要思路，甚至可以借机引入阿伦特等现代思想家有关希腊哲学中意志缺场的论述，获得探究的深度，这就让原本固化的概念充分活跃起来，引出了新质。另一方面，受制于“冬冷夏热”的“苦难美学”在心理转化上的惯性，呼应着“天”在中国不同于西方“整个大气层”（不可知性）的独特含义——“地面以上的能见范围”（可知性）；这样，一个“隐士”无论如何退避和逃遁，都始终被天看着，在天的注视下其实避无可避，遁无可遁，无非换了一个根本上同样显性的栖居性位置而已，从这个意义上考察与理解中国自古以来的隐逸文化，我们是否获得了别有洞天的深度感？还支持“陶渊明是一个存在主义者”这类海外汉学研究中常见的句式吗？当如此进一步事件化后，一个新创概念自然地带出了更多的概念群和问题域，它们之间不呈树形涵摄模式，而块茎状地、纵横交错地辐射和延展开，或许指向的那个最终超乎我们认知期待的方向，已与这个概念本身全然无关，但那不仅是我们更期待也更有收获感的成果，而且使这个概念不断获得了延长线上的重生。

看来，“理论之后”的理论要彰显自己的意义，固然值得来探索有没有“非概念形态的理论”前景的存在，可就像有的学者提问“非推论的思想还能叫哲学吗”一样，[①]一种完全摈除概念形态的理论如何可能？这是摆在后理论者面前的棘手问题。退一步考虑如何呢？不放弃概念作为理论起点的存在，但将概念在理论中保持为事件。后理论由此应当是一种事件发生，或者说，应当将“事件”视为后理论发生学的理据。我们注意到，当前关于后理论的讨论，在介绍性地涉及各个具体流派（如庶民研究、残疾研究与动物研究等）之后，已开始更趋内在地逐渐聚焦后理论的深层运作机理，对后理论的文学转向的探讨，开始成为相关的主题。这诚然是一条富于学术意义的进路，但像乔纳森·卡勒那样直接提出“理论中的文学”，却仍显得有点空洞，因为将理论和文学径直拉在一起谈论，在现阶段始终似仍缺乏足够令人信服的理由，在表面观感上也很容易令人误以为，这是要让理论重新退回到前理论时代那种注重审美性细读的经验主义窠臼中去，这就失之于误导了。依据本节的分析，合理的做法是在“理论之后”和“理论的文学性”之间，建立起作为中介的“事件发生”，从而把国际文论前沿上正在攻坚的学术论题，完善为“后理论的事件发生与文学证成”。

“理论之后”概念对事件的建立，不只指“新概念的生成”，同时还包含着的一层意思是：对已有概念可以和应当进行事件性改写。道理很显然，如果没有足够把握径直判定，从理论到“理论之后”的嬗变进程导致概念的完全另起炉灶，那么如何来改写现有概念便不是一个无关轻重的问题。

第四节　对一个概念的改写示例

在这一节中，笔者打算以“无意识”这一已有文论概念为例，通过必要的

① 孙周兴：《非推论的思想还能叫哲学吗？》，见《以创造抵御平庸：艺术现象学演讲录》，中国美术学院出版社2014年版，第27页。

比照，来探究“理论之后”的写作形态对已有概念的事件性改写策略。马克思主义文艺学走向当代的关键，是从唯物史观出发积极吸收当代思想新成果来丰富和发展自己，对无意识的态度即为其中一个重要选项。新时期以来我国马克思主义文艺学在这点上采取的不同改写策略，[①]由此进入我们的考察视野，并促使我们将相关思考转向更为合理的方向。

新时期我国的马克思主义文艺学，主要包括审美反映论、艺术生产论与艺术活动论三种代表性理论形态。[②] 它们都试图既坚持马克思所说的“自由的有意识的活动恰恰就是人的类特性”这一原点，[③]又关注并尽可能吸收现代无意识理论的成果，创建马克思主义文艺学当代形态。但鉴于意识与无意识这对概念在理论形式与学理逻辑上的冲突，三派又都不能不选择改写无意识理论、以将之纳入自身理路的策略，其间便出现了诸多值得细辨之处。

审美反映论主张文学艺术是对社会现实的审美反映，这种反映通过情感-意志这一审美心理结构中介的选择和调节得以实现。它无法回避的一大理论难题是：文艺活动中大量存在的无意识因素，应当如何在“反映”这一根本框架中得到有效说明？为了澄清这一点，审美反映论提出，无意识也和意识一样是对现实的反映，只不过此时的无意识已不再是弗洛伊德意义上前于和低于意识水平的、接近于动物性的无意识，而“也包括由意识活动的不断重复转化而来的自动化了的熟练动作（如‘动力定型’）和心理状态（如‘意向’‘定势’）等”[④]，即“由意识转化而来的无意识”。尽管审美反映论的主张者在此用了“也包括”三个字，似乎并不排斥弗洛伊德精神分析学视野中的无意识，但在具体论证“无意识心理本身”同样也具有“反映现实的能力”时，[⑤]为免“把无意识这种心理现象的解释权拱手奉献给弗洛伊德”[⑥]，以至

① “改写”（Adaptation）理论是兴起于1970年代西方学界的文学批评理论，旨在立足“后”理论语境，对文本改写本身的界定、被改写的作品的属性、改写的过程、政治性及其方法等展开研究。可参见陈红薇：《西方文论关键词：改写理论》（载《外国文学》2016年第5期）。据此可见，“改写”并不必然带有贬义，需要得到具体的分析。

② 王元骧：《关于艺术活动论的思考》，见《文学理论与当今时代》，浙江大学出版社2002年版，第430页。

③ ［德］马克思：《1844年经济学哲学手稿》，人民出版社2000年版，第57页。

④ 王元骧：《艺术创作中的意识与无意识》，见《审美反映与艺术创造》，杭州大学出版社1998年版，第242页。

⑤ 王元骧：《反映论原理与文学本质问题》，见《审美反映与艺术创造》，杭州大学出版社1998年版，第30－31页。

⑥ 同上书，第29页。

于成为“弗洛伊德的思想俘虏”[①]，他们抛开弗洛伊德而单独强调由意识转化而来的无意识的用意和做法是明显的。这样，审美反映论相信可以将无意识因素纳入“反映”范畴，并结合“活法”“无法而法，乃为至法”以及“没有技巧的技巧是最高的技巧”等与之相仿的传统文论命题，认为据此已解决了前述理论难题。

审美反映论的这条论证路线，受到了苏联心理学界自1920年代起逐渐形成的“文化历史学派”代表人物维戈茨基、鲁宾斯坦、肖洛霍娃与列昂节夫等学者的观点影响。这批学者认为，无意识既是心理过程的“开端”即意识活动前提，又是心理过程的“末梢”即意识活动结果。[②] 这种“既是……又是”句式支配下的表意，显然并未否定前于意识而存在的弗洛伊德意义上的无意识理论，只是在马克思主义的辩证思维立场上，进一步补充了从意识转化出无意识的可能，与审美反映论基本直接否定弗洛伊德无意识理论（认为弗洛伊德“对无意识的解释就导致本能主义和神秘主义”，“足见这种泛性论观点的荒唐”[③]）、独取从意识转化出无意识这一路解释，是不同的。尽管审美反映论的这种论证，似乎很符合“熟能生巧”的日常经验，但它对已成为现代理论学术基本理据的弗洛伊德无意识理论的简单回避，使我们不得不检审其理路，从而发现这种解释的疑点。

疑点在于，被如此构造的“无意识从意识中转化出来，因此带有一定的理性成分而并不简单反理性”的解释思路，包藏着理性的权力规训风险。不妨引入一个参照系来揭示此点。有论者曾例举新时期初我国文论界那种认为“艺术直觉的非自觉性实际上是一种特殊形式的理性”的想当然观点，针对这些观点臆造的理由——“长期的逻辑、理性训练会改变人的心理结构，理性积淀为本能，自觉的有意识实践造成了在非自觉精神状态中的信息处理现象，因而人们会不假思索地直觉地应用理性心理结构”，针锋相对地批评指出，这种想法默许了可以在理性的名义下，蓄意将一种荒谬的观念通过训练而沉潜到人们心底深处，让它以直觉的形式起作用，这样它就可以冒名为理性，被作了这番设定后的直觉却与柏拉图、托马斯·阿奎那的直觉-理性存在根本区别，因为它与这些学理背景并无关系，其思路来源于自我设想

---

① 王元骧：《反映论：马克思主义文艺学的哲学基础》，见《审美反映与艺术创造》，杭州大学出版社1998年版，第10页。

② ［苏］康斯坦丁诺夫主编：《苏联哲学百科全书》第一卷，上海译文出版社1984年版，第50－52页。

③ 王元骧：《艺术创作中的意识与无意识》，见《审美反映与艺术创造》，杭州大学出版社1998年版，第239－240页。

的生理-心理学路线。审美反映论对于无意识的如上解释，和此处对直觉的解释明显有相通之处，也是着眼于理性长期训练后积淀为非理性的无意识这一角度，因此在同样的乐观设定中埋伏下了话语权力：一种事实上荒谬的观念，可以找到一条以训练为名义、"从理性转化而来"并以无意识形式起作用的合法性路径。这正是福柯呼吁警惕的规训。究其原因，既不便否认无意识在人类反映活动中的客观存在，又先已占据了一个想要批判弗洛伊德学说的牢固立场，便很自然地想到求助于马克思主义，以及受到其影响的苏联心理学界对意识/无意识关系的论述，而在找不到马克思对于这种关系的正面论述的情况下硬要交出答卷，便很容易产生"无意识由意识转化而来"的解释路径。这与詹姆逊的"政治无意识"有本质区别，后者指证的政治无意识是吸收了拉康与阿尔都塞思想后旨在"揭示文化制品是社会的象征行为"[①]、即建立在语言结构基础上的无意识，不同于此处设想的、从意识转化出的无意识。更重要的是，这条解释路径和弗洛伊德的学理没有关系，却在自创中不知不觉地重蹈了权力的规训窠臼。

这种理性的权力规训实质，是否也若隐若现于艺术生产论与艺术活动论对无意识的处理中？较之于审美反映论在坚持"反映"这一宏观基点的前提下、努力向审美反映的微观形态积极发展，艺术生产论相对而言则是马克思主义文艺学的宏观形态，它强调艺术生产与一般生产之间在规律上的同一性，将文艺活动纳入社会生产系统进行宏观研究，在涉及无意识的问题时，一方面与审美反映论一样，也试图从意识转化出无意识的角度论证，认为"只有在情感体验的深刻性与创作技巧的成熟性达到了一定的程度时，才能……达到创作心理高度协调和有序的灵感状态"[②]，另一方面则出于宏观研究的立场而宣判"'直觉''无意识''非自觉性'等可能是艺术创作复杂过程中的个别现象"，并援引马克思"劳动过程结束时得到的结果，在这个过程开始时就已经在劳动者的表象中存在着，即已经观念性地存在着"的论述以及建筑师已在头脑中将蜂房建好的譬喻，指出对无意识的肯定会"引到神秘主义那里去"[③]。这里将原本在物化阶段必然体现出来的无意识因素，纳入构思阶段，不仅从事实上否认了、而且从价值上批判了无意识心理内容在文艺活动中的地位，用存在于头脑中的意识规训无意识的用意很明显。依据这一论证，即使在文艺创作构思中偶然调动无意识成分，那也是在根本上巩

---

① ［美］弗雷德里克·詹姆逊：《政治无意识》，王逢振、陈永国译，中国人民大学出版社 2018 年版，第 5 页。

② 何国瑞主编：《艺术生产原理》，武汉大学出版社 2010 年版，第 155 页。

③ 董学文：《文艺学的沉思》，人民文学出版社 1992 年版，第 37 页。

固和加强着意识的生产性，或者说，对无意识在理论形式上的解放，实则表现为对它在理论立场上的压抑。

至于艺术活动论对无意识的处理，比起以上两派来更多地触及了无意识理论的弗洛伊德学理来源。这是由于艺术活动论以马克思有关“人的活动”的学说为理论出发点，人的活动作为“感性的活动”，从原则上说便不仅不可能脱离个体意义上的无意识成分，而且不可能脱离群体意义上的无意识成分。从艺术活动论主张者的具体阐述看，一方面他们承认艺术“不能摆脱‘本我’，却又上升到‘自我’和‘超我’”[①]，试图从统一意识与无意识的做法中推进文艺研究的用心颇为明显，尽管在具体深入解释两种成分之间的关系机制这点上，又显得语焉不详，只是指出了艺术活动的一个基本方向。另一方面，考虑到经典马克思主义对人的活动与活动的人的关系的辩证论述，艺术活动论主张者又在思考人的活动的历史性这一视野中，将荣格的集体无意识理论直接当成马克思主义文艺学在无意识理论上的应有取径，沿此联系列维-布留尔对原始思维的研究成果，认为“列维-布留尔、荣格等人关于‘集体表象’‘集体无意识’的论述以及他们的‘原型’理论，有助于我们揭示主体审美结构的潜意识层次”，由这种潜意识文化结构形成的无意识原型则是“人类艺术和审美活动的重要中介”[②]。这样是否便已贯通了马克思主义文艺学与无意识理论？回答仍然令人犹豫。因为当艺术活动论将集体无意识与基于原始思维的集体表象置于同一序列看待时，未看到列维-布留尔提出的集体表象接近维柯所说的“想象的类概念”[③]，后者仍是意识活动的产物，与无意识并不发生关系。古人在“类”的共性意义上想象阿喀琉斯形象，“类”观念的根深蒂固的存在，便如同克罗齐所说“将维柯学说中含糊的矛盾融贯于自身之中，既然结合了想象性要素，在这种思想结构中，从普遍性自身获取的要素才是真正的”[④]，这仍体现出了理性的权力规训。

上述三种改写策略，或显或隐地证明了新时期马克思主义文艺学对无意识进行理性权力规训的现状。其中有的表现得较为直接显著，如将无意识视为在意识中被清醒控制、不影响创作过程自觉性的个别现象，或回避个体无意识而仅仅只谈集体无意识、并有意无意地将之“类”化而使之失去活跃的非理性色彩；有的则表现得较为间接隐晦，如用由意识转化而来的无意

---

① 杜书瀛：《论人类本体论文艺美学》，见《艺术的哲学思考》，辽宁人民出版社、辽海出版社 2001 年版，第 195 页。

② 蒋培坤：《审美活动论纲》，中国人民大学出版社 1988 年版，第 84－85 页。

③ ［意］维柯：《新科学》，朱光潜译，商务印书馆 1989 年版，第 120 页。

④ ［意］贝奈戴托·克罗齐：《维柯的哲学》，陶秀璈、王立志译，大象出版社 2009 年版，第 39 页。

识取代前于意识的无意识、试图强调无意识的理性根源、由此默认了假借理性为名义行荒谬之实的权力合法性。对无意识理论的这三种改写策略，因而都不同程度地存在着学理上难以有效推进之处，提出了重新考虑推进切入口的论题。这个新切入口，应当既还原出无意识在性质上的非理性，又同时去除再度用理性对无意识造成权力规训的可能。沿此需做的工作，便是考察当代文艺学在无意识研究方面是否出现了符合上述期待的学理进展，以此为理据来判断马克思主义文艺学对无意识理论的调整性吸收前景。

第五节　概念的改写：从规训式到事件式

当代文艺学在无意识研究方面的显著学理进展，是充分吸收差异论思想，将无意识及其所依托的整个精神分析背景，与“重复”问题联系起来深入思考。这才是今天谈论无意识问题时需要进入的时代学理语境，也才为马克思主义文艺学吸收无意识理论来发展自己，提供了科学理据。下面先阐明无意识与“重复”正在发生的深刻联系这一当代学理进展，再具体从基于重复的独异历史观和基于自免疫的政治转向这相互关联的两个层面，来考察其影响。

弗洛伊德无意识理论与当代思想重新发生持续关联的学理点，在于人们发现需要重新考虑“重复”这一概念与精神分析的特殊关系。这源于一个基本事实：精神分析学所研究的无意识过程，几乎总是涉及重复，但“这并非对同一事物的简单回归，而是将重复的事物与重复的事物分离开来的差异的重现”，如“在《释梦》中，弗洛伊德对于愿望谱系的描述提供了一个例子，他认为愿望源自‘满足体验’的幻觉记忆：幻觉寻求在‘感知的同一性’中重复记忆体验，同时确认它的存在，这就是幻觉。正是这种重复与重复之间的距离，打开了愿望的空间，因此允许梦想发生[①]。”人之所以会产生愿望，无非是想让体验得到满足，即产生出对现实中因不断熟悉而逐渐趋向理解同一性的不满足感，渴望获得不同于现状趋同体验的差异性体验，对充满新鲜感的差异的向往便成为愿望的内在驱动力。但这个得到满足的过程，总是在感知的同一性中重复记忆中的体验，如同当代理论所概括，“如果剧场实际

① Samuel Weber. *Return to Freud: Jacques Lacan's Dislocation of Psychoanalysis*. New York: Cambridge University Press, 1991. p.5.

上是利比多能量的产物，那么，它对能量的明显反对也是能量本身的一部分"[1]，愿望由此成为了一种不断基于重复的幻觉。

试图去实现差异的无意识愿望，总是同时在重复中，维持着使差异得以可能的那套产生机制，因而实际上始终以某种同一性范式抑制着差异。受到弗洛伊德的影响，拉康认为症候分析所得的事件，必然成为原初事件在追溯性姿态中的显现，因为"第一个事件会重回到它的创伤的价值上去，这个价值如果不是被人特意地重振其意义，会逐渐地真正地隐去。相反，第二个事件的回忆即使在禁令之下还仍然强烈——就如同压抑下的遗忘是记忆的最活跃的形式之一一样"[2]，作为症候的"第二个事件"以"重振""第一个事件"的创伤价值的名义，在压抑机制中重新唤起（"回忆"）后者，导致压抑对后者的"禁令"在反过来的建构行为中成为强烈、活跃而合法的，作为不可逆的破裂的"第一个事件"，其创伤性从而在针对症候分析的意义上才存在，成为追溯性的，在这种追溯中流失和置换了原初的创伤性，即"会由于第二个以后事件的影响而追溯性地成为创伤性的（并导致症候的形成）"[3]，追溯就是以解放原初创伤为形式、对原初创伤施行的压抑。同样受惠于精神分析的后起学者借助拉康这一理论，指出当试图否定"物质现实就是一切"这一说法、直接推出"物质现实不是全部"这一对立表达形式时，这种表面否定形式，仍从深层压抑机制上肯定了"物质现实就是一切"这一前提，因为它对构成性例外的呼唤，在无意识中巩固和加强着这些例外的普遍性基础。[4] 如果差异在重复中趋向另一种同一形态，这便为理性规训无意识留下了可乘之机。为将无意识纳入马克思主义文艺学体系而把它说成是从意识转化而来的，这样的做法看起来就与此很相像。

但这不是无意识在重复中实现差异的真相。真相如弗洛伊德在上面所表示，作为幻觉的愿望在无意识中的每一次重复，又都是不同的，也就是说，重复与重复之间始终存在着无法趋同的差异，对于某种重复来说，下一次重复永远幽灵性地溢出着它所不具备的东西。正是这关键的一点，祛除了任何试图在无意识中进行理性权力规训的变相企图，因为规训所赖以出发的始源也被挟裹进了无尽的差异之流，权力从而失去了指向。

---

① Geoffrey Bennington. *Lyotard: Writing the Event*. New York: Manchester University Press, 1988. p.25.

② ［法］雅克·拉康：《拉康选集》，褚孝泉译，华东师范大学出版社 2019 年版，第 250－251 页。

③ Bruce Fink. *A Clinical Introduction to Lacanian Psychoanalysis: Theory and Technique*. Cambridge: Harvard University Press, 1997. p.65.

④ Frank Ruda. *For Badiou: Idealism Without Idealism*. Evanston and Illinois: Northwestern University Press, 2015. p.xii.

此处的“重复”在英文中是 iterability 而非 repetition。repetition 是基于同一性的重复，其间不发生差异，就像说“世界上每天都从早晨开始”一样，表达着不可分割之义——重复形成了不重复而相对稳固的序列。与之异趣，iterability 则在重复中被不断分割为“重复（repetition）的残余或幽灵性的余波（spectral after-effect）”①，“幽灵”一词形象地喻指个体在差异而非对称意义上的裂变，其间便发生出了重复与重复之间的新差异，就像说“世界上每个早晨都是独一无二的”，表达着可分割之义——重复本身始终需要被继续进行分割而变得不可重复，打破了任何试图将自己仍定于一尊的同一性冲动。而在重复中不断获得分割的 iterability，形成的是“潜在交流行为”②，潜在性作为现实性的对立面，消弭了原物与重复物之间的界限，就消弭了原本建立在界限意识基础之上的可能性信念（有/无），证明了“‘重复性’通常是削弱可能性本身的定义，即自亚里士多德以来一直理解的现状或实现方式，从而定义了反对它的否定，不可能性，排除”③。重复也因而是积极涵容潜在性的重复，“它的现实将与它的潜在实施、它的实现一致”④，其潜在性即“分叉”（branch）式地溢出差异性个体实体，⑤从而带有幽灵性色彩的事件。

因此，表面同为重复，iterability 与 repetition 的根本区别在于：后者在重复过程中设置了个体与个体之间的界限，令重复体现为可能性方向指引下的现实序列；前者却在重复过程中消弭了个体与个体之间的界限，使重复体现为失去了可能性方向指引的潜能运动。而潜能作为潜在的能量，便触及了无意识。当代欧陆理论家在这点上提供了确凿的证明。他们汲取弗洛伊德精神分析学的核心概念——无意识，将人塑造自身的过程描述为自己无法被认识（即超出了意识控制范围而进入无意识）的情形，认为语言在表达上受到各种方式的影响，根本方式则是死亡驱力，那肇因于原初性欲（即无意识的性欲基础），它无法被直接等同于某种外部权力，因为我们在讲话之际已处于话语系统中，这是一种处身于其中者无法挣脱、只能在无意识中受其管制的系统。但这不是为了庆祝纯粹能量或性欲对表象与理论的支配，而是将表象与理论描述为它们作为不自觉受到欲望能量调节而如此表

---

① Samuel Weber. *Benjamin's-abilities*. Cambridge: Harvard University Press, 2008. p. 203.

② Ibid, p.44.

③ Ibid, p.6.

④ Ibid, pp.44 - 45.

⑤ Michel Serres. *Branches: A Philosophy of Time, Event and Advent*. London: Bloomsbury Academic, 2020. preface, p.22.

现的自由主义者，不是一种欲望造成了另一种欲望，而是某种欲望导致了由欲望支配的某种组织，这便意味着重复(iterability)作为由无意识等因素组成的潜能的基本性质，这种重复“不是按照相同的制度重复的，而此时引入的这种重复类别是相互矛盾的”①。从而，人在剧场中观看到日常生活行为与事物时，都潜在地伴随着性欲，②重要的是不将这些行为与事物归因于单一的原则或意义，而是把它们命名为强烈的独异性，即事件，换言之，还原出重复在它们中不断进一步生成新差异的幽灵性质。

无意识在重复理论方面取得的当代进展，不仅限于个体共时层面，也逐渐被拓展至历史历时层面，深化了人们对历史的理解。因为按传统的理解，历史现场不是被从实证主义角度、就是被从反过来的叙述角度理解，都在试图揭示出历史发展的某种必然性之际，流失了历史内部细微的事件，后者本植根于无意识中的种种质素，总是难免被历史书写的意识加以规训。作为对此的纠偏和补缺，历史学家同样需要“假设了一个无意识的理念与精神分析的医疗行为”③，并“发明某种心理分析”④，来全面观照历史中被传统理解所悬置的空档。这就需要引入基于无意识的重复理论，将历史的现场起源理解为一种恰恰来自重复的独异之物。即当我们谈论一件历史上的事时，它既不必被还原出所谓原貌，也不必被单纯加以叙述，而在被提出谈论(即被从其他事中比较性地分离出来)时就在无意识中被重复了。这种重复，首先是在把它提出谈论时便已有了一个看似解放它、实则压抑它的无意识结构，但其次随着重复与重复之间的距离的张开，新的差异不断从重复中生成出来，幽灵性地决定了人们对这件事的看法：它不仅只能在重复中得到理解，而且恰恰在重复中才是独异的，才是它。

这种基于重复的独异历史观，正在引出今天的政治转向。晚近学者们借助精神分析这一桥梁，主张引入分裂的、在重复自身中保持区别的主体概念，那不能被理解为意向性，而是在法律面前以主权方式对自己负责的主体，人们将之描述为“强调‘想象’如何不仅会加强自我认同，而且会通过标

---

① Geoffrey Bennington. *Lyotard: Writing the Event*. New York: Manchester University Press, 1988. p.18.

② 和剧场一样，电影中的“事件来自‘驱动影像’”(Tom Conley. *From Image to Event: Reading Genet through Deleuze*. *Yale French Studies*, No. 91, 1997.)，即来自无意识中的欲望电荷，其顺序分散在文本上，引起人们对电影叙述者与图像之间交换眼睛动作的注意，这个过程实为一种广义的欲望驱动。

③ [法]雅克·朗西埃：《历史之名：论知识的诗学》，魏德骥、杨淳娴译，华东师范大学出版社2017年版，第125页。

④ 同上书，第136页。

志着弗洛伊德‘不可思议’的重复性与双重性来使自我认同错位”[1]。主体不是在精神的主观体验中,而是在作为感觉的颤抖中逐步而费力地走向自治与稳定。这种颤抖感不是某种内在与私人化的特定感觉,而是对独异与普遍的矛盾关系的身体调整姿态,不简单地在财产意义上属于主体,却在令主体内外部摩擦交汇的意义上征服主体。这个过程是自我的免疫:在免除外部之疫的同时,粉碎自身内部更为隐秘之疫。其逻辑从无意识角度得到了深入的观照:对外疫的防御,以主体内部无意识地塑造出它为必然的前提;因此抗外疫必然同时造就主体内疫,那对主体来说是无意识的;对内疫的有效粉碎,便只能来自无意识在重复中不断重复所造成的距离空间。

对自免疫的粉碎意味着,主体对责任的行使,不再是给出解释与理由,而是在作为到达者的事件到来之前,显得无能为力和绝对脆弱,在这种主体觉得没有能力接待他者的情况下,到达者的到来才构成一个不可能被事先估量的事件,主体也才获得责任的真实起点。在此,无力感与脆弱感意味着主体意识程度在他者面前的降低,即允诺了无意识在不断重复中充满幽灵性的充分运作。鉴于传统责任每每指主体的决定、自由、意向性与意识,却忽视了对他者进行应答的事件责任,这种伦理便与潜在的无意识活动有关,揭示出了与潜能联系在一起的无意识的现实政治功能。

从个体到历史再到政治转向,无意识以解放为名,行压抑之实,又通过差异的幽灵形成差异之间的距离与梦的空间,提供了理解历史起源和发展的新角度,以及谈论无意识理论的当代学术语境。志在更完善地走向当代的马克思主义文艺学自然也不例外。

基于以上分析,马克思主义文艺学从无意识理论的当代学理进展中获得的根本结合点,便是将无意识在重复中形成的潜能运动,积极吸收于“实践”这一唯物史观基本范畴中,对实践的差异性展开富于学理逻辑和时代色彩的深入补充,以完善被传统马克思主义文艺学所忽视的一环。

新时期我国马克思主义文艺学的根本发展轨迹,可以描述为从 1980 年代侧重从认识论静态思维方式探讨文艺问题,逐渐转向 1990 年代以后试图推陈出新的实践论动态思维方式。当然,这并不意味着 1980 年代的马克思主义文艺学完全未涉及实践维度。如审美反映论在当时也阐述了审美反映的不是“关系中的客体”(即“是什么”)而是“主客体的关系”(即“应如何”),这便已触及了反映的价值维度而成为实践论的先声;艺术生产论也在当时

---

① Samuel Weber. *Singularity: Politics and Poetics.* Minnesota: University of Minnesota Press, 2021. p.325.

试图克服从静态立场出发考虑作品成果的不足，而动态地转向艺术生产与消费的相互作用，这便以需要为中介，将对读者的指向初步纳入了理论视野，客观上为艺术的价值引导问题留出了空间，也触及了价值论与实践论。尽管如此，这一阶段中的我国马克思主义文艺学却并未从整体上超越认识论思路，主要仍从狭义的技艺制作（即物化）层次上理解实践，而尚未自觉着眼于实践在艺术审美活动的整个过程中发动与调控读者的情感与意志、引导读者介入社会人生的根本意义。直到1990年代以后，我国马克思主义文艺学在这方面的研究才得以推进。人们逐渐开始认识到，对实践的理解，不应只局限于纯认识论意义上处于审美心理结构中的情感和意志评价这一层面，而应突破纯认识论立场，从作家-作品-读者这一整体动态流程中来更为深入地加以把握，从而以实践为基点，将性质论与功能论有机统一起来。这在学理上应该说是一种发展和进步。

但这种发展与进步，迄今看来还远谈不上达到了圆满的地步。尽管迈出超越认识论思路的第一步，从传统静态思维方式开始向现代动态思维方式转变，然而这一转变仍是范式内部的调整，它仍未完全跳出认识论理论框架。因为从“知”到“行”，从语言游戏角度看仍是迎合预定规则的逻辑推导，属于托马斯·库恩所说的范式内部的维护或辩护，却回避了库恩所向往的“反常和危机”以及进而将可能“在新的基础上重建该研究领域的过程”①。主要表现为，虽然进入1990年代后的马克思主义文艺学强调实践作为广义的人生实践的重要，但把实践同质化的倾向是明显的，即每每仍把实践看成一种确立了意志方向的社会性活动，相对忽视了它内部的差异性。基于这种同质化倾向，艺术活动论自1990年代后关于“人的活动”的已带有一定现代性色彩的理解，也很容易遭致马克思主义文艺学研究者的批判，即被认为走向了生命哲学与生存哲学的歧途，混淆了马克思主义活动观与现代人本主义活动观的本质区别。尽管这种学理辨析在理论原则上也不乏价值和启发性，但落实到现实行动中便不难让人感到，它所认可的同质化实践形态，在具体操作上落入了常数化、均质化的实践观念，从而也在某种程度上把实践中原本含有的因人而异、丰富多变的因素——这便包括无意识因素——化简了。

把国内马克思主义文艺学的上述嬗变轨迹和现代以来西方文艺学的嬗变轨迹稍作比较，便可看出问题所在。虽然总体上看，中西方文艺学进入现

① ［美］托马斯·库恩：《科学革命的结构》，金吾伦、胡新和译，北京大学出版社2003年版，第111、78页。

代后都面临着走出静态思维而走向动态思维的有益嬗变,但两者的区别也很明显:西方文艺学是从认识论过渡至语言论,我国文艺学则是从认识论过渡至实践论。将认识论改变为语言论,意在用语言的任意性(非理性)学理彻底扭转认识论所建立于其上的二元论(理性)思维方式,在这一过程中发生出的,是原先看似被理性清晰规定好的主体和对象,在语言论地平线上被搅扰为一团因符号系统自具运作规则而始终测不准并呈现为“下一个”的未知事实,艺术的创造性和意义之所以由此在语言论机制中被充分释放出来,是因为这当中经历了一个理性向非理性质变的事件,这个事件从同质中引出无法再被传统立场所同化的异质,重建了世界。相比之下,将认识论改变为实践论却显然忽视了这个学理关键,谈实践问题时基本不涉及在国际上已展开为现代学术语境的语言论视野,仍还是在认识论惯性中看待与认识活动相对立的实践活动,这就不仅在思维流程上呈现为逻辑推导的顺向路线,而且回避了语言出现之后理所当然地将会带给实践的不确定因素与差异性前景。按现代学理进展,无意识也是一种语言结构。基本不谈无意识在实践中的作用,或在谈论无意识时有意无意地对之加以各种规训,即为回避语言论的明证。

根据这一比较来审视马克思主义文艺学对无意识的吸收,就应承认吸收的关键在于还原无意识及其潜能运动过程带给实践的差异性。这是走向实践论的马克思主义文艺学所忽视的。研究者论证道,艺术完全可以和应当成为使惯性不安、并不断改变既定关系的事件,关系的变化是艺术创作成为事件的枢纽。重要的是应以一种非常规的方式了解此处的经验,经验不是已发生的事,而是正在发生的事,所有的想法都是通过对不断发展的经验条件进行试验而发生的,这不仅指非常规的创作方法,也指将艺术创作实践理解为过程事件以及关系不断变化的动态性交汇。而对经验在实践中的差异性更新的理解,又以重构时间观念、摈弃使用未经审查且显得自明的时间概念为前提。时间不只随艺术品的产生而在背景中延续,它是通过艺术创作而产生的。在理解时间时,人们很容易从序列的角度将其降为背景测量值,从而降低了其重要性,以至于创作过程的重要性,被通过从这一连续状态中出现的那些值得注意的、显得成功的或不难得到理解的时刻来解释,是被从时间中有意地挑选出来的,整个过程的进展以可观察的结果来衡量,可量化的成果之间的时间间隔(即无意识中产生的重复与重复之间的距离)中同样需要得到处理的经验,其实并未被创作所认可。这切中了实践论逐渐趋于同质化的要害。

作为对实践中同质化趋向的反拨,当代思想相信创作过程不仅包括上述可量化的时刻，还包括丰富细腻的智力、情感与体验，它们不一定是序列化的，不只包括进步的方式，体验可以是重复而非线性的，这些重复的事件，代表原始的与分离的瞬间，才有助于对艺术创作与时间的关系进行有效的重估。正在发生的经验、过程事件与变化关系的动态交汇、非序列化的时间、对重复的体验、遭遇世界过程中的节奏感等，都与无意识因素有关，都为无意识在以事件为实质的潜能运动中的合法地位，提供了学理证明。

一种双向互补格局由此浮出地表。以事件及独异性为实质的潜能运动，使现场唯有成为独异的才能进入历史，这便破除了传统所以为的“起源”是一个逻辑性范畴的观念，而赋予“起源”以历史性范畴的定位。因为独异性既然只能通过与其本身直接矛盾的过程——重复来达成，“重复”在此不仅由相似性组成，而且由不可化约的差异(包括无意识因素)组成。这是正得到现代思想认同的基本思路。但从马克思主义文艺学角度考量，这条思路又毕竟因缺少“实践”这一社会历史维度的奠基，而流于人本主义色彩。现在，从马克思主义文艺学对无意识理论当代进展的吸收这一角度看问题，有助于克服这一局限，赋予重复性潜能运动以“实践”的社会历史基础。这样贯通的双重意义在于，既将无意识沿循学理逻辑纳入了马克思主义文艺学的当代形态，又反过来用唯物史观置换当代无意识理论及其“重复”内质的非实践性基础，实际上同时激活了无意识理论的当代进路，是在扬弃了现有规训式改写方式后，对无意识理论的生产式改写方式。

从规训式改写到事件式改写，上述改写策略的演变所体现的至深意义，是为新时期我国马克思主义文艺学正在探索的最新形态——实践论与人生论的创造性融合，指明了方向。从马克思主义文艺学基本精神看，实践主要是一种群体的社会实践，它与传统视野中侧重个体人生、因而一般都被归入人本主义哲学范畴的人生论，似乎并无直接的融合通道，甚至存在着无法兼容的情况。[①] 正因此，传统马克思主义文艺学从实践论出发解释人面对死亡的终极体验时，出于理论的一贯性而将之解释为“要使个体生命获得永恒的价值，惟一的途径就是投身于社会，与民众相结合，把个体生命融化在普遍的生命之中”[②]，便显然有把个体复杂的生存体验简单化和绝对化的嫌疑，也并不符合客观事实：伟人晚年独独流连于吟诵《枯树赋》这样喟叹生命有限性的作品，[③]即向此种理论解释提出了挑战。症结在于从包括无意识因素在

---

① 王元骧：《对于推进马克思主义文艺学在当代发展的思考》，见《探寻综合创造之路》，陕西师范大学出版社2000年版，第212页。

② 王元骧：《创作与体验》，见《文学理论与当今时代》，浙江大学出版社2002年版，第185页。

③ 郑小军主编：《毛泽东圈阅评点的中国古代散文》，云南人民出版社2019年版，第317页。

内的差异角度充实“实践”内涵，用个体实践弥补和深化被社会实践所同质化的客观性空间。做到这一步，实践论由于涵容了个体差异性维度，而更趋于完整，人生论则不至于因首先仍强调社会性，而在面对终极体验与生存困境时陷入解释上的困难。实践论与人生论在马克思主义思想基点上的融合，才获得了学理联结点。

这就是走向文学的后理论对于概念的两种处理态度：或直接建立事件；或间接地对已有概念在避免规训式改写的基础上，进行事件式改写。这两者与“理论之后”重新以虚潜论为基础予以改造的“理论中的文学”方案，实现了目标与方法的统一。

第十一章　理论之后的写作与伦理的关系

换从虚潜论机制上澄清和解决“理论中的文学”运作机制后，虚潜以事件为实质，必然带有独异性。“理论之后”产生的这种独异性，会不会与“理论之后”的伦理性产生矛盾，是亟需审辨的又一重要问题。

将独异与伦理放在一起谈论，很容易给人以矛盾感，是需要文学伦理研究来加以澄清的。关键在于解释独异与伦理的关系。这涉及独异与个体性、普遍性的复杂关系，迄今仍不能不说是一道诗学难题。以批判理论研究驰誉国际学界的美国著名学者、西北大学教授塞缪尔·韦伯，在吸收康德、克尔凯郭尔、尼采、弗洛伊德、本雅明、阿多诺与德里达等思想家学说的基础上，提出了解决这一难题的新角度。韦伯生于1940年，师从阿多诺与保罗·德曼，著有《本雅明的诸种可能》《宗教与媒介》与《回到弗洛伊德：雅克·拉康的精神分析的错位》等著作。出版于2021年的《独异性：政治与诗学》一书，集中体现了他关于独异问题的长期思考。细绎他运思深细的论述并与之对话，可以找到一条化解上述矛盾的新思路。

第一节　潜重复性：iterability/repetition之别与独异

韦伯对“独异”(singular)的定义是：“首先，独异区别于‘个体’；其次，独异大体上对它与它自身的关系、对它与认同、自我两个概念的关系提出了问题。”其基本含义因而即“古怪、奇特”(oddness)[①]。这种古怪与奇特无法被等同于个体。理由在于，个体不可分割，独异却既抗拒着可知的事物、又“通过改变它来使它成为可理解的”[②]，即在重复中建立与可知事物的联系，尽管

① [美]塞缪尔·韦伯：《独异问题导论——兼致中国听众》，赵天舒译，载《文化与诗学》2016年第2期。

② [美]塞缪尔·韦伯：《文学认知的独异》，苏岩译，载《文化与诗学》2016年第2期。

后者无法被作简化处理。重复,因而是理解韦伯所说的独异的关键,他的独异诗学实可视为重复诗学。“重复”一词在英语中,有 iterability 与 repetition 两个对应词,一般使用上并无原则区别。但在韦伯论述独异的特定语境中,两者存在原则区别:韦伯肯定前者,而反对后者。直接文本证据如下:

> 可以肯定的是,德里达在此的“可能”不仅仅是本雅明的。尽管如此,他对“潜重复性”(iterability)与“重复性”(iteration)、“可重复性”(repeatability)与“重复性”(repetition)、经验上可观察的事实与结构可能性之间的区分,可以告诉我们本雅明对关键概念的偏好,即根据它们的可能而非它们作为事实的现实性来形成它们。[①]

这里韦伯使用的两对词——iterability/iteration 与 repeatability/repetition,明显分别首肯前者而否定后者,根据类似于古汉语中对文同义的结构主义原理,[②]韦伯特意选用 iterability 以区别于 repetition,若笼统中译为“重复”,便容易混淆这种区别。因为 repetition 不仅很大程度上只强调了差异的一面,而且即使偶有在差异中回到某种可知事物的倾向,也已是一种可能性、界限性意义上的回归,回归的是不可分割的个体性;韦伯却试图强调,iterability 恰恰是在重复中被分割为“重复的残余或幽灵性的余波(the vestigial or spectral after-effect of a repetition)”[③]——iterability 是 repetition 的余波,这句话便清晰地廓清了两者。既然在重复中分割,独异便作为闪灵(这是库布里克导演的、根据斯蒂芬·金的小说《闪灵》改编的影片题名),作为“潜在的交流行为”(potential act of communication)溢出着回归个体性的轨迹,[④]潜在性作为现实性的对立面,便消弭了可能性意义上原物与重复物之间的界限,即如韦伯紧接着所说的“‘重复性’通常是削弱可能性本身的定义,即自亚里士多德以来一直理解的现状或实现方式,从而定义了反对它的否定,不可能性(impossibility),排除”[⑤]。重复也因而是积极涵容了潜在性的重复,“它的现实将与它的潜在实施(potential implementation)、它的实

---

① Samuel Weber. *Benjamin's-abilities*. Cambridge: Harvard University Press, 2008. p.6.

② 如据庾信《伤王司徒褒》“不废批书案,无妨坐钓船”,确证“不废”与“无妨”对文同义,澄清了后人对杜甫《戏为六绝句》名句“不废江河万古流”可能滋生的误解。详见王云路:《六朝诗歌语词研究》,黑龙江教育出版社 1999 年版,第 121－122 页。

③ Samuel Weber. *Benjamin's-abilities*. Cambridge: Harvard University Press, 2008. p.203.

④ Ibid, p.44.

⑤ Ibid, p.6.

现一致”[①]。因而在韦伯的语境中将 iterability 译成“潜重复性”，较之译成“可重复性”，体现出了对在潜能运动的差异中回归同一性的必要强调。可以将两者的区别简括为如下三点：

（1）iterability 是可分割的、潜在的；repetition 则是不可分割的、现实的。

（2）iterability 是不可能性意义上的重复，原物与重复物之间在潜能的无限逼近中失去了界限；repetition 则是可能性意义上的重复，原物与重复物之间决定好了界限。

（3）iterability 是 repetition 的幽灵性残余。

可以联系当今虚空论思想深入贯通这三点。iterability 在重复中产生的上述幽灵性残余，被韦伯称为“虚拟”与“虚空”。他认为不可分割的事物有另一种存在方式，其动力在于其向他者的转变，转变带出了“虚拟”（virtuality），补充了被不可分割性排斥在外的潜在的交流行为。他以柏拉图洞穴喻为参照，将戏剧舞台上演员表演这一被奥斯汀的述行理论批判为非严肃性引用的事件，视为在重复中实现独异的正常途径，指出舞台上的语言，正是通过这种重复制造出了“虚空（hollow or void）”的独异效果。[②] 这与虚空论思想一致：可能性用“无”绽出“有”的生存结构，虽然有时间性动力贯穿其间，却是绕开个别性自身之后作出的限定，仍属于从外部加给个别性的关联性，而忽视了“仅仅同虚空的和无决定的整体相关”的外部空间。[③] 去除“无”状态后的虚空，吸引“有”通过自身潜能及其充满强度的运动去接近它，由于它不再如“无”那样是一种能达到的关联性目标，“有”的潜能运动因此始终只能趋向极限，却无法关联到它，界限由此被潜能代替，逼出了同时异于“有”和“无”的外部：总逼近着却实现不了之境。事实上对虚空论思想如阿甘本哲学的吸收，在韦伯有关通过本雅明与阿甘本所说的“姿势”（gestures）可以达成“在重复中‘产生’不可重复的独异性”等表述中得到了印证。[④] Iterability 在打破界限的潜在重复中形成独异，即虚空的开启。独异的重复由此获得了超越关联性立场的根本意义，呼应了当代前沿思想对潜能的普遍重视。

---

① Samuel Weber. *Benjamin's-abilities*. Cambridge: Harvard University Press, 2008. p.44-45.

② Samuel Weber. *Theatricality as Medium*. New York: Fordham University Press, 2004. p.9.

③ ［意］吉奥乔·阿甘本：《来临中的共同体》，相明、赵文、王立秋译，西北大学出版社 2019 年版，第 85 页。

④ Samuel Weber. *Benjamin's-abilities*. Cambridge: Harvard University Press, 2008. p.203.

那么,韦伯所持的这一潜重复性立场,受到了哪些理论的影响呢?归结起来有四项思想来源:

(1) 精神分析学说的影响。韦伯发现,精神分析学所研究的过程几乎总是涉及到重复,但这并非对同一事物的简单回归,而是重现着重复的事物所赖以分离开来的差异,“在《梦的解析》中,弗洛伊德对愿望谱系的描述提供了一个例子,他认为愿望源自‘满足体验’的幻觉记忆:幻觉寻求在‘感知的同一性’中重复记忆体验,同时确认它的存在,这就是幻觉。正是这种重复与重复之间的距离,打开了愿望的空间,因此允许梦想发生。”[①]这是韦伯直至 2021 年仍坚持不讳的一个重要来源。

(2) 克尔凯郭尔与尼采的影响,尤其是前者。韦伯一方面继承了阿多诺对克尔凯郭尔“重复”思想的重视,另一方面又不赞成阿多诺将其批评为内在主义,[②]而认定,克尔凯郭尔所持的重复观念是一种颇具启发性的、接近康德二律背反(正题:独异在重复中存在;反题:独异在非重复中存在)的开放性而非黑格尔主义总体性的辩证思想。而“重复、戏剧与实验之间的密切联系,在尼采的永劫回归舞台上再次出现”[③]。

(3) 本雅明与阿多诺的影响,尤其是前者。《讲故事的人》使韦伯意识到“作者的延长,伴随着听众的某种自我遗忘。在听故事的过程中,听众学会了忘记自己——或者至少是他们历史的某个方面。……这使他们的‘复述’可以作为‘礼物’‘来到他身边’”[④]。当然这伴随着本雅明如本章下面所述对韦伯论证的全面影响。

(4) 德里达的影响。这是指后期德里达也如本章下面所述的重复思想。它与本雅明合起来,构成了韦伯潜重复性诗学在论证独异这一核心范畴时的两翼。

吸收并综合运用这些理论资源,韦伯将独异(singular)区别于“个体”(individual),也区别于“普遍化的独异”(generalized singular)[⑤]。后两者构成了一枚硬币的正反两面,都与韦伯所说的独异有本质不同。他正是在不

---

① Samuel Weber. *Return to Freud: Jacques Lacan's dislocation of psychoanalysis*. Cambridge: Cambridge University Press, 1991. p.5.

② 赵勇、[美]塞缪尔·韦伯:《亲历法兰克福学派:从“非同一”到“独异”——塞缪尔·韦伯访谈录》,载《文艺理论研究》2017 年第 4 期。

③ Samuel Weber. *Benjamin's-abilities*. Cambridge: Harvard University Press, 2008. p. 109.

④ Samuel Weber. "*Preexisting Conditions and the Recounting of Plagues.*" *International Comparative Literature* 1(2021):21.

⑤ [美]塞缪尔·韦伯:《独异问题导论——兼致中国听众》,赵天舒译,载《文化与诗学》2016 年第 2 期。

断和这两个概念的对照阐发中，论证了独异的内涵。

第二节　独异不是个体：一个本雅明式证明

独异是否就等于个体，这是人们每每容易混淆之处，也是需要韦伯首先交代的环节。要透彻解答这个长期聚讼的问题并不容易。对此，韦伯的基本观点是，要判断一样东西是否独异，只有把它与它所不是的其他东西进行比较，但被拈出比较的它，已不再是原初的它，而是在重复中被置换了，即“当它作为不是它的东西被重复时，它就改变了，不再是它自己了”①，导致人们只能感觉到它。所以，从普遍中分离出来的独异，始终达不到实体起源——纯个体化的自身，却“只是表示它可能是什么与它不可能是什么之间的某种紧张关系”②，独异性自然也就不等于个体性，将两者混为一谈，会变相沦入造神运动。韦伯吸收本雅明有关历史起源的思想，对之作了独特的阐释。

本雅明所置身的德语语境，使之区分了独异性(Einzeln)与个体性(Indiduum)这两个词。从这种词源区别出发，他发现，独异性只能通过一个与其本身直接矛盾的过程——重复来达成，“重复”在此不仅由相似性组成，而且由不可化约的差异组成。完成于1925年的《德意志悲苦剧的起源》尤其是其序言“认识论批判”，进一步将独异性的这种不可还原的特征视为历史的起源，坚持认为“起源并不会从事实性检验中突显出来，它涉及的是事实性检验之前和之后的历史”，以致“在所有的本质性之物中，一次性与重复性是互为条件的。起源的范畴因而并不是柯亨所说的纯粹逻辑性范畴，而是一个历史性范畴”③，必须被从历史而非逻辑的角度，理解为“不可还原的独异”④，即“它涉及不断地努力恢复无法以相同方式复制的东西，因此不得不重复和改造自己”⑤，从未封闭于直接或实际的存在中，相反只在历史前和历史后通过排演和重复被看到。韦伯指出，这一思想的决定性因素来自“一

① Samuel Weber. *Singularity: Politics and Poetics*. Minnesota: University of Minnesota Press, 2021. p.80.

② Ibid, p.18.

③ [德]瓦尔特・本雅明：《德意志悲苦剧的起源》，李双志、苏伟译，北京师范大学出版社2013年版，第26-27页。

④ Samuel Weber. *Singularity: Politics and Poetics*. Minnesota: University of Minnesota Press, 2021. p.16.

⑤ Ibid, p.20.

神认同范式”(mono-theological identity paradigm)的世界起源论,[①]那发端于《圣经》“创世纪”一章,指单一而排他的造物主(上帝)身份“永远无法获得完全的个体化”[②],而存在于重复中。依此,历史起源于独异的重复,永远还原不到某个起点,神在这种重复中被赋予力量,给世俗中的人以希望。

这本来是一种深邃的、充满动态的思想。但当它被从历史起源的角度注入神学色彩时,由于“上帝/世俗”这一身份模型包含的两者距离及其必然形成的矛盾,处于世俗世界中的人,为了寻求历史起源上神的救赎,很自然地会把原本还原不到起点的独异的神,看成可以还原和达到起点从而化重复为单一的,这便导致独异性被个人主义所同化。韦伯吸取了本雅明的看法,认为新教改革及其后遗症典型地体现了这一点。悲苦剧的作者都是路德教徒,他们的写作受到十分保守的、甚至是恢复性意图的指导,这使西方历史以这种恢复性的倾向为标志,换言之,西方历史尽管也承认宗教改革对普遍权威的挑战,主要却是为了中和这些改革。神本来被拿出和凡人比较,仅仅在重复中形成独异,却被凡人看作超越了时空限制而至高无上的独异性存在。它由此成为世界和所有生命的起源,不仅充当了德意志悲苦剧的起源,也推动了西方现代性的兴起:从保持重复与同一之间的张力,到用后者置换了前者。

这种置换的要害,在于回避了死亡。因为既然神不是独异起点本身,而是对独异的不断重复,重复的时间性则必使生命有限而死亡难免。但当重复性的它,被置换为可以还原至起点上的独一无二的它时,死亡显然便被永生所代替,而不再令人焦虑。宇宙造物的创世神话,遂构成了一种缓解焦虑的强大尝试,使世俗凡人在对神的信仰中,暂缓、减弱和抵御了面对死亡的焦虑。独异的,本是在与普遍性进行比较的“重复”中拉开和独异现场的距离从而产生死亡焦虑的,却在“一神认同范式”调控下将重复同一化、稳固化,让后者虚假制造出的“不朽独异性”,消弭了生命的“有限独异性”及其死亡后果。[③] 这的确是韦伯发现的走向:独异确保了不死。

这同时意味着死亡在独异性中成了例外。在重复中没有作为实体的例外,对意外的向往意识,来自独异性可以被还原至某个固定点的信念。随着独异性从重复走向同一,潜在性的例外被转化成现实性的积极正面秩序,终

---

① Samuel Weber. *Singularity: Politics and Poetics*. Minnesota: University of Minnesota Press, 2021. p.21.

② Ibid, p.25.

③ Samuel Weber. "*The Singular Historicity of Literary Understanding: 'Still Ending'*". *MLN* 3(2010):628.

于导向独异性与特定权力的媾和。事实上,“一神认同范式”作为独特的西方传统,不仅使基督教与新教在世界某些地区保持了长久力量,而且在化重复为同一的过程中化有限之物为无限永恒之神,使对死亡的“焦虑转化为攻击性,然后转向虚构的对象,成为政治决策和政策获得‘民主’或‘大众’认可和合法性的机制”①,为权力的合法化运作制造了掩体,其信念是,一个社会如果不发生这种独异的个体化和神化,会在焦虑中助长自我毁灭的倾向。韦伯沿此揭开了当代流行的政治主权与金融资本的运作奥秘。在他看来,像卡尔·施密特的政治主权理论,便将例外转化为司法与政治秩序的基础,使一般对特殊的那种本不应当排除重复排演的统治,通过一个特殊个体的果断干预而得到确保,独异性成了只在被纳入主权个体自我认同的情况下才有效的。那些占主导地位的社会经济体系,之所以能成功地强加于世界上大部分地区,根据也在这里。当今金融资本的狂欢,即在此意义上源于“一神认同范式”。至此,独异被现实地等同为个体,意味深长地巩固着“只有不同于自己的存在,才能为那个自我的自主性主张提供基础”的经验教训,②而不难为我们的生活阅历所印证。韦伯对此中奥秘的拆解,于是完成了解题所需的初始步骤:用一个本雅明式论证将独异与个体划清了界限。

第三节　独异也无法普遍化:又一解构式证明

反过来,独异能普遍化吗?韦伯交出的回答依然是否定的。他祭出的学理工具是德里达的解构理论。这印证了他在洞察到上述一神范式的残余后,表示必须“发展出一种跨文化和比较的视角时,才能被探讨”的初衷。③从吸收本雅明到借鉴德里达,看似跨度处理,不难被我们想通。因为当本雅明伸张作为历史而非逻辑的“起源”时,其对形而上学意义上的始源的主动消解,和德里达反对在海德格尔意义上倾听始源以免重蹈形而上学,是一致的。韦伯从本雅明想到德里达,由此顺理成章。他表示要“尽可能多地澄清我追随德里达所说的‘独异’概念的‘绝境’(aporetic)结构”④,认定“德里达

① Samuel Weber. *Singularity: Politics and Poetics*. Minnesota: University of Minnesota Press, 2021. p.23.

② Ibid, p.28.

③ 赵勇、[美]塞缪尔·韦伯:《批判理论的旅行:在审美与社会之间》,北京大学出版社 2022 年版,第 5 页。

④ Samuel Weber. *Singularity: Politics and Poetics*. Minnesota: University of Minnesota Press, 2021. p.viii.

对这一矛盾的情况进行了最彻底的概念化”[①]。他甚至援引让-吕克·南希的《复数性独异》书名，指出独异在复数意义上才唯一，它不落入同一性逻辑，也不独立于同一性逻辑。这的确符合南希的论述：基于惊奇的事件不能被从偶然性角度单理解，它“不是偶然事件”而“是存在的存在”[②]，在偶然的自我否定的表象下，乃本质的自然涌出；建立在惊奇上的事件却又“是当前本身的不可感知”[③]，具备富于活力的差异。鉴于德里达曾参加南希的博士论文答辩，两人保持了长期友谊并留下若干学术对话，韦伯经由南希汲取的，实际上是德里达的资源。

这在论述到“重复”时尤其明显。本雅明没有直接将重复问题作为专题推出，当代哲学家中引人注目地提出重复理论并造成重大影响的，还是首推德里达。如韦伯所正确指出，在《签名·事件·语境》一文中，德里达探讨了iterability概念。吸收这一概念，韦伯也认为独异只能在事后才能体验到，是通过某种分割、或者说参考它被重复的可能性得到体验的，决非可以立即呈现的东西。他举了个有趣而形象的例子来说明此点：“世界上所有的早晨都是独一无二的。”每个早晨都千姿百态而不可重复，带有个体性；但所有早晨都如此，又便与重复的可能性密不可分：生活和日子波澜不惊的细水长流。韦伯发现“德里达从未放弃过思考与某种普遍性相关的独异需要”[④]，在德里达那里，某些法律或禁令总是独异的、不可替代和翻译的，但这不会降低它们的普遍性，要害是，把这种基于重复的普遍性区别于连续性的、同质的自我同一性。因此，独异不是简单趋于实体后果，而是将一种处于重复中的“知识”回归至作为其条件的物质环境中。这种间距性张力，使韦伯在斟酌“物质性”一词的表述时，小心地采用了physicality而非materiality，因为physicality涉及某个独特而必然的、始终无法被削弱的差异性位置，相比之下materiality则为一种真空式的形而上学模式。[⑤] 依韦伯之见，德里达在《我所是的动物》一文中谈到的“普遍化的独异”[⑥]，就属于后一种重蹈形而上学的认知普遍性。

在这篇开启了当代动物研究的论著中，德里达用“普遍化的独异”描述

---

① Samuel Weber. *Singularity: Politics and Poetics*. Minnesota: University of Minnesota Press, 2021. p.16.

② Jean-Luc Nancy. *Being Singular Plural*. California: Stanford University Press, 2000. p.163.

③ Ibid, p.164.

④ Ibid, p.264.

⑤ Ibid, p.17.

⑥ Ibid, p.264.

这样一种情形，即普遍性每每被动物研究者们，还原为一种与神创造人类及所有动物种类有关的类属和流派。韦伯察觉到，在德里达笔下，生命是永恒的死亡—重生的过程，这一过程伴随着真实的自我，因此动物反映的不是独异的自身，而是物种的观点：个体动物灭亡了，物种却毫发无损回来了。这个看起来归宿于乐观局面的思路，很容易让人想起尼采。韦伯正是进而将这一分析与尼采的哲学联系起来思考的。尼采的确曾主张，悲剧在“存在之母”的永恒链条中具备乐观因素，何以这样说呢？

因为在尼采那里，个体生命是“存在之母”永恒生命轮回链条上的一环，只有不断地有个体之死，以个体的死亡为代价，才会不断有永恒之生，确保生命的生生不息的运转。所以，死亡对个体的人而言是悲惨的毁灭，对永恒不息的“存在之母”而言却是乐观的。这种悲剧观，是尼采永劫回归思想的演绎。永劫回归之说，意在攻击苏格拉底与柏拉图那种惩恶扬善、扼杀欲望的传统形而上学，认为只要用理性去遏制死亡，试图延缓乃至回避死亡，那么理性的另一面——本能的报复就会来势凶猛，遏制与爆发、创造与毁灭注定永恒地轮回，这体现了生命的统一性与必然性。所以，为个体之死而悲伤流泪（即在试图挽留生命中避免死亡）并无意义，唯有坦然保留它，方可防止轮回报复的很快来临，个体之死的积极性是从这个意义上讲的。尼采由此反照出人的境遇的有限性。但尼采尽管以永劫回归强烈批判了形而上学，“轮回”思维本身却仍是典型的形而上学产物，尼采因此被称为最后一位形而上学家，他开辟的这条“唯有死，方有生”的思路，也容易在轮回思维中重返形而上学，而为后者的现实变体（如纳粹）所利用。沿此，德里达检查尼采笔下查拉图斯特拉的言论，特别是面对动物的态度，指明了上述乐观归宿和独异表象下所暗含的普遍性实质。

《查拉图斯特拉如是说》中的动物，因德里达所说的“普遍化的独异”而现身。德里达对动物语言的分析给了韦伯以启示。例如，通过把定冠词用作指示代词，独异性不仅被用来表示中性的意思，还被进而用以表示一般的类别。像“它们自己跳舞”一句所依托的“万物”类别、“舞蹈”一词对“事物本身”的依附等，乃至“对于那些像我们一样思考的人来说，万物本身都在跳舞”和“献给所有和我们一样思考的人”等语句，无不流露出向着普遍转移的迹象。韦伯循此观察到“查拉图斯特拉的反应和它讲述的一样具有讽刺意味，因为它立即将动物的话语与圣经的创造故事联系起来，其中也只有物种

(species)被创造出来"[1]。"唯有死,方有生"描画的生命连续性图景,离不开语言的保证态度,这种将独异纳入到普遍之下的态度,清晰地从动物语言本身的笨拙中透露出来。德里达所说的 Animots 一词,发音像 animaux,在法文中代表"动物"的复数形式。德里达希望人们能从 Animots 这个词中听到复数性的、多样性的动物生命,这个法语词因而反映了"人们对动物的复数性态度"[2]。虽然保留了独异的语法形式,但它通过将构成独异的差异涵摄于整个种属的同质性中,消除了独异的差异内涵,却将独异的动物归于集体的规范同质性,客观上以此"提供了各种种族主义的矩阵"[3]。比起被误会为个体来,与"普遍化的独异"相混淆,对理解独异的内涵更有害。

当韦伯这样借助德里达的重复理论,论证独异与"普遍化的独异"之别时,他再度表明了重复需要在差异中存在、即在潜重复性中尊重差异这一立场。德里达提出这一重复理论的初衷,是反对语境的饱和性,其诉求鲜明指向差异性,韦伯自己也开宗明义承认,他研究独异的旨趣是"试图找到阿多诺所说的'非同一'与德里达所说的差异的汇合点"[4],即承认德里达的重复理论落在"差异"上。韦伯所凭依的《签名・事件・语境》一文,试图揭示意义理解过程中以隐蔽方式运作的语境,论证的关键是,文字(以及一般符号)发挥功能的源头在于"可重复"(iterable)[5],韦伯热情征用这一理论后,没有忽视德里达晚年思想与前期思想相比所发生的变化,又以充足的篇幅,引出了差异如何在重复中进而产生向心力的主题。换言之,不能只看到前期德里达用重复性发动差异这点,还应看到晚年德里达对这点的推进,后者触及了独异与伦理终能协调的秘密和关键。

第四节　自免疫的见证与责任

前期德里达对"重复"的肯定,意在凸显主体的差异,晚年的他对"重复"的研究,则发生了与政治相结合的伦理转向,开始聚焦主体在重复中的责任问题。韦伯把德里达早期围绕解构的论著与其最后十五年的作品进行比较,既

---

① Samuel Weber. *Singularity: Politics and Poetics*. Minnesota: University of Minnesota Press, 2021. p.315.

② Ibid, p.387.

③ Ibid, p.18.

④ Ibid, p.ix.

⑤ Jacques Derrida. *Limited INC*. Evanston: Northwestern University Press, 1977. p.18.

发现了内在的一致性，也感到出现了重大转变。一致性在于对身份与认同问题的关注，以及对自我与主体等概念的相应重视。转变则从发表于1993年的《马克思的幽灵》开始，到《友爱的政治学》(1994)、《信仰与知识》(1996)与《逻各斯》(2003)等著作中达到顶峰，体现为引入"自免疫"(autoimmunity)这一术语取代前期的"自恋"(auto-affection，亦译"自我影响""自我触发")[①]。

"自免疫"与"自恋"具有联系中的区别。"自恋"源自声音造成的在场幻觉，正在说着话的主体把自己发出的声音，重复化为外部似乎对自己客观存在着的声音，于是俨然有了一种在场的感觉，视角从"我"的独异性转变为自我的普遍性，后者进而容易被放大为特定物种。与之异趣，韦伯对"自免疫"定义道："自我否定并因此超越它通过'我'或自我而来的独异的辩证尝试。"[②]这清晰道明了自我的否定与超越这两层独异性内涵。"自免疫"不是在声音中迎合自己(被自己听见)，而是相反，攻击和摧毁自己以实现自我改造，为了保护自己，活着的自我不仅需要防御它所认为的外来的东西，还必须以不同形式的技术命题、替代品、补充物与各种拟像(包括语言)，欢迎内在的他人(即接受对自我的质疑)，从而"只能通过保护自己不受自身的保护才能生存"[③]，即避免让自己成为另一种隐性保护模式——自我保护模式的产物，这种自我保护模式，排斥或中和了"幽灵弥赛亚的空间与时间"(这与前述韦伯指认 iterability 是 repetition 的幽灵性残余再度贯通了起来)、"未来、死亡、自由"与"即将到来或他人的爱"[④]，认定它们都是外来压迫主体之物，却忽视了它们是需要自我破防的免疫方向，没了这些破防，主体便在主权原则影响下使自我系统趋于统一的普遍性实现。随之，德里达将意识的自恋，转变为一种以生命物种的共性为中心的自我免疫话语，"尽管这种意识仍是个体化的，但仍渴望着某种程度上的超越"，向以"生命物种的共性为中心的话语"或者说"生命科学"(life sciences)超越，[⑤]而与医学上作为病理过程的免疫相区分。

韦伯以卡夫卡写于1917年的短篇小说《中国长城建造时》为例，来阐释上述道理。他提议读者注意这篇作品在写法上对独异的引出，对卡夫卡的

① Samuel Weber. *Singularity: Politics and Poetics.* Minnesota: University of Minnesota Press, 2021. p.109.

② Samuel Weber. *Targets of Opportunity: On the Militarization of Thinking.* New York: Fordham University Press, 2005. p.24.

③ Samuel Weber. *Singularity: Politics and Poetics.* Minnesota: University of Minnesota Press, 2021. p.111.

④ Ibid, p.112.

⑤ Ibid, p.109.

相关描绘作了这样的凝练阐发：从某些历史阶段看，长城不仅是一种无效的保护手段，而且提供了一个必须保卫的新对象，即它自己——“一个这样的长城非但不能防御，修城工程本身就处在不断的危险之中”[①]，并在叙述中引申出当时的政府缺乏管理能力、百姓们也因信仰与想象力的积弱而沉沦这层意思；这对德里达晚年所说的“自免疫”，构成形象的隐喻，喻指一种在抵御外部压力的保护系统中不是将自身蜷缩起来故步自封，而相反增加自身暴露方式的责任；叙述者用独到的动词化语言，激发出了隔离墙的适得其反的效果，或者说增加了一个额外的时刻——不仅没起到保护作用、相反刺激了新的压力的形成的时刻，[②]“在熟悉的意义期待的一般性下抵制包容。”[③]我们以为一举获得了保护的完全性，却无视这种保护对于长城这一主体的迁就，以及后者对吁求保护之际所形成的自我保护的应有反弹力量——独异性，那才见证了人类生命的统一，也才能彻底实现这堵墙的宏伟目标。这就是自我的免疫：免除被自身所重新禁锢之疫。

自免疫的这种超越主体的能力，在德里达看来是借助精神分析这一桥梁实现的。他汲取弗洛伊德的思想，指明一个人可以引入一个分裂的、在重复自身中保持区别的主体概念，那不能被理解为意向性，而是有意识的、在法律面前以主权方式对自己负责的主体。用韦伯的话说就是“德里达的倾向是强调‘想象’如何不仅会加强自我认同，而且会通过标志着弗洛伊德‘不可思议’的重复性与双重性来使自我认同错位”[④]。其强化过程是，主体不是在精神的主观体验中，而是在作为感觉的颤抖中逐步、费力地、总是不完美地走向自治与稳定。这种颤抖感不是某种内在与私人化的特定感觉，而是对独异与普遍之间不乏悲观色彩的矛盾关系的身体调整姿态，它不简单地在财产意义上属于主体，却在令主体内外部摩擦交汇的意义上征服主体。从这一感觉中主体收获的，不是与已知信息相反的另一实体性信息，而是整个儿超越了“知道”、将自身全身心交付出去的身体状态。

这种状态是见证。按韦伯，独异标志着潜重复性意义上的极端个体性（重复）与匿名性（对重复的溢出）的融合，这种融合“隐含地指它使人看不见的东西：其他个体，其他的特征”[⑤]。这便触及了伦理维度，从内在辩证理路

---

① ［奥］卡夫卡：《卡夫卡小说全集》，韩瑞祥译，人民文学出版社 2003 年版，第 248 页。

② Samuel Weber. *Singularity: Politics and Poetics*. Minnesota: University of Minnesota Press, 2021. p.390.

③ Ibid, p.395.

④ Ibid, p.325.

⑤ Ibid, p.152.

上把独异和伦理关联起来。韦伯引述德里达在《马克思的幽灵》中将自身免疫与独异性中的生命联系起来的话，表示“只有在信仰与知识中，自免疫的政治潜力开始清晰地显现”[①]，清晰标示了自免疫的政治功能与伦理意义：在主体自身中对其他个体的承担。德里达颇着迷于“承担”（bear）一词，尤其是讨论“见证”（witness）问题时。留意到这一点的韦伯考辨道，“见证”在英语（而非法语与德语）中指“天生”（born）的东西，区别于以主客体分离为性质的“携带”（carry）[②]。前述将独异个体化或普遍化的做法，都注目于结果的顺利性替代，而停留于“携带”层次，都忽视了见证自身的“天生”层次——独异的挫折性自我塑造和生长问题，而个体的挫折，发生在他者对“我”的异质性冲击和主体性重建过程中，“我”需要去主动地迎接这种异质，这是“我”的责任。独异的伦理要义就在这里。

从这里可以看到，回应（responsiveness）不仅已在根本上是一种重复，而且是一种进入异质（差异）状态的重复。诚如韦伯所概括，回应旨在保存异质性的事件的秘密，这有别于一般所说的回答（answer）。人们之所以每每对这种微妙区别不敏感，是由于法语中 répondre 一词将“回应”与“回答”组合在一起，导致了将回应混同于回答的局面。[③] 韦伯在此阐释的，显然即德里达在《友爱的政治学》中以好客为比喻醒目标举的责任伦理：比起回答的特征——在好客姿态中仍暗含着预先的算计成分来，回应才构成了责任的经验，“我们永远首先是通过应答、当面对（自我、自我的意图、行为、言论）负责”[④]；它穿透“可能性”而使之避免实体化，相反总是趋于“不可能”，使主体在面对不可预见的事件时，才唯一地获得了责任的起点，换言之，客人的绝对到达，逼出了主人的责任，帮助主人建立起他面向未来的主体性。

对上述责任伦理的信守，使韦伯采取和德里达接近的思路，将对独异的关注转移到大学制度与欧洲民主等更为宏阔的社会政治问题中。韦伯再次援引德里达对欧洲前景的判断，即暗示某种必须忍受（见证）矛盾的紧张局势，在介入“不可能性”思维的前提下，重估各种可能性，让追求团结的努力和对独异的需求，展开有益的紧张关系，为不可预测的事件留出空间，朝未来保持开放。至此，韦伯连接起了前后期德里达在围绕独异的“重复”理论

---

① Samuel Weber. *Singularity: Politics and Poetics*. Minnesota: University of Minnesota Press, 2021. p.111.

② Ibid, p.264.

③ Ibid, p.457.

④ [法]雅克·德里达：《〈友爱的政治学〉及其他》，胡继华译，吉林人民出版社 2011 年版，第 312 页。

方面的不同重心：前期在解文字的基础上，超越日常语言哲学的言语行为观，使解构之思获得了实践性的内涵；后期将文本性的论题，转换为书写实践的“文学行动”，经此转换，看似“不严肃”的对于文本游戏与愉悦的追求，显现出自身严肃的内涵，在回应他者中行使见证主体的责任，展开了独异性的伦理-政治转向。

第五节 独异性伦理在语言中的落实

至此引出最后一个问题：独异性与伦理的这种联结是如何具体实现的？这便涉及了语言。韦伯引述索绪尔的一句话：“一个概念归根结底不是由它包含的内容决定，而是由它和系统之外其他要素的关系决定。”[①]他将此处的“之外”不仅视为空间的，而且视为时间的，因为“‘存在于’这个词外的东西不仅仅是我们所谓的语言中任何时候包含的有限数量的词——假设这样一个‘时间’本身可以被严格划定，还包括词与词部分（word-parts）的无限数量的组合和分解，其中任何一个词都可能与文学认知的独异性相关”[②]。这意味着，语言本身具有超出自身的表意成分。韦伯把这种成分理解为基于独异性的事件，认为它经由动名词（gerund）得到实现。动名词是由动词的现在分词（present participle of the verb）构成的名词。例如，reading 用作名词时是动词 to read 的动名词，用作动词时是现在分词，这种现在分词与现在指示语（present indicative）有根本区别：现在指示语指可以指向的事物，因而在语言形式上是相对稳定的；相比之下，现在分词是分裂（split）的，分裂体现于它所指的东西和它表示自身的过程之间。韦伯由此发现，德里达将索绪尔语言学思想当作在场形而上学靶子来批判，是有问题的，因为“索绪尔和德里达一样，都用法语写作”[③]。德里达所据以批判的索绪尔的《教程》，却不是法文而是其英译本，这使索绪尔对能指与所指所持的本意在差异化翻译中每每走形。索绪尔英译本中的 Signator 一词，在法语中是动名词，阐明的是与德里达在引用段落中谈论的“在场和意识的形而上学”完全不同的

---

① Ferdinand de Saussure. *Course in General Linguistics.* New York: Philosophical Library, 1959. p.117.

② Samuel Weber. *Singularity: Politics and Poetics.* Minnesota: University of Minnesota Press, 2021. pp.347－348.

③ ［美］塞缪尔·韦伯：《文学认知的独异》，苏岩译，载《文化与诗学》2016 年第 2 期。

意思：[①]一种带有独异色彩的分裂倾向。在另一处韦伯指出，另一位学者罗伊·哈里斯在英译《教程》时，将“所指”一词从字面上译为“信号”（Signal），同样“有效地模糊了索绪尔的术语选择与差异表示过程之间的词汇联系”[②]，即掩盖了这个术语与动词性的接近及其独异潜力。

事实上，现在分词对独异的积极意义，被韦伯概括为两点：一是它悬置在连接和分离被呈现的东西与“自身”所呈现的区间中，表达上兼具清晰度与收敛性；二是它由一系列重复构成，每一种重复都与其他重复分开，但在序列中又与它们联系在一起，其重复的开放性总在自身之前与之后，这种歧义在英语中被浓缩于介词“之后（after）”中（正如他在前面用 after-effect 表示重复的“余波”），使“现在分词的奇特之处在于，它既非常接近，又不可减少地遥远”[③]。沿此，韦伯以本雅明也重点谈到的概念问题为例，阐明基于现在分词的动名词的这一作用。在他看来，概念化的力量就是一种独异化（singularization），在将现象带到其永远独异的极端时，这个概念使这些独异性极端与自身分开，但不是为了将它分解为某种更大的普遍性，而是为揭示它不可通约的时空独异性，这种概念上的重新排列，仍可能是命令意义上的虚拟，以至于将其处理为本质上可重复的相同，这就是为何要在概念使用中尽量“避免新词（neologism）”的原因：[④]因为简单地引入新词会忽略历史，相反，只有在分离中运动，词才能恢复命名的能力，这种命名能力无法被还原为任何可识别的语义内容（比如专有名词），才成为有能力去拯救现象的概念。

对动名词的这种强调，使人想起德勒兹有关动词有两个极点的类似观点：一是现在时，表示与事物状态的关系，被用以描述以连续为特征的物理时间；二是不定式，表示与意义或事件之间的关系，被用以描述居于其中的内在时间。德勒兹发现，动词就在不定式的语气与现在时之间摇摆，前者表示从整个命题中脱离出的圆圈，后者则相反，在命题的外延上封闭了圆圈。在两者之间，动词的词形变化符合时间、人物与方式的总和，将语言的内在性与存在的外在性联系了起来，继承了事件之间的交流。如果说名词总显得模棱两可，那么动词在德勒兹看来便体现了语言的统一性：“不定式动词

---

① Samuel Weber. *Singularity: Politics and Poetics*. Minnesota: University of Minnesota Press, 2021, p.344.

② Ibid, p.470.

③ Samuel Weber. *Theatricality as Medium*. New York: Fordham University Press, 2004. p.15.

④ Samuel Weber. *Benjamin's-abilities*. Cambridge: Harvard University Press, 2008. p.9.

表达的是语言的事件——语言是一个独异的事件，它现在与使它成为可能的事物融合在一起。”[①]韦伯没有明确表明德勒兹这一思想来源，而是从阿多诺那里获取语言思想，认为阿氏将某物“转化”为语言的说法，意味着把语言之外的东西转换成词句和句子并使之成为故事，[②]就是语言对独异性的成全。对学理资源的这般选择，应该是体现了他身为批判理论研究者的本色。

既然独异性伦理现实地发生于语言的动名词等动词化现象，这就使它最终与文学产生了必然的联系，因为在人类语言活动中，文学唯一地以语言的奇异（陌生）化操作为性质，在陌生的“隔”中创造“不隔”的在场效果，是独异元素最为主动和集中之地。纵然，将独异性思考广泛涵盖至人文社会科学多个领域，是韦伯的初衷，但如他的书名所显示，这些思考“首先包括政治与诗歌”[③]，因为在他看来“文学研究与其他学科的区别之一，无论是在人文学科还是在科学领域，都是它所产生的知识的独异性”，而“它产生的知识来自与既独异又具有情境的文本相遇的方式”[④]。韦伯对阿多诺的上述留意，便与后者对文学比如卡夫卡作品的阅读紧密相关。他的独异性理论结合的文学案例，还有斯特恩的小说，以及瓦莱里关于法国的印象谈文字等。文学伦理的语言机制，由此不再给人模模糊糊的印象，而借助独异性这一中介获得了深度理据。

对韦伯独异性理论的对话性探讨，使我们明白了文学怎样在独异性中兼容伦理性，找到了能较好理解这个表明矛盾的思路。之所以称为对话性探讨，是由于韦伯本人并未直接论及伦理问题，但他的分析，启发了我们将之与文学伦理建构联系起来思考，并贯通这两个以前似乎并未被同时放在一起关注的区域。独异性从普遍性中分离出来，并在与后者比较中得到理解，因此始终是原初形态（假如有的话）的重复形态。它从而具有两重性质。一方面不同于个体性。这种混淆把独异性在表现上的重复形态当成其原初形态（假如有的话），植根于以创世神话为标志的“单一神学范式”，逐渐演变为回避死亡的政治主权与金融资本后果。另一方面也不同于“普遍独异性”。这种混淆用物种与类消解了独异性。这两方面结论的得到，吸收和征用了德里达的重复理论，但只关涉前期德里达旨在破除语境饱和性而走向

① Gilles Deleuze. *The Logic of Sense*. New York: Columbia University Press, 1990. pp. 184 - 185.

② Samuel Weber. *Singularity: Politics and Poetics*. Minnesota: University of Minnesota Press, 2021. p. 402.

③ Ibid, p. viii.

④ Ibid, p. 342.

差异的重复理论。韦伯以此为据消解个体差异，仿佛陷入了论证的矛盾。但其实他以退为进，进而阐明晚年德里达将基于重复的差异，深化为“自免疫”的回应责任与见证姿态，使独异性恰恰在重复中获得了完善自身的伦理性。动名词等动词化现象，成为落实这一独异性伦理的语言保证。作为语言的独异性创造活动的文学，相应地充实了这一点上的潜质与前景。文学伦理建构与批评，由此可以与文学独异性共存，因其力量而发展壮大。

如何评价韦伯在独异与伦理的关系问题研究上的贡献呢？从上文分析可知，他的有些思考角度，诚然不宜简单名之曰原创，如语言在动词化中创造独异性及其事件后果，便是德勒兹等法国理论家已达成的共识。但总体而言，他取得了一定的原创性进展。第一，运用本雅明有关“起源”不是逻辑概念而是历史观念的思想，以神学为参照系，对独异性有别于个体性的重复性进行了独到而深刻的阐发，超越了迄今为止在这个问题上每每莫衷一是的议论而可以定谳。第二，从进而区分独异性与“普遍化的独异”的过程中，引出了德里达前、后期重复理论的变化和进展，接通了晚年德里达以此为核心的伦理转向的学理线索。目前关于德里达重复思想的研究，大多集中于前期反对在场形而上学这块内容，近年来对后期政治维度的关切虽有进展，相对尚显薄弱，以独异性为切入口贯通前后，有助于深揭重复理论的谱系。第三，将“自免疫”与责任伦理联结起来，不仅廓清了责任伦理的主体维度，而且为当今渐趋深入的生命政治研究提供了直接证据。第四，韦伯的整个论证，无形中还端出了一种让法国理论与德国理论在当今获得深层融合的可能性，因为从本雅明有关德意志悲苦剧对起源的不可还原性入手，到德里达重复理论对此的正面延伸，这逐渐图绘出两种语境交汇的前景，尤其是当晚年德里达合乎逻辑地把对重复性的关注重心移向政治领域时，这与本雅明的历史观点可以在某种意义上对话。当然归根结底，韦伯最主要的贡献，是证明了独异的恰恰才是伦理的，而为伦理研究的推进铭写下了值得学术史记取的一笔：伦理不是或显或隐的同一化，而在独异中才获得。从这个根本角度，才能理解“伦理转向”为何在晚近兴起。“理论之后”走向文学的后理论，不仅没有弱化伦理，相反在虚潜及其事件性独异中深化着伦理，后理论研究更新着同样坚实的伦理维度。

第十二章　理论之后与汉语写作

全球化语境已将“理论之后”这一前沿学术主题同样摆在了晚近二十余年来的我国文艺学界面前。此时关注后者对前者的接受状况不仅及时，而且能逐渐从中窥察到微妙的变异。后理论因反思理论自身现状，很自然地会关心理论之外有什么。在这个敏感焦点上，产生出了汉语学界对后理论的微妙接受变异。“变异”是个解释学事实。一种思想学说进入另一种异质环境，必然发生接受变异。现代解释学将变异（德文为 Werden）视为解释活动的必然。[①] 当发现植根于本土语境的解释策略不适应异质语境中的对象时，富于智慧的第一反应不是“对象出错了”而是“我出错了”，进而调整出新的解释策略并重新进入对象，以免将“我们得以进行理解的真前见”处理为“我们由之而产生误解的假前见”[②]，后者即罔顾对象脉络而从自身某种习惯性成见或偏见出发去规范对象、使之迎合与顺从自己并被动为我所用的接受姿态。在先见的这两种状态中，前者居于本体论层面而无以更替，后者则有向前者改善、化同化为对话的问题。接受的变异，在逻辑上同时指这两者，即本体上最终形成着后者；在时间上则首要地指后者，即先得来厘清前者。这确立起了本章论述的观念前提与分析次第。

第一节　学理序列：《理论之外》的启示

2014 年，杜克大学出版社出版了美国学者杰森·波茨与丹尼尔·斯托特合编的新著《理论之外》，醒目地在理论之后（theory after Theory）即后理论如何取径的前沿学术语境下，[③]提出了理论之外这一新主题。书名英文为

① ［德］汉斯-格奥尔格·加达默尔：《真理与方法》，洪汉鼎译，上海译文出版社 1999 年版，第 13 页。

② 同上书，第 383 页。

③ Jason Potts and Daniel Stout. *Theory Aside*. Durham: Duke University Press, 2014. p.280.

Theory Aside，直译可作《在理论一旁》或《撇开理论》，考虑到编者在末章特意用 thinking outside Theory 重申主旨，[①]这个书名便相当于 Outside Theory，与英国当代文化研究代表理论家托尼·本尼特的著作书名 Outside Literature 近期被中译为《文学之外》相一致。事实上，aside 同样有 outside 的"在…之外"之意，这正是此书的立意：理论之后，需要在关系序列中合理地推出理论之外。

为阐明这一点，这本书首先对理查德·麦克西编辑出版于 2007 年的《结构主义论争：批评的语言与人的科学》，以及简·艾略特与德里克·阿特里奇合编并出版于 2011 年的《理论之后的理论》提出了不同看法。前书是 1966 年美国约翰·霍普金斯大学的国际学术研讨会的论文集再版，在那次会议上，不少欧洲结构主义批评的代表人物向美国学界首次提出了有关理论的观点。后书则汇集与代表了新世纪前十年西方学界有关理论之后的最新思考，两位编者在导论中呼吁清除文化理论对神谕式人物、也就是那些当红理论家的作品的迷恋倾向。在《理论之外》的编者看来，上述观点集中代表了学界面对理论之后的两种立场。前者在面临迫切危机的情况下，打算直接走出理论而与之切割，这不是理论之后的主流。所以我们看到其如今再版后由作为召集人的编者新增了一篇充满反省的序言，尽管这一立场至今也仍引发着某些呼应。如杜克大学教授肯尼斯·苏林的《理论现状》一文也期望借助于绝对新的解放性名称，来替换当下已入膏肓的理论神谕。后者则已开始对理论逐渐衰落之状作出不同程度的反思，试图对理论的母体进行修补，却在是否已经动摇了理论一词的大写性这点上，留下了见仁见智的进一步探讨的余地。

《理论之外》指出前者的不合理，而对后者加以深化。它以"理论运动的注意力分配"为导言标题，[②]指出前一立场未意识到"旧的要素既未必如被形容的那样确凿，也未必有那么旧"[③]，对此的忽视，自然与这一立场用意图论挤兑了语言论上的发展序列有关。合理的做法是，"避免坚持这样一种做法，即认为理智的进展必然得付出丢弃我们老路的成本"[④]，即当追问理论下一步何去何从时，应取缔那种大规模的替换性(large-scale replacements)思路，比如用后结构主义替换结构主义或用酷儿理论替换女性主义，激发问题的开放性与对话性，通过另辟新径(break another way)减轻(dilute)我们的

① Jason Potts and Daniel Stout. *Theory Aside*. Durham: Duke University Press, 2014. p.281.

② Ibid, p.1.

③ Ibid, p.19.

④ Ibid, pp.18 - 19.

理智注意力，侧面地（laterally）、追溯性地（retroactively）具体思考，既不以拯救者自命，以致动辄宣称理论应如何，也不仅仅去对理论的未来提出政治性建议，而是关心“它自身的发展逻辑所搁置而尚未考虑的（leave aside）”[①]，进而“摆脱政治性承诺的想法”并“不去迎合已定型而成组织了的理性”，而更细致地来研究“理论自身留下的反思形式”以及“那儿可能已经有了什么”[②]。可见，理论之外的意思，并非用新的东西取代理论，而是致力于研究理论自身已具备某些可能性、因种种缘故湮没于神谕化诉求中的理路，即对理论进行创造性扬弃。这带给全书的论述目标，便是“在更为连续的在场状态下保持这一事实”：既不去企图复活过去的理论运动，也不为理论发明下一种宏大观念，而不妨来展示一种运作得更少戏剧性（less dramatically）、直线性（less linearly）与寡头政治性（less oligarchically），相反更加有力、彻底与耐心地揭示出自身中无可规避的盲点的“理智进展的版本”[③]。后者被两位编者认为是批评史亟需的。本着这一立场，两位编者分三部分集中汇编了西方前沿学者的十四篇专论，依次为“年代学之外”“方法之外”与“人物之外”。编者自陈这些文章深入而富于多义性，论题涵盖了知觉、种族、权力与当代性等广泛类别，方法上则涉及政治学、细读、文献学以及学术规范反思，都旨在展演“之外”所浸润于其中的学理序列。

具体地看，全书第一部分质疑了那种将过去、现在与将来划分得至为清晰的常见做法，认为关于理论之后的思考无须将“后”与“前”截然对立起来。如在首篇《写作同性恋恐惧症的历史》中，身为酷儿理论先驱的作者塞奇威克论证指出，历史写作充满了困难，因为“一个人必须总是使用已建立起术语、关系与假设的档案文件”来书写历史，[④]假设中存在着的操作，会令人在决定讲述一个不同于今天的故事时感到为难，并妨碍他深入看清隐藏于其深处的意识形态的历史，因而无从保证历史的坚固客观性。这不啻打破了我们有关时间先后顺序必然自明的信念。方法一直被视为具有颠覆旧模式、更新以往模式并证明其为常识的功效，它也由此被简化为富于远见的与盲视的两类，但第二部分严肃指出，不宜再把方法这个概念看作“战胜”（overcoming）的同义语，[⑤]从而理论之后的变局不排斥方法论的某种延续。

---

① Jason Potts and Daniel Stout. *Theory Aside*. Durham: Duke University Press, 2014. pp.12－13.

② Ibid, p.10.

③ Ibid, p.20.

④ Ibid, p.13.

⑤ Ibid, p.15.

如西蒙·贾维斯在《何为历史诗学?》一文中发现,历史诗学的方法有助于很好地"打开各种实验性阅读"①,延展我们所处其中的复杂约束,并不随着理论与审美之间出现的某种决裂冲动而过时。第三部分进而论证了理论人物的观点在理论之后的语境下获得崭新展开的契机与可能。马克·汉森的《知觉的首要地位:精神物理学,现象学,怀特海》一文,吁请谨慎地避免轻易将似乎已显得不合时宜的理论家存档弃置,却通过开发怀特海形而上学思想中有助于推进当今知觉问题与二十一世纪以来的媒介研究的未竟潜力,来论证这一知觉模式可以被置于精神分析中读出新意,而且数字设备与其他新媒介技术中也包含了人类知觉的强化与扩展,从而"知觉与感性再次成为了中心"②。这增强了后理论对情感研究的信心。不难发现,这些阐释看似针对不同的论题,却都是在强调"理论之外"来自"理论之内"的理路(关系序列)。

经过这样的多重分析,《理论之外》得出了只能通过进入理论的学理序列来继续往前走的结论。可视为全书结语的、由伊恩·贝尔福执笔的《需要知晓的:理论/后遗症》一文,表明"反对理论即反对理智",因为"在任何情况下,理论都始终工作着",问题不在于要不要做理论、是站在理论这边还是抗拒理论,而在于"人如何去做它:集中、自觉、明白、有用与更好地"③。作者沿此察觉到,不能没有贯通人文与社会科学的理论经典,哪怕它被弗雷德里克·詹姆逊在其《理论的意识形态》一文中描述为"一次性的"④。有趣的是,纵然詹姆逊作此论断,该文中不少叙说却又同时显示出,即便试图去恰当地描述手头发生的事,也离不开理论性视角以及很快去超越对象本身的理论化冲动。"高理论"(High Theory)诚然值得收缩阵线并淡化对少数理论家的盲目迷恋,但更值得避免的,是"去设想狭窄的理论之外时,这部选集中一些不同的手,将理论家推回到了过往的时代"⑤。因为一种主体意图如若悬置问题得以被合理提出的学理序列,容易重蹈历史所扬弃的窠臼,变相回到形而上学大叙事老路并再度引发总体性。如此,出于各种意图而不同程度地绕

---

① Simon Jarvis. *What Is Historical Poetics?*. in Jason Potts and Daniel Stout. *Theory Aside*. Durham: Duke University Press, 2014. p.97.

② Mark B. N. Hansen. *The Primacy of Sensation: Psychophysics, Phenomenology, Whitehead*. in Jason Potts and Daniel Stout. *Theory Aside*. Durham: Duke University Press, 2014. p. 232.

③ Ian Balfour. *Needing to Kown: Theory/Afterwords*. in Jason Potts and Daniel Stout. *Theory Aside*. Durham: Duke University Press, 2014. p.280.

④ 詹姆逊这篇发表于1989年的重要论文(The Ideologies of Theory)被收入《美学与政治》(Aesthetics and Politics, Verso, 2007)。

⑤ Ian Balfour. *Needing to Kown: Theory/Afterwords*. in Jason Potts and Daniel Stout. *Theory Aside*. Durham: Duke University Press, 2014. p.281.

到理论学理序列外去的处理，以及由此相应带出的对“之外”的理解，便值得来考量自身是否隐含了接受上的变异。后者事实上在自西徂东的跨语境接受轨迹中已经出现了。

第二节 意图论变异：逆反·替换·强制

理论之后（外），是原生于西方学界的议题，因而西方以外的异质语境讨论该议题，都首先是在接受它，哪怕实际接受状况与成果必然融合了不同语境的特殊性，也总以去面对这一议题为前提，不是在说另一个仅仅在字面上与之完全相同的话题。这为我们在比较中看待我国学界对此的接受，提供了基础。

西方学界从理论嬗变至理论之后，呈现相对的线性路数。新世纪后我国文论界接受理论之后的议题，则出现了非平行移植的特殊性，即同时将“理论”与“理论”之后这两种动向吸收进来而兼容共存。这一特殊格局的积极意义在于，经过二十余年的大力译介，晚近我国在文论的前沿性上取得了引人瞩目的进步。《理论之外》末尾论列的一批相关理论家，无论是理论阶段的拉康、罗兰·巴特、阿尔都塞、德勒兹、法农、福柯、德里达与克里斯蒂娃等，还是理论之后正逐渐展开谱系的奈格里、巴迪欧、朗西埃、南希、斯皮瓦克、阿甘本、齐泽克、塞奇威克与巴特勒等，已经在我国得到热烈的研讨，更新着我国文论的知识结构与地平线。但这个仍在持续的接受进程也出现了值得注意的问题。一方面，我们对理论之后的谈论，流露出与国际学界对话并迅速走向学术前沿的知识社会学诉求。另一方面，在这种接受中，我们有时将原应从内部自然逻辑有序演化出的议题，置换成从外部意图性地加上去的议题，这种置换不易为人察觉，因为它具体表现为从理论之外的角度想问题，仿佛也是在顺势接受西方学界相当于“理论之后”的“理论之外”路线，却不知不觉地将问题转移到名同而实异、彼此相关的另一些方向上去了，这些方向主要包括逆反、替换与强制等。虽然它们并非完全不见之于晚近西方后理论的处理方案，但如前所述，仅占后者整体思路中较小、较边缘的支流位置，而且是有待于改善的成分。在这种情况下从意图论上放大它们，便将国际后理论的语言论主流与意图论支流，有趣地倒了过来，变成意图论主流与语言论支流，而在与《理论之外》所展示的后理论动向的对比中，产生了值得辨析的接受变异。

首先，有时从意图论上将理论之外放大为反理论，产生了接受上的同化变异。就字面看,“之外”只表示与原物不同,不排斥其不同但可以接着原物讲,更未直接反原物,将它与“反”挂钩,便显得匆促与轻巧了。从以上梳理中我们看到,作为后理论阶段性总结的《理论之外》,并不认同对理论的抗拒态度,相反在反思的意义上认为,这是无法通达理论之后的非理性情绪,因为反理论意味着放弃人类理智地去理解世界的应有权利。《理论之外》以2005年的《理论帝国》一书为例,认为该书中一些认定理论正行使“文本骚扰”的文章出现了不值得倡导的逆反性理解,需排除在对理论的有序修补思路之外。确实,尽管半个多世纪以来的理论被大写化,它毕竟与小写的、一般意义上以观察、沉思为本义的人类理论文化并非截然无关,尤其是具体落实到理论的学理成因来观察,会发现源头上的语言论转向直接带出了结构主义诗学与话语权力政治学这两条路径,进而塑造着理论的格局,而这个源头正来自由索绪尔等精密创建的语言学严密理论。这表明,理论前后的发展序列始终是理论化的,思辨理性没有过时。事实上,我们无法找出西方思想传统中的反理论传统,能找到的只是反理性传统。然而反理性都有其学理针对性,并构成相承的学理序列,比如尼采与法兰克福学派反对的都是理性的狭义形态即认知理性与工具理性,其赖以反理性的武器也仍是推陈出新的理论,既非随意讲也无法被等同于反理论。

比较之下,倘若从某种淡化理论性思辨推演的我国传统文化隐秘结构出发,将反理论放大为走向理论之外的取径,却不同时对这一隐秘结构中的“不成系统的经验主义”作必要的反思,[①]便可能悄然迎合着惯性。相关的反应是我们不陌生的:有感于批评理论愈来愈疏离文本而主张走出它;进而拒斥一般意义上的理论;视逻辑思辨为理论的同义语,装入后者的水盆中企图一并倒掉;因厌烦理论艰涩难懂的外观特征,而认为需革新其表达并发展出一种类似于我国古代传统诗文评鉴的断片、闪念式写法;等等。以个案来说,《读书》杂志二十余年来的改版与文风变化,始终引发着一种少长兼具的批评意见,以为“行业黑话”充斥而形成了令一般读者“看不懂”的“森严壁垒的阵仗”[②],进而迅速归结为“这都是当代的学术体制结出的果子”[③]。其实,如果说在改革开放以来的前十余年,由于拨乱反正取得的初步实绩及张扬主体性的要求,文风表述更多地带有理想主义色彩,那么随着二十世纪八九十年代、特别是九十年代中后期以来社会转型的拓深与加快,我们遇到了更

---

① 顾准:《顾准文集》,贵州人民出版社1994年版,第352页。

② 黄裳:《寻找自我》,青岛出版社2009年版,第426－427页。

③ 周立民:《唉,这些高级趣味啊》,载《文汇读书周报》2007年8月24日。

多、更尖锐也更复杂的社会现实问题，对它们的深入探讨已无法沿袭此前相对高蹈的理想主义路线，而呼唤着在西学思想融渗下更具理论深度与细度的学理分析，这自然会在外观上呈现艰涩的特征，但舍此而以经验感想取代理论思辨，走趣味化品赏评鉴路线，恐怕是很难有效进入问题逻辑的。一度与《读书》南北呼应的《书屋》，曾打破短文拼盘的传统办刊方式，以整整半期的篇幅刊发何清涟的长文《当前中国社会结构演变的总体性分析》，即为一个富于纠偏色彩的事件，它立足于经济学理论所构设的问题格局，是否足以显示出在特殊转型期将问题从学理上深度复杂化有多么必要呢？

其次，有时从意图论上把理论之外放大为审美主义，也产生了接受上的同化变异。因为在反理论之后，对意义的探寻无法停留于渠道的空白状态，亟需填实理论原先占据着的位置，这种替换物很容易与反理论的情绪相关联，而成为一种被情感鼓动与催生起来的审美主义观念：主张审美具有超越性力量，相信这种力量区隔于各种复杂的建构性条件，构成了旨在祛魅与解码的理论的对立面。《理论之外》在努力摆脱理论的总体性陷阱之际，警示人们防范沦入包括《理论帝国》中的一部分论者所持的审美主义立场在内的、新的变相的总体性，认为像"回归经典（正典）"等近似的论题就潜藏着这种审美主义嫌疑，而特意援引弗兰克·克默德在《诗的欲望》一书中的论说，指出关于经典的论争本身已经产生出它们"自身的狭隘视野形式"[①]，经典化话语（它往往强调超越性）作为意识形态的产物，并非可以现成祭出的准绳。原因在于，超越性观念是区隔的必然产物，区隔是认识论思路支配之下的策略，按语言作为符号系统的表征（替代）本性，所有领域都建立在"被语言说成"这个共同而唯一的基准上，不再有区隔及其超越性后果。

以纯文学这一审美主义观念的典型表达看，它源自1746年法国人巴托提出的"美的艺术"观念。后者倡导艺术模仿"美的自然"而非一般"自然"[②]，固然由此赋予艺术理想性，而体现出鲜明的审美主义倾向，并与印刷术的发展以及现代大学制度一起，推动了文学观念的纯化进程，却在语言论视野中遭到怀疑。因为对"美的自然"的模仿是通过语言进行的，而语言既然被索绪尔证明是无法指及事物的、在符号的横向毗连区分与纵向对应区分中起意义表征作用的符号系统，它如何保证自己能区分出"美的"与"不美的"，并找到其间那条分界线呢？每当它试图去找到这条分界线进而一举区隔开彼

---

① Frank Kermode. *An Appetite for Poetry*. Cambridge: Harvard University Press, 1989. p. 2.

② [美]门罗·C.比厄斯利：《西方美学简史》，高建平译，北京大学出版社2006年版，第136页。

此时，它已将“美的自然”与“不美的自然”都整个替代为更为根本的语言（符号）世界了。语言因而无法实现纯文学目标。同样触及了“之外”方向的英国学者托尼·本尼特的《文学之外》，进而对此提供了借镜。它分析指出，人们习惯于采取的总体性方案，倾向于将所有事件排列组合入一个被认为不断进步着的总体历史，这导致“许多成见和程序显而易见已经陷进审美话语中”①。这一观念持建立于唯心主义机制基础上的总体化、普遍化术语，与十八、十九世纪以来的浪漫主义批评有关，属于一种在许多方面令想要整合成的目标走向了反面的唯心论残余，主要表现就是说明文学艺术是超越了其规定条件的实践，即先验地以被区隔出来的文学艺术的某种永恒性，来从总体上阐明文学艺术的一般特征，由此对艺术的超历史性作出默许。这种默许只能揭示个别艺术品的意义，却无法揭示艺术本身的特性，仍在真艺术与伪艺术、伟大艺术与一般艺术间强化区隔，即把艺术作品从现实琐事中抽离出来，进行普遍构成特性方面的先验分析。循此，本尼特将立论的基点集中为“非审美”，把审美得以发生与发展的一系列复杂建构条件与因素全面视为其组成部分并努力还原出来，切中了审美主义的肯綮。

国内文论不乏以审美主义观念处置理论的做法。企图走出理论而重返生活世界，即为其中富于代表性的声音。回归生活世界，本属二十世纪哲学的重要主题，但一些国内观点常因出于对理论的反拨冲动，而将“生活世界”理解为“经验世界”的同义语，进而顺乎我国经验论传统惯习，把理论看作反复多变的，把生活世界视为外于理论存在而不受理论干扰的、有必要用以替换理论的恒定实体，试图以生活世界去节制理论。这种观念相信生活世界是一道始终可供理论无条件退回的背景与底线，显然属于审美主义观念。其不可靠性则在于对“生活世界”作了片面理解。广义的“生活世界”不与理论逻辑对立，其明见性使“客观的理论”在生活世界中“有自己的位置”②。因为生活世界不呈现为直观经验的散乱凑集，而经过了其中概念框架的组织整理。③ 从语言论角度看，这种组织整理即语言对意识的介入与澄清，生活世界是被语言所意义化（其中自然也包含着理论）了的世界，其内部任何区域都离不开符号建构的动力，不存在处于真空中的、先决性地节制理论的优越地带。换言之，回归生活世界并不意味着与理论的建构性告别，以获得一方逃遁于建构性范式之外的自足天地，恰恰相反，生活世界与理论建构是不

---

① ［英］托尼·本尼特：《文学之外》，强东红等译，人民出版社 2016 年版，第 8 页。

② ［德］埃德蒙德·胡塞尔：《生活世界现象学》，倪梁康、张廷国译，上海译文出版社 2005 年版，第 279 页。

③ 张庆熊：《熊十力的新唯识论与胡塞尔的现象学》，上海人民出版社 1995 年版，第 125 页。

矛盾的，它本身也是建构的过程与产物，需要与理论互动。这与语言论的精神一致，也表明前语言的、非自觉的经验世界无法与生活世界相混同。审美主义的执著，因而得面对具体话语建构条件的挑战，以免重新落入区隔观念中。

那么，对审美主义的上述防范，意味着今天无法再谈论审美吗？不是的。非审美地谈论审美，才还原出审美在今天的深刻意义。因为被建构，是被语言符号所建构、受惠于语言论转向而被叙述的过程，从而是文学（审美）在深层次上发挥力量的过程。文学广义上就是讲故事，就是用语言叙述事件，处理的就是“说”与“在”的关系。从这个角度看，建构说到底离不开文学力量的运作，是文学在深层次上发挥作用的见证。这样，自明性与建构性作为人文社会科学研究的两种范式，具有内在统一的前景。朗西埃指出，“20世纪的批评家，他们以马克思主义科学或弗洛伊德科学的名义，以社会学或机构与观念史的名义，自以为揭露了文学的天真，陈述了文学的无意识话语，并且展示文学虚构怎样在不知情的情况下对社会结构的法则、阶级斗争的状况、象征财富的市场或文学领域的结构进行编码。然而他们所使用的用以讲述文学文本真相的解释模式，却是文学本身所铸造的模式”①，此语尤其是最后一句颇耐人寻味，不失为理论更新自我血液的一个努力方向。这样，以放大了的意图论姿态接受晚近西方也偶尔存在的、以自明性为诉求的审美主义倾向，便形成接受的同化变异，立足于本土语境来思考“非审美”（它与“新审美”的关系是值得细究的有趣问题）思想方法对理论的激活，则才引出了接受的积极对话可能。

再次，有时从意图论上将理论之外放大为要求理论去做什么，同样产生了接受上的同化变异。因为审美主义观念作为认识论观念，不仅选择契合情感的对象，使之区隔于与情感不相契合的部分，而且反过来随顺情感对主体的进一步调节，使主体在理想化程度上得到加强。加给理论某种目标并要求它达成之，便是很自然的接受态度。《理论之外》留意理论还剩下什么，发现近来不少引用德里达的论文都致力于实现一个目标，即“如何紧固‘＝理论’＝本身尚余的自省形式”②，而不是在感到理论有值得改善之处时陡然加给它新的、代表某种知识社会学诉求的方案，却忽略这种施加是否适应于原有理路。由此看来，关于理论之后的谈论是一件在严格性上有要求、无法一蹴而就的工作，从事这件工作时尤其不宜把某种外在的意志强加给它。这仍是由理论的建构性源头——语言的表征性质（符号→替代→建构→话

---

① ［法］雅克·朗西埃：《文学的政治》，张新木译，南京大学出版社2014年版，第30页。

② Jason Potts and Daniel Stout. *Theory Aside*. Durham: Duke University Press, 2014. p.11.

语权力→文化政治;符号区分过程具有不受主体控制的自我生发规则)决定的。如本书前面所述,到目前,国内涌现出的以"后理论时代"命名的论著不少于七部,足见融入这一新时代的知识社会学诉求是颇为强烈的。自然,在这种情况下,诉求压倒理路的表现也难免存在着。在国内文论中却不乏对于这点的干预。如常见的思路是:当人们在一段时间后开始怀疑理论面对具体现象与文本有否过度阐释之嫌时,会很自然地出于对阐释有效性的考虑,而将理论所担负的权力设想为压制性的与贬义的,进而意图削减其权力,要求其控制住自身权力以免过度。这个思路究竟有没有道理?

答案可以从被收录于《理论之外》中的冯却《认知的生命政治》一文寻找。该文揭示出一些当今理论家把福柯所说的权力仅看作"排斥性压抑"(exclusionary repression)的"顽强的误解"①。确实,这种权力是中性的,从意图上要求它做什么和它实际上能否做到完全是两码事。因为从索绪尔到福柯的学理进路是,符号的区分带出语言的具体使用——话语,区分导致位置的差别,说出现实中的等级而形成话语权力,替代(建构)的实质因而是使作为深层结构的话语权力不动声色地实现为自明的表象。理论就是要以批判的姿态去不断地揭示这一点。但这一点是语言的本性,除非不开口说话,说话(操作语言)便意味着话语权力的发生。所以理论自己也有被话语权力建构的问题。在这个客观事实面前,要求理论从意图上减轻乃至祛除自身的权力,这一提问方式本身需要得到认真检审,因为把它推至极端,就等于要求理论不再通过语言来表述自己而自我取消。富于序列意识的提问方式,因而只能是在承认理论同样内含话语权力的前提下,主动展示其自身正处于其中的深层结构,即不遮掩祛魅行为的来源,而从正面交代它同样包裹着话语权力这个事实,展示出"祛—魅"这一二元对立结构是如何在符号关系中被特殊地区分成的。这与上文提及的《理论之外》有关"不去迎合已定型而成组织了的理性"的主张吻合,才是还原到了理论的问题路数(关系序列)中、令接受变异积极复位并接着往理论之后(外)讲的取径。

第三节　从同化到对话:积极变异及方向因缘

上述最后一点已触及了理论之外所置身于其中的学理序列。沿此深入一步看,哪些路径从学理上有序可循呢?不妨考虑目前国际学界正接着理

① Jason Potts and Daniel Stout. *Theory Aside*. Durham: Duke University Press, 2014. p.118.

论讲的几个方向，或者说方兴未艾的后理论至少可能具备的几副面孔，来逐一分析从何种意义上吸收它们。这将有可能在现有基础上改善接受的单向同化策略，循序调整出新方向，而使变异成为积极的双向对话。

首先，根据前面第一章对福柯悖论的学理分析，理论之后很自然地将要走向的后理论，便是反思自身依靠的语言的类合理性，并创造性地改进。考虑到这种源自指称意义/评价意义相分岔的类合理性属于语言的根性，后理论可以相应迈出的第一步便是走出语言，或确切地说走出德曼与索绪尔都涉及的人类语言，而发展出不受指称/评价的分岔所限制的非人类语言或新人类语言。这样彻底更新游戏规则，似乎有望克服福柯所点出的理论的悖论而开出新局面。

事实上这已成为国际范围内理论的一种调整方向，或者说后理论的一个目标。由于理论运动的语言论背景，源于索绪尔语言学的结构主义与后结构主义（福柯进一步用话语权力理论深化了这一背景），所揭示出的语言植根于符号区分（差别）基础上的符号系统（表征）本性，始终是围绕着人类语言展开的。如科学家所考察，人的思维中的“模糊性和多义性甚至矛盾性的特点”以及“跳跃性和发散性”[①]，具有对符号区分的细微敏感，以及建立在这上面的、对未知的可能性的筹划优势，都是计算机程序所不逮的。这本来显得天经地义而从不令人生疑。但晚近正在逐渐掀起的另一种背景，动摇了此种信念，那就是以生物科学、神经科学、认知科学与信息科学尤其是人工智能为代表的后人文主义，或者说后人类思想范式。当后者醒人耳目地演绎另一套旨在破除来自建构主义二元论的他者性辩证法、“不在语言转向或者其他解构的形式下发挥功能”的运演程序时，[②]以区分及其差异性后果为标志的索绪尔语言学，以及包括福柯与德曼等推动者在内的语言论思想必将引发反思，建立于其基础与变体之上的理论自然也相应地面临着调整，走向与后人类相关的、围绕自身化观念与建立在自然-文化连续统一体意义上的普遍生命力范畴而展开的后理论，将投入更多精力处理自然语言的，进而在后人文主义的视野中更新原先理论靠自己无法完成的一系列工作方法与程序，便属于题中应有之义。对此，近年被译为中文的意大利学者布拉伊多蒂的《后人类》与美国学者凯瑟琳·海勒的《我们何以成为后人类》从宏观上提供了线索，而美国学者克拉里·克尔布鲁克撰《灭绝理论》一文，[③]论证

① 潘家铮、凌晨主编：《宇宙的光荣》，湖北科学技术出版社2017年版，第245页。

② ［意］罗西-布拉伊多蒂：《后人类》，宋根成译，河南大学出版社2016年版，第276页。

③ Clarie Colebrook. *Extinct Theory*. in Jane Elliott and Derek Attridge. *Theory After 'Theory'*. London and New York: Routledge, 2011. pp.62 - 72.

认为理论之后的理论只能是“人类之后”的理论，更是在学理序列中有根有据地展开了后理论的后人类前景。应该说这代表了后理论建设的科学性方向。

其次，又由于盛极一时的理论植根于语言论地基，以拆解深层结构符码为旨趣进行祛魅，其信念与合法性从外因看滥觞于福柯的话语权力理论（内因则肇端于从索绪尔到罗兰・巴特的符号学诗学理论），但后期福柯更为精微地从文化政治进一步掘进至生命政治，主张拆解以规范为名义而彻底内在于生命的、“力图将健康，出生率，卫生，寿命，种族……等等问题合理化”的特定人口与生命问题背后的深层结构，①发展出以“人口”为“关键核心”的生命政治学，②却是迄今的理论在整体上尚关注不多、具有进一步批判潜质的。上述冯却论认知的生命政治之文，即代表了在这一路向上尝试所得的初步成果。这同样在学理序列中进行有效的瞻望，展开了后理论的生命政治方向。这个方向既离不开福柯等后现代思想家的哲学铺垫，也因探讨人与其他生命形式如何相处而与后人类走向有关，如布拉伊多蒂所指出，“后人类中心主义的标志是‘生命自身政治学’的出现”③，其转向回应着发达资本主义逻辑，而使对生命政治的探讨具有文理交融的特征。阿甘本等晚近思想家已在这方面作了初步图绘，晚近我国学界对此的接受性探讨则偶见于政治哲学等领域，鉴于问题本身的新意与重要，有理由期待我国文论界同样推动其演进。应该说这代表了后理论建设的科学性与人文性交融方向。

第三个方向则是新审美主义、新叙事学与文学介入理论。由于走出人类语言一方面涉及精密度颇高的数理技术背景，另一方面也因其彻底以新换旧的决绝姿态，而令人犹豫并退而考虑如何在不动摇人类语言的基础上，发展出化解福柯悖论的后理论。这引出了后理论的又一种调整方向，即文学对理论的积极介入，目前方兴未艾的新审美主义等思潮，某种程度上是这个议题的展开。这一方向的思路是这样的：如果语言是一种带有方向定位的喻说活动，定向使语言必然自带话语权力，理论未从根子上走出的合理性的奥秘正在于极力掩盖这种定向实质，而使所说的俨然跟真的一样，为什么不尝试转换思维方式，反过来考虑从正面承认、保留乃至创造喻说的可能呢？文学就是积极创造着意义的喻说。指称意义与评价意义的分岔在文学

---

① ［法］米歇尔・福柯：《福柯文选Ⅱ》，汪民安译，北京大学出版社 2016 年版，第 237 页。

② ［法］米歇尔・福柯：《生命政治的诞生》，莫伟民、赵伟译，上海人民出版社 2018 年版，第 30 页。

③ ［意］罗西-布拉伊多蒂：《后人类》，宋根成译，河南大学出版社 2016 年版，第 87 页。

文本中同样存在,但那不是文学需要躲闪和掩饰的东西,相反,两者之间每每被精心从正面创造出来的张力空间,散发着意味:司汤达与巴尔扎克的贵族立场及其可能产生的评价,丝毫不妨碍他们笔下对贵族王政的无情揭露与批判;托尔斯泰与鲁迅纵然一开始试图对安娜与阿Q有所评价而想控制文本走向,可文本的实际走向挣脱了可能的预设,获得了自己顺势发展下去的故事华彩;如此等等不一而足。这里的根本原因就在于,文学是语言的陌生化操作,陌生化操作不仅主动凸显话语自身的构造,而且允诺符号之间高度灵活自由的区分,并随顺这种区分的无限可能性而形成(创造)常见常新的意义。化熟悉为陌生就意味着保持住无穷的进一步区分关系,而不在某一项上固定与停止,这个过程遂将区分关系始终置入了更大的网络之中——在区分中继续区分与不断区分,由此实现符号的无限重组:导致这二元对立项(A与B)的第三项(C)及其与前两项结合项(AB)的进一步区分关系(ABC),即刻又会带出导致这种结合关系的第四项(D)及其与前两项结合项(ABC)的进一步区分关系(ABCD)。这样,一种可能主观介入的控制意图,在语言的陌生化进程被发动起来后便消融于后者中,不再孤立于符号区分所引发的关系序列之外,以至于成为倒退。诚然,每次符号区分(重组)会形成新的喻说定向(深层结构),"理论"可以对文学作出祛魅式解读,但文学无须为这种解读担责,因为它在语言的陌生化操作中始终保持着重组的复杂程度,令符号的一对对不同区分关系在关系网中并存,形成喻说定向上的相互制衡,客观上才保证了对合理性的拆解不重蹈合理性的二元深层结构窠臼。如果进而考虑到福柯对文学持久怀有的兴趣,[①]应当能体认他所引发的、这一以文学思想方法为旨趣的后理论取向。

确实,理论热衷于拆解对象中的"西方-中国""男性-女性"与"自我-他者"等二元深层结构,表明看似天经地义的自明现象,实则都是符号在言语链上获得了二元区分与操作的结果,后殖民主义、女性主义以及各种族裔理论皆由此而来。在作如此拆解时,一方面,所对准的是语言符号必然经由区分而形成深层结构这一点;另一方面,由于该点又是语言固有的本性,这些理论自身也不得不同样依托于语言而在语言中作出拆解举动,同时被新的深层结构所渗透,也成了需要被洞穿的自明假象。去揭示对象的深层,于是包藏着拆解自身以至于失据的悖论性风险——它想要做的,和它得以存在的基本估计有相违之处。我们这个看似釜底抽薪的论证,

① 可参阅徐亮《文学的两副面孔》(载《中国社会科学报》2013年7月19日)一文对此的扼要论述。

还真是哲学严格思考问题的方式，新实用主义哲学家希拉里·普特南反驳相对主义时提供了旁证："一个人如何可能前后一致地坚持一个使得一致性概念变得无意义的学说呢？"①一种旨在证明话语决不自明的祛魅行为，如何可能自明地坚持一套使得自明性概念变得无意义的话语论证呢？理论不得不掩饰这种自明性的权宜色彩，不去反思底线而任其反复成为出发点，从而不断地强化"做理论"的那个"做"字。让-米歇尔·拉巴泰近期有关理论中"可预测性，即基本公式的机械重复"的洞察，印证了我们的判断。

我国当代文论对理论的这种局限已有觉察，如有的学者不仅率先在汉语学界提出后理论主张，而且指出后理论的有效发展需要既批判对象也反思自身。后理论的有序进展，由此呼唤符号打破二元对立形成的深层结构定势，而置回区分关系网络以显示无限而复杂的重组。那正是文学的独特思想方法——陌生化。文学介入理论，由此是合乎学理序列的必然后果。在这个意义上才有机遇谈论新审美的可能，也才有机遇视叙事为晚近知识生产与学术研究的方式，并将其所衍生的新叙事学诸议题，②纳入理论之外的运思空间，其间的学理脉络仍有力连贯着。

以上诸方向或逆反或连续，可以清晰看出都与本书开头福柯客观上出示的学理问题有关，都是在承认的基础上积极考虑走出福柯的问题：理论逐渐变成了被自己所批判的合理性的同谋，这如何可能？由此，后理论与理论一样，可以说都是在福柯的启示下展开自身学理脉络的，或者说，福柯同时

---

① ［美］希拉里·普特南：《理性、真理与历史》，童世骏、李光程译，上海译文出版社2005年版，第183页。

② 可参阅2001年刘易斯·欣奇曼与桑德拉·欣奇曼合著的《记忆，身份，社会：人文科学中的叙事观念》(Lewis Hinchman and Sandra Hinchman. *Memory, Identity, Community: The Idea of Narrative in the Human Sciences*. Albany: SUNY Press, 2001. Introduction)、2003年丹尼尔·潘代的《解构之后的叙事》(Daniel Punday. *Narrative after Deconstruction*. Albany: SUNY Press, 2003. p.1)、2005年马丁·克赖斯沃斯的《人文学科的叙事转向》(David Herman, Manfred Jahn and Marie-Laure Ryan. *Routledge Encyclopedia of Narrative Theory*. London: Routledge, 2005. pp. 377－382)、2006年莫妮卡·弗鲁德尼克的《叙事理论的历史(2)：结构主义至今》(James Phelan and Peter. J. Rabinowitz. *A Companion to Narrative Theory*. Oxford: Blackwell, 2006. pp.46－48)、2007年大卫·赫尔曼的《剑桥叙事指南》导论(David Herman. *The Cambridge Companion to Narrative*. Cambridge: Cambridge University Press, 2007. pp.4－5)、2010年简·阿尔伯与莫妮卡·弗鲁德尼克的《后经典叙事学：方法与分析》导论(Jan Alber and Monika Fludernik. *Postclassical Narratology: Approaches and Analyses*. Columbus: Ohio State University Press, 2010. Introduction)、2013年马蒂·许韦里宁等合著的《叙事的概念旅行》一书中的《隐喻的旅行，转变中的概念》一文(Matti Hyvarinen, Mari Hatavara and Lars-Christer Hyden. *The Travelling Concepts of Narrative*. Amsterdam: John Benjamins, 2013. p.88)以及2014年汉娜·米热图亚的《小说与理论中的叙事转向》导论(Hanna Meretoja. *The Narrative Turn in Fiction and Theory*. New York: Palgrave Macmillan, 2014.)等。

启示了理论与后理论两代思想。这再度证明了西方人文学术有根有容有序的发展连续性，是值得汉语人文学术引以为鉴的。自然有多种原因可寻，但根本上，这种发展连续性与西方文化传统的超越性有关。个体面对高出于自身的宇宙背景，不能不始终体悟尚未成为现实的可能性因素，不断自觉琢磨对自己来说还显得陌生的东西。这个化熟悉为陌生的理解过程，正是主动凸显语言自身构造、而非一厢情愿地拿语言去对应外物以达成一体的过程。又由于语言是符号的区分，一个符号在同所有不是它的其他符号的区分中才存在，即在符号群（言语链）的制约（限制）中才是自己，符号群也就是符号的关系序列，后果便是，只要处在语言的自我构造凸显状态中，就必然已处在关系序列中。基于语言化实质的理解活动，因而也便沿循着关系序列，成为有序的接着讲。正是在此意义上，我们看到西方人文学术不是动辄以意图化介入姿态来突发奇想而重起炉灶的，相反，问题的提出总会考虑学理传统、来源与根据，倾向于将自己引入学理的源流，总体看确乎一环套一环而自然连续地进展着。因为任何新的问题的提出者不会希望自己的提问无意义，而有意义即语言化，语言被证明为是在符号区分中对意义的无穷创造，那么意义的获得便维系于语言符号的关系序列，而必然成为语言论上的接着讲。这使接着讲既非简单续着讲，也不排斥对着讲与反着讲，而是将所讲的问题还原到学理源流与序列中去，使自己的讲法在获得意义、成为有效的同时，也将所讲的水平推向最前沿。探讨福柯等理论家对后理论进行学理奠基的最终意义，也就在于沿此而深入引出后理论置身于其中的相关学理序列。

这三个接受方向在晚近我国文论中引发的实际接受效应，也是有区别的。前两个方向都严格围绕理论的两根立身支柱（语言论的诗学与政治学两翼）展开还原性反思，我们能做的是积极跟进、学习与同步反思，因为无论涉及人工智能前沿发展的后人类问题还是生命政治问题，在我国均无本土植基与原生情境，属于全新的问题意识，中西文论的起点是一样的。对两者的自觉意识，迈出了走出同化接受姿态而从学理上进入对方的第一步。较之于它们，第三个方向则有可能成为视界交融的对话。固然，在我们这个经验论传统中，将诗性文化直接等同为那种鲜明针对着形而上学的语言论自觉，是失之于轻率的，为不少学者揭櫫过的“趣大于力”的实际处理，[①]使建立于某种阶级习性基础上的区隔仍隐然存在着，区隔性所必然内含着的认识

① 据梳理，中国传统文学中与“趣”相涉的范畴多达百余（胡建次：《归趣难求》，百花洲文艺出版社2005年版，第32－41页），有的现代诗词学者不止于持感发生命的诗学观，而下转语曰“提倡趣味，更不可靠”“中国诗人好写‘心物一如’之作，不是力，是趣”（顾随：《顾随诗词讲记》，中国人民大学出版社2010年版，第53页）。

论基底,仍未排除意图的干预。因此只能说,在创造性地开发话语效果方面,我们的传统显示出某种技术层面上的优势,而相对有潜力酝酿新的理论写作可能。考虑让这种接受既顺应理论前后的问题序列,又自然地融入汉语文化的独特因缘,在积极对话中收获成果,方有理由写就一部完整的后理论史的压轴一章。

第四节　汉语因缘考量:扬弃后的联结如何可能

当错综展开"理论中的文学"的虚潜写作时,文学的动词性功能也从正面浮现出来,它不再囿于静态的作品狭义,而成为一种有助于理论更新自我的思想推动力。比较而言,对文学的这种思想功能的体认,在我国比在西方更容易引起共鸣。因为在主客二分思维影响下,随着主体性程度的加深,西方思想传统倾向于将对象理想化,化丑为美。十八世纪法国学者阿贝·巴托首倡的"美的艺术"观念,主张艺术模仿美的自然而非一般自然,便赋予文学以理想性,在典型的认识论(区隔)立场上设置了纯文学界限,持续达几个世纪之久。按巴托,现代意义上的文学在内涵上属于"美的艺术"的一种,在外延上则主要包括诗歌、小说与戏剧,这三种迄今仍然被中西方文学专业在研究与教学上恪守的体裁,都作为"美的艺术"而存在。这种现代意义上的文学既然被理解为"纯文学",便内含经典化的要求,它由此随着印刷技术的发展与现代大学制度的确立,而逐渐演变成为了一种建制。而纯文学观念在我国从王国维(主要指其《文学小言》等著述)等研究者算起,迄今不过一世纪。非对象性思维使古人倾向于开放地允诺杂文学观念,有力证据便是《文心雕龙》论及的众多应用文体因具备文采,而皆被冠名为"文"。鉴于文学观念在汉语传统中获得的这种开放性,文学似乎具备了进入汉语理论表述的潜在可能。"理论之后"的新型写作是否果真具有汉语因缘?

需从根子上进行必要的对比。"理论之后"这个名称,道出了上述新型写作在学理上与理论的联系性渊源:即使反拨它,也得进入它的学理脉络后再有序、合理地出来。而理论的兴盛原本也有其学理上的清晰理路可寻,它牢牢建立在语言论这一针对形而上学自明性的学理基石之上。理论到理论之后的学理演进逻辑,因而自然展开于对"超越形而上学"这个具有生长连续性的本根的自觉坚持。有针对性地去超越某对象,意味着与之展开严肃的争论,被上述线索承继与积累下来的品质,从而是理论思维的执著担当与较真的争论姿态,与之有异趣,我国当代人文学术比如文论,其实并无在批判意义上回应形而上学稳定传统的迫切动力，而在不争论的超然姿态上具有某种共性。争论可能是为了最终不争论，但那是在分析基础上的综合，与从开始就不在意或者说缺乏争论热情的情形有别。可以将西方与我国的这种传统差异描述为“一分为二”与“一分为三”，后者总能在妥协中找到不断重新恢复和谐的第三项平衡点，而使尼采发出的“上帝死了”的呼告移至我国后，并不令人产生天快要塌了的、抽去了生存根基的危机感。那种有感于西方形而上学步入了死胡同而以我国诗性传统登场为直接出路、试图援中释西的反应，因而恐怕存在着简化不同语境的嫌疑。联结的限度就在这里。

这使我们试图联结诗性传统与理论之后的新型写作时，首先获得了扬弃的敏感。在扬弃的基础上，才能辩证地谈论两者相融合的可能，那首先是对话语效果的持久开发热情。《左传》曰“言之无文，行而不远”，孔子言“辞达而已矣”，都倡导让文辞在精心的琢磨中变得优美而通达意义，话语的创新效果在此关乎国运。《文心雕龙》起首五篇详尽论证了“文”并非雕虫小技，而根源于天地万物之道，道有文采，人则以有心之物的特殊身份去用心创造精美的语言作品，如书名所示那般精细雕刻龙纹，求得结构组织上的特殊表达效果与意味。王国维提出的“境界”，维系于话语效果，“一切景语皆情语”指语言并非传达诗人已设定的境界，而是直接点出境界来。凡此种种，皆与文言得天独厚的诗性优势密不可分，其中多有值得“理论之后”积极借鉴的写作智慧。

文言符号系统简洁含蓄的表意弹性，使表面效果之下的深层结构开放地接受阐释的灵活介入，在表里的灵活渗透中弱化了符号区分的程度及其话语权力后果。白话符号系统在表意上则须追求全面完整，其符号的相互差别相应地呈现出非此不可的特点，区分程度高于文言，话语权力相对显得突出，以至于“当一句白话愈白愈透明时它的被掩盖、被压抑、被遗落的部分也必然愈大。因为当语言太透明时，反表达的作用必然大过表达的作用”①，而使表面效果与深层结构更具距离，自明性更具掩体。由此，理论在白话语境中更应探索如何在拆解一种自明性时，摆脱因基于同一套白话系统而难免落入的另一种自明性，从而把拆解自明性的锋芒指向，适度置回到理论话语自身构造的凸显上。依据这一方向，可以视某些至今犹未引起人们珍视的写作实践为初步借镜。像在国内似乎还没有整体为学界所重的思想随笔写作，便有理由积极进入我们的研究视野。这些写作，每每充满大量与现实息息相关的因缘性话题（例如赵健雄的《糊涂人生》《当代流行语》《都有病》

① 郑敏：《结构-解构视角：语言·文化·评论》，清华大学出版社1998年版，第33页。

《乱话三千》与《危言警语》等)，用灵活的笔触引发事件的例外性可能与转义的多维思考(例如吴非与何鑫业的一系列随笔)，屡可见各种喻说实验(例如陆春祥的《41℃胡话》《病了的字母》《新子不语》与《焰段》等)，由此皆有被深入发掘的潜质。身份上介于作家(诗人)与学者之间的写作人(这一微妙身份启发我们窥察到理论之后新型写作者的面相)何鑫业，撰写的《方向》《气质》《结果》《开合》《方圆》《形态》《长度》《大小》《内外》《距离》《速度》《时间》《空间》《致志》《价值》《努力》《信仰》《好恶》《错误》《使命》《物质》《记忆》《智慧》《故事》《颜色》《观点》《区别》与《自我》这组思想随笔，[①]以看似轻松拈来实则深蕴学养的笔调，出入于中西文化传统，叙议各种生存境遇透露出的哲学命题，便取得了可示范"理论之后"的新型写作、却还未得到充分估计的成就。类似的研究对象在以往几乎是被完全忽略了的，大量散落的珠玑，值得运用学术思维进行董理，构成了一项值得为之奉献智慧心力的学术工程。

发展出上述新型写作形态后，后理论至少可能从三个方面超越理论。第一方面是更具体细致地展示理论的理路。例如卢敦基的《机智的张良》，便是对话语权力理论的文学化书写。它从新的角度拈出了历来不为人所道的一个奥秘：张良忍气吞声为黄石公拾鞋穿上，受其有关不守时的严厉训斥而改过自新，终成汉兴三杰之一，这件事尽管每每作为教育年轻人谦逊尊老、信守时间的素材而口耳相传，但它其实可能"完全是张良自己编出来的，编故事的目的只有一个：免遭刘邦的猜忌"。通过与文学的相融，"是什么"的自明性被生动地替代以"被语言说成了什么"的叙述后果，我们从中独一无二地感知到了话语权力理论不同于传统权力理论的积极生产性意义，而避免了语言论底牌套路在"理论"中的抽象重复。第二方面是揭示理论的局限。例如赵健雄的《扑满杂说》，便是对结构主义局限的文学化书写。扑满即小孩常用的储钱罐，文章由打开儿子扑满后"替他点了一下钱，总共还不到二十元——统是分币，竟有这么一堆"跟进一笔感叹"有时候觉得自己积攒文字的那股劲儿，也颇像儿子，很认真地把它从脑子里挤出来，落于纸上，再塞入抽屉，仿佛一种财富，其实却并不值什么钱"，又进而想到这种"鸦片似的麻醉"正是文人以为手无寸铁即可击水中流的过高自视。[②] 深刻的隐喻，隐喻的也同样是结构主义因符号在言语链上彼此区分而形成的自成规则的语言系统在某种程度上的封闭性，这指向了对"语言论转向"是否脱离

① 尚未结集而陆续刊于1997－1999年《杭州日报》副刊，均可于杭州图书馆杭州日报集团电子数据库查检全文。类似的学术查检工作，值得在研究中悉心展开。

② 赵健雄：《糊涂人生》，辽宁人民出版社1992年版，第124－125页。

外部现实世界而趋于封闭的有益反思。第三方面则是还原理论内部的深入学理关联。例如何鑫业的《说错误》，便是对现象学-存在论哲学内部各具体理论的文学化书写。文章讲述以前山里人挖掘冬笋时，倘若不小心将笋挖成了两半，只好自认晦气，将笋的下半部分舍弃，现在的人不同了，遇到类似情况，他们会毫不犹豫地用一根竹笋插在笋中间对好断缝，将它们连接起来。由于此法几乎天衣无缝，便没有买主能看出来，于是这个方法也便很通行了，这样做的后果是现在的人再也不在挖笋技术上下功夫了，因为他们有了补笋技术，挖笋技术越差，经这样"加工"的笋也便越多，它们过不了几天就变质不能吃了。"可见，错误的得以修正，并非一律是好事，而且，越是可以修正得天衣无缝的错，越容易导致和怂恿错误的频繁发生。"[①]得到亦即失去，欲求与所得始终背反，这里不仅交融着作为存在论一系列思想主题的烦（海德格尔）、恶心、虚无（萨特）、荒谬（加缪）、晕眩（昆德拉）、颤栗（克尔凯郭尔）、羞愧（舍勒）与无根基（舍斯托夫）等现代生存体验，而且所有这些都展开于一个共同前提，即对相信运用知识纠错、即可不再犯错的二元论思想方式的现象学反思。抽象分割的理论群落，被文学的创意书写克服并提升。三个例子都涉及乔纳森·卡勒所明确归类过的理论，它们如今被引向对写作智慧的积极吸收，成为后理论开辟新路的借镜。

举一则详细个案为例。在文学理论与美学研究乃至教学中，描述"形而上学-反形而上学-后形而上学"这条演进轨迹，往往是不可或缺的背景性、基础性工作。这种描述的常规处理是在哲学思维中进行的。在这种令人们熟悉而习焉不察的处理方式中，有一些东西其实微妙而不可避免地流失了。首先，对上述三阶段中具体思想形态的归类，建立在归并的基础上，而归并，在某种程度上，以化约与牺牲思想独特性为代价，为了概括的方便而对阶段内部彼此抗衡甚至对立的张力性元素贴出划一标签，正是遭致尼采批判的理性主义的症结：以知识与逻辑为标志的理性（即合理性）企图达成与事物的一致，此种企图是一种保存自我以求取安全感的强力意志，是非理性冲动，所以，理性源于非理性。其次，对中间两次转折的交代，又难免于机械切割之弊，因为一个思想家的具体思想，完全可能既有遵从形而上学的一面，也有反叛形而上学的一面。再次，这个阐释过程类似正反合的黑格尔主义推演路径，思维的每一步都受到潜在逻辑方向的指引，引起转折的动力主要来自逻辑的内在规定，而非现实的答问需求，其不乏某种逻辑主义的干扰与牵制，不也显而易见吗？

---

① 李玲芝、杨星、陈华胜编：《西窗烛》，浙江人民出版社 1998 年版，第 53 页。

上述流失，说到底滥觞于理论在概念、判断与推理的每一环上都悬置具体情境、从情境的具体性中分离出并抽象组接的宿命。能否换一种在写作中创造话语效果的、能更有效廓清彼此界限（这也就在还原其受限性的意义上使之成为了承认与接受话语建构条件的事件）的方式，来更好地叙述形而上学到后形而上学的演进历程呢？可以借一篇思想杂文的叙事为例。其由一则有趣的话题入笔："老鼠掉入盛得半满的米缸，由于贪婪，米尽底现，而其肥胖的四肢也已失去弹跳力，丧失了企及如是高度的能力，等待的只有死亡。"文章紧跟着给出对此的两层犀利追诘："既然米缸是用来盛米的，春华秋实周而复始，就会不断充实，那补给的速度肯定远大于老鼠鲸吞的节奏，'生命的高度'在随机升降，永不会到来。胡长清、成克杰之流巨贪惊世，可占年国民经济总额九牛一毛而已，更不必说年复一年了。我们的综合国力大得很呦，尽管尚有少数地区的少数非肉食者食不果腹衣不遮体，未能解决温饱问题。既然老鼠是一个贪婪的生命体，而贪婪又每每与狡猾联姻，它能以胡须测量洞口大小，仰卧抱蛋滑行……就不会吊死在一棵树上，而会在祖父辈抑或一丘之貉帮前仆后继中化悲痛为力量，领悟吃东家、走西家的道理，这口米缸撮一点，那口米缸捞一把……有中饱私囊之乐，无牢狱望高山之苦，'生命的高度'将成为苍白的诅咒语。如今贪赃枉法异地做官，反腐败与腐败并驾齐驱颇有一决雌雄的局面，大约印证了这一点。"

可以察觉到，文章运用叙事对准了形而上学的要穴：静止片面，缺乏发展。所谓"生命的高度"的乐观设定，想当然地排除了情境性、偶然性因素，把自身得以有效维持的合法性一厢情愿寄托在不变的愿景基础上。它的虚幻性无法阻挡针对它的反拨力量——反形而上学的兴起。反形而上学极为自然地沿循着形而上学思想的支柱——二元论的主客二元来展开：米缸补给速度始终大于老鼠鲸吞速度，所以"生命的高度"决不会迎来僵化、凝固的末日，身处其中的腐败分子其实始终很安全，这充分顾及了客体的运动与变化；老鼠的贪婪与狡猾又决定了其决不至于坐以待毙，腐败分子的腐败表现，同样充满了为自保而精心发明的各种灵活策略，这又充分看到了主体的运动与变化。主客两方面所同时存在的上述运动与变化，形象地揭穿了形而上学的底细，使之现了形。反形而上学之后往哪里去？它是思想的终点吗？必须展示在上述情况下从根本上有效制约老鼠、杜绝其腐败的出路，那就应在承认主客体两方因素都无时不刻处于运动与变化的前提下重新找到一种新的客观性，这导致文章深刻的点睛一笔："其实，'生命的高度'仅触及了一个问题的边缘，并未横刀立马拷问灵魂：老鼠是如何在百分之九十九点九……的生灵无法有缘甚至接近米缸的情况下，占尽天时地利人和的？这种机遇是偶然之环境恩赐，还是必然之人为？从而于根本上加以杜绝。这才是问题的本质，解决的关键。”其所以为彻底解决之道，是因为较之起先的乐观设定，这才触及了真实。它把老鼠如实还原到了一个具体的、拒绝重复与雷同的情境中，在这个情境中老鼠的行动受到具体的限定，它才活起来而具有了属于自己的个性与自由，与周遭世界形成了独特因缘整体性。自由只发生在人能主动作出选择的基础上，选择之所以可能，是由于它有一个范围，在这个范围的限制中人才能进行选择，所以，主动选择的可能性，维系于范围的有限性，自由从而便来自设限中的选择。问题谜底的最后揭破，于是既充分承认老鼠作为主体一极所具有的丰富多变、不重复与雷同的主观因素，又将这种主观因素融于具体情境的客观限定，还原出呈现为因缘整体的独一事件，这正是后形而上学。

理论的叙事，在这个例证的运作中展开了其外在于理性的独特思想方式。感性不想当然地反理性，而有对理论而言更具吸引力的、与理性相容的一面，我们的感官被“生命的高度”这则故事中的“老鼠偷吃米缸中米”这一作为感觉材料的形象造型所触发，在由此带出的米的升降与老鼠的灵活转战这两翼上驰骋同样基于形象的想象，就都有了合法性保证，我们正在做的这件事，由此被证明为不是在偷懒或变花样，而果真是在一种全新的思想方式中展开真理。叙事以想象为动力，想象是对未知的需要，而需要的产生便同时意味着情感的产生，所产生的情感遂使主体与对象超越二元对立而融合起来了。情感所具有的弥散性，一方面在已知意义上成为理论叙事的出发点与依据，使之从客观对象中选择契合主体意向的部分，比如上述“生命的高度”被选择为理论叙事的对象，就是因为其生动形象的画面感首先打动与激发起了思想的兴趣。另一方面，情感又反过来在未知意义上影响与推动理论叙事，使之对从客观对象中选择出来的部分进行调节，比如接下来从米缸添米与老鼠移踪这两根轴上依次进行丰富的想象与推理，就是被打动与激发起来的情感得到进一步调节的结果，这种情感在原先的隐喻基础上，加入了对现实生活中各种腐化行为的反感与抵触。两方面的有机结合同样是纯理论推演普遍不具备的，其起点与归宿从而呈现出了新的活力与面貌。还可以发现，在上述关于“生命的高度”的叙事演绎与逆向想象中，有一点得到着贯穿一体的落实，就是让整个叙事结构的形象与情感展开于思想逻辑的直观。我们知道，从情节进入叙事作品尚且是比较肤浅的，品位高的读者更关注结构，结构的美观与否，在很大程度上塑造着叙事作品相应的品位。纯理论推演比如黑格尔哲学，也有自己的结构，但它是预先决定好了的。叙事的结构妙在自觉与不自觉之间，我们感到每一块局部都很放松，释卷蓦然回首,又感叹整体线条脉络原是那样工稳紧凑而收放裕如。先摆出有趣主题,继而于适度肯定习惯性的接受态度后笔锋一转,逆向触发这个故事里潜藏的简单化、理想化思路的可疑之处,接着花开两朵各表一枝,分别从客体角度与主体角度展开平行式的、彼此呼应的再想象,在事件化的追问中,解构原主题的形而上学性而引出反形而上学的诉求,又接叙上述简单化思路导致精神胜利法的消极后果,卒章显志挑明这个故事的失误实质,并揭示在限定性情境中来重新精准"捕鼠"的思想方略。这种分合错综的结构,完全被包裹在形象的叙事里。这个例子展示出的前景,正是写作注入给后理论建设的动力与活力。

富于意味的是,以上所举例证是杂文写作。这种偶然中蕴含着必然。因为,以思想批判性与文学性的交融见长、既注重开掘新想法又使之富于叙事形象与情感的杂文写作,是对包括因缘写作与转义写作等具体形态在内的"解构—建构"式理论写作的重要启示。长期以来,受到纯文学观念的影响,我们的学术研究对小说、诗歌与戏剧等文类说得太多,而相形之下对杂文说得太少、太不够了,意态斑斓的杂文写作,某种程度上都尚没有进入学术研究特别是理论研究的视野,这是一种多少让人感到有点可惜的空白,也是一种机遇。事实上,文学观念在今天,正从纯文学逐渐发展至杂文学,这也为杂文写作的价值提供了时代证明。当今天的我们对"写作"这一活动展开谱系式深入研究,探讨罗兰·巴特、德里达、阿多诺、维特根斯坦以及弗雷德里克·詹姆逊的写作观时,也何妨充分意识到,自先秦诸子便已发端、至今还在更新发展的杂文写作,尤其保存和焕发着值得后理论吸收的因缘与转义等智慧,为我们全新展开后理论的文学走向、探索各种文学写作方式与理论的互融互渗可能,进而大力来充实文学理论这个看似与史料建设无关的学科的取材视野,探索大数据时代文艺学的创新发展,提供了参照系启迪。

如果进一步考虑到,至少在当下本土语境中,杂文写作往往是与新鲜丰富、日新月异的中国故事纠缠在一起的思想写作,我们能否触摸到后理论与中国故事在不远将来的某种联结可能呢?而如果走到了那一步,后理论与文学不分彼此的创造性写作,是否又将能为一种理论话语对中西方的阐释有效性提供全新水平的证明?是否又将能为重建文艺学在理论的祛魅热情之后的感动维度,探寻到生机?这些前景在起点上已使我们激动神往。换言之,我国学界在这一走向上获得的本土化契机,是相应地考虑杂文与思想随笔等写作对后理论的智慧贡献,以及沿此以进的、中国故事与后理论的联结前景。这样一种更新理论表述的写作方式,将有机遇融入鲜活的中国故事。

第五节　在何种意义上让后理论说汉语

至此，可以从相互关联的两个层面，对“在何种意义上让后理论说汉语”这一最终主题作一总结。这两个层面是：“理论之后”在“写作”这点上推进自身逻辑；又在事件性这点上展开自身的“写作”。

先看前一层面。如前文所分析，福柯以其深层理性批判路径，展示了理论所要做的与自身得以存在的基本估计有相违之处，对这一悖论的创造性解构引出了后理论及其写作机理，对德勒兹的“内在性平面”思想掩卷回思，会发现其仿佛带有某种正反合（现实的身体在语言的叙述创造中虚拟化为真实的身体）色彩的运思路线，认为语言的叙述创造扮演着将身体从现实化反转为反现实、突变出事件的中介角色，固然在一定程度上闪烁着海德格尔有关上手之物在“抽身而去”与“绝不能控制”之际才本真地上手、对存在的寻视操劳使存在与此在保持“盲的”距离之思，[①]也让人联想起老子所言“反者道之动”。德勒兹将事件瞻望为在虚拟中形成的、无限流动的表面，这种对“表面”的富于意味的首肯，倘若与语言创造出写作事件的思想来尝试积极融通，便可能就事件的话语效果作出性质上的新开掘。理论话语一直以来怀有的指及事物的强烈冲动，逐渐被证明为是一种回避了“语言不指及事物”这一根性的虚妄，但当晚近以来的理论被后理论积极还原为基于语言创造的文学事件后，其改造或改变世界的用心将得到适度的遏制，充分享受叙述的智慧，在这个过程里以一颗闲暇之心创造新想法，是否不失为汉语学界更加明智的做理论的姿态？

有理由期许这个可能打开某种困局并迎来文论研究前景的新开端。前面已区分了特称意义上的吸附型理论与泛称意义上的暗合型理论，着重阐明了“想要去实现的目标与自身得以存在的基本估计”这一发生在前者身上的内在悖论并非后者的宿命，而是暂时性症候。对这种症候的察觉，很自然地将国际学界的研究眼光引向了后理论。我们看到，一方面，德里达不仅是理论运动的重要代表人物，而且也为后理论作了学理思路上的某种奠基，体现出西方人文学术的连续性特征；另一方面，更重要的是，从特称中解放出

---

① ［德］马丁·海德格尔：《存在与时间》，陈嘉映、王庆节译，生活·读书·新知三联书店 1999 年版，第 82、325、124 页。

来而返归泛称，变意义的生产为创造，不失为从理论向后理论演进的合理逻辑。据前所述，那意味着在演进方向上，得强化文字书写活动在理论建构中的创造，重视理论作为话语创造的效果，而淡化它去规范当下事实的及物性功能——这种功能实际上是同为符号系统的理论话语做不到的。

德里达所论的文字学(grammatology)实即写作学，写作被他界定为"一种与特定环境及存在断裂的、有责任将文本保持为开放、变化、未限定与被驱遣状态的力量"，它在取消任何现有存在的同时成为了"写作的哲学"，成为在想象与激情中可以被并未参与其间的他者所同样理解与翻译的"非经验的经验"与"非言语的言语事件"[①]，进而形成了将文学视为"关于不稳定性(precariousness)的绝对体验"的"写作事件"[②]。德里达所说的用以替补(声音的)纯粹在场的写作，由此很大程度上首先便包括文学。因为文学就是以操作语言符号为基本性能的写作活动，它追求与注重话语效果的生发及表达，在致力于如何通过语言将意义创造得新颖、完善这点上，不失为最典型的写作。强化理论中的文字书写，从而涉及了理论与文学的关系。

从文字(写作)到文学的上述通道，进一步很自然地与汉语产生出学理上的联系。这是后理论可以从德里达思想吸取的有益启示。德里达发现，形而上学相信在场真实的一个基本理由是听音辨义，即听到能指后随其消失，而使其让位于所指，这一来，被包裹于声音的重复性中的超验意义，似乎变成了可经验的。确实，倘若能指以不透明的状态出现，它就必把所指排除在外而令意义无法归属于主体，事实却是能指"把自己身体的世俗不透明性改造成为纯粹的半透明性"[③]，这才取消了能指与所指的阻隔而让后者渗入进来了。一个不可感的东西假托可感的东西而被人(以为自己已)感到。我们接受德里达的这一深刻分析，承认这击中了形而上学的命门和要穴。但应该看到，德里达所指证的这种情况——能指隐去而被所指取代，主要发生于西语中，因为西语的特性是多音节性，除极少数单音节词外，基本上每个词都是由多个音节构成的，这导致同音的几率在西语环境中极不显著，听到一个词的发音，自能辨别这个词的意义。就此而言，德里达所指认的在场形而上学(即逻各斯中心主义或语音中心主义)，主要发生于西方思想中，是被西语所决定了的后果与局面。比较起来，汉语却不是这样的。基于汉字的单音节性，同音发达是我们的鲜明传统，学者钱锺书的《管锥编》以"论易之

---

① Ilai Rowner. *The Event: Literature and Theory*. Lincoln and London: University of Nebraska Press, 2015. p.120.

② Ibid, p.32.

③ [法]雅克・德里达:《声音与现象》,杜小真译,商务印书馆1999年版,第98页。

三名”开篇，从这个意义上看是蕴含着深意的，那是一种对中国文化根性的敏赡把握。而如若不否认汉语的这一根性时常导致听音无法立即辨义，尤其在同音的情况下，更是离不开上下文语境以作出意义上的辨识，那么德里达所揭示出的能指全然让位于所指的情形，在汉语文化中就并不曾普遍发生。推论便是，在场的幻觉在汉语中被天然地杜绝着，德里达所担心的西方形而上学的瓶颈，在我们这里其实不严重，甚或并未普遍存在。而且汉字同音众多，却凭借音形混成这一相应的特征而稳健地发展至今，在书写上具备天然的理由，这一点应该说构成着德里达心目中解构的积极途径，是可以从他的学理推证出的后果。就此而论，后理论在文字书写方面的强化前景，便尤其是值得汉语文化珍视的一个机遇。

这个机遇就是发展出话语创造型的后理论写作。德里达指认在场形而上学得以实现的一个基本前提是西语环境，因为西语属于如他所说的“表音文字”，除极少数情形外普遍具有多音节性，一般不会轻易发生同音混淆，却能保证听到声音（能指）的同时迅即得到了意义（所指）。前者对后者的迅即滑入，或者说后者对前者的迅即取代，正是德里达所分析的在场幻觉的症结：能指似乎隐去了自身而透明地让所指直接渗透进来，此时的能指并没有真正隐去，但它以佯装隐去的方式，使听者与说者都俨然觉得，在那一刻明明以超验方式被携带进能指的所指，是被能指所直接指及了的意义，尽管事实上表音文字“并不使用与概念性所指直接相关的能指，而是通过语音分析使用在某种程度上并不起指称作用的能指”①，“并不起指称作用”，就表明能指与所指之间始终存在着阻隔，而有阻隔便宣判了纯粹在场的不可能。如果说，这一点在西语中需要通过专门的“语音分析”来艰难地获得共识，那么汉语却有理由运用自己的特点来克服它。因为较之于西语，被德里达提及的“表意—表音文字”的典型是汉语，其特点就是单音节性，这使在缺乏上下文的情况下每每容易因同音而模糊所指，却反过来也提供了有可能引发德里达兴趣的东西。那就是能指不会轻易滑入所指，前者的透明性由于“能指与所指的混合”而难以实现。② 混合意味着能指的不透明，意味着与所指有界限地发生着关系，即两者在努力成为一者的同时始终意识到彼此各是各，所以其间存在着天然的阻隔，正是这种阻隔进而防范着在场幻觉的轻易出现。汉语文化，在这个意义上具有在非纯粹在场的（文学）写作中激活理论、进而推动后理论可持续发展的创造潜能。

---

① ［法］雅克·德里达：《论文字学》，汪堂家译，上海译文出版社 1999 年版，第 434 页。

② 同上书，第 433 页。

当把这一新思想具体运用、贯彻与落实于文学理论学科建设时，很自然的方向便是考虑如何以写作的思想方式来更具新意地展开文学理论研究与教学。一方面，写作的情境性，有助于使原本具有抽象性的文学理论还原为问题情境，而令其在具体性中与经验融为一体并成为现实的存在，这就离不开叙述的合理推动。例如，后理论写作在语言论背景下的连贯理路与创新前景，为命题美学（命题并非一种对已有知识的技术性重复，而是一种充满创新精神的智慧书写）的当代探索提供了契机。可以运用写作事件的方法对命题思维努力革故鼎新，实现富于创新智慧的命题愿景，在文论课程教学中，让富于生动叙述情境的新型命题不再仅作为证实知识与理论的工具而现身，相反成为一个充满新意与创造引导性的、不重复雷同的事件，绽出对知识与理论的既有思路与程式的创造性批判与新意，这将能体现走向写作的后理论在一线文论教学中的实践意义，是传统做法普遍不具备的。另一方面，写作活动的例外性，有助于发现并改进既有文学理论的不足，而有益地弥补后者。文学理论发展至今，拥有了一套颇为成熟固定的体系框架，但在它是否成熟合理这点上，又完全可能由于“稳定性的固有逻辑是不存在的。相反，在实践的水平上，细微的算计，意志的冲突，以及较次要利益的罗网所生成的方向性是存在的”而引发来自实践的追问，[①]如果说局囿于理论体制内部难以产生这种追问，那么当引入适当的叙述创造后，事情或许就会呈现另一副发人思索的新面貌。当遇到涉及个体的文论内容时，这种作用就显得特别积极，因为叙述活动是一种本性上充满个体性色彩、讲述一个个鲜活生命个体的故事的活动。例如文学的功能问题，在新时期以来我国许多文学理论教材中都有过探讨，纵观这方面论述，大多定位于由认识功能、教育功能与审美功能等构成的三元结构，习惯于在个体-社会模式中运思，每每阐发得较为粗简，引入叙事智慧看待文学功能，在交织着爱与苦涩的叙事中来描述、并经由写作事件的建构而进入个体的心灵，我们是否便可能会有不一样的收获呢？

中国后理论由此获得的可取选项，便是在“理论之后的写作”这一点上调动与集聚自身源远流长的智慧，在理论的写作方面尝试开拓出不囿于传统诗性趣味，而是鲜明针对“超越形而上学”这一恒定问题意识的新途。这个选项的得出就并非出于汉文化中心主义冲动，不是我们在潜意识中一厢情愿地要求形成这样一种愿景，而确乎是学理自身蕴含的辩证因素与选择，

---

① ［法］德赖弗斯、P. 拉比诺：《超越结构主义与解释学》，张建超等译，光明日报出版社 1992 年版，第 244－245 页。

其可行性当会逐渐得到历史的证明。

再看后一层面。从行文逻辑上顺势推出“理论之后的写作”的中国形态，会迸发圆满的快感，却可能是轻率的。因为从前面的分析可以看到，获得了改造的“理论中的文学”方案，重新建立在了虚潜论这一学理基础上，而虚潜的要义在于重复中差异的事件性、幽灵性溢出，沿此而生的“理论之后的写作”，相应地在本质上是一种事件性写作。这令我们探讨其中国形态时陷入某种犹豫。犹豫或许来自某种积淀于内心的情感结构：一种以农耕文明为特征的文化，合理的选项似乎是要“稳定”而不要“事件”，如此，对展开于事件视野中的“理论之后的写作”的津津乐道从何谈起？倘若不经过必要的扬弃和转换，这一立场在中国语境中便可能成为缺乏实指的奢谈。那么接受的中介在哪里呢？

事件思想在西方有明确的动力，即对形而上学的批判与超越。这一问题意识却不存乎中国文化语境。在此前提下，让事件思想在中国生根发芽便不是一件天经地义的事。非但如引论最后所指出的那样，英美的事件思想在某种程度上包含了对语言论主流范式的突破，而且法国的差异事件思想从正面攻破了这点。这种共同趋向，实际上是破除主流语言论以安稳与同质化为特征的“可能性”信念，代之以“不可能性”的刺激力量。这构成了引事件思想入中国语境的难点。

难点表面上体现在，新时期我国文学研究界对诗性民族文化本位的张扬，一大动因在于海德格尔哲学被大规模介绍进来，鉴于文学自古被看成对抗平庸俗世人生的精神绿洲，它已被传统眼光牢牢预设了美好的诗情画意，经济的迅速发展却日渐暴露出现代人利欲、空虚的一面，海德格尔“诗意的思”的横空着落，可谓适逢其时，它很快被文学界推举为拯救商品经济环境下那种异化人格的强大力量。但学理的深入推进已然证明这种做法里包藏的含混。按列维纳斯的揭橥，海氏所说的存在是一种“未知”（unknown）而非“不可知”（unknowable）因素，[①]未知绽出本真的已知，总体结构是肯定“可能性”的：主体作为事件的主人欢迎它，他者与主体处于田园牧歌式的和谐共存关系中。它在当代中国受到的共振，回避了事件的“不可能性”性质，反过来说明当代中国简单移植事件思维所可能落入的学理遮蔽。

而由表及里地继续联系汉语特性来考察，我们的诗性语言传统从来以“可能性”为取径，基本不在文论与美学研究序列中考虑“不可能性”的问题，典型表征即王国维在现代性发轫处提出的“不隔”优于“隔”之论。王氏作为

① Emmanuel Levinas. *Time and the Other*. Pittsburgh: Duquesne University Press, 1987. p.75.

西学东渐的先驱，对古老中国文学遗产的谈论已开始渗入西学思维方式，表现为用二元对立范畴提出一系列命题组，这些命题中有些被他平行对举而不分轩轾，如造境/写境、大境界/小境界，有些则被他从价值上作出了高下之分，如无我之境/有我之境以及不隔/隔，“不隔”优于“隔”，“妙处唯在不隔”是其确切结论。[①] “隔”源自“不可能性”及其差异性实质，对“不隔”的推崇，意味着对“可能性”境界的信赖与向往：总能透过阻隔达成理想的状态。寻根究源起来，不仅是注重心理调节与内在超越的抒情传统在对此起支撑作用，而且宋元以降的说书传统，同样为此提供着动力。说书是调动一切精彩的叙述手段营造扣人心弦的现场效果，高度注重对于故事的“讲”，为此而在叙述技巧层面上每每使出浑身解数来极尽巧思、吸引观众与读者，从外部切入文学活动，将兴奋点聚焦于文学对人的一系列外部关系的探讨，而在深入开掘文学内在精神方面的兴趣方面相对显得淡薄，与中国文化对待生活的某种逍遥的、庄子式的态度有关。这种逍遥来自“一个世界”特征，其实质是，由于并无在更高的力量面前的渺小感、有限感，而不滋生出相应的不安全感，反而认为自己可以自如操控眼前的局面，怎么来具体地操控它，都不妨碍自身所占据着的安全位置。这与西方文化在“两个世界”特征上形成的、出于被拯救的诉求而滋生出的不安全感，是颇异其趣的。典型例证是，西方勇于坦承自身隐私的回忆录与自传发达，相比之下中国却甚少流传下这类作品。说书传统与抒情传统，因而实为同一个传统，两者在夸扬自身主观趣味与叙述这一点上殊途同归，都面临着如何写出世界真实（客观）性的严峻挑战。

归结地看，呈现为静态的上述中国式“不隔”传统，在自我的主体预设与算计中，消弭了他者的异质性暴力介入，将原本在事件意义上应引入人性中充分差异、并扬弃偶然性而与历史建立深刻主体心灵联系的尖锐“不可能性”，以及其间值得深入开掘的大悲欢的冲突感，冲淡为凭意念的升华即可实现的“可能性”。西方语境中需经“不可能性”（即“隔”）的转换方能实现伦理诉求的事件思想，被处理成为中国语境中附会自我完善形象预设的添加物，以及相应而来的“不隔”的幻象。于是，在缺乏形而上学传统及语言论学理自觉的当下中国，关于“事件”的谈论和表面化挪移，呈现为一种得其形而未得其神的接受姿态，须构造一个突破语言论的可能性范式的中介，才可能化事件思想的完整形态入中国母体。能否顺利构造这样的中介呢？这项任重道远的课题，难点不仅在于克服抒情传统与说书传统长期累积下来的思

① 王国维：《王国维文学论著三种》，商务印书馆2001年版，第38页。

维定势，还在于建立对汉语流利性及其随笔寄生主义倾向的某种克制意识，懂得在汉语思维中卡一卡、顿一顿、隔一隔的必要，让差异不再迅速流向新的“可能性”稳靠变体，而严肃地张开异质性空间，允诺进一步差异，并在这一进程中将偶然性与建构性结合起来，走出看似“不隔”地融入、实则仍始终旁观或者说“隔”着的身份区域，将对象与自身的主体历史意识在事件的独异体验——震惊中，深度贯通起来。事件思想以及建立于其上的“理论中的文学”方案的中国接受，既取决于当代中国文学创作在思想方式上的新探索与新突破，也取决于批评与理论在这一观念调整与深化完善方面的相应跟进，舍此便无从谈起。“理论之后的写作”，由此提供了西方文论中国化的防范性标本，反过来点明了中国后理论的创造性转化方向。

引用文献
（未引用的参考文献不列入）

一、外文类

Adrian Parr. *The Deleuze Dictionary.* Edinburgh: Edinburgh University Press, 2005.

Alain Badiou. *Handbook of Inaesthetics.* California: Stanford University Press, 2005.

Alan Bass. *Margins of Philosophy.* Harvard: The Harvester Press, 1982.

Barbara Johnson. *Poetry and Performative Language.* Yale French Studies, No.54, Mallarme (1977).

Brian Massumi. *Architectures of the Unforeseen: Essays in the Occurrent Arts.* London: University of Minnesota, 2019.

Brian Massumi. *Semblance and Event: Activist Philosophy and the Occurrent Arts.* London: The MIT Press, 2011.

Bruce Fink. *A Clinical Introduction to Lacanian Psychoanalysis: Theory and Technique.* Cambridge: Harvard University Press, 1997.

Bruce Fink. *The Lacanian Subject: Between Language and Jouissance.* Princeton: Princeton University Press, 1995.

Claude Romano. *Event and Time.* New York: Fordham University Press, 2014.

Claude Romano. *Event and World.* New York: Fordham University Press, 2009.

Clayton Crockett. *Derrida After the End of Writing: Political Theology and New Materialism.* New York: Fordham University Press, 2018.

Daniel Punday. *Narrative after Deconstruction.* Albany: SUNY Press, 2003.
Daphne Pattai and Will H. Corral. *Theory's Empire: An Anthology of Dissent.* New York: Columbia University Press, 2005.
David Herman. *The Cambridge Companion to Narrative.* Cambridge: Cambridge University Press, 2007.
David Herman, Manfred Jahn and Marie-Laure Ryan. *Routledge Encyclopedia of Narrative Theory.* London: Routledge, 2005.
David Simpson. *The Academic Postmodern and the Rule of Literature: A Report on Half-Knowledge.* Chicago and London: The University of Chicago Press, 1995.
Derek Attridge. *Reading and Responsibility: Deconstruction's Traces.* Edinburgh: Edinburgh University Press, 2010.
Derek Attridge. *The Singularity of Literature.* London: Routledge, 2004.
Derek Attridge. *The Work of Literature.* Oxford: Oxford University Press, 2015.
Emmanuel Levinas. *Time and the Other.* Pittsburgh: Duquesne University Press, 1987.
Fabien Tarby. *Philosophy and the Event: Alain Badiou.* Cambridge: Polity Press, 2014.
François Raffoul. *Thinking the Event.* Bloomington: Indiana University Press, 2020.
Frank Kermode. *An Appetite for Poetry.* Cambridge: Harvard University Press, 1989.
Frank Ruda. *For Badiou: Idealism Without Idealism.* Evanston and Illinois: Northwestern University Press, 2015.
Franz Rosenzweig. *The Star of Redemption.* Notre Dame: University of Notre Dame Press, 1985.
Geoffrey Bennington. *Lyotard: Writing the Event.* New York: Manchester University Press, 1988.
Gilles Deleuze. *Negotiations, 1972 - 1990.* New York: Columbia University Press, 1995.
Gilles Deleuze. *The Logic of Sense.* London: The Athlone Press. 1990.
Gilles Deleuze and Felix Guattari. *A Thousand Plateaus: Capitalism and*

Schizophrenia. Minneapolis: University of Minnesota Press, 1987.

Gilles Deleuze and Felix Guattari. *What Is Philosophy?*. New York: Columbia University Press, 1994.

Giorgio Agamben. *The Signature of All Things*. New York: Zone Books, 2009.

Graham Burchell, Colin Gordon and Peter Miller. *The Foucault Effect: Studies in Governmental Rationality*. Birmingham: Harvester Wheatsheaf, 1991.

Graham Harman. *Art and Objects*. Cambridge: Polity Press, 2020.

Hanna Meretoja. *The Narrative Turn in Fiction and Theory*. New York: Palgrave Macmillan, 2014.

Hubert Dreyfus. "*Being and Power: Heidegger and Foucault*", *International Journal of Philosophical Studies* 4,1,1996.

Ian Fraser. Identity, *Politics and the Novel: The Aesthetic Moment*. Wales: University of Wales Press, 2013.

Ilai Rowner. *The Event: Literature and Theory*. London and Lincoln: University of Nebraska Press, 2015.

Jack Richardson and Sydney Walker. *The Event of Making Art*. Studies in Art Education, Vol.53, No.1 (Fall 2011).

Jacques Derrida. *Limited INC*. Evanston: Northwestern University Press, 1977.

James Bahoh. *Heidegger's Ontology of Event*. Edinburgh: Edinburgh University Press, 2020.

James Phelan and Peter. J. Rabinowitz. *A Companion to Narrative Theory*. Oxford: Blackwell, 2006.

Jan Alber and Monika Fludernik. *Postclassical Narratology: Approaches and Analyses*. Columbus: Ohio State University Press, 2010.

Jane Elliott and Derek Attridge. *Theory After "Theory"*. London and New York: Routledge, 2011.

Jason Potts and Daniel Stout. *Theory Aside*. Durham: Duke University Press, 2014.

Jean-Francois Lyotard. *Discourse, Figure*. Minneapolis: University of Mi-nneapolis Press, 2011.

Jean-Francois Lyotard. *The Differend: Phrases in Dispute*. New York: Manchester University Press, 1988.

Jean-Jacques Lecercle. *Badiou and Deleuze Read Literature.* Edinburgh: Edinburgh University Press, 2010.

Jean-Jacques Lecercle. *Deleuze and Language.* New York: Palgrave Macmillan, 2002.

Jean-Luc Marion. *In Excess: Studies of Saturated Phenomena.* New York: Fordham University Press, 2002.

Jean-Luc Nancy. *Being Singular Plural.* California: Stanford University Press, 2000.

John D. Caputo. *The Weakness of God: A Theology of the Event.* Bloomington: Indiana University Press, 2006.

John Martis and Philippe Lacoue-Labarthe. *Representation and the Loss of the Subject.* New York: Fordham University Press, 2005.

John Michel. *Ricoeur and the Post-Structuralists: Bourdieu, Derrida, Deleuze, Foucault, Castoriadis.* London and New York: Rowman & Littlefield, 2015.

John Milbank, Slavoj Žižek, *Creston Davis and Catherine Pickstock. Paul's New Moment.* Grand Rapids: Brazos Press, 2010.

Jonathan Culler. *Afterword: Theory Now and Again.* Durham: South Atlantic Quarterly, 2011.

Jonathan Culler. *The Literary in Theory.* California: Stanford University Press, 2007.

Jonathan Culler. *Theory of the Lyric.* Cambridge: Harvard University Press, 2015.

Judith Butler, John Guillory and Kendall Thomas. *What's Left of Theory?*. New York: Routledge, 2000.

Julian Wolfreys. *Literature, in Theory: Tropes, Subjectivities, Responses & Responsibilities.* London: Continuum, 2010.

Kenneth Surin. "*Introduction: 'Theory Now'?*". South Atlantic Quarter-ly, 2011.

Levi Bryant, Nick Srnicek and Graham Harman. *The Speculative Turn: Continental Materialism and Realism.* Australia: Melbourne Press, 2011.

Lewis Hinchman and Sandra Hinchman. *Memory, Identity, Community: The Idea of Narrative in the Human Sciences.* Albany: SUNY Press, 2001.

Louis Armand. *Event States: Discourse, Time, Mediality.* Prague:

Litteraria Pragensia, 2007.

Marco Piasentier. *On Biopolitics: An Inquiry into Nature and Language.* New York and Oxon: Routledge, 2021.

Marian Fraser. *Theory, Culture & Society.* Goldsmiths: University of London Press, 2006.

Martin McQuillan, Graeme Macdonald, Robin Purves and Stephen Thomson. *Post-Theory: New Directions in Criticism.* Edinburgh: Edinburgh University Press, 1999.

Matti Hyvarinen. Mari Hatavara and Lars-Christer Hyden. *The Travelling Concepts of Narrative.* Amsterdam: John Benjamins, 2013.

Michael Groden, Martin Kreiswirth and Imre Szeman. *Contemporary Literary and Cultural Theory.* Baltimore: The Johns Hopkins University Press, 2012.

Michael Hardt. "*The Militancy of Theory*". Durham: South Atlantic Quarterly, 2011.

Michael Sayeau. *Against the Event: The Everyday and the Evolution of Modernist Narrative.* Oxford: Oxford University Press, 2013.

Michel Serres. *Branches: A Philosophy of Time, Event and Advent.* London: Bloomsbury Academic, 2020.

Nicholas Birns. *Theory After Theory*. Peterborough: Broadview Press, 2010.

Paul de Man. *Allegories of Reading*. New Haven and London: Yale University Press, 1979.

Paul Ricoeur. *Time and Narrative*. Vol. 3. Chicago: The University of Chicago Press, 1985.

Peter Engelmann. *Philosophy in the Present.* Cambridge: Polity press, 2009.

Philippe Lacoue-Labarthe. *Typography: Mimesis, Philosophy, Politics.* London: Harvard University Press, 1989.

Quentin Meillassoux. *Iteration, Reiteration, Repetition: A Speculative Analysis of the Meaningless Sign.* Freie Universitat, Berlin, 20. April 2012.

Ray Brassier. *Nihil Unbound: Enlightenment and Extinction.* New York: Palgrave Macmillan, 2007.

Rei Terada. *The Frailty of the Ontic.* Durham: South Atlantic

Quarterly, Winter 2011.

Ricardo L. Nirenberg and David Nirenberg. "*Badiou's Number: A Critique of Mathematics as Ontology*". *Critical Inquiry*, 37 (Summer 2011).

Richard J. Lane. *Global Literary Theory: An Anthology*. London: Routledge, 2013.

Richard M. Rorty. *The Linguistic Turn: Essays in Philosophical Method*. Chicago: The University of Chicago Press, 1967.

Robert Dale Parker. *Critical Theory*. Oxford: Oxford University Press, 2012.

Robert Eaglestone. *The Encyclopedia of Literary and Cultural Theory*, Volume II. Malden: Wiley-Blackwell, 2012.

Robert Pasnau. *The Event of Color. Philosophical Studies: An International Journal for Philosophy in the Analytic Tradition*, Vol. 142, No. 3 (Feb, 2009).

Robin Wagner-Pacifici. *What Is An Event?*. Chicago: The University of Chicago Press, 2017.

Samuel Weber. *Benjamin's-abilities*. Cambridge: Harvard University Press, 2008.

Samuel Weber. "*Preexisting Conditions and the Recounting of Plagues.*" *International Comparative Literature* 1(2021).

Samuel Weber. *Return to Freud: Jacques Lacan's Dislocation of Psychoanalysis*. New York: Cambridge University Press, 1991.

Samuel Weber. *Singularity: Politics and Poetics*. Minnesota: University of Minnesota Press, 2021.

Samuel Weber. *Targets of Opportunity: On the Militarization of Thinking*. New York: Fordham University Press, 2005.

Samuel Weber. "*The Singular Historicity of Literary Understanding: 'Still Ending'*". *MLN* 3(2010).

Samuel Weber. *Theatricality as Medium*. New York: Fordham University Press, 2004.

Slavoj Žižek. *On Belief*. London: Routledge, 2001.

Stanley E. Fish. *How to do Things with Austin and Searle: Speech Act Theory and Literary Criticism*. Homewood: MLN, Oct, 1976, Vol.

91, No. 5, *Centennial Issue: Responsibilities of the Critic* (Oct., 1976).

Stefania Caliandro. *Morphodynamics in Aesthetics: Essays on the Singularity of the Work of Art.* Berlin: Springer, 2019.

Steven Knapp. *Literary Interest: The Limits of Anti-formalism.* Cambridge: Harvard University Press, 1993.

Steven Knapp and Walter Benn Michaels. *Against Theory*. Critical Inquiry, Vol.8, No.4(Summer, 1982).

Terry Eagleton. *After Theory*. New York: Basic Books, 2003.

Terry Eagleton. *The Event of Literature*. New Haven and London: Yale University Press, 2012.

Theodor W. Adorno. *Notes to Literature.* Volume I. New York: Columbia University Press, 1991.

Thomas Docherty. After Theory: Postmodernism/postmarxism. London and New York: Routledge, 1990.

Timothy Clark. *The Poetics of Singularity.* Edinburgh: Edinburgh University Press, 2005.

Tom Conley. *From Image to Event: Reading Genet through Deleuze.* Yale French Studies, No.91,1997.

Vincent B. Leitch. *Literary Criticism in the 21st Century*. New York: Bloomsbury, 2014.

Walter Brugger. *Philosophical Dictionary.* Spokane: Gonzaga University Press, 1972.

Wittgenstein. *Lectures & Conversations. on Aesthetics, Psychology and Religious Belief.* Oakland: University of California Press, 1967.

W.J.T. Mitchell. *Medium Theory: Preface to the* 2003 *Critical Inquiry Symposium. Critical Inquiry* 30.2004.

二、中文类

[英]A.J・艾耶尔:《语言、真理与逻辑》,尹大贻译,上海译文出版社 1981 年版

[德]阿多诺:《否定的辩证法》,张峰译,上海人民出版社 2020 年版

[德]阿多诺:《美学理论》,王柯平译,上海人民出版社 2020 年版

[法]阿兰・巴迪欧:《哲学宣言》,蓝江译,南京大学出版社 2014 年版

[法]埃德加·莫兰:《方法:思想观念》,秦海鹰译,北京大学出版社 2002 年版
[德]埃德蒙德·胡塞尔:《生活世界现象学》,倪梁康、张廷国译,上海译文出版社 2005 年版
[美]埃里希·弗洛姆:《人类的破坏性剖析》,孟禅森译,中央民族大学出版社 2000 年版
[美]艾伦·奇南:《秋空爽朗》,刘幼怡译,东方出版社 1998 年版
[英]安德鲁·本尼特:《文学的无知:理论之后的文学理论》,李永新、汪正龙译,河南大学出版社 2014 年版
[英]安东尼·吉登斯:《现代性的后果》,田禾译,译林出版社 2000 年版
[德]安妮·弗兰克:《安妮日记》,高年生译,人民文学出版社 2009 年版
[英]B.威廉斯:《伦理学与哲学的限度》,陈嘉映译,商务印书馆 2017 年版
白轻编:《文字即垃圾:危机之后的文学》,重庆大学出版社 2016 年版
[美]保罗·德曼:《解构之图》,李自修等译,中国社会科学出版社 1998 年版
[美]保罗·蒂里希:《政治期望》,徐均尧译,四川人民出版社 1989 年版
[澳]保罗·帕顿:《德勒兹概念:哲学、殖民与政治》,尹晶译,河南大学出版社 2018 年版
[法]贝尔纳·斯蒂格勒:《技术与时间 2:迷失方向》,赵和平、印螺译,译林出版社 2010 年版
[意]贝奈戴托·克罗齐:《维柯的哲学》,陶秀璈、王立志译,大象出版社 2009 年版
[美]彼得·布鲁克斯、希拉里·杰维特:《人文学科与公共生活》,余婉卉译,译林出版社 2022 年版
[希]《柏拉图全集[增订版]7》,王晓朝译,人民出版社 2017 年版
[俄]波利亚科夫:《结构-符号学文艺学》,佟景韩译,文化艺术出版社 1994 年版
[美]波林·玛丽·罗斯诺:《后现代主义与社会科学》,张国清译,上海译文出版社 1998 年版
蔡良骥:《文艺枝谈》,浙江人民出版社 1982 年版
蔡义江:《增评校注红楼梦》,作家出版社 2007 年版
残雪:《为了报仇写小说》,湖南文艺出版社 2003 年版
曹正文:《金庸笔下的一百零八将》,上海文化出版社 2020 年版
[俄]车尔尼雪夫斯基:《艺术与现实的审美关系》,周扬译,人民文学出版社 1979 年版

陈红薇:《西方文论关键词:改写理论》,载《外国文学》2016 年第 5 期
陈嘉映:《简明语言哲学》,中国人民大学出版社 2013 年版
陈嘉映:《说理》,上海文艺出版社 2020 年版
陈嘉映:《无法还原的象》,华夏出版社 2005 年版
陈平原:《现代中国的述学文体》,北京大学出版社 2020 年版
陈炎:《中国"诗性文化"的五大特征》,载《理论学刊》2000 年第 6 期
陈永国、尹晶主编:《哲学的客体:德勒兹读本》,北京大学出版社 2010 年版
[美]D·C·霍埃:《批评的循环》,兰金仁译,辽宁人民出版社 1987 年版
[美]大卫·鲍德韦尔、诺埃尔·卡罗尔主编:《后理论:重建电影研究》,麦永雄、柏敬泽等译,中国社会科学出版社 2000 年版
[美]戴维·玻姆:《论创造力》,洪定国译,上海科学技术出版社 2001 年版
[美]戴维·施沃茨:《文化与权力:布尔迪厄的社会学》,陶东风译,上海译文出版社 2006 年版
[美]道格拉斯·凯尔纳、斯蒂文·贝斯特:《后现代理论》,张志斌译,中央编译出版社 1999 年版
[法]德赖弗斯、P. 拉比诺:《超越结构主义与解释学》,张建超等译,光明日报出版社 1992 年版
[澳]德西迪里厄斯·奥班恩:《艺术的涵义》,孙浩良、林丽亚译,学林出版社 1985 年版
杜南发等:《长风万里撼江湖》,中国友谊出版公司 1998 年版
《读书》杂志编:《〈读书〉现场》,生活·读书·新知三联书店 2007 年版
杜小真、张宁编译:《德里达中国讲演录》,中央编译出版社 2003 年版
段吉方:《理论的终结?——"后理论时代"的文学理论形态及其历史走向》,载《文学评论》2011 年第 5 期
[美]多萝西·霍尔:《小说、叙述、伦理》,王长才译,载《英语研究》2016 年第 1 期
[瑞士]费尔迪南·德·索绪尔:《普通语言学教程》,高名凯译,商务印书馆 1980 年版
[瑞士]费尔迪南·德·索绪尔:《普通语言学手稿》,于秀英译,商务印书馆 2020 年版
[美]弗拉基米尔·纳博科夫:《文学讲稿》,上海三联书店 2005 年版
[英]弗兰克·克洛斯:《虚空:宇宙缘起何处》,羊奕伟译,重庆大学出版社 2018 年版
[法]弗朗索瓦·夏特莱:《理性史》,冀可平、钱翰译,北京大学出版社 2000

年版
[美]弗雷德里克·詹姆逊:《政治无意识》,王逢振、陈永国译,中国人民大学出版社 2018 年版
[法]甘丹·梅亚苏:《有限性之后:论偶然性的必然性》,吴燕译,河南大学出版社 2018 年版
[美]格拉汉姆·哈曼:《铃与哨:更思辨的实在论》,黄芙蓉译,西南师范大学出版社 2018 年版
[美]格拉汉姆·哈曼:《迈向思辨实在论:论文与讲座》,花超荣译,长江文艺出版社 2020 年版
耿幼壮:《理论之外——特里·伊格尔顿"非文学理论"著述研究》,北京大学出版社 2021 年版
顾明栋:《〈诺顿理论与批评选〉及中国文论的世界意义》,载《文艺理论研究》2010 年第 6 期
顾随:《顾随诗词讲记》,中国人民大学出版社 2010 年版
顾准:《顾准文集》,贵州人民出版社 1994 年版
[美]海登·怀特:《话语的转义》,董立河译,大象出版社 2011 年版
[德]汉斯-格奥尔格·加达默尔:《真理与方法》,洪汉鼎译,上海译文出版社 1999 年版
[美]赫伯特·芬格莱特:《孔子:即凡而圣》,彭国翔、张华译,江苏人民出版社 2002 年版
贺秀明:《生命写作》,载《外国文学》2021 年第 2 期
[美]亨利·詹姆斯:《小说的艺术》,朱雯等译,上海译文出版社 2001 年版
胡建次:《归趣难求》,百花洲文艺出版社 2005 年版
[美]华莱士·马丁:《当代叙事学》,伍晓明译,北京大学出版社 2005 年版
黄金贵:《古代文化词义集类辨考》,上海教育出版社 1995 年版
黄裳:《寻找自我》,青岛出版社 2009 年版
[英]J. L. 奥斯汀:《如何以言行事》,杨玉成、赵京超译,商务印书馆 2012 年版
[英]简·艾伦·哈里森:《古代艺术与仪式》,刘宗迪译,生活·读书·新知三联书店 2008 年版
[意]吉奥乔·阿甘本:《来临中的共同体》,相明、赵文、王立秋译,西北大学出版社 2019 年版
[意]吉奥乔·阿甘本:《潜能》,王立秋、严和来等译,漓江出版社 2014 年版
[意]吉奥乔·阿甘本:《剩余的时间》,钱立卿译,吉林出版集团 2011 年版

[意]吉奥乔·阿甘本:《无目的的手段:政治学笔记》,赵文译,河南大学出版社 2015 年版
[意]吉奥乔·阿甘本:《业:简论行动、过错和姿势》,潘震译,上海社会科学院出版社 2021 年版
[意]吉奥乔·阿甘本:《语言的圣礼:誓言考古学》,蓝江译,重庆大学出版社 2016 年版
[意]吉奥乔·阿甘本:《语言与死亡:否定之地》,张羽佳译,南京大学出版社 2019 年版
[法]吉尔·德勒兹:《差异与重复》,安靖、张子岳译,华东师范大学出版社 2019 年版
[法]吉尔·德勒兹:《〈荒岛〉及其他文本:文本与访谈(1953—1974)》,董树宝、胡新宇、曹伟嘉译,南京大学出版社 2018 年版
[法]吉尔·德勒兹:《康德的批判哲学》,夏莹、牛子牛译,西北大学出版社 2018 年版
[法]吉尔·德勒兹:《批评与临床》,刘云虹、曹丹红译,南京大学出版社 2012 年版
[法]吉尔·德勒兹:《哲学与权力的谈判:德勒兹访谈录》,刘汉全译,商务印书馆 2000 年版
[英]吉尔伯特·海厄特:《讽刺的解剖》,张沛译,商务印书馆 2021 年版
[德]伽达默尔:《赞美理论——伽达默尔选集》,夏镇平译,生活·读书·新知三联书店 1988 年版
[哥]加西亚·马尔克斯:《番石榴飘香》,林一安译,生活·读书·新知三联书店 1987 年版
金观涛:《消失的真实:现代社会的思想困境》,中信出版集团 2022 年版
金宁主编:《〈文艺研究〉与我的学术写作》,文化艺术出版社 2019 年版
金永兵:《后理论时代的中国文论》,文化艺术出版社 2014 年版
[英]卡尔·波普尔:《通过知识获得解放》,范景中、李本正译,中国美术学院出版社 1996 年版
[奥]卡夫卡:《卡夫卡小说全集》,韩瑞祥译,人民文学出版社 2003 年版
[美]卡罗琳·考斯梅尔:《味觉》,吴琼、叶勤、张雷译,中国友谊出版公司 2001 年版
[德]康德:《纯粹理性批判》,邓晓芒译,人民出版社 2004 年版
[德]康德:《纯粹理性批判》,韩水法译,商务印书馆 2022 年版
[德]康德:《判断力批判》,邓晓芒译,人民出版社 2002 年版

[苏]康斯坦丁诺夫主编:《苏联哲学百科全书》第一卷,上海译文出版社 1984 年版
[英]柯林·威尔逊:《我生命中的书》,陈苍多译,重庆出版社 2006 年版
[英]拉曼·塞尔登、彼得·威德森、彼得·布鲁克:《当代文学理论导读》,刘象愚译,北京大学出版社 2006 年版
赖大仁:《"后理论"转向与当代文学理论研究》,载《学术月刊》2015 年第 2 期
[德]莱因哈特·布兰特:《康德——还剩下什么?》,张柯译,商务印书馆 2019 年版
[美]理查德·沃林:《存在的政治》,周宪、王志宏译,商务印书馆 2000 年版
李玲芝、杨星、陈华胜编:《西窗烛》,浙江人民出版社 1998 年版
李泽厚:《历史本体论　己卯五说》,生活·读书·新知三联书店 2008 年版
李泽厚:《伦理学新说述要》,世界图书出版公司 2019 年版
李泽厚:《批判哲学的批判》,生活·读书·新知三联书店 2007 年版
李泽厚:《实用理性与乐感文化》,生活·读书·新知三联书店 2008 年版
李泽厚:《中国古代思想史论》,安徽文艺出版社 1999 年版
李泽厚、陈明:《浮生论学》,华夏出版社 2002 年版
李泽厚、刘绪源:《该中国哲学登场了?》,上海译文出版社 2011 年版
[美]林赛·沃特斯:《美学权威主义批判》,昂智慧译,北京大学出版社 2000 年版
林之光:《气象万千》,湖北科学技术出版社 2014 年版
刘禾:《跨语际实践:文学,民族文化与被译介的现代性》,宋伟杰等译,生活·读书·新知三联书店 2022 年版
六神磊磊:《六神磊磊读金庸》,浙江文艺出版社 2021 年版
刘小枫:《现代性社会理论绪论》,华东师范大学出版社 2018 年版
刘阳:《独异性诗学的当代谱系》,载《文艺研究》2021 年第 4 期
刘阳:《福柯理性批判话语的深层路径及其"后理论"引题》,载《文艺理论研究》2019 年第 1 期
刘阳:《事件思想史》,华东师范大学出版社 2021 年版
刘阳:《作为写作事件的后理论——论从德里达到后理论的学理进路》,载《广州大学学报》2020 年第 2 期
龙应台:《龙应台评小说》,上海文艺出版社 1996 年版
[英]路德维希·维特根斯坦:《哲学研究》,陈嘉映译,上海人民出版社 2005 年版

卢敦基:《金庸小说论》,浙江文艺出版社 2000 年版
[匈]卢卡奇:《卢卡奇早期文选》,张亮、吴勇立译,南京大学出版社 2004 年版
[法]卢梭:《论戏剧》,王子野译,生活·读书·新知三联书店 1991 年版
[美]罗伯特·波格·哈里森:《花园:谈人之为人》,苏薇星译,生活·读书·新知三联书店 2011 年版
[美]罗纳德·博格:《德勒兹论音乐、绘画和艺术》,刘慧宁译,南京大学出版社 2020 年版
[意]罗西-布拉伊多蒂:《后人类》,宋根成译,河南大学出版社 2016 年版
[德]马丁·海德格尔:《存在与时间》,陈嘉映、王庆节译,生活·读书·新知三联书店 1999 年版
[德]马丁·海德格尔:《形而上学导论》,熊伟、王庆节译,商务印书馆 1996 年版
[德]马丁·海德格尔:《在通向语言的途中》,孙周兴译,商务印书馆 2004 年版
[德]马丁·海德格尔:《哲学论稿》,孙周兴译,商务印书馆 2016 年版
[德]马克思:《1844 年经济学哲学手稿》,人民出版社 2000 年版
[秘]马里奥·巴尔加斯·略萨:《给青年小说家的信》,赵德明译,上海译文出版社 2004 年版
[美]迈克尔·哈特、[意]安东尼奥·奈格里:《大同世界》,王行坤译,中国人民大学出版社 2015 年版
[法]梅洛-庞蒂:《知觉现象学》,姜志辉译,商务印书馆 2001 年版
[美]门罗·C. 比厄斯利:《西方美学简史》,高建平译,北京大学出版社 2006 年版
[法]米盖尔·杜夫海纳:《美学与哲学》,孙非译,中国社会科学出版社 1985 年版
[捷]米兰·昆德拉:《小说的艺术》,董强译,上海译文出版社 2004 年版
[法]米歇尔·德·蒙田:《蒙田随笔全集》,潘丽珍等译,译林出版社 1996 年版
[法]米歇尔·福柯:《疯癫与文明》,刘北成、杨远婴译,生活·读书·新知三联书店 2019 年版
[法]米歇尔·福柯:《福柯文选Ⅱ》,汪民安译,北京大学出版社 2016 年版
[法]米歇尔·福柯:《规训与惩罚》,刘北成、杨远婴译,生活·读书·新知三联书店 2019 年版

[法]米歇尔·福柯:《生命政治的诞生》,莫伟民、赵伟译,上海人民出版社 2018 年版
[法]米歇尔·福柯:《性经验史第一卷:认知的意志》,佘碧平译,上海人民出版社 2022 年版
[法]米歇尔·福柯:《主体解释学》,佘碧平译,上海人民出版社 2018 年版
[法]米歇尔·福柯:《主体性与真相》,张亘译,上海人民出版社 2018 年版
[法]米歇尔·福柯、莫里斯·布朗肖:《福柯/布朗肖》,肖莎等译,河南大学出版社 2014 年版
[法]米歇尔·芒索:《闺中女友》,胡小跃译,漓江出版社 1999 年版
[法]莫里斯·布朗肖:《灾异的书写》,魏舒译,南京大学出版社 2016 年版
倪宝元:《成语辨析》,中国社会科学出版社 1979 年版
潘德荣:《西方诠释学史》,北京大学出版社 2016 年版
潘家铮、凌晨主编:《宇宙的光荣》,湖北科学技术出版社 2017 年版
[法]皮埃尔·布迪厄、[美]华康德:《实践与反思:反思社会学导引》,李猛、李康译,中央编译出版社 1998 年版
[法]皮埃尔·布尔迪厄:《区分:判断力的社会批判》,刘晖译,商务印书馆 2015 年版
钱锺书:《管锥编》,中华书局 1986 年版
钱锺书:《钱锺书散文》,浙江文艺出版社 1997 年版
钱锺书:《谈艺录》,中华书局 1984 年版
[美]乔纳森·卡勒:《当今的文学理论》,生安锋译,载《外国文学评论》2012 年第 4 期
[美]乔纳森·卡勒:《理论中的文学》,徐亮等译,华东师范大学出版社 2019 年版
[美]乔纳森·卡勒:《论解构》,陆扬译,中国人民大学出版社 2018 年版
[美]乔纳森·卡勒:《文学理论的现状与趋势》,何成洲译,载《南京大学学报》2012 年第 2 期
[美]乔纳森·卡勒:《文学理论入门》,李平译,译林出版社 2008 年版
秦晖:《问题与主义》,长春出版社 1999 年版
[法]让-弗朗索瓦·利奥塔:《非人——时间漫谈》,罗国祥译,商务印书馆 2000 年版
[法]让-弗朗索瓦·利奥塔:《后现代性与公正游戏》,谈瀛洲译,上海人民出版社 1997 年版
[法]让-弗朗索瓦·利奥塔:《话语,图形》,谢晶译,上海人民出版社 2012

年版
[法]让-弗·利奥塔等:《后现代主义》,赵一凡等译,社会科学文献出版社 1999 年版
[法]让-弗朗索瓦·利奥塔尔:《后现代状态:关于知识的报告》,车槿山译,生活·读书·新知三联书店 1997 年版
[美]让-米歇尔·拉巴泰:《"理论的未来"之未来》,李森译,载《社会科学报》2019 年 2 月 14 日
[法]热拉尔·热奈特:《叙事话语 新叙事话语》,王文融译,中国社会科学出版社 1990 年版
[美]芮塔·菲尔斯基:《文学之用》,刘洋译,南京大学出版社 2019 年版
[巴西]若热·亚马多:《我是写人民的小说家》,孙成敖译,云南人民出版社 1997 年版
[美]塞缪尔·韦伯:《独异问题导论——兼致中国听众》,赵天舒译,载《文化与诗学》2016 年第 2 期
[美]塞缪尔·韦伯:《文学认知的独异》,苏岩译,载《文化与诗学》2016 年第 2 期
[俄]什克洛夫斯基:《散文理论》,刘宗次译,百花洲文艺出版社 1994 年版
[英]斯图尔特·霍尔:《表征》,徐亮、陆兴华译,商务印书馆 2003 年版
宋伟:《后理论时代的来临》,文化艺术出版社 2011 年版
宋兆霖编:《诺贝尔文学奖获奖作家访谈录》,柳苏、江泰仁译,浙江文艺出版社 2005 年版
[美]苏珊·朗格:《艺术问题》,滕守尧、朱疆源译,中国社会科学出版社 1983 年版
[美]苏珊·桑塔格:《同时》,黄灿然译,上海译文出版社 2009 年版
孙周兴:《以创造抵御平庸:艺术现象学演讲录》,中国美术学院出版社 2014 年版
陶然编:《吴熊和教授纪念集》,浙江大学出版社 2014 年版
[英]特里·伊格尔顿:《理论之后》,商正译,商务印书馆 2009 年版
田淑晶:《文心与禅心:中国诗学中的空思维与空观念》,中华书局 2021 年版
[美]托马斯·库恩:《科学革命的结构》,金吾伦、胡新和译,北京大学出版社 2003 年版
[英]托尼·本尼特:《文学之外》,强东红等译,人民出版社 2016 年版
[俄]瓦·康定斯基:《论艺术的精神》,查立译,中国社会科学出版社 1987 年版

[德]瓦尔特·本雅明:《德意志悲苦剧的起源》,李双志、苏伟译,北京师范大学出版社2013年版
王安忆:《故事和讲故事》,复旦大学出版社2011年版
王安忆:《王安忆说》,湖南文艺出版社2003年版
王德威:《想象中国的方法:历史·小说·叙事》,百花文艺出版社2016年版
王逢振主编:《詹姆逊文集》,中国人民大学出版社2004年版
王国维:《王国维文学论著三种》,商务印书馆2001年版
汪民安、陈永国、张云鹏主编:《现代性基本读本》,河南大学出版社2005年版
汪民安、郭晓彦主编:《生产》第十二辑,江苏人民出版社2017年版
王宁:《"后理论时代"的文学与文化研究》,北京大学出版社2009年版
王宁:《论"后理论"的三种形态》,载《广州大学学报》2019年第2期
王晓群主编:《理论的帝国》,中国社会科学出版社2004年版
汪尧翀:《论"语言"的限度:本雅明与维特根斯坦思想的错位》,载《中国图书评论》2022年第7期
王元骧:《审美反映与艺术创造》,杭州大学出版社1998年版
王元骧:《探寻综合创造之路》,陕西师范大学出版社2000年版
王元骧:《文学理论与当今时代》,浙江大学出版社2002年版
王岳川:《"后理论时代"的西方文论症候》,载《文艺研究》2009年第3期
王岳川:《质疑"后现代文学性统治"》,载《文学自由谈》2004年第2期
王云路:《六朝诗歌语词研究》,黑龙江教育出版社1999年版
王朝闻:《审美谈》,人民出版社1984年版
汪子嵩、陈村富、包利民、章雪富:《希腊哲学史》,人民出版社2020年版
[意]维柯:《新科学》,朱光潜译,商务印书馆1989年版
[英]威廉·萨默塞特·毛姆:《毛姆读书随笔》,刘文荣译,上海三联书店1999年版
[美]威廉·詹姆士:《多元的宇宙》,吴棠译,商务印书馆1999年版
[美]文森特·B.里奇:《21世纪的文学批评:理论的复兴》,朱刚、洪丽娜、葛飞云译,南京大学出版社2021年版
[意]翁贝托·埃科、[美]理查德·罗蒂、[美]乔纳森·卡勒、[英]克里斯蒂娜·布鲁克-罗斯著、斯蒂芬·柯里尼编:《诠释与过度诠释》,王宇根译,上海译文出版社2023年版,第57页。
[德]沃尔夫冈·伊瑟尔:《怎样做理论》,朱刚、谷婷婷、潘玉莎译,南京大学出版社2019年版

吴非:《阿甘在跑》,金城出版社 2016 年版
吴非:《污浊也爱唱纯洁》,黄河出版社 1999 年版
吴茵、唐逸编著:《汉语文化读本》,中国文联出版社 2006 年版
吴子林:《"毕达哥拉斯文体"——述学文体的革新与创造》,浙江工商大学出版社 2022 年版
[美]希拉里·普特南:《理性、真理与历史》,童世骏、李光程译,上海译文出版社 2005 年版
[美]希利斯·米勒:《小说与重复》,王宏图译,天津人民出版社 2007 年版
[美]夏洛特·钱德勒:《这只是一部电影》,黄渊译,上海译文出版社 2006 年版
邢建昌:《理论是什么——文学理论反思研究》,人民出版社 2011 年版
徐亮:《后理论的谱系、创新与本色》,载《广州大学学报》2019 年第 1 期
徐亮:《理论之后与中国诗学的前景》,载《文艺研究》2013 年第 5 期
徐亮:《文学的两副面孔》,载《中国社会科学报》2013 年 7 月 19 日
徐亮:《文学解读:理论与技术》,敦煌文艺出版社 1992 年版
徐亮:《叙事的建构作用与解构作用——罗兰·巴尔特、保罗·德曼、莎士比亚和福音书》,载《文学评论》2017 年第 1 期
徐亮:《意义阐释》,敦煌文艺出版社 1999 年版
徐亮、梁慧:《〈圣经〉与文学》,商务印书馆 2016 年版
徐亮、苏宏斌、徐燕杭:《文论的现代性与文学理性》,浙江大学出版社 2005 年版
薛涌:《学而时习之》,新星出版社 2007 年版
[法]雅克·阿达利:《智慧之路:论迷宫》,邱海婴译,商务印书馆 1999 年版
[法]雅克·德里达:《论精神:海德格尔与问题》,朱刚译,上海译文出版社 2008 年版
[法]雅克·德里达:《论文字学》,汪堂家译,上海译文出版社 2015 年版
[法]雅克·德里达:《声音与现象》,杜小真译,商务印书馆 1999 年版
[法]雅克·德里达:《书写与差异》,张柠译,生活·读书·新知三联书店 2001 年版
[法]雅克·德里达:《文学行动》,赵兴国等译,中国社会科学出版社 1998 年版
[法]雅克·德里达:《〈友爱的政治学〉及其他》,胡继华译,吉林人民出版社 2011 年版
[法]雅克·德里达:《哲学的边缘》,载《哲学译丛》1993 年第 3 期

[法]雅克·拉康:《拉康选集》,褚孝泉译,华东师范大学出版社2019年版
[法]雅克·朗西埃:《文学的政治》,张新木译,南京大学出版社2014年版
[英]雅可布·布洛诺夫斯基:《人之上升》,任远等译,四川人民出版社1988年版
[英]亚历克斯·默里:《为什么是阿甘本》,王立秋译,南京大学出版社2020年版
[希]亚里士多德:《形而上学》,苗力田译,中国人民大学出版社2003年版
阎连科:《革命浪漫主义》,春风文艺出版社2005年版
杨大春:《解构的保守性》,载《哲学研究》1995年第6期
杨国荣:《人与世界:以事观之》,生活·读书·新知三联书店2021年版
姚文放:《从形式主义到历史主义:晚近文学理论"向外转"的深层机理探究》,北京大学出版社2017年版
[德]于尔根·哈贝马斯:《后形而上学思想》,曹卫东、傅德根译,译林出版社2001年版
余虹、杨恒达、杨慧林编:《问题》,中央编译出版社1993年版
余杰:《开端叙事学》,中国社会科学出版社2015年版
[澳]约翰·哈特利:《文化研究简史》,季广茂译,金城出版社2008年版
[美]约翰·R. 塞尔:《表达与意义》,王加为、赵明珠译,商务印书馆2017年版
[美]约翰·塞尔:《心灵、语言和社会》,李步楼译,上海译文出版社2001年版
[法]约瑟夫·祁雅理:《二十世纪法国思潮》,吴永泉等译,商务印书馆1987年版
[美]翟亮:《理论的兴衰》,牟芳芳译,北京大学出版社2022年版
张庆熊:《熊十力的新唯识论与胡塞尔的现象学》,上海人民出版社1995年版
张旭:《礼物——当代法国思想史的一段谱系》,北京大学出版社2013年版。
张一兵主编:《社会批判理论纪事》第2辑,江苏人民出版社2007年版
张一兵主编:《社会批判理论纪事》第3辑,江苏人民出版社2009年版
张中行:《张中行作品集》,中国社会科学出版社1997年版
赵健雄:《糊涂人生》,辽宁人民出版社1992年版
赵汀阳:《二十二个方案》,辽宁大学出版社1998年版
赵勇:《作为"论笔"的文学批评——从阿多诺的"论笔体"说起》,载《文艺争鸣》2018年第1期

赵勇、[美]塞缪尔·韦伯:《批判理论的旅行:在审美与社会之间》,北京大学出版社 2022 年版

赵勇、[美]塞缪尔·韦伯:《亲历法兰克福学派:从“非同一”到“独异”——塞缪尔·韦伯访谈录》,载《文艺理论研究》2017 年第 4 期

郑嘉励:《考古的另一面》,广西师范大学出版社 2016 年版

郑敏:《结构-解构视角:语言·文化·评论》,清华大学出版社 1998 年版

中国社会科学院外国文学研究所编:《欧美古典作家论现实主义和浪漫主义(二)》,中国社会科学出版社 1981 年版

周宪:《文学理论:从现代到后现代》,生活·读书·新知三联书店 2023 年版

朱存明、[法]费尔南代:《美丑》,上海文化出版社 2000 年版

朱大路:《世纪初杂文 200 篇》,文汇出版社 2011 年版

[法]朱利安:《大象无形:或论绘画之非客体》,张颖译,河南大学出版社 2017 年版

朱立元等:《新审美主义初探——透视后理论时代西方文论的一个面相》,载《学术月刊》2018 年第 1 期

后　　记

依照预定计划，这部书稿本应在更早些时候交付出版，迁延至今问世，倒让它客观上有了一些因时距的拉长而努力提升自身学术品质的机缘。事实上，如果没有《事件思想史》等先行专著的铺垫，本书想要提出和凝定的新思路恐难以最终成形。在长期的冥思面壁中深感治学总不免于这样，每当自以为探得骊珠三昧时都不妨暂作悬搁，假以时日随着眼界的拓深又总是会感到改写重写的迫切，因为学理地平线会不断经由文献的披览而更新。于是在时隐时现的懊悔中无可奈何，或许便是每个学问人挣不脱的宿命？

但终于又到交稿杀青之际。想在此补充交代的首先是，本书的写法在某种程度上，可能会让人想起一位学者那部影响深巨的康德书。他于肯定康德主体性思想维度之余，用马克思的实践范畴来置换其基底，成就了一段左右互搏、双向互补的奇妙研思。我在这本书里用虚潜论置换卡勒奠立于能动论基石上的“理论中的文学”方案并接着讲，不知算不算得一份追随大师的方法论窃慕？抚剑起舞告一段落，总的感受是在这个问题上，似无须如开局设想的那般摊得很开很大，我只需划定一个截至目前最具有代表性和影响的核心方案，在此基础上扬弃性地讲我自己的话就可以了。所以过多的转述恰恰是本书试图避免的。衷心期盼对相关问题怀有兴趣的读者们赐教指正，助我益臻精审。

另一层余意未尽的考虑，则是从以点带面的治学逻辑来看，本书可以看成是我本人展开后理论研究的一个起点。“理论之后的写作”，诚然是后理论的一种学理旨归和建设方向，却毕竟属于整个后理论版图中的一个块面，它支持但并没有涵盖“理论之后”的全部生长点。因此在完成本项研究工作时，我已正式转入对酝酿已久的后理论史的系统考察与论析，希望接下来能围绕“后理论究竟是什么”这个久已为许多朋友关心的论题，作出令人信服的扎实回答——本书或可视为这个回答的前奏。

兴尽晚回舟，除了向上海三联书店以及责任编辑郑秀艳老师高效负责的编辑工作，表示一如既往的致谢外，也要感念以前期阶段性论文形式先后刊发了本书章节内容的各种期刊，它们是《文学评论》《文艺研究》《文艺理论研究》《外国文学研究》《学术月刊》《文艺争鸣》《中国文学批评》《复旦学报》《学术界》《探索与争鸣》《中国文学研究》《中国语言文学研究》《美学与艺术评论》《艺术学研究》《汉语言文学研究》《华东师范大学学报》《广州大学学报》《社会科学报》等。全书的撰述得到了国家社科基金后期项目和上海市社科规划青年项目的资助，后者且有幸再度以“优秀”等级结项。这一份份热情鼓励与支持，每每使我倍感学术反馈的温暖，以及在学术共同体的严格检验视线中尽可能将成果展开、处理和打磨得更好些的责任。谨愿这样一种诚挚的合作仍有其未来。

作者

2023 年端午佳节于沪上

图书在版编目(CIP)数据

理论之后的写作/刘阳著.—上海:上海三联书店,2023.12
ISBN 978-7-5426-8275-8

Ⅰ.①理…　Ⅱ.①刘…　Ⅲ.①写作学-研究　Ⅳ.①H05

中国国家版本馆CIP数据核字(2023)第199042号

理论之后的写作

著　　者 / 刘　阳

责任编辑 / 郑秀艳
装帧设计 / 一本好书
监　　制 / 姚　军
责任校对 / 王凌霄

出版发行 / 上海三联书店
(200030)中国上海市漕溪北路331号A座6楼
邮　　箱 / sdxsanlian@sina.com
邮购电话 / 021-22895540
印　　刷 / 上海惠敦印务科技有限公司

版　　次 / 2023年12月第1版
印　　次 / 2023年12月第1次印刷
开　　本 / 710 mm×1000 mm　1/16
字　　数 / 360千字
印　　张 / 20.5
书　　号 / ISBN 978-7-5426-8275-8/H·129
定　　价 / 80.00元

敬启读者,如发现本书有印装质量问题,请与印刷厂联系 021-63779028